"十二五"普通高等教育本科国家级规划教材

21世纪经济管理精品教材·物流学系列

港口物流

——理论、实务与技术

汪长江 等◆著

清华大学出版社
北京

本书封面贴有清华大学出版社防伪标签，无标签者不得销售。
版权所有，侵权必究。举报：010-62782989，beiqinquan@tup.tsinghua.edu.cn。

图书在版编目(CIP)数据

港口物流：理论、实务与技术/汪长江等著. —北京：清华大学出版社，2012.11(2023.01重印)
(21世纪经济管理精品教材·物流学系列)
ISBN 978-7-302-30286-5

Ⅰ. ①港… Ⅱ. ①汪… Ⅲ. ①港口－物流－高等学校－教材 Ⅳ. ①U695.2

中国版本图书馆 CIP 数据核字(2012)第 237178 号

责任编辑：贺　岩
封面设计：汉风唐韵
责任校对：王凤芝
责任印制：宋　林

出版发行：清华大学出版社
　　　　　网　　址：http://www.tup.com.cn，http://www.wqbook.com
　　　　　地　　址：北京清华大学学研大厦 A 座　　　邮　编：100084
　　　　　社 总 机：010-83470000　　　　　　　　　　邮　购：010-62786544
　　　　　投稿与读者服务：010-62776969，c-service@tup.tsinghua.edu.cn
　　　　　质量反馈：010-62772015，zhiliang@tup.tsinghua.edu.cn
印 装 者：三河市科茂嘉荣印务有限公司
经　　销：全国新华书店
开　　本：185mm×260mm　　　印 张：20.75　　　字　数：477 千字
版　　次：2012 年 11 月第 1 版　　　　　　　　　印　次：2023 年 1 月第 8 次印刷
定　　价：48.00 元

产品编号：038926-02

港口物流是在当今经济发展中所出现的新概念,尽管其内涵与知识体系还没有公认的权威性结论,但在我国发展海洋经济的国家战略背景下,其实践在蓬勃发展,人才的需求亦与日俱增,许多港口城市所在学校将其物流管理专业的人才培养重心放在港口物流上。鉴于港口物流的迅速发展和港口物流人才培养的迫切需要,港口物流相关教材的编写已成为当前相关院校在人才培养上急需进行的一项基础工作。

本书是在《港口物流学》(浙江大学出版社,2010年2月版)的基础上,经过近三年的重新构思,结合港口物流最新的研究动态与发展趋势,并以港口物流基本概念和港口物流知识体系的研究确立与构建为出发点,按照点(港口)、线(围绕港口的水、陆、空运输及其多式联运)与面(港口腹地及辐射的区域经济)的逻辑内涵,围绕港口物流理论、港口物流实务、港口物流技术的知识主线,遵循知识体系清晰、内容完整、条理性与实用性强的原则所写成的。

港口是现代物流链上的一个重要环节,随着港口物流实践与理论的不断发展,港口物流理论系统正在不断发展与完善之中。作者在近7年的围绕港口物流的研究中,就一直在港口物流知识结构体系的构建上苦苦探索,2010年2月出版的《港口物流学》一书算是作者当时的一个阶段性成果。事实上,现在出版的《港口物流——理论、实务与技术》的整体架构是在《港口物流学》出版时就形成的,但交稿时间紧迫,就将当时所形成的新思路留到了今天。在《港口物流学》出版时,《港口物流——理论、实务与技术》的撰写就已开始,由于把全部精力都花在了新书的写作上,在《港口物流学》的多次重印时,一直未作任何修订。因此从此意义上来说,《港口物流——理论、实务与技术》一书可以说是《港口物流学》的一个有较大幅度的修订版,但与《港口物流学》相比较,《港口物流——理论、实务与技术》从写作思路、全书架构及具体内容已经是全新的了,所以从这个意义上来说,它又完全是一本新书。

从严格意义上说,港口物流并不是现代物流活动的一个基本类型,在国家物流术语中也没有定义。但是在现代物流体系中,港口作为物流体系中的一个无可替代的重要节点,更确切地说是稀缺节点,其功能在不断拓宽,并朝着提供全方位增值服务方向的现代物流发展,形成了完整的供应链,能为用户提供多功能、一体化的综合物流服务。由于港口独特的地理位置以及在整个物流体系中的重要地位,港口物流作为一个独立的概念被提出。因此"港口物流"是一个实际意义大于理论意义的定义,我们主要是从产业角度对其进行研究,认为它是产业形态下以港口为核心的综合物流体系。本书的主要贡献就是建立了相对完整的关于港口物流的概念、逻辑内涵与知识内容框架体系。

本书适合物流管理专业与相关专业本科高年级学生和港口物流方向的研究生使用,亦可供工商管理类各专业作为教学参考书,同时也可供物流企业专业技术人员和管理人员以及港口物流研究人员阅读。

本书由浙江海洋学院的汪长江教授领衔撰写,参与本书写作的有:浙江海洋学院的罗晓兰、赵珍、刘洁、杨美丽、顾波军、徐玮蔚,浙江万里学院的谭卫平,宁波工程学院的傅海威,宁波大学的赵丹和盐城工学院的成桂芳等。其中第1、2、10章由汪长江撰写,第3章由汪长江、赵珍、徐玮蔚撰写,第4章由汪长江、杨美丽、顾波军撰写,第5章由罗晓兰、谭卫平、赵丹撰写,第6章由谭卫平撰写,第7章由汪长江、罗晓兰、谭卫平撰写,第8章由汪长江、成桂芳撰写,第9章由傅海威撰写。刘洁提供了第1章的阅读材料,并参与了全书部分参考文献的搜集与整理。全书由汪长江总纂定稿。

本书在写作过程中,参阅、借鉴甚至直接引用了国内外相关学者在本领域的最新研究成果,在此,谨向这些学者与同仁致以崇高的敬意和谢忱。

本书的出版得到了清华大学出版社和各位作者所在学校有关部门与人员的大力支持,也得到众多友好人士的关心与协助,在此,特向所有在本书编写出版过程中提供帮助的人员表示诚挚的谢意。

由于作者水平有限,书中错漏之处在所难免,真诚欢迎各位专家和广大读者提出批评与建议,以便逐步完善。

汪长江

2012年7月于舟山群岛新区

第1篇　港口物流理论

第1章　港口与港口物流 ………………………………………………… 3

1.1　港口的基本知识 …………………………………………………… 3
1.1.1　港口及其分类 ………………………………………………… 3
1.1.2　港口的构成 …………………………………………………… 4
1.1.3　港口的技术经济特征 ………………………………………… 7
1.1.4　港口在现代物流体系中的地位 ……………………………… 9

1.2　港口物流的内涵与功能 …………………………………………… 9
1.2.1　港口物流的内涵 ……………………………………………… 9
1.2.2　港口物流的特点与发展趋势 ………………………………… 11
1.2.3　港口物流的功能 ……………………………………………… 13

1.3　港口物流的几个基本关系 ………………………………………… 15
1.3.1　影响港口物流发展的经济因素 ……………………………… 15
1.3.2　港口与城市的关系 …………………………………………… 16
1.3.3　港口物流与区域经济的关系 ………………………………… 18
1.3.4　港口与物流的关系 …………………………………………… 20

阅读材料 ………………………………………………………………… 21
案例分析 ………………………………………………………………… 26
思考练习 ………………………………………………………………… 27

第2章　港口物流发展模式与战略 …………………………………… 28

2.1　港口物流发展模式 ………………………………………………… 28
2.1.1　港口管理模式 ………………………………………………… 28
2.1.2　港口物流运作模式 …………………………………………… 29

2.2　港口物流发展战略 ………………………………………………… 34
2.2.1　指导思想 ……………………………………………………… 35
2.2.2　基本原则 ……………………………………………………… 36

    2.2.3 港口物流发展战略目标 ……………………………………………… 37
    2.2.4 港口物流发展战略中的几个问题 …………………………………… 39
  阅读材料 ………………………………………………………………………… 42
  案例分析 ………………………………………………………………………… 47
  思考练习 ………………………………………………………………………… 49

第3章 港口物流系统与供应链 …………………………………………………… 50

  3.1 港口物流系统 ……………………………………………………………… 50
    3.1.1 港口物流系统及其特征 ……………………………………………… 50
    3.1.2 港口物流系统规划 …………………………………………………… 52
    3.1.3 港口物流系统协同 …………………………………………………… 54
  3.2 港口物流系统一体化 ……………………………………………………… 57
    3.2.1 基本内容 ……………………………………………………………… 57
    3.2.2 资源整合 ……………………………………………………………… 60
    3.2.3 横向一体化 …………………………………………………………… 62
    3.2.4 纵向一体化 …………………………………………………………… 64
  3.3 港口物流供应链管理 ……………………………………………………… 66
    3.3.1 港口物流供应链及其作用 …………………………………………… 66
    3.3.2 港口物流供应链的形式 ……………………………………………… 67
    3.3.3 港口物流供应链管理原理与机制 …………………………………… 69
    3.3.4 港口物流供应链的构建 ……………………………………………… 70
  阅读材料 ………………………………………………………………………… 72
  案例分析 ………………………………………………………………………… 77
  思考练习 ………………………………………………………………………… 79

第4章 港口物流经营与效率 ……………………………………………………… 80

  4.1 港口物流经营方式与组织 ………………………………………………… 80
    4.1.1 港口物流经营方式 …………………………………………………… 80
    4.1.2 港口物流经营组织结构 ……………………………………………… 84
    4.1.3 港口物流经营管理改革 ……………………………………………… 86
  4.2 港口物流虚拟经营 ………………………………………………………… 87
    4.2.1 港口物流虚拟经营及其特点 ………………………………………… 87
    4.2.2 港口物流虚拟经营的空间特征 ……………………………………… 88
    4.2.3 港口物流虚拟经营的二维空间逻辑结构 …………………………… 90
  4.3 效率与港口物流效率 ……………………………………………………… 91
    4.3.1 效率及其分类 ………………………………………………………… 91
    4.3.2 效率基本理论 ………………………………………………………… 92
    4.3.3 港口物流效率 ………………………………………………………… 97

4.4 港口物流效率测评方法 ·· 98
    4.4.1 非参数化方法 ·· 98
    4.4.2 参数化方法 ·· 100
阅读材料 ·· 103
案例分析 ·· 106
思考练习 ·· 108

第 2 篇　港口物流实务

第 5 章　港口生产与商务管理业务 ·· 111

5.1 港口生产计划管理 ·· 111
    5.1.1 港口生产计划与调度 ·· 111
    5.1.2 港口生产统计指标 ·· 115
5.2 港口商务与口岸管理 ·· 120
    5.2.1 港口市场营销 ·· 120
    5.2.2 货运事故及其处理 ·· 122
    5.2.3 港口费收管理 ·· 124
    5.2.4 港口口岸管理 ·· 127
5.3 港口设备与工艺管理 ·· 130
    5.3.1 港口主要设备 ·· 130
    5.3.2 港口装卸工艺 ·· 134
    5.3.3 港口装卸工艺与设备的匹配 ·································· 136
    5.3.4 港口设备的维修与保养 ······································ 139
5.4 港口库场管理 ·· 141
    5.4.1 港口库场管理内容 ·· 141
    5.4.2 港口库场堆存计划 ·· 143
    5.4.3 港口库场堆存作业 ·· 147
5.5 理货业务管理 ·· 151
    5.5.1 理货业务范围 ·· 151
    5.5.2 库场理货 ·· 152
    5.5.3 装船理货 ·· 153
    5.5.4 卸船理货 ·· 158
    5.5.5 理货辅助方法与单证 ·· 160
阅读材料 ·· 164
案例分析 ·· 166
思考练习 ·· 167

第6章　集装箱港口管理业务 169

6.1　集装箱的基础知识 169
6.1.1　集装箱 169
6.1.2　集装箱码头 172
6.1.3　集装箱装箱 173
6.1.4　集装箱货物交接 176

6.2　集装箱港口进出口程序 177
6.2.1　集装箱出口流程 177
6.2.2　集装箱进口流程 180
6.2.3　集装箱进出口单证 182

6.3　集装箱港口货运站管理 185
6.3.1　集装箱货运站及其进出口货运流程 185
6.3.2　集装箱货运站仓储管理 186

6.4　集装箱码头检查桥业务 187
6.4.1　检查桥工作流程 187
6.4.2　检查桥业务的主要内容 188

6.5　集装箱港口箱务管理 190
6.5.1　集装箱堆场箱区规划 190
6.5.2　集装箱堆场整理 192
6.5.3　在场集装箱管理 193
6.5.4　船公司集装箱箱务管理 196

阅读材料 197
案例分析 200
思考练习 201

第7章　港口物流运输管理业务 202

7.1　水路运输 202
7.1.1　班轮运输 202
7.1.2　租船运输 206

7.2　陆路运输 209
7.2.1　铁路运输 209
7.2.2　公路运输 212

7.3　航空运输 214
7.3.1　航空运输及其要素 214
7.3.2　航空运输的类型与经营形式 217
7.3.3　航空货物运输的计量规定与托运手续 218

7.4　国际多式联运 219
7.4.1　国际多式联运的内涵及其特点 219

  7.4.2 国际多式联运的组织形式 ················ 221
  7.4.3 国际多式联运经营人 ···················· 225
阅读材料 ·· 228
案例分析 ·· 231
思考练习 ·· 234

第8章 港口物流园区与保税 ·························· 235

8.1 港口物流企业 ·· 235
  8.1.1 港口物流企业及其类型 ················ 235
  8.1.2 港口物流企业的职能 ···················· 239
8.2 港口物流园区 ·· 240
  8.2.1 港口物流园区及其特征 ················ 240
  8.2.2 港口物流园区的功能 ···················· 242
  8.2.3 港口物流园区物流量预测 ············ 244
8.3 港口物流保税 ·· 245
  8.3.1 保税与保税区 ······························ 245
  8.3.2 港口物流保税形式 ······················ 249
阅读材料 ·· 253
案例分析 ·· 258
思考练习 ·· 260

第3篇 港口物流技术

第9章 港口物流信息技术 ·································· 263

9.1 港口物流信息及其管理平台 ······················ 263
  9.1.1 港口物流信息及其功能 ················ 263
  9.1.2 港口物流信息管理平台 ················ 264
9.2 典型的港口物流管理信息系统 ··················· 265
  9.2.1 货运代理管理信息系统 ················ 265
  9.2.2 水路运输管理信息系统 ················ 268
  9.2.3 船务管理信息系统 ······················ 271
9.3 港口物流信息管理支持技术 ······················ 272
  9.3.1 电子数据交换技术 ······················ 272
  9.3.2 地理信息系统技术 ······················ 275
  9.3.3 全球定位系统技术 ······················ 279
阅读材料 ·· 282
案例分析 ·· 285
思考练习 ·· 287

第 10 章　港口物流智能技术 ·················· 288

10.1　人工智能 ·················· 288
10.1.1　人工智能及其发展 ·················· 288
10.1.2　人工智能的实现与应用 ·················· 289
10.2　人工智能专家系统 ·················· 290
10.2.1　人工智能专家系统的结构与类型 ·················· 290
10.2.2　人工智能专家系统工作流程与开发 ·················· 291
10.3　港口码头群多 Agent 协同运营系统 ·················· 292
10.3.1　多 Agent 协同运营系统及其组织结构 ·················· 292
10.3.2　港口码头群多 Agent 协同运营系统的构建原理 ·················· 298
10.3.3　港口码头群多 Agent 协同运营系统的软件设计 ·················· 299

阅读材料 ·················· 305
案例分析 ·················· 311
思考练习 ·················· 315

参考文献 ·················· 316

第1篇

港口物流理论

第1章 港口与港口物流

☆ **教学要求**
1. 认识港口,了解其分类,掌握其构成。
2. 理解港口的规模经济、范围经济、结构经济特征。
3. 掌握港口物流的内涵,了解其特点与发展趋势。
4. 理解港口物流的功能。
5. 理解港口与城市、港口物流与区域经济、港口与物流之间的基本关系。

随着经济全球化的发展和国际贸易的增加,港口作为多种运输方式的交汇点,凭借其独特的区位优势和基础设施建设方面的优势,在现代综合物流体系中发挥着越来越重要的作用。现代物流理念的普及以及现代物流实践的要求,已促使港口抛弃以往单一的运输中转节点的定位,转而向集运输、工贸、金融、信息和多式联运等为一体的综合物流中心的方向发展。港口这种由运输中转节点到综合物流服务链中重要环节的定位转变不仅使港口功能发生了极大变化,而且也使港口在服务范围延伸、服务功能扩展的过程中,逐渐形成了自身特有的物流系统。高效率的港口现代物流服务已成为区域经济发展与产业结构升级的重要支撑。

1.1 港口的基本知识

1.1.1 港口及其分类

港口是具有一定设施和条件,供船舶在各种气候条件下安全进出、靠泊,及进行旅客上下、生活资料供应、货物装卸与必要的编配加工等作业的场所。

港口由一定范围的水域、陆域所构成。具体来说,港口包括航道,港池,锚地,码头,货场,仓库,各种作业设备(运输、加工、修理等),导航系统,通信系统和其他相应的管理与服务系统等,还需要相应的经济腹地相配套。

港口一般位于江、河、湖、海等沿岸,按所在的地理位置可分为海港、河港、湖港等,按性质和用途可分为商业港、工业港、军港、渔港等,港口的详细分类参见表1-1。本书的研究范围主要针对海港,亦适用于河港、湖港等,主要研究的是商业港和工业港,其中又以商业港为研究重点。

表 1-1 港口的分类

分类标准	港口类型
按地理位置划分	海港、河港、湖港等
按性质用途划分	商业港、工业港、军港、渔港、避风港等
按规模大小划分	世界性港口、国际区域大港、地区性港口等
按货物品种划分	综合性港口、专业性港口等
按在国际集装箱运输中的作用划分	干线港、支线港、地区性港等

海港是海洋运输和各种海上活动的基地。优良的海港,通常是沟通国内外贸易的枢纽。

商业港是以商船为服务对象的港口,主要从事进出口货物的集散与编配加工工作。如我国的上海港、天津港、广州港、宁波—舟山港、大连港和湛江港等均属此类。商业港按货物的种类进一步划分为综合性港口和专业性港口。综合性港口指装卸与编配加工多种货物的港口;专业性港口为装卸与编配加工某专门货类的港口,如石油港、矿石港、煤港等。

工业港是为工矿企业直接运输原材料、输出制成品及其编配加工而设置的港口。如大连的甘井子大化码头、上海的吴泾焦化厂煤码头及宝山钢铁总厂码头均属此类。

现代港口不仅是水陆交通的集散地,从本质意义上讲,更是一个物流基地、物流枢纽、物流节点,是物流企业的群集。世界上的沿海国家都视港口为其经济命脉,荷兰、新加坡等国家的国民收入绝大部分来自港口业务。

随着经济的高速发展,越来越多的国家在港口设置"自由贸易区(保税区)",以免税或低税率吸引全球商人来港口进行货物存储、中转、加工、包装等业务,极大地促进了所在国的经济增长。

我国拥有 1.84 万千米的海岸线、11 万千米的内河航道。据不完全统计,我国内地目前建有 1 460 多个商业港口、34 000 多个码头泊位。它们承担着 9% 的国内贸易运输与 90% 以上的国际贸易运输。

1.1.2 港口的构成

港口是由一定范围的陆域、水域所构成,并有相应的港口腹地和集疏运系统相配套。

1. 港口陆域

港口陆域是指有适当的高程、岸线长度与纵深的用于人员上下船,货物装卸、堆存、转载与编配加工等的陆地区域,该区域内一般拥有码头,仓库,货场,道路(公路、铁路等),供货物装卸、堆存、转载与编配加工等的各种设备及其他各种必要的附属设施。

1) 码头

码头是港口的主要组成部分,由若干泊位构成,供船舶靠泊(货物装卸与人员上下)作业。每艘船的靠泊码头长度为一个泊位。泊位的长度和水深要求随停泊船舶的大小而不同。

2) 仓库

港口仓库是供货物在装船前和卸船后临时或短期存放的建筑。其主要功能是货物贮存、集运,或进行货物分类、编配加工、检查,以加速车船周转、提高港口通过能力和保证货运质量。港口仓库按存放货物的种类可分为件货仓库、散装仓库、危险品仓库及冷藏库等,按特点分为专用仓库、通用仓库、单层仓库与多层仓库等,按位置分为前方仓库和后方仓库。前方仓库是设在码头前方第一线与船舶装卸作业直接相关的供货物暂时存放的建筑,其容量一般要与泊位通过能力相适应。后方仓库是位于港区的后方、距离码头泊位比较远、供货物集中和周转的建筑。后方仓库的容量是根据货物集散的速度和港口所在地区的要求而定的。堆存时间较长的货物通常保管在后方仓库。为加速车船周转、避免港口堵塞,如卸在前方仓库的货物,超过堆存期限,货主仍未提货,港口就将其转到后方仓库堆存保管。

3) 港口货场

港口货场是在港内堆存货物用的露天场地,用于存放不许进库的或不怕日晒雨淋的货物。货场根据场地所在位置可分为前方货场与后方货场,根据货物种类不同可分为件杂货场和散杂货场两类。货场场地要有一定坡度,以便于排水;要留有通道,以便于车辆和装卸机械通行和消防作业。

4) 码头前沿作业区

码头前沿作业区是从码头线至第一排仓库(或货场)的前缘线之间的场地,是货物装卸、移动和临时堆存的场所。前沿作业区一般设有装卸、运输设备,同时有道路与港外连通,有的还铺设铁路路线,以便火车、汽车能开到码头前沿,进行车船直接联运。不能直接联运的货物则进库场暂存。

5) 港内道路

港内道路是供运货车辆和装卸运输机械通行,并与城市道路和疏港道路相连接的港内通行道路。其一般布置成环形,以便利运输,并尽可能地少与装卸作业互相干扰。港口有大量货物运输时,可铺设铁路线,通过火车集疏运。

6) 供货物装卸、堆存、转载与编配加工等的各种设备

这类设备是指港口所拥有的各种装卸及运输机械,包括起重、运输机械和库场、船舱机械等。这些设备有利于加快车船装卸、运输与加工速度,提高港口吞吐能力,降低成本,减小劳动强度。

7) 附属设施

港口陆域设施还包括供港口工程建筑物及设备维修所用的工程维修基地、燃料和淡水供应站、对船舶进行临时性修理的航修站、作业区办公室、消防站、输电系统、照明、通信和导航设备及港务管理办公建筑等辅助生产设施。

2. 港口水域

港口水域是供船舶航行、运转、锚泊和停泊装卸之用的,要求有适当的深度和面积,并且水流平缓、水面稳静。港口水域包括船舶进出港航道、港池和港口锚地。

1) 进出港航道

进出港航道是自海、河主航道通向港口码头的航道。进出港航道的尺度要求适应进

出港船舶的尺度以保证航行安全,航道中线应与水流的方向尽量一致或接近以便船舶进出港口和减少泥沙淤积。

2) 港池

港池是毗邻码头的供船舶停靠和装卸货物的水域。港池的面积和水深要满足船舶安全停靠和装卸以及调头的需要。

3) 港口锚地

港口锚地是供船舶安全停泊、避风、海关边防检查、检疫和进行过驳、编组作业的水域,又称锚泊地、泊地。其面积因锚泊方式、锚泊船舶的数量和大小、风浪和流速大小等因素而定。要求水深适当,底质为泥质或砂质,有足够的锚位(停泊一艘船所需的位置),不妨碍其他船舶的正常航行。

港口锚地分为港外锚地和港内锚地。港外锚地设在港外,供船舶在进港前停泊等待引航或接受海关、边防检查以及检疫等用。在有天然掩护条件的港外锚地可进行部分减载的过驳作业,使吃水较深的船舶能够进入水深不足的港池。港内锚地一般设在有掩护的水域,主要供船舶等候靠泊码头或进行水上过驳作业用。

3. 港口腹地

港口腹地又称港口的吸引范围,即港口集散旅客和货物的地区范围。对某港口而言,其港口腹地是该港口所服务和被服务的地区,即港口货物(或旅客)运进、运出或中转的地区和为该港口提供后勤、经济支撑等服务的地区。

港口腹地的类型与范围受自然、社会、经济因素的影响,根据港口地理位置及其周边交通运输与经济状况而确定。港口腹地的划分有助于了解腹地的资源状况和经济潜力,是确定港口合理分工、进行港口布局和规划的基本依据。

港口腹地类型与范围的划分按港口与腹地的连接方式,可以分为陆路腹地、水路腹地和空路腹地。按港口之间的腹地关系,港口腹地可以分为单纯腹地和混合腹地。按服务到达性质,港口腹地可分为直接腹地和间接腹地。详细可见表1-2。

表1-2 港口腹地的分类

分类依据	腹地类型	腹地范围
港口与腹地的连接方式	陆路腹地	港口经济辐射、吸引以及历史上有密切往来的所达内陆经济区域范围
	水路腹地	经水上航线直挂、直达的外陆(或外埠)经济区域
	空路腹地	经空路航线直挂、直达的外陆(或外埠)经济区域
港口之间的腹地关系	单纯腹地	一港独有的经济区域范围
	混合腹地	多个港口共有的经济区域范围
服务到达性质	直接腹地	港口直接服务或被其服务的经济区域范围
	间接腹地	经港口中转的所达经济区域范围

港口经济腹地的大小受其区位条件、交通条件等多种因素的影响,港口对外的贸易和运输联系所决定的港口物流的流量和流向,也在很大程度上决定了港口及其腹地的规模和地位。一个港口的腹地范围不是静止的,而是随着社会经济和物流的发展而不断变化的。通常来说,影响港口腹地范围的主要因素如表1-3所示。

表 1-3　影响港口腹地范围的主要因素[①]

因　素	内　容
港口的硬件条件	基础设施、港口布局、特殊设备、仓储条件、信息平台等
港口的软环境	装卸质量、口岸环境、港口服务范围、船舶等候时间等
集疏运条件	运输距离、运输道路与航道条件、陆和水陆运输设备情况等
外部经济规模及结构	港口潜在服务区的经济发展、对外经贸情况、产业结构等
竞争情况	港口的竞争力
货物类型	不同类型货物的特性、包装、适宜的运输工具、运输距离等

港口腹地与港口之间存在着相互依存、相互作用的关系。腹地经济越发达,对外经济联系越频繁,对港口的服务需求也越大,由此推动港口规模扩大和结构演进;港口的发展又为腹地经济发展创造条件,可促使港口腹地范围进一步扩大。港口和其腹地间的这种相互作用关系,对以港口为中心的区域经济发展具有重要意义。

4. 港口集疏运系统

港口集疏运系统是与港口相互衔接,主要为集中与疏散港口吞吐货物服务的交通运输系统,由铁路、公路、水路、城市道路、空路及相应的交接站场组成。它是港口与广大腹地相互联系的通道,为港口赖以存在与发展的主要外部条件。一个现代化港口只有具备完善与畅通的集疏运系统,才有可能成为综合交通运输网中重要的水、陆、空交通枢纽。

港口集疏运系统的具体特征如集疏运线路数量、运输方式构成和地理分布等,主要取决于各港口与腹地运输联系的规模、方向、运距及货种结构。一般与腹地运输联系规模大、方向多、运距长,以及货种较复杂多样的港口,集疏运系统的线路往往较多,运输方式构成与分布格局也较复杂;反之线路就少,运输方式构成与分布格局就较简单。由于各港口的实际情况十分复杂,互不相同,故其集疏运系统的具体特征也不同。从发展趋势看,一般大型或较大型港口的集疏运系统,均应因地制宜地向多通路、多方向与多种运输方式方向发展。

从空间上看,港口是一个点,它需要面(腹地)和线(水、陆、空集疏运系统)的支持。现代物流条件下,港口与港口之间的竞争早已脱离了点与点竞争的概念,而是以港口、腹地和运输为整体的综合实力的较量。每一个港口的形成都是顺应某一地区经济大发展和对外贸易的强大需求而发展起来的。而港口也需要发达的腹地经济支持,如果腹地不能为其提供充足的货源和服务,现代港口是很难形成的。

1.1.3　港口的技术经济特征

港口有很强的规模经济、范围经济和结构经济特征。

1. 规模经济特征

规模经济是指企业平均成本随生产规模扩大而递减的经济形态。

港口由于投资规模大,固定成本很大,而变动成本相对小,而有很强的规模经济特征。就港口本身而言,其规模经济主要表现在港口码头泊位大小、航道水深、港口面积等基础

---

① 程言清.港口物流管理[M].北京:电子工业出版社,2007.

特征对港口业务的影响。比如,港口泊位越大,航道越深,能够停靠的船只吨位就越大,这样可以使单位货物的平均成本和边际成本下降很快。

港口的规模经济涉及多个环节,这些环节有的属于港口范围内,有的则与港口密切相关。以集装箱运输为例,集装箱码头的影响设施主要有集装箱、港口设施、运输工具等。也就是说,集装箱、港口设施和运输工具(船舶)的规模都是这一业务规模经济实现的必要条件。集装箱运输成本体现在海上运输成本、内陆运输成本、保险费、在途停滞时间、运网的规模经济以及服务质量等重要指标上,这些指标总体上反映了海运设施利用效率和物流服务的效率。大规模的投入可以降低成本,但是投入直接受到其他服务对象的经济规模的影响。因此,港口物流的规模经济不是一个单纯扩大港站基础设施规模的问题,而是一个讨论港口规模经济需要加以注意的问题。

2. 范围经济特征

范围经济是指在提供两种以上的产品或服务时,由共同使用了部分生产设施而导致的成本节约。

港口的同一种设施,比如码头,可以在不同时间供不同业务企业使用,因而存在不同业务使用同一种设施而产生的范围经济。这与单一业务产生的规模经济不同,范围经济来自业务的范围扩大导致的成本节约。在一般行业中存在的范围经济,一个企业通常可以采用扩大生产范围的方式轻易实现,因为生产所使用的设施是企业自身投资实现的,并且,如果其他企业想获得这种范围经济,只要采取相同的方法就可以比较容易地实现。而港口业的范围经济是基于特定地点和位置——良好港口岸线的不可再生性,因此,港口基础设施与港口业务经营进行分离,并对港口基础设施的运营进行价格监管,可能是实现这种范围经济的一个必要的制度前提。

3. 结构经济特征

结构经济是指国民经济的组成和构造。一定的社会经济和技术条件,要求与它相适应的一定的经济结构。经济结构的各个组成部分之间,都是有机联系在一起的,具有客观制约性,不是随意建立的任何一种经济结构都是合理的。

港口是综合运输网的结合部,聚集着多种运输方式,并且需要完成技术作业,货物换装、辅助作业,船舶供应以及货物的改换包装、分拨、储存等多项服务活动。为此,港口必须是具有多种功能的生产力系统,以满足多种多样的生产、服务活动的需要,而且这些生产、服务活动之间必须有密切的关联性。因此,港口的生产、服务是一个特殊复杂的生产力系统。研究与确定港口生产力系统,必须从结构经济的观点出发。确定港口各个组成部分之间的相互关系、各项功能之间的关系,才能确定港口生产力的结构关系。港口生产力结构的特殊性,为研究港口结构经济提供了典型的案例,可惜的是至今没有引起应有的重视,因此,导致港口的经济结构不合理,生产力结构不配套,大量投资浪费、重复建设、盲目建设的项目已屡见不鲜。这暴露出结构经济理论在港口生产力结构的应用研究存在较大差距。

结构经济同生产力结构是密不可分的。港口合理的通过能力结构是发挥港口生产力作用的保证,合理的经济结构是提高港口经济效益的保证。两者要求的结构合理化,都是结构经济的研究内容。港口生产力结构是一个复杂的结构经济体系,它包括生产力要素结构、劳动对象结构、劳动资料结构、劳动者结构等。

1.1.4 港口在现代物流体系中的地位

港口在现代物流体系中占有重要地位,这体现在以下几方面。

1. 港口是物流环节中的龙头

港口是水运货物的集散地、远洋运输的起点和终点,是整个运输链中最大量货物的集散点,是综合交通运输的枢纽。现代港口作为物流分拨配送中心,不仅履行着储存、分拣、理货、装卸搬运和流通加工等职能,而且还担负着整个物流链中的信息情报工作。

2. 港口是生产要素的最佳集合点

由于港口天然的运输优势,世界上许多港口都有"前港口,后工厂"的布局,世界上很多依赖进口原料和原油的大型企业大部分都建在港口地区,许多实力强大的企业也会选择港口作为其理想的发展之地。现代港口汇集了大量的人力、物力、财力,充分发挥了物流系统的整体功能,使各种资源都可以达到最大的使用效率,达到 1+1>2 的效果,成为生产要素的最佳集合点。

3. 港口是信息中心

港口是不同运输方式汇集的最大、最重要的节点。在港口地区落户的有货主、货代、船东、船代、商品批发部、零售商、包装公司、陆上运输公司、航空运输公司、海关、商检机构及银行、保险等有关机构,它们以不同的方式发布自己的信息,于是大量的货源信息、技术信息、服务信息在这里汇集,并在港口的辐射范围内传递,形成港口信息中心。

4. 港口是人员服务中心

港口也是一个人员服务中心,提供贸易谈判条件、人才供应和海员服务等,并提供舒适的生活娱乐空间,强化了港城一体化关系。

随着国际多式联运与全球综合物流服务的发展,现代港口作为全球物流网络的节点,将朝着全方位的增值服务方向发展,成为商品流、资金流、技术流与信息流的汇集中心。同时,现代港口通过其自身区域优势和由此衍生出来的诸多的功能,可简化贸易和物流过程,在现代物流节点上提供最少的间断和最大的增值。

1.2 港口物流的内涵与功能

1.2.1 港口物流的内涵

港口物流是一个复合概念,必须从以下几方面进行全面的诠释[①]。

1. 基于港口发展历史对港口物流的诠释

1992 年,联合国贸发会在《港口的发展与改善港口的现代化管理和组织原则》的研究报告[②]中把港口的发展分为第一代、第二代和第三代,20 世纪 90 年代以后港口向第四代发展。随着全球经济一体化,港口的功能开始了从单一货运生产到综合物流汇集,从传统

---

① 汪长江.港口现代物流:概念诠释、效率测评与增进对策[J].管理世界,2008,(6).
② 真虹.第四代港口的发展模式[J].海运情报,2006,(6).

货流到货流、商流、金融流、技术流、信息流全面大流通的转变,运输方式也开始了从车船换装到联合运输、联合经营,从传统装卸工艺到以国际集装箱门到门多式联运为主要特征的现代运输方式的转变。现代物流中心成为港口新的发展目标。现代港口除了国际多式联运的枢纽功能外,还扮演区域或国际性的商贸中心、金融中心、信息中心的角色。因此,从港口发展历史来看,港口物流应该诠释为以港口为中心的货流、信息流、资金流、各种物流作业和多种物流设施和服务功能的集合。

2. 基于物流活动内容对港口物流的诠释

港口物流活动具体包括装卸、运输、仓储、流通加工、信息处理活动和各种辅助活动。因此,从港口物流活动内容来看,港口物流应该是以港口为中心的将运输、仓储、装卸搬运、代理、包装加工、配送、信息处理等物流环节有机结合,形成完整的供应链,能为用户提供多功能和一体化的综合物流服务的体系。

3. 基于物流基本要素对港口物流的诠释

港口物流活动具备三个最基本的要素,即流体、载体和流向。流体是指经过港口的货物,载体指流体借以流动的设施和设备,流向指流体从起点到止点的流动方向。因此,从物流基本要素来看,港口物流应该是以港口为中心的提供优质载体、合理安排流体流动顺序,以使流体按科学的流向流动的全过程。

4. 基于港口物流特点对港口物流的诠释

港口物流是特殊形态的物流,与传统的港口生产和服务及其他类型的物流相比具有国际化、多功能化、信息化、标准化、独特化、聚散效应、整合效应等特点。随着全球经济一体化的趋势,港口也要凸显"一体化"。因此,从港口物流特点来看,港口物流是港口为适应现代物流发展的需要而形成的新型产业系统。

5. 基于港口物流服务平台对港口物流的诠释

港口物流平台结构包含了环境层、供给层和需求层三个层次。港口所在地区及其腹地的经济结构、政府职能部门(如港务管理局、海关等)的政策和法规,以及港口的物流设施(如码头、仓库、道路、机械等)构成了港口物流的服务环境层。供给层和需求层则分别由物流服务提供方和物流服务需求方组成。在港口区域落户的有货主、船东、货运代理商、船舶代理商、零售商、商品批发商、包装公司、陆上运输公司、海关、商检机构及其他有关机构。港区建有分拨中心、配送中心、流通加工中心等,提供仓储、装卸、包装、运输、加工、配送、拆装箱和信息处理等一系列增值服务,因此,从港口物流服务平台来看,港口物流是指依托港口这个节点所形成的服务平台所进行的物流活动。

6. 基于港口在整个物流链中的独特地位对港口物流的诠释

港口在整个物流链中的独特地位体现在三个方面:其一,港口是整个水陆运输的枢纽(国际贸易货运量90%以上经海运完成),是整个运输链中最大量货物的集结点,地位十分重要;其二,港口拥有先进的设备、码头岸线资源、后方陆域面积较大的堆场或仓库以及良好的集疏运系统,这些硬件设施为港口从事现代物流服务业务奠定了比一般物流业更加良好的基础;其三,现代物流需要具有整合生产要素功能的平台。港口一般拥有向周边腹地延伸的公路、铁路、水路等比较发达的交通基础设施,是不同运输方式汇集的重要节点,以其无可比拟的优势成为人流、货流、商流、资金流、技术流、信息流的聚集点,具有物流生产要素整合平台的资源优势,能够达到1+1>2的效果,可以说,港口是现代物流网络链中整合生产要素功能的最为高效的大平台。因此,从港口在整个物流链中的独特地位来看,港口物流是指依托港口这个在整个物流链中具有独特地位的平台所形成的现代物流系统。

综上所述,港口物流是以港口作为现代物流过程中的一个无可替代的重要节点和服务平台,以促进区域性经济发展为中心,以建立货物中心、配送中心、物流信息加工和商品交易中心为目的,利用港口集运输、仓储、装卸搬运、代理、包装、加工、配送、信息处理、多式联运等为一体的特长,发挥其由点(港口)到线(陆路、水路、空路运输)、面(港口腹地及相关经济区域)的区域物流活动的辐射优势,形成完整的供应链,为用户提供多功能、一体化服务的综合物流活动。

港口物流是近年才出现的新名词,从严格意义上说,它并不是现代物流活动的一个基本类型,在国家物流术语中也没有定义。但是在现代物流体系中,港口是物流体系中的一个无可替代的重要节点,更确切地说是稀缺节点,其功能在不断拓宽,并朝着提供全方位增值服务方向的现代物流发展,形成了完整的供应链,能为用户提供多功能、一体化的综合物流服务。由于港口独特的地理位置以及在整个物流体系中的重要地位,港口物流作为一个独立的概念被提出。因此"港口物流"是一个实际意义大于理论意义的定义,我们主要是从产业角度对其进行诠释,认为它是产业形态下以港口为核心的综合物流体系。在发展现代物流业、建设物流中心过程中,港口以其独有的集疏运能力和在物流网络中的组织作用,成为现代物流业发展的主导和重点。

1.2.2 港口物流的特点与发展趋势

1. 港口物流的特点

港口物流由于其物流中心的独特的地理位置,其发展具有一些自己的特点。

1) 港口物流的发展与腹地经济发展状况密切相关

对于港口物流而言,腹地经济的发展水平、规模、交通运输体系以及该地区的人口密度等都会直接影响港口物流的发展。世界上大多数城市都十分重视港口的发展,并制定了以港兴城的发展战略,鼓励和扶持港口的发展,使港城关系更为密切。目前,港口已成为这些城市不可分割的重要组成部分和新的经济增长点。

2) 港口物流发展受国家政策和国际环境的影响

港口物流服务除了一般意义上的物流服务,还会涉及关检、海上救助和海事法庭等特殊服务。国家政策往往在很大程度上决定了港口物流的发展水平,港口的经济同周边国家与地区有不可分割的关系,周边国家与地区的经济发展水平、经济体制、开放政策和外交政策等一系列因素都会影响到港口物流的发展。

3) 港口物流面临比普通物流更为激烈的直接竞争

随着国际贸易的迅速发展,港口竞相发展物流中心,使得港口物流之间的竞争日益激烈。港口面临的竞争不仅来自邻近港口,还来自具有区域战略地位的国外港口。首先,由于腹地内高速公路、铁路和内河航道运输网络的建设,传统的腹地概念已经被打破,物资的流动性、迁移性和蔓延性得到了强化。同一区域或邻近区域内的主要港口对货主和船公司来说已不存在距离上的问题,而主要的问题是各港口物流服务的水平。其次,大的航运企业物流插足港口的竞争。国际上著名的大航运企业一般都是大跨国公司的全球物流承运人和代理人,因此航运企业,尤其是大的国际航运联运选择哪些港口作为其物流分拨基地,或作为其物流经过的口岸,对这些港口的兴衰至关重要。那些拥有优良的港口物流基础、凭借世界一流设施以及高速度和高效率的物流服务运作系统的港口将成为大的航运企业客户的首选。例如全球吞吐量最大的港口鹿特丹,由于其有效的服务和完善的腹地交通,吞吐货物的80%的发货地或目的地都不在荷兰,大量的货物在港口通过一流的内陆运输网进行中转,运抵欧共体各成员国,体现出极强的竞争力。

4) 港口物流在现代物流链中居于中心地位

港口在现代物流发展中,有着诸多独特优势,在综合物流服务链中处于中心的地位。港口以其独特的"大进大出"的集疏运能力和较好物流网络基础,成为现代物流业的主导和重点。国际贸易中货运量的90%以上靠海运完成,因而港口在整个运输链中总是最大量货物的集结点。港口是水陆两种运输方式衔接的唯一节点,港口的建设和服务水平是整个物流链能否顺畅运转的关键。同时,经济一体化使得港口在所在地经济中的重要性得到进一步加强,各地政府都重视对港口的投资,使得港口一般都拥有比较先进的装卸设备、面积相当的堆场和仓库、先进的生产组织系统以及良好的集疏运条件等,这些优势的存在为港口进一步拓展物流服务奠定了良好的硬件基础。

5) 港口物流的发展体现了整个国家物流发展的总水平

港口由于其独特的地理优势以及比较完备的硬件设施,具有先天优势。港口汇集了大量的货主、航运企业、代理企业、零售商等,成为物流、人流、技术流、资金流的交汇中心。同腹地物流相比,港口物流的实践者比较容易接受到最先进的技术与管理,并通过物流链渗透到腹地,进而对腹地物流乃至整个国家物流的发展起到火车头的作用。由此可见,一国港口物流的发展水平很大程度上决定了整个国家物流的发展水平。

6) 港口物流具有集散效应

围绕港口,国际货物的装卸和转运产生了装卸公司、船运公司和陆地运输公司,船舶的停靠产生了船舶燃料给养供给、船舶修理和海运保险;货主和船公司之间还形成了无船承运人、货物代理和报关代理等中介公司;随着现代物流的形成和发展,围绕港口又产生了以物流增值作业为特色的物流园区和物流中心。依托港口建立的发达物流体系,可以为区域经济的发展提供低成本的可靠的物流支持,增强城市的辐射能力和影响力。而港口物流的发展使港口周边地区聚集了大量加工企业,进而成为临港工业区,成为区域经济的增长极。港口物流的发展给城市带来了大量的资金流、人流和信息流,为形成地区性的金融中心以及发展旅游业、信息产业创造了无比优越的条件。世界上的许多城市都凭借港口的优势发展成了世界工业和贸易中心。从国际上看,越是发达的综合性港口,它所依托的城市就越发达,且多是区域性、国际性的经济中心。

7) 港口物流具有整合效应

全球经济一体化的趋势,促使港口物流必须向国际化、规模化、系统化发展。港口物流产业内部的整合,与陆域、航空物流的全方位的合作都势在必行。"前港口,后工厂"的空间布局,使港口具有整合生产要素的功能,通过联合规划和作业,形成高度整合的供应链通道关系,进一步降低物流成本、提高物流效率,为客户提供更为满意的服务。同时,港口物流的服务功能方面也会凸显"一体化"的特点,实现进一步拓展,港口物流依托港口腹地运输、拆装箱、包装、质量控制、库存管理、订货处理和开具发票等增值服务,提供金融、保险等方面的服务以及货物在港口、海运及其他运输过程中的最佳物流解决方案等。

2. 港口物流的发展趋势

世界经济一体化和贸易自由化的进程加快,使物流的内涵和外延正在逐渐扩大。在此背景下,港口物流的功能和特点发生了许多变化,朝着国际化、多功能化、系统化、信息化和标准化的方向发展。

1) 国际化

国际贸易全球化、世界经济一体化趋势使港口在国际贸易中的作用更加突出。多数的港口主要提供国际物流服务,如配送中心为进口商品提供从代理报关业务、暂时储存、搬运和配送、必要的流通加工到送交消费者手中等一条龙服务,甚至还接受订货、代收取资金等。

2) 多功能化

港口物流发展到集约阶段,通过向多功能化方向发展,形成了一体化物流中心,提供仓储、运输、配送和各种提高附加值的流通加工服务项目。多功能化增强了港口的服务功能,推动了产销分工专业化,将过去商品经由运输、仓储、批发到零售点的多层次的流通途径,简化为由港口集成服务到用户的门到门服务模式,从而提高了社会的整体生产力和经济效益。

3) 系统化

港口物流向生产和消费两头延伸并加进了新的内涵,将原本仓储、运输的单一功能扩展为仓储、运输、配送、包装、装卸、流通加工等多种功能。这些功能子系统可通过统筹协调、合理规划,形成物流大系统,控制整个商品的流动,以达到利益最大或成本最小,同时满足用户需求不断变化的客观要求,更加有效地服务于社会经济活动。

4) 信息化

全球经济的一体化趋势,使商品与生产要素在全球范围内以空前的速度流动,电子数据交换与国际互联网等技术的应用,使物流效率提高、产品流动更加容易和迅速。信息化是港口物流发展的必由之路。

5) 标准化

港口物流的国际性要求在物流过程中实现标准化,在商品包装、装卸搬运、流通加工、信息处理等过程中采用国际统一标准,以便参与到区域、全球物流大系统和物资经济循环中。

1.2.3 港口物流的功能

在现代物流时代,港口的功能定位是"综合物流中心"。这就意味着港口除了提供船舶靠泊、货物装卸、转运、储存管理和产品简单加工等传统服务以外,还提供现代物流所包括的信息处理、产品深层次加工等增值服务。港口不仅是水陆运输方式之间的联结点和货物的集散地,而且是国际贸易中心、信息中心和服务中心。现代港口物流的基本功能正在单一的装卸、仓储、运输等活动的基础上逐步地拓展和完善,向着效率更高、成本更低、服务更具人性化的目标发展。现代港口物流活动的功能主要包括以下几方面。

1. 运输、中转功能

运输和中转是港口物流的首要功能。在现代港口物流活动中,运输已不再是单一的、与其他业务分离的服务活动,而是构成供应链服务的中心一环。运输功能主要体现在货物的集疏运上,运输方式包括公路运输、铁路运输、水路运输、航空运输,以及不同运输方式之间的转运,港口是一种能对港口内外腹地具有辐射服务的网络。

2. 装卸搬运功能

装卸搬运是影响货物流转速度的基本要素,专业化的装载、卸载、提升、运送、码垛等装卸搬运机械,可以提高装卸搬运作业效率、减少作业对商品造成的损毁。该功能能够实现物流由进港地点向离港地点的移动。

3. 仓储功能

仓储功能是指转运与库存的功能,具体是指各种运输方式转换的临时库存和为原材料、半成品及产成品提供的后勤储存和管理服务。由于经港口进出口的货物品类繁多,对仓储条件的需求也各不相同,因此,港口物流中的仓储设施只有齐备才能满足不同货物的要求。

4. 加工、包装、分拣功能

加工一般分为流通加工和组装加工,前者指粘贴标签、销售包装作业等,后者是指产品零部件的组装和满足客户个性化需求;包装分商品包装和运输包装,以及商品包装和运输包装的快速转换;分拣在货物合理存放的基础上满足客户的需求,进行快速分类。这些功能既能有效降低运输成本,也可以减少装卸和运输过程中的包装损坏,还可以保证上市商品的完整性和合格度。

5. 配送功能

配送功能在库存仓储、存货管理的基础上为企业生产提供后勤服务,及时配送企业所需原材料、零配件等物料。港口物流服务中应有功能较强的配送系统;同时,港口物流由于配送覆盖面广、运输线路长、业务复杂,因此需要配有相应的管理、调度系统。配送功能发生于运输和消费的交汇处,是港口物流体系末端的延伸。

6. 信息处理功能

信息处理已经成为港口进行物流运作必不可少的功能之一。港口物流因为要对大量的、不同品类的、不同客户的、不同流向的货物进行管理、仓储、加工、配送,所以需要有很强的信息处理能力。它可通过利用港口优势信息资源和通信设施以及 EDI(电子数据交换)网络,为用户提供市场与决策信息。其中主要包括物流信息处理、贸易信息处理、金融信息处理和政务信息处理等。港口信息化程度越高,港口物流的效率越高。

7. 保税性质的口岸功能

即在区域或部分区域实现保税(海关监管)区的功能,并设有海关、检验检疫等监管机构,为客户提供方便的通关通验服务。

8. 其他服务功能

港口物流还应具备其他一些辅助功能,如:船舶接待,船舶技术服务,燃料、淡水、船用必需品、船员的食品供应，集装箱的冲洗，引航，航次修理，天气恶劣时船舶的隐蔽、海难的救助等。

总而言之，在现代物流体系下发展起来的港口物流，已成为一种重要的物流形态，港口物流功能的实现不仅使现代港口起到了简化贸易和物流过程的作用，而且巩固和加强了港口在国际多式联运和全球综合物流链中的地位和作用，进而在国民经济和世界经济的发展中发挥更大的作用。

1.3 港口物流的几个基本关系

1.3.1 影响港口物流发展的经济因素

1. 世界经济和国际贸易的影响

世界经济的发展是港口物流业发展的基础。世界经济发展的周期性变化必然对世界贸易产生影响，世界贸易的波动又会影响到各国的进出口业务，进而影响其港口物流经营状况。

一般来讲，世界经济发展与港口物流经营的变化方向是相同的。如21世纪初世界主要经济体的经济陷入衰退，世界贸易增长出现下滑，我国的进出口业务受此影响增速明显放慢，这对我国港口物流业产生了一定的影响。从世界地区经济的发展趋势看，地区经济发展导致地区对外贸易增长，必然带来地区间港口航运需求的增加。近年来亚太地区经济保持了快速发展的态势，世界经济重心已经向亚太地区转移，导致了亚太地区对外贸易的繁荣，这是我国港口物流业发展的一个重要国际经济环境。世界经济的发展变化趋势还对港口物流业的发展趋势与特点产生了重要影响。世界经济一体化导致了国家经济发展日益依赖对外贸易和交流。根据联合国有关组织统计，目前全世界跨国公司的投资、生产和经营活动已遍及全球160多个国家和地区。世界经济一体化带来了世界贸易和海上运输需求的增长，跨国公司的发展直接推动了集装箱运输与全球综合物流服务方式的发展。同时，世界贸易的区域化和集团化趋势也很明显。现在世界上已建立了30多个区域性的贸易集团，这些集团的建立促进了各个区域内部国际贸易的增长，进而对航运和港口物流业务产生了较大的影响，集装箱支线运输和近洋运输将成为全球集装箱运输发展的主要增长点。

2. 国内经济的影响

国内经济因素对港口物流业发展的影响主要表现在以下几个方面。

1) 国内宏观经济对港口物流业的影响

从一定意义上来说，港口是国民经济运行的晴雨表，国民经济的发展速度与港口物流生产的增长息息相关。如，我国目前正处在国家工业化过程中，国家经济发展处在一个持续高速增长时期，国民经济发展速度将直接促进港口物流业的增长。

2) 产业结构的调整对港口物流的影响

我国现在正处于工业化过程中，第二产业即加工制造业已是经济增长的主要产业和经济发展的支柱产业，必将导致以制成品为主的集装箱运输需求的迅速稳定增长。国家产业结构调整可直接对运输市场的货源结构和数量及运输方式产生影响。

3) 国民经济区域布局的调整对港口物流的影响

我国从"九五"开始,根据东、中、西、北部经济布局调整的原则提出了西部大开发战略。沿海、沿江三大经济圈的划分,振兴东北老工业基地等国家经济总体布局的调整,推动促进了各个经济区域经济的发展和对港口及航运业的需求。

4) 投资结构和消费战略的调整对港口物流的影响

国家投资结构和消费战略的调整变化直接影响市场对港口物流的需求。如,我国从"九五"开始到 2010 年,已将水运、能源、交通列入国家投资重点。与之相关的重点水利工程、能源基地建设工程和港口、公路、铁路建设工程都直接促进了港口进出口物资的增长。另外,随着国家消费战略的调整,在拉动内需战略的带动下,住宅建筑业、轿车工业等都对港口物流产生新的需求。

5) 对外贸易的发展对港口物流的影响

资料显示,我国外贸货运量与港口吞吐量之间存在着正比的关系,二者的变化几乎是同步的。改革开放以来,我国对外贸易取得了飞速发展。我国加入世界贸易组织(WTO)后,随着大经贸格局的形成,加工贸易的增加、保税区的发展、进出口贸易的增长都对港口物流业提出新的要求,促进了港口物流业的高速发展。

1.3.2 港口与城市的关系

港口作为水陆运输的联结点,在陆上和海运两个方面具有集聚、扩散功能。长期以来,港口与城市相互促进、共同发展。港口与城市及区域的协调发展有两种方式:一是从港口这方面入手,通过港口的港能转化等手段拉动城市的发展,即港口的拉动协调;二是从城市出发,通过扶植和发展与港口发展有关的产业来提高港城结构的整体效益,即城市的推进协调。

1. 港口对城市的拉动作用

首先,港口在城市的发展中具有非常重要的先导性作用和带动作用。人类发展历史表明,人类的经济社会活动对江河海洋的依赖度是极大的,而港口依托江河和海洋为人类提供运输、渔业、贸易等服务,并衍生和带动其他产业,城市便围绕着这个面向江河和海洋的窗口自然发展起来。

其次,随着港口发展,港口功能由单一向多元化转变,不仅有港口直接产业(海运、集疏运等),还产生了港口关联产业(贸易、仓储、海运代理、保险、金融、通信、旅游、服务等),并且由于原材料和产成品的运输便利、运费低廉以及经济基础、国际交往、物流发达等优势吸引了大量港口依存产业。港口城市已成为银行业、金融保险业、海上保险业、商品期货贸易业的综合体,与航运相关的服务业亦很发达,包括船舶代理、货运代理、仓储报关等。这样就产生了大量的人员、物资、信息、资金的流动,从而为城市经济的发展注入了强大的生机和活力。

再次,港口对于城市具有一种强有力的纽带作用。这种纽带作用表现为:以港口为中心的由多种运输方式构成的综合运输网络,可以大大提高城市运输效率、强化城市同各地区的经济联系;利用水道的网络特点,通过港口这一纽带,可以建立和发展港城区域内港口城市的横向联合；利用港口的集散、中转和外运作用,可以建立起区域内以城市为集汇点的运输网络,更好地发挥中心城市的集聚和扩散作用。

最后,由于港口行业自身的特点,其经营活动的前后向联系强度很大。由于港口的作用,城市在港口直接产业、关联产业和依存产业的基础上,进一步吸引其他产业的聚集,这样就形成日益广阔的经济辐射面,有效提高了各种资源的流动性、降低了流动成本,形成了港口城市的区位优势,乘数效应发挥了作用。在此基础上,通过新兴工业、新的建设活动、服务业和公共部门的扩大等,优化城市投资结构,促使要素向高回报产业流动,调整产业结构,形成规模效益,有效带动优势产业增长。这种增长再通过乘数效应拉动城市及周边地区的经济发展。

通过以上的作用机理,可以看出,港口对城市的拉动作用和深刻影响是多方面的。

（1）城市是个开放系统,需要和外界进行广泛而频繁的物质、能量、人员和信息的交换。港口是对外通道和各种联系交流的据点,是人员和物资出口的口岸,特别是在促进并推动强大和数量惊人的物流方面发挥着重要作用,是城市正常运转的重要物质前提和必要条件。

（2）港口是城市的重要基础设施,关系着城市利用外地资源,包括国内外资源的范围和程度。港口发展和国内外贸易及商品经济的发展息息相关。作为城市的窗口和门户,港口是引进国外资本、设备、技术等的重要渠道。这无疑有利于加快城市及区域经济的成长与发展。

（3）港口是城市发展各种产业,包括工业制造业和第三次产业的物质手段和重要条件,也是增强城市辐射力、吸引力和服务功能的基础和重要手段。

（4）港口不仅是物流中心,在推动人际交往、促进科学技术和思想文化交流方面,也发挥着重要作用。这对于增进各国人民的了解和友谊、维护世界和平等政治方面同样有积极意义；而随着人员的频繁交往,也会推动城市公共交通、邮政电信服务、饮食宾馆、旅行导游等各项事业发展,并促进各种商品特别是工艺品、土特产品的销售,从而带来经济繁荣和财政税收、利润及外汇收入的增加。

港口对经济发展的促进和拉动作用,并不仅仅限制在所在城市的范围内,作为交通枢纽和流通中心,也会在更广阔的地域范围内发挥作用,特别是对经济腹地的开发产生深刻影响。

2. 城市对港口的推动作用

在港口拉动城市经济发展的同时,城市的发展又为港口发展提供支持和保障。城市经济的发展,使港口的货物种类不断发生变化,也使港口的战略功能、服务范围、生产特点和地位作用发生相应变化。随着运输货物种类和数量的不断增多,港口运输货物由一般散杂货物向大宗干液散货、集装箱专业化方向发展,港口由人流、物流运输方式换装的单一功能,到拓展运输功能,发展物流业、临港工业,逐步形成面向海洋,以信息化、生态化为主的综合流通枢纽和海洋经济基地,形成海内外两个辐射面的海洋经济综合流通网带,港口的地位和作用得到了提升。

城市中金融、管理咨询、技术发展、应用研究、信息通信行业的发展提供给港口业优异的服务,城市也提供了综合物流活动空间和内陆运输连接通道,城市的发展为港口竞争力的提高提供了大力支持。港口的货源相当一部分来自依托的城市,因而城市经济的繁荣是港口发展的重要条件之一。

因此,在港口和城市的关系上,要强调协调和一体化,充分发挥港口和城市互相依存、互相支持、互相促进的积极作用。城市要支持港口建设和各项生产及业务活动的展开,港口也应树立为城市和腹地服务的思想,努力为城市经济、区域经济的成长和现代化做出应有的贡献。总的来说,港口促进了城市经济发展,为城市带来了就业机会与经济发展机会等。而城市的发展也同样促进了港口的进一步发展,城市发展为港口物流提供了金融服务、管理咨询服务等,见表1-4。港口物流的发展与城市发展是相互促进又相互制约的关系。

表1-4 港口与城市的相互作用分析

港口对城市的贡献	城市对港口的贡献
1. 直接就业 2. 间接就业和经济发展机会(轻工业和新技术产业、商业园区、配送业、物流园区、旅游等) 3. 多式联运与世界的联系 4. 与国外的经济文化交流	1. 为下述领域提供优异的服务:金融、管理咨询、技术发展、应用研究、信息通信 2. 提供海运和港口有关的服务 3. 提供综合物流活动空间和内陆运输连接通道 4. 支持港口的竞争

1.3.3 港口物流与区域经济的关系

港口物流的发展有利于全面带动港口所在区域的经济发展。依托港口大力发展现代物流并形成清晰的供应链和产业链,是西欧沿海地区经济发达的一个重要原因,鹿特丹、安特卫普港依托港口兴建物流园区和国际航运中心等都是成功的典范。根据我国1988—2007年历年数据的定量研究测算,如果其他条件不变,我国沿海港口吞吐量每增加1%,则经济总体增加量为1.347%。①

1. 港口物流对相关产业的带动作用

港口使各种资源向港口及港口周边地区集中,这就促使更多的相关公司、供应商和关联产业相应集中,形成相关产业链条,促进区域经济产业升级。

1) 对仓储业的带动作用

世界贸易的90%由海运完成,绝大部分的进出口货物通过港口中转集散。由于港口是货物、船舶密集的地方,各种运输方式不可能直接完成协调衔接工作,仓储必不可少;同时仓储也是港口的重要功能,是现代物流的重要组成部分,港口物流的发展必然带动仓储业的发展。

2) 对配送、陆上运输业的带动作用

为了更好地完成货物的集散、配送工作,必须拥有一流的装卸和搬运机械,必须拥有一支训练有素的专业陆上运输队伍。这样,港口就为陆上运输、配送业的发展提供了巨大的发展空间。

---

① 汪长江,赵珍.港口物流对区域经济发展的拉动及其实证研究[A].见:浙江省经济学会交流论文[C].2008.

3) 对包装、流通加工业的带动作用

为了促进商业销售和方便运输流通,提高货物和商品的附加值,流通加工和包装完全是必要的,港口业的发展必然带动包装、流通加工业的发展。

4) 对信息服务产业的带动作用

港口作为物流中心,往往汇集了船东、货主、货运代理、船舶代理、商品批发零售、包装公司、内陆运输、海运、政府机构和配套服务机构,各类信息集中而全面。为使有关信息在各个环节准确、快速地传递,网络技术和信息系统建设就必不可少,这无疑有力地带动了信息服务业的发展。

5) 对商贸的带动作用

港口在促进货物的集散、仓储配送、陆上运输、流通加工和信息服务发展的同时,聚集了人气,带动了当地贸易的发展,主要是加工贸易的发展,成为港口城市的又一经济增长点。

6) 带动地区金融、保险业的发展

港口所在的城市不但要有相适宜的供电、供水、供油和交通电信等基础设施,而且要有发达的金融、保险业务,提供融资、离岸金融、船舶保险、财产保险等服务。随着国际航运业的发展和航运中心的逐步形成,与之相应的海上保险和海事仲裁需求将与日俱增,必须形成发达而完善的海上保险市场与海事仲裁中心,以及按照国际惯例办事的海外服务机构、一关三检等口岸监管部门。

7) 带动旅游业、宾馆餐饮业、房地产业的发展

未来的港口城市是按"百年大计、世纪精品"的要求,高标准、高水平实施城市的规划与开发,以成为城市规则、城市建筑、城市功能和旅游风景的杰作,创造具有强烈海派风情的水岸景观,吸引海内外航运企业及相关企业入驻城市水景生态园工作、生活。这样就为港口城市发展一系列的旅游、娱乐、宾馆餐饮等创造了机遇,使其一来可以满足船员、公司业务人员休闲娱乐的需要;二来可以成为市民、游客海上度假旅游的场所;同时还能发展滨海城市的房地产业,以满足有识之士落户之需。

8) 带动修船、备件服务行业的发展

港口汇集了来自世界各地的船舶,必然会产生对船舶修理、船舶备件的需求,这将带动港口所在区域的修船、备件服务行业的发展。

9) 提供就业机会,带动教育培训事业的发展

港口物流的发展建设,将促进城市产业结构的调整、生产力水平的提高,带动各项产业的发展,从而为城市提供更多的就业机会,促进人民生活水平和生活质量的提高;同时,吸引更多的有识之士及各种人才汇聚港口城市,投身城市的建设事业,并促使人们在工作中不断吸收新知识、新文化。

2. 港口物流对区域经济的贡献

港口物流对区域经济的贡献可以分为直接经济贡献、间接经济贡献和社会效益。港口是一个生产部门,有其自身的生产效益,但又是一个特殊形态的生产部门,与社会经济各个部门有着极其密切的联系,它的社会经济效益大大超过了它自身的生产效益。因此,在考察港口对于区域经济的贡献时,不仅要考虑其直接经济效益,更要考虑其服务于其他部门而产生的间接经济效益及其社会效益,只有这样才能涵盖港口对于区域经济的完全

贡献。

1) 港口物流对区域经济的直接贡献

港口物流对区域经济的直接贡献主要是指港口生产所直接获得的经济效益。港口是国民经济和地区经济的一部分,与其他行业一样,港口业同样产生国内生产总值、国民收入,港口还产生就业机会、上缴国家税收。因此港口的直接贡献可以用货运与客运周转量以及国民生产总值的增加值等指标来衡量。

2) 港口物流对区域经济的间接贡献

港口的间接经济贡献是指由于港口的生产和发展促进或带动了其他部门的发展而产生的那部分效益。它包括:以港口生产为中间产品的其他部门的发展带来的经济效益;港口生产所需产品的生产部门的发展带来的经济效益;港口发展使得货物得以及时运送而获得的生产效益与市场效益;由于港口发展运输时间减少而创造的时间价值;增加就业人员及就业人员工资带来的消费的增长,从而促进了经济的增长;等等。也就是说,港口除了核心活动以外,还有大量扩展经济的活动,正是这部分活动产生了港口的间接经济效益。这部分活动中的典型活动就是贸易活动、临港工业活动以及基于港口的物流活动。

3) 社会效益

港口物流的社会效益是指港口物流发展对促进地区繁荣的巨大的推动效益。它包括:①由于港口物流的发展提高了当地的运送能力,促进了资源开发、商品交流带来的经济结构的变化和经济的迅速发展;②由于港口物流发展吸引投资带来的地区经济的繁荣;③由于港口物流发展吸引投资带来的当地税收的增加;④港口物流发展吸引投资使腹地或港口周围土地价值的大幅度上升;⑤由于港口物流发展增加就业,增加的社会稳定与吸引外来人口带来的文化、习俗、观念等方面的变化。这部分效益一般是难以量化的,但却对地区的发展具有其他部门不可替代的深远影响。

总之,港口物流与区域经济的发展是一种互动关系:一方面,港口发展离不开所处区域,只有区域经济发展了,港口才会得到真正的发展;另一方面,区域经济应充分利用港口的优势,促使其经济增长。

人类经济发展历史表明,沿海港口城市往往是先进产业最先登陆的地区,无论是依靠雄厚的资金发展起来的资金密集型产业还是知识技术密集型产业,都会逐渐在港口城市形成支柱产业。这些产业的发展会带动一系列为它们服务的生产性和非生产性行业,如为它们提供零部件加工、包装、广告宣传、科技、人员培训等服务的行业的发展。资金密集型产业和知识技术密集型产业的发展需要原材料或半成品或二者的大进大出,这又促进了贸易和运输的发展,并促进了高新技术的传播和人员素质的提高。当然并不是每一个港口城市的经济发展都能因港口的存在而受益,只有那些能够利用港口优势,积极发展和完善港口物流的港口城市,才能获得区域经济的发展。

1.3.4 港口与物流的关系

港口和物流的发展是相辅相成、互相促进的关系。港口是物流所涉及的综合运输、国际货物的最好的交汇点。沿海港口和大的内河港口往往都是公铁水联运的货运中心,是交通运输的枢纽。港口以其大进大出的特点成为大量货物的集散地、远洋运输的起点和终点,其因独特的地位而成为开展物流活动的理想场所。但港口必须融入现代物流体系,结合得天独厚的地理自然条件建立竞争优势,所以物流是港口企业求生存、促发展的必然选择。

随着物流管理理论与实践的发展,物流管理技术水平的发展以及货主对货物运输的安全、准时、经济性等服务质量要求的提高,国际班轮运输开始注意到海上运输及陆路物流系统各个环节的可靠性,班轮公司经营规模不断扩大,服务不断延伸,逐渐朝集团化、多元化经营的全球承运人方向发展,经济贸易与航运的发展使得现代港口日益成为全球运输体系中的神经中枢,其功能也逐渐从原来的海陆中转发展成为促进经济发展和服务于国际贸易的综合物流中心。

中国港口与腹地经济
——以中国上海港为例

随着商品经济的发展,特别是国内外贸易的兴盛以及水运的繁荣,港口真正成为水陆交通的中介和要道,乃至成为联结各种交通方式的综合交通运输体系的重要环节;同时又成为港口城市的门户和口岸,亦即城市和相关腹地经济的咽喉。在港口的发展中,腹地是一个非常重要的因素,可以说腹地是港口赖以存在和发展的基础。港口和腹地之间是一个有机的区域经济体,港口和腹地的发展是经济、社会、政治和环境等多方面的因素共同作用的结果。

港口的发展伴随着竞争,港口之间的竞争主要是争夺货源和投资,竞争形式表现为不同的港口群之间的竞争、同一港口群内不同港口之间的竞争和同一港口内不同港口企业间的竞争三个层次。现代港口的发展充分表明其竞争的目标是成为国际航运中心,而形成国际航运中心所需的最重要的条件之一就是强大的腹地经济。所以可以这样说,腹地经济实力是港口竞争的核心影响因素。

1. 经济发展对港口与腹地关系的影响

中国经济及国际贸易的快速增长,推动了中国港口的国际化快速发展。国际贸易中港口除为所在城市带来不可估量的经济利益外,对内陆腹地经济的拉动力和影响力也越来越大。作为发展中国家,中国发展进程在某种程度上可以说是工业化与城市化的进程,这使中国港口的发展与腹地关系呈现出新的趋势和特征。改革开放以来"孔雀东南飞"的现象持续了二十余年,沿海港口城市对中国各种生产要素的集聚与配置的能力逐渐增强,其中,临港产业、集装箱运输和现代物流,对港口与腹地关系产生的影响最为突出。

1)临海产业带和临港产业的发展对港口与腹地关系的影响

临海产业带和临港产业的迅猛发展,完全是中国工业化和城市化发展的客观需求。一方面,中国目前正进入承接欧美及日韩的以石油化工、钢铁冶炼、修造船、汽车制造为主的产业转移和产业升级的工业化新阶段,这些产业所需要的原材料及其制成品,依赖沿海港口的大进大出,因此在其发展过程中日益向沿海临港地区集聚。同时,中国内陆资源如石油和矿石的严重不足,致使现代化建设需要的大量资源要通过港口来获得,世界每年新增的海运量中,超过60%是中国的进出口货物。港口水路腹地不断拓展,更多的内陆临矿型企业开始向临海和临江型企业转变。这种转变,估计要在21世纪的前20年或者更长的时间才能完成。

另一方面,中国的城市化加快了人口和劳动力向沿海沿江城市的集聚,因为临港产业往往是源头产业,容易形成产业集群、带动众多的产业链,从而能安置更多的劳动力。人口和劳动力的转移,有助于内陆腹地加快发展。

临海产业带和临港产业的发展对港口和腹地的关系的影响表现为以下几个方面。

(1) 中国沿海、沿江港口越来越具有能动的资源配置功能。这主要表现为:吸引跨国公司资源,在港区后方陆域配置形成国际性、区域性加工基地和配送中心;吸引国内优势资源,在港区后方汇聚形成连接内陆的经济增长点;吸引城市优势资源向临港地带集中,形成面向国内外的新兴产业群;通过枢纽的辐射和集疏运网络布局,推动港口所在城市的产业资源向腹地配置。在经济全球化的作用下,由跨国公司内部的国际分工导致的"要素输出",进一步加大了海运和港口在世界范围内配置资源的能动作用。

(2) 港口过分依赖内陆腹地货源的状况得到改变。港口与市场一起发挥配置资源的功能,极大地提升了城市的经济集聚和产业派生能力,使港口所在城市的生产力布局趋于优化和充满活力,改变了以往偏重于依赖内陆腹地资源的情况,实现了综合利用海内外两种市场、两种资源,创造新的经济增长点和产业链的目标。

(3) 内陆腹地的经济发展更加依赖港口城市。沿海和沿江港口资源配置功能的强度,反映了港口所在城市产业的国际化程度和与世界市场的对接程度。内陆腹地要想加快国际化进程,就必须首先实现与国际性枢纽港口城市的对接。从这个意义上说,珠江三角洲及华南地区需要对接香港以及广州、深圳,长江三角洲及长江流域需要对接上海以及宁波—舟山,东北三省需要对接大连,华北和黄河流域需要对接天津和青岛。港口的建设发展,对于我国内陆腹地经济的发展具有非常重要的战略意义。

由此,港口日益显现的资源配置作用和产业向港口集聚的趋势,使港口及所在城市成为中国现代化的强大动力,并肩负着安置腹地富余劳动力和带动腹地产业升级的历史重任,对中国现代化进程产生了巨大的影响。

2) 集装箱运输对港口与腹地关系的影响

集装箱运输将跨国公司的全球化战略演绎得更加经典。众所周知,全世界国际贸易海上运输量的70%是跨国公司创造的,其中40%是跨国公司内部资源流动所创造的。集装箱运输是跨国公司全球配置资源的最便捷的载体。当亚洲成为世界制造业最密集的区域、中国成为世界制造业最主要的基地时,集装箱运输的重心已经转移到了亚洲,特别是中国。中国内地已超过美国而成为世界上港口集装箱吞吐量完成最多的国家。

集装箱运输的发展,对于港口与腹地的关系所产生的影响如下。

(1) 内陆腹地通过港口和集装箱运输实现了与世界市场的无缝对接。集装箱运输的最大优点就是门到门运输。货物在内陆工厂装入集装箱,通过多式联运,就可以直接到达国际市场的用户手中。这种无缝对接,极大地缩短了内陆腹地与世界市场的距离,从而具备了更多地吸纳外资和外贸企业的新优势。

(2) 集装箱运输成为港口城市和内陆腹地的重要经济资源。从港口城市来说,当集装箱航线在枢纽港越开越密时,跨国公司的地区性总部、结算中心、运营中心乃至跨国公司总部本身都会随之落户,站在跨国公司背后的国际性金融、保险机构也会跟进。所以,集装箱运输资源是主要港口所在的经济中心城市现代化发展中的战略性资源。再从内陆腹地来看,你只有具备了集装箱多式联运通达条件时,才有可能吸引跨国公司的投资。由此可见,无论是港口城市还是内陆腹地,谁占领了区域内集装箱运输的高地,谁就在区域经济发展中占有领先优势。

(3) 集装箱干支线网络的构筑有力地促进了沿海与内陆、港口与腹地经济的交流与互动。随着我国集装箱运输的逐步发展,国际航运中心、干线枢纽港、支线港和喂给港组成的集装箱港口网络正在形成。例如上海港积极推行"长江战略",先后在武汉港和安庆港与当地港务集团合资经营集装箱码头业务,与重庆、芜湖、南通等已经签订了合作经营集装箱码头业务的战略协议。

(4) 没有港口的内陆城市,现在也在通过海铁联运发展集装箱进出口转关业务和建设"无水港"。如我国在海铁联运方面相对较好的青岛港,已经与内陆的郑州、洛阳、西安、宝鸡、成都、绵阳和乌鲁木齐等地海关开通了进出口转关业务。此外,西安市也正在与上海港探讨建立"西安国际港务区"的可行性,意在使内陆腹地通过"无水港"和集装箱运输多式联运,将西安与沿海国际港口有机连接,使国际港口功能在内陆得到延伸,从而把西安建设成为沿海港口在内陆地区的一个支线港口,使沿海港口与腹地之间的联系进一步国际化。

3) 现代物流的发展对港口与腹地关系的影响

港口是现代物流的重要基础设施之一,是物流的重要平台和载体,是国际物流和国内物流、海洋物流和内陆物流的交汇之地。当现代物流兴起之时,港口与港口之间的竞争已经取决于物流竞争,尤其是物流链的竞争。港口能否成为主要物流链中不可分割的一环,将成为决定港口生存和发展的关键。当前,港口主要通过以下方式构筑物流服务链:①与航运、公路、铁路企业共同构筑物流链;②与货主联合构筑物流链;③与大型专业物流公司联合构筑物流链;④与生产要素市场和消费市场物流资源整合,开拓物流链。

港口物流发展对港口与腹地的影响主要表现为如下方面。

(1) 现代物流整合了各种运输资源,有助于加强港口与腹地的联系。现代物流使港口与铁路、公路、航运等多种运输方式有机衔接,使沿海港口与内河港口形成有机的物流服务通道,并以内河港口为节点,辐射连接众多的物流链,将港口与腹地更紧密地联系在一起。

(2) 现代物流技术能使港口为腹地企业提供更便捷、更加个性化的服务。

(3) 现代物流促进了港口与内陆企业的资本嫁接和产业整合。港口物流链的竞争,使得内陆大型企业有机会参与沿海和沿江港口建设,自行构筑通向世界市场的物流链,或者与港口企业进行资本嫁接成为战略合作者。如神华集团在河北建设黄骅港,在山西开采煤炭,并经营铁路运输和出口煤炭贸易,形成出口煤炭物流链。又如安徽马鞍山钢铁公司最近正在参与马鞍山港口的企业转制,将成为马鞍山港务集团的最大股东,由此,港口与腹地企业的联系进入了资本合作的新阶段。

2. 上海发展国际航运中心的优势与限制

中国政府1995年提出要建设上海国际航运中心。目标是建设集有形商品、资本、信息、技术的集散与配置于一身的"综合资源配置型、腹地型的国际航运中心"。航运中心的建立,不仅有利于提升城市综合功能,也是充分发挥港口优势、进一步提高腹地经济运行质量的重要保证。

1) 优势条件——腹地

上海港位于长江入海口,辖经济繁荣的长江三角洲地带,货源充足;上海港的海运、空运、铁路、公路、管道五种运输方式齐全,已基本形成较为完善的口岸综合集疏运体系,口岸支持系统完整配套,临港产业与现代服务业联动发展,具有临港产业集聚和辐射优势。上海港在1998年以307万TEU的成绩进入世界十大集装箱港口之列后,正以每年超过20%的惊人成长率快速蹿升,成为中国内地最大的港口之一。

(1) 洋山港的兴建解决了欠缺深水港的问题,将来还可建设洋山舟山跨海通道连接宁波形成巨大的组合港。

(2) 位处长江及沿海两大发展带的T形交汇点,腹地经济规模之大全国难比,何况目前长三角正处于发展起飞阶段。

(3) 配套服务日佳。首先,上海正积极发展物流及电贸事业。跨国企业采购促进中心已经开幕,提供关港贸三合一信息平台的亿道网亦已开通。在有关航运业务的电子化及信息化中,上海作为信息产业及科技中心拥有雄厚的实施能力。其次,上海已是内地最大金融中心,只要更加开放地引入外资金融机构,便可为国际航运及经贸提供更佳服务。最后,上海已成为全国最大的造船中心,长三角地区修船业亦颇发达。如南通船务曾被海外评为修船业的亚洲四佳之一。

(4) 航运及相关业务正广泛开展。上海已设有航运交易所,并公布了货箱运费指数。其他业务如海事劳务、保险及管理,货代,船舶租赁买卖和海洋开发等,均大有发展空间。因此上海不但可成为东亚的枢纽大港,也可如伦敦一样成为较全面的航运业务中心。

(5) 利用比较独特的本身及中国内地的丰富劳动力及人才资源,发展成为海员及各种海事专才的劳动力市场和教育培训中心。

(6) 发展制造业及造船业基地,发展成为船舶及其他海事海洋产品的交易营销中心。

(7) 利用中国大宗原产品外贸的巨大规模,建立交易、期货及运输等的国际运筹和物流中心,扮演类似纽约作为谷物及铁矿等产品流通中心的角色。

目前,集装箱作业已经成为上海港绝对的"支柱"所在,全港一年销售收入六成以上都来自集装箱。随着挂靠上海港的国际航运企业越来越多,上海港正以更快的步伐向国际航运中心的目标迈进。

2) 限制条件——港口软环境

国际航运中心是在长期的市场竞争中逐步形成的。它必须得到国内外相关地区、航运组织、跨国公司,特别是大船东和大货主的广泛认可。在全球范围市场经济日益完善的今天,任何靠市场运作以外的其他手段来获取国际航运中心的地位的愿望都是难以实现的。这就意味着国际航运中心必须是在其所在港城与周边港城长期的市场竞争中逐步形成的。一个航运中心的产生要经过不断的优胜劣汰和完善,才能最终实现。

以目前世界上公认的国际航运中心伦敦为例,伦敦作为最早的国际航运中心,最初以枢纽大港和船东基地为核心。伦敦航运服务业高度发达,拥有数千家上规模的各类航运服务企业,这些企业可提供包括船舶注册、船舶买卖、航运交易、海事保险、海运融资、海事诉讼与仲裁、航运信息咨询、航运人才培训,及航运业界交流中心的全方位现代航运服务,占据了国际航运中心的统治地位。伦敦还拥有劳氏船级社、Drewry及Clarkson等一流咨询研究机构。目前有关全球的航运交易、运价、船价、其船队及港口信息,主要依靠伦敦的信息咨询机构取得。伦敦还是航运融资及海上保险中心。2006年,仅发生于伦敦的船舶贷款总额就占世界总量的18%,其船舶保费收入占全球保费收入的23%。伦敦拥有世界最重要的航运交易所,波罗的海航运交易所是全球唯一实行自我监管的航运交易所。目前世界上超过50%的新船或二手船通过伦敦波罗的海的航运交易所进行买卖,其年交易额超过340亿英镑。伦敦是国际海事组织(IMO)和航运协会的总部所在地,其中最重要的是联合国所属的世界海事组织。伦敦是世界国际海事法律服务中心。在解决海事纠纷方面,英国法律的应用比世界上任何一个国家的法律的应用都要广泛。另外,世界最大的国际航运经纪人公司也设置在伦敦。伦敦完成了世界上50%的油轮运输和30%～40%的干散货运输的洽谈合同。

相比之下,虽说上海港近些年发展迅速,但与国际先进水平相比,在航运交易、金融、保险、服务中介、法律、口岸通关以及航运人才等为代表的高端服务产业等软环境方面差距较大。上海建设国际航运中心需要在三个关键领域——政策监管、人才和服务取得突破。上海在航运金融、注册、保险、中介等方面的人才缺口,可达4万～5万人。上海光靠港口的吞吐量或集装箱量,是难以支撑起国际航运中心的。例如集装箱总部落户于上海的中国中远集团,2005—2008年订购了50多条集装箱船,但没有一条船靠中国的金融机构融资,而只能全部通过海外融资[1]。中国本土的银行缺乏做航运金融的经验,而在华经营的外国银行又没有资格做。所以,如何提高国内港口的软环境竞争力是上海发展成为国际航运中心的关键所在。

3. 总结

无论是在发展中国家,还是在发达国家,港口和腹地在它们的发展中都是紧密地联系在一起的。世界大港的发展与其腹地是紧密相关的,港口是腹地对外联系的窗口和港口、腹地经济发展的中心和龙头。而且从国际航运中心的发展来看,其演变轨迹和世界经济法则重心转移是一致的,港口与腹地是一种协同发展的关系。港口在中国现代化进程中的作用十分显著。尤其是改革开放后,沿海港口及所在城市肩负着安置腹地富余劳动力和带动腹地产业升级的历史重任。如何充分发挥港口的资源配置作用,怎样建设国际航运中心、利用港口走向世界,是一项值得深入研究探讨的课题,也是中国现代化进程中必然遭遇的重大课题。

---

[1] 张力奋,帕提·沃德米尔.孙家康眼中的中国航运[EB/OL].FT中文网,[2010-07-14]. http://www.ftchinese.com/story/001033555.

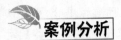

港口物流的发展需要内功外力的共同作用[1]

港口和物流的发展是相辅相成、互相促进的关系,近年来随着物流业的迅速发展和细分,港口物流成为新名词。港口物流是指中心港口城市利用其自身的口岸优势,以先进的软硬件环境为依托,强化其对港口周边物流活动的辐射能力,突出港口集货、存货、配货特长,以临港产业为基础,以信息技术为支撑,以优化港口资源整合为目标,发展具有涵盖物流产业链所有环节特点的港口综合服务体系。

长期关注物流行业发展的博科资讯董事长兼总裁沈国康指出,港口物流是特殊形态下的综合物流体系,是作为物流过程中的一个不可替代的重要节点,完成整个供应链物流系统中基本的物流服务和衍生的增值服务。同时,在物流被企业高度重视的今天,建立以物流业务为核心的"内功"和以物流服务为依托的周边服务的"外力"是赢得客户青睐的关键因素。因此如何抓住这一发展机遇是所有港口城市需要认真思考的问题。

1. 内功是必要条件

物流专家指出,港口物流的核心竞争力依然是其便捷、高效、吞吐量大等货物运输能力,只是随着技术的不断发展在快速升级,但用户对货物的转运能力的考量依然是第一位的。在竞争日趋激烈的今天,货物转运的基础设施建设、信息化水平和服务体系是港口物流的三个必要条件。

"随着客户对物流效率要求的提高,港口物流应加强基础设施建设,进一步缩短货物停留的时间,同时做到准确、安全。"有关专家从客户角度看待港口物流的同时也站在港口的角度指出,随着中国对外贸易的逐年增多,港口物流的市场机会也在增加。基础设施建设的加强能够使港口具有更大的容量来吸纳更多的业务。

提到物流效率和港口容量的问题,沈国康指出,在加大基础设施投入的同时也要注重物流供应链信息化的建设。基础设施建立的是实体供应链,而信息化能够通过虚拟供应链的形式优化现有的基础设施。在硬件设备等同的条件下,通过信息化手段优化效率除了能够满足客户对货物运输的高效要求,也能够使货物运输在各个节点上安全、准确,同时还会大大降低管理成本。

"在硬件设施和配套的信息系统到位的前提下,服务人员的服务质量也是用户关注的关键点,服务人员的专业化服务是能够使上述基础建设发挥最大化效应的主要因素,会直接影响到用户的满意度。"业内人士认为提高服务质量也是港口物流加强核心竞争力的重要一步。当然,客户对服务人员的态度是否感到舒服也很重要。

2. 外力是充分条件

近几年,随着客户需求的多元化发展,港口物流正在从单纯的货物运输向集有形商品、技术、资本、信息的集散于一体的物流功能转变。业内人士指出,这是客户需求的导向,也是港口物流新的利润增长点。物流基础功能之外的周边服务在建立客户黏性的同

---

[1] http://www.enet.com.cn/article/2009/0422/A20090422463957.shtml.

时也将带动港口城市整体的发展。

沈国康指出,物流行业发展到今天,已经形成了多维交错的运输渠道,现代化港口物流不应单一地发展水路运输,货物到港后的其他短途运输也是近年来港口物流周边服务的重要内容,建设与其他城市相通的公路、铁路交通将使客户对该港口更具有依赖性。

另外,各种与港口贸易相关的商业中心和工业中心的建立也是对客户具有吸引力的地方。有"欧洲门户"之称的鹿特丹港就拥有大约3 500家国际贸易公司,拥有一条包括炼油、石油化工、船舶修造、港口机械、食品等部门的临海沿河工业带。同时,建立大规模的离岸码头和物流工业园还可以让客户进行拆装箱、仓储、再包装、组装、贴标、分拣、测试、报关、集装箱堆存修理等事宜。除此之外,便利的休闲、娱乐、消费场所也可以为客户提供舒适周到的服务。

最后,沈国康指出,有远见的政府也应该在政策上创造发展的软环境,将该城市的港口物流打造成真正的国际物流中心,这对该地区的发展具有带动作用。

案例问题

结合本文,根据本章的知识,从港口物流的内涵、特点,有关港口物流的几个重要关系及物流系统与供应链等角度谈谈我国港口物流发展应注意的问题。

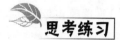

思考练习

1. 什么是港口?港口如何分类?
2. 港口的具体构成如何?
3. 如何理解港口的规模经济、范围经济与结构经济特征?
4. 如何准确理解港口物流的基本内涵?其特点与发展趋势如何?
5. 如何从点、线、面的角度理解港口物流的综合实力?
6. 港口物流的基本功能有哪些?
7. 如何理解港口与城市、港口物流与区域经济、港口与物流之间的基本关系?

第 2 章 港口物流发展模式与战略

☆ **教学要求**
1. 理解港口管理模式与港口物流运作模式,掌握其内涵。
2. 理解港口物流发展战略的指导思想与基本原则。
3. 了解港口物流发展战略的定位及应注意的几个重要问题。

港口物流的发展模式与战略是港口物流发展的两大关键因素。国内外主要港口物流发展的经验表明,要真正高效地发展港口物流,需要努力构建良好的发展环境,选择好适应发展需要的模式与战略。

2.1 港口物流发展模式

港口物流发展模式由港口管理模式和港口物流运作模式构成,港口管理模式是基础,是港口物流运作模式的根本制约因素。

2.1.1 港口管理模式

目前世界上典型的港口管理模式可分为三种,即私人企业经营管理模式、政府机构和国营企业经营管理模式、各方共同经营管理模式。

1. 私人企业经营管理模式

私人企业经营管理模式是指港口的基础设施投资建设以及营运管理都是由私人企业进行的管理模式。

世界上完全由私人经营管理的港口并不多,比较有代表性的是香港港。香港的港口设施几乎全部由私人投资建设和经营管理,其集装箱码头完全遵循自由港政策。以葵涌码头为例,该码头的 19 个集装箱泊位分别由和记黄埔、美国海陆、韩国现代和中远(与和记黄埔合营)四家公司经营,港口私营企业的业务经营也极少受到政府干涉,完全实行市场化,自主定价。私人经营管理模式的主要特点是经营管理市场化、效率高,但由于私人企业资本规模与港口投资经营所需资本规模存在巨大差距,因此这种模式会在一定程度上制约港口的长期投资和规划发展。

2. 政府机构和国营企业经营管理模式

政府机构和国营企业经营管理模式下的港口属于国家,港口的投资建设和经营管理也都是由政府机构和国营企业来进行。

在这种经营模式下,由于港口企业缺少自主经营权和财产权、有效的竞争和监督机制等原因,港口往往存在投资浪费、服务质量不好、效率低下等问题,既给国家造成了极大的财政负担,又影响了港口的经营效率和竞争力。因此,完全由政府机构和国营企业经营管理的港口为数不多,尤其是在欧美发达国家更少。目前采用该模式的港口也都在进行体制改革,逐步向多元化投资经营主体的模式转变。

3. 各方共同经营管理模式

在各方共同经营管理模式下,港口的投资建设和经营管理均由政府、国营企业、私人企业共同进行。

这种模式既是世界上最普遍的港口经营管理模式,也是实行政府和国营企业经营管理模式的港口改革发展的方向和趋势。这种趋势也被称为港口的商业化,其特点主要是打破了单一由国家或政府经营管理港口的模式,尽量减少政府的直接参与。目前日本、新加坡等国的港口经营都属于这种模式。以新加坡港为例,在1997年进行港口管理体制改革、实行商业化之前,新加坡港实行的是政企合一的管理体制,港务局不仅履行部分行政管理职能,而且还直接经营港口装卸、仓储等业务。改革后,原港务局分为新加坡海运和港口局与新加坡港务集团。新加坡海运和港口局主要处理港口和海运方面的管制和技术问题,新加坡港务集团则主要履行港口的投资、经营管理职能。商业化改革给新加坡港口带来了巨大的效益,不仅增强了企业职工的服务意识,进而降低了经营成本和提高了经营效率,而且增加了企业的海外投资,进一步巩固了新加坡港在国际航运中的优势地位。

2.1.2 港口物流运作模式

在港口管理模式的大背景下,经过长期的摸索与实践,世界上目前形成了四种典型的港口物流运作模式。

1. 鹿特丹港物流运作模式——地主型物流中心模式

鹿特丹港物流运作模式简单说来可以被称为地主型物流中心模式。在这种模式下,港口管理局拥有很大的经营管理自主权和土地使用权,统一进行港口地区的码头设施、临港工业以及其他设施的用地管理。通常是由港口管理局拿出一部分仓库和堆场开辟为公共型港口物流中心,但其只负责管理和提供基础设施和配套服务,本身不直接参与物流中心的经营。在物流中心建成后再由港口管理局有重点地选择业务基础牢固、信誉好的物流经营方加盟,逐步吸纳工商企业加入物流中心,使其将原材料采购、配送等职能交由物流中心负责,参与供应链管理。地主型物流中心模式代表着当今世界港口物流发展的一大方向。除鹿特丹港之外,目前美国的纽约/新泽西港、巴尔的摩港,德国的汉堡港和法国的马赛港等世界著名港口均采用了这种模式。具体说来鹿特丹港物流运作模式主要有以下几个特点。

1) 政府统一规划,企业自主经营

鹿特丹港的土地、岸线和基础设施的所有权属于鹿特丹市政府,市政府下设港务局,其负责港口的开发建设和日常管理工作。港务局对港区内的土地、码头、航道和其他设施进行统一规划和投资开发,在港区内开辟专门的物流中心,重点引进和布局与港口相关的产业。参与经营的私人企业以租赁方式进行,一般只需投资码头上部的机械设备、库场及其他一些辅助配套设施,从而使更多的私人企业能参与该港的经营。由于港区与物流中心实行一体化管理,鹿特丹港能使港口的各项设施为物流中心的发展提供更好的服务;

同时物流中心的发展也能进一步促进港口自身乃至区域经济的发展,从而使二者互相促进、协调发展。

2) 配套设施完善,运作效率高

鹿特丹港配套设施完善,码头、堆场、仓库、装卸设备、环保设施、水陆空交通运输网以及各种支持保障系统非常完善。其拥有电子数据交换系统和自动化导航系统,港口的经营管理者文化、业务素质高,经验丰富,港口管理设备和操作手段高度现代化。采用集装箱电子扫描、整合电子数据交换系统以及把物流公司作为简化增值税手续的"有限代表"等措施,使其能以通畅快捷的海关服务确保港口货物的及时发送。与此同时,完善的水陆空腹地运输交通网使得货物在 24 小时内便可送达以鹿特丹为中心、半径为 500 千米的范围内的目的地。

3) 物流中心专业化、规模化

鹿特丹港成功的一个关键就在于在有限的港口资源条件下建立和发展物流中心。该港早在 1998 年就建立了"配送园区",发展专业化的物流服务,从而成为世界各港纷纷效仿的范例。目前鹿特丹港港区及腹地设有 Eemhaven、Botlek 和 Maasvlakte 三个专业化的大型物流中心。Eemhaven 物流中心面积约 35 万平方米,主要提供大宗产品如木材、钢材等储存和配送服务;Botlek 物流中心面积约 105 万平方米,是石油、化工产品专业配送中心;Maasvlakte 物流中心面积约 125 万平方米,靠近港口码头,中心计划在欧洲建立配送中心和加强供应链控制的大型企业。鹿特丹港务局还计划再增加 55 万平方米的物流中心区域,其中 Botlek 物流中心 15 万平方米,Maasvlakte 物流中心 40 万平方米。这些物流中心一般靠近港口码头以及铁路、公路、内河等运输设施,建设有与码头间的专用运输通道,采用最先进的通信和信息技术,有充足、熟练、专业的劳动力,可以提供物流运作的必要设备、场地、各项增值服务以及海关的现场办公服务。各物流中心一般都设有配送园区。这里的配送园区是许多企业在欧洲的配送中心,也是一个能使小企业放心地把货物交付的能保证即时送货到全欧洲的物流服务商。

4) 与港口腹地工业形成物流链

港口工业已成为鹿特丹港经济的重要组成部分,鹿特丹港约有 50% 的增长值来自港口工业,港口工业雇员高达 2 万人。鹿特丹港是世界三大炼油基地之一,也是重要的化工工业基地,全球著名的炼油及化工企业如壳牌、埃索、科威特石油公司、阿克苏诺贝尔、伊斯特曼等都是在鹿特丹港设点落足。港区拥有 4 个世界级精炼厂、30 多个化学品和石化企业、4 个工业煤气制造商、12 个主要罐存和配送企业,炼油及化工业占据了港区面积 48 平方千米中约 60%。[①] 食品工业是另一个非常重要的工业,贸易、存储、加工以及运输公司全集中在港区,联合利华、可口可乐等是其中一些代表。对于欧洲人来说,鹿特丹是他们位于海边的超市,他们可以在鹿特丹找到他们想要的所有东西。

5) 灵活的港口管理模式

鹿特丹港务管理局的传统任务是,发展、建设、管理并经营港口和工业园区,实施高效、安全、便捷的船务运输管理。目前,面对新的挑战,鹿特丹港务局也正在扮演着一个商

---

① 张利安,冯耕中.国内外典型港口物流的发展及启示[J].中国物流与采购,2004,(5).

业企业合作伙伴的角色,对物流链进行战略性投资,以巩固鹿特丹港和工业园区的地位。其中一个典型的例子就是鹿特丹枢纽港控股公司。"该公司成立的目的是使控股公司能参与合资及商业合作,'而无须事先征得市政委员会同意',从而加快决策进度,使其在非货物装卸业务领域内的投资渠道更加有效。"①鹿特丹枢纽港控股公司一方面是要大力开发内陆码头建设和完善腹地交通网;另一方面是经济参与物流服务以及其他类型的港口产业,起到"产业互补"的功效,公司参与"捷克斯洛伐克铁路码头"项目、"欧洲环境技术中心"回收再生中心项目就是这一政策的体现。随着新体制的出台,新的"鹿特丹枢纽港控股公司"投资结构的运作将更为有效,从而实现港口吞吐量的持续增长和港口产业结构的优化。

2. 安特卫普港物流运作模式——共同出资型物流中心模式

安特卫普港的物流运作模式简单说来属于共同出资型物流中心模式,即多方合资经营港口物流中心模式。这种模式通常是以港口为依托,联合数家水、陆运输企业,或者以股份制形式组成现代物流中心,成为装卸、仓储、运输、配送、信息处理的统一体,开展一条龙、门到门、架到架的综合性服务。这种模式的优点是一方面可以解决港口资金缺乏的困难;另一方面通过与国内外先进的物流企业进行合作,更快地了解和掌握国际上现代物流中心的经营和管理技术以及运作方式。具体说来,安特卫普港物流发展模式主要有以下几个特点。

1) 港务局与私营企业共同投资

与竞争对手鹿特丹港相比,安特卫普在港口物流中心的建设过程中,港务局的投资主要集中在港口基础设施,而物流、土地开发以及海运业务则由私营企业经营。多年来,安特卫普港务局预留了大批地块用于发展港内斯海尔德河两岸的配送业务,因此政府对安特卫普港的物流开发取得了很大的成就。目前安特卫普的物流供应商能够向用户提供的仓库面积达到 480 万平方米,而且仍有潜力,尤其是正在开发中的面积约 5 809 公顷"左岸"地区更是如此。

2) 完善各项基础设施,为物流中心发展提供条件

对于港口及港口物流的发展而言,最大的资源限制就在于土地,因此如何最大限度地利用有限的土地就成为各港面临的一项课题。在安特卫普港,通过有效圈地和"左岸"扩建计划不仅已经能够满足目前货物装卸单位的需求,而且保证了将来不会出现用地紧张的问题。除此以外,安特卫普港还有现代化的码头设施、庞大的仓储设备、优质的信息自检系统、自动化的装卸设备、高科技的电子数据交换和信息管理系统以及完善的交通运输网络等,这些都为安特卫普港发展成为跨地区跨国的物流链的中心节点提供了良好的基础条件。

3) 超前建设大规模的物流中心

目前安特卫普港内的一家主要装卸仓储公司——卡通内特公司正在负责建设一个高科技物流园区,目前已获得 105 公顷港区地块,场地筹备费用估计为 8 亿比利时法郎。另外位于安特卫普五号码头的欧洲物流中心也正在兴建中,该项目总投资超过 5 亿比利时

---

① 范立力译. 全球港口物流一瞥[J]. 中国港口, 2001, (11).

法郎。该中心建成后将由欧洲港口物流公司经营:一期工程包括一个35 000平方米的物流中心,由五个7 000平方米单元组成;二期工程包括一个占地10 000平方米的仓库,目前正处于研究阶段。欧洲港口物流公司同时还在博奇地区经营一家新的欧洲配送中心。该中心紧靠安特卫普港,总面积约8 250平方米,从事纺织品及家用电器业务,其产品主要出口非洲。

4) 大力发展临港工业,扩展腹地

广阔的市场是港口物流发展的重要推动力量,而市场的形成主要是依靠临港工业的发展和广大腹地的经济发展。安特卫普港以港区工业高度集中而著称,是比利时第二大工业中心,主要工业有炼油、化学、汽车、钢铁、有色冶炼、机械、造船等。安特卫普港目前已建成全球最大的化工集群,成为仅次于休斯敦的世界第二大石化中心。安特卫普港腹地广阔,除比利时外,还有法国北部、马尔萨斯和洛林,卢森堡,德国萨尔州、莱茵—美茵河流域、鲁尔河流域及荷兰的一部分。这些地区经济发达,市场需求旺盛,极大地推动了安特卫普港物流的发展。

3. 香港港物流运作模式——独立型物流中心模式

香港的物流运作模式归结起来属于独立型物流中心模式,即由港口企业自行组织专业化物流中心,利用港口的设施、人力和上下游业务关系开展物流业务的模式。这种模式的物流中心注重建立港与港、口岸与口岸之间的沟通管道,通常是以港口为联结点,建立企业、城市、区域乃至全国性的现代物流服务网络体系,使其从单一的装卸运输及仓储等分段服务,向原材料、产成品到消费全程的物流服务转变;同时通过加强港口货代、船代等方面的服务功能,建立能提供一条龙服务的完善的服务网络。此外,目前香港也在大力发展网络型物流中心,即通过物流信息网络,开展电子商务,并发展成电子物流中心,形成离岸贸易和远程物流。下面以葵涌港为例介绍香港港物流运作模式的主要特点。

1) 物流企业行业相关度高

葵涌港物流企业行业相关度高,实行"一条龙"经营和"一体化"服务。以亚洲货柜物流中心为例,其中心大楼分A、B座,A座7层、B座13层,为全球最大及首栋多层式货柜处理中心。亚洲货柜物流中心母公司环球货柜有限公司在香港有四个子公司,它们分别负责葵涌港3号码头的经营和管理、亚洲货柜物流中心的出租和管理、集装箱运输以及新业务拓展。四个分公司如同一个有机整体,互相补充,将分散的码头装卸、堆场、仓储、运输、包装等各环节的单一经营活动集中为"一条龙"经营,充分发挥整体的竞争优势。另外该物流中心还充分利用港口各项资源和设施,与海关等有关各方联合协作,为企业提供包括腹地运输、拆装箱、报关、报验、包装、质量控制、库存管理、订货处理和开具发票等在内的"一体化"物流服务。

2) 围绕主业提供多种增值服务

包括充分利用其国际进入中心的有利条件为企业提供金融、保险等方面的服务,提供货物在港口、海运及其他运输过程中的最佳物流解决方案以及其他各项餐饮、休闲、娱乐等辅助性增值服务。以亚洲货柜物流中心为例,其除提供物流综合服务平台,全面货物处理、集散及分配服务等主要功能外,还有零售、体育、娱乐、餐饮、银行、维修等辅助功能。其中心大楼A座1~6层及B座1~12层为各种仓库;A7、B7、B12设候车位;底层设有

24小时自动服务的银行ATM(自动柜员机),提供各种银行服务;M层设维修服务间,专门提供车辆维修服务;中间层提供仓储服务;顶层设写字楼、俱乐部、餐厅等,提供餐饮及零售服务。此外该中心还提供卡板包、纸板包、汽车拆/入柜处理、货物吊运操作、公证验货等多种增值服务。

3) 物流自动化水平高

以香港国际货柜(HIT)集装箱堆场为例,其堆场的活动均以自动化系统进行计划、协调和监督,电脑系统存有每个货柜的详尽资料,提供多种查询、报告及分析工具,协助管理货柜储存。自动化系统与"资讯交换服务"和闸口程序自动化系统联通,并具有显示堆场三维地图的特别功能,能随时提供码头最多9万个标准箱的准确位置。这些先进技术,缩短了船只靠泊的时间,加快了货柜车在码头的周转,并能对客户的特殊要求做出弹性处理。亚洲货柜物流中心也是如此,其中心大楼设施先进、自动化程度高,内设电脑自动控制交通系统、闭路电视安全监察防盗系统、自动通风冷气监控系统和先进的防火报警消防灭火系统等。

4) 物流信息化水平高

香港目前使用的港口交通管理系统(VTS),其控制中心包括五个跟踪船舶用的操纵终端,它们存有老氏日报所收集的大约4万艘船舶的情报信息,政府和船舶代理行所提供的情报信息也能存入各自船舶的信息中去。港口物流的信息化不仅体现在对现有系统的电算化改造,而更是通过改善业务流程提供统一的服务,从而提高港口的国际竞争力。这就需要构建综合性信息系统,将复杂而重复性的进出港手续整合起来,使之变成简单的文件标准化、下端系统(卸货、保管、运输、包装、管理等)资料的信息化、集装箱码头的自动化等工作,充分利用现代信息技术实行网络化管理。以亚洲货柜物流中心为例,货车进出物流中心均由闭路电视系统实行监控,仓库操作信息通过专门设计的软件处理,并通过网络与马士基、铁行渣华等大船务公司等联网,实现货物的快速装运。此外该中心还设有可与世界著名的第三方物流链管理系统联网的客户信息服务网,可以提供电子租务查询、集散物流服务查询、物流操作管理系统、全面物业管理系统以及电子采购、电子商贸等各项服务。

5) 规划建设高增值物流园区

鉴于物流设施与港口发行的关系密切,香港港口及航运局在《如何加强香港作为全球及区域首选的亚洲区运输及物流枢纽地位研究》中提出,在机场或港口后方规划建设"增值物流园"。增值物流园不仅提供一般的仓储服务,而且提供各种物流增值服务、时间必须准确的货物处理服务及电子商贸服务。

4. 新加坡港物流运作模式——供应链型和联合型物流中心模式

新加坡港物流运作模式具有供应链型物流中心和联合型物流中心两种模式的特点。供应链型物流中心是由港口物流企业与航运物流企业共同组成的物流中心,这种模式是利用各自在供应链不同部位的优势,分工合作,共同投资组成紧密型物流集团或由同一大型集团公司同时经营航运与物流两个供应链环节。联合型物流中心则是由港口与保税区,或者所在城市共同组建的物流中心。新加坡港物流发展模式主要有以下特点。

1) 执行自由港政策,政府直接投资建设港口设施

鉴于新加坡港对整个国民经济的重要作用和战略意义,新加坡政府一直坚持对港口

进行直接投资,而且投资力度很大,使港口规划和建设始终处于前列,进而保证了新加坡港在国际航运中的优势地位。此外,新加坡港执行自由港政策,并采取各种优惠措施,如开辟大面积的保税区,对中转货物提供减免仓储费、装卸搬运费和货物管理费等,以吸引世界各国船公司、进一步巩固其国际航运中心地位。

2) 物流分工明确,实行集约化经营

新加坡港区设有巴西班让、三巴旺码头和岌巴配送园三个配送中心。岌巴配送园设于保税区内,主要提供拆拼箱、仓储、运输以及货物取样、测量、贴牌、包装等服务,设施先进齐全,园区内的网络系统可以使货主实时了解货物在集装箱堆场内的存放情况,该园区是港区内最便捷的集装箱配送中心。三巴旺码头为散货分拨中心,主要处理汽车、重型设备、钢材等货物。巴西班让则为专业汽车转运中心。除此之外,该港的裕廊物流中心也是一个超现代化的物流中心,其顾客包括索尼、沃尔沃、戴尔等国际大型物流商。

3) 物流运作与管理高度现代化

新加坡港充分利用高新技术进行物流运作和管理,拥有自动识别系统、电子入闸系统、全自动化桥式吊机等各项现代化装备,此外还有方便快捷的电子数据交换系统。目前该港的两个网络系统即贸易网和海港网已成为政府部门、航运公司、货运代理和船东之间有效的、无纸化的沟通渠道,能使各项信息畅通无阻地实时到达有关各方,从而大大地提高了物流运转效率和优化了物流管理。

4) 积极培育港口物流链

新加坡港非常注重临港工业的发展,始终坚持把港口发展与腹地工业发展相结合。这样一方面港口物流能为工业提供专业、高效的物流服务,提高工业发展水平,进而带动整个区域经济的发展,实现港兴城兴;另一方面腹地工业和城市的发展繁荣又会进一步促进港口的发展和经营效益的提高。也正因如此,新加坡港一直致力于港区建设与吸进外资相结合,将一些临港土地和泊位提供给跨国公司作为专用中转基地使用,鼓励大的跨国企业在港区建设物流中心、配送中心等;同时大力发展石油、化工、造船等临港工业,积极培育港口物流链。

5) 物流服务形式多样

新加坡港务集团,作为世界四大港口集团之一,除了经营港口码头等主要业务外,还提供包括IT、物流、供应链解决方案和海运等多种增值服务,如为客户提供集装箱管理服务,利用自身的IT技术开发了虚拟仓库系统,帮助客户加快仓储的响应速度和减少费用,提升客户供应链效率;同时还致力于为客户提供物流解决方案,协助客户简化物流程序,提高生产效率、降低成本。其具体包括三个方面:一是解决客户在海港操作时的物流需求;二是为客户提供项目管理服务,协助客户实施用于海运货物的物流管理系统;三是协助客户实施物品流通管理系统。

2.2　港口物流发展战略

学习港口物流,必须了解国家港口物流宏观战略。本节拟主要从我国港口物流的发展现状入手,通过对国家有关部门制定的相关规划与构想的介绍,简要阐述我国港口物流的发展战略的指导思想、基本原则、战略目标及几个相关问题。

2.2.1 指导思想

我国港口物流发展战略的指导思想应该以宏观经济状况、国家总体规划和基本方针为前提,紧紧围绕全面建设小康社会、有助于实现现代化的目标,发挥港口的比较优势,不断完善市场机制,努力构建功能完善、技术先进、运转高效、布局合理、覆盖宽广的港口综合物流产业体系。

1. 要服务全国经济和提高整个社会生产力

生产力的不断提高要求社会分工要更加细化,产生新的产业,从而提高劳动生产率、促进社会经济的发展。现代物流就是在经济高度发展、生产力不断提高的社会条件下产生的。物流的根本目的是降低流通成本、提高社会生产力、促进社会和经济的发展。

大力发展港口物流,主要也是从这一目的出发。因为港口物流服务,可以吸引那些经过或以港口及其腹地为出发地和目的地的商品在这里获得物流服务,从而使港口物流产业成为新的经济增长点,有助于提高社会生产力、促进社会和经济的发展。

2. 以不断创新的精神加快港口物流发展

港口应提高认识,转变观念,以创新精神为指导思想加快港口物流发展。近年来,我国港口引入现代物流观念,港口物流取得了长足性进步;但许多方面还处于传统物流观念状态中,不能全面地认识现代物流的科学内涵,以至于一讲到物流,就认为是圈几块地、搞几个物流园地,建立大而全、小而全的物流中心。产生这一误区的原因是对现代物流与传统物流差别的错误认识。其实二者的差别就在于现代物流的路线经过了优化,物流链上各环节经过了整合,各环节之间做到了无缝衔接。最为重要的是现代物流链的整合与链接是通过信息技术的应用来完成的,而不是通过简单地建几个物流园区和物流中心来实现。所以发展现代物流不能一味地追求新建新的物流园区,否则势必会造成严重的重复建设和资源浪费。这就要求我们要提高认识、转变观念,以创新精神为指导思想加快发展港口物流。

首先要求观念创新。发展港口物流要改变传统观念,树立大市场观念、大经济腹地观念、竞争统一观念;在经营战略上以开拓港口的中转、仓储、分拨功能与完善港口物流信息系统为主攻方向,努力做到快捷准时、经济合理、柔性服务。

其次要求技术创新。现代港口已经由一个提供货物装卸、储存服务的有形实体场所,变成了一个以信息资源为基础的涉及全球范围的物流市场,其服务内容延伸到了整个供应链;在不断提高港口装备水平、努力提高物流质量与效率的同时,要以信息化建设带动港口物流现代化建设,应用现代科技手段及装备,努力提高物流质量与效率。

再次要求体制创新。现代物流是市场经济和生产力高度发展的产物,需要所有涉及部门和企业统一政策、协调一致、相互协作。但是目前,在我国无论物流管理部门还是经营企业都存在条块分割、各自为政的问题,这就需要通过深化改革逐步解决,以促进港口物流业的发展。例如,各口岸海关要依法行政,提高工作效率,积极稳妥地推进海关通关作业的改革。

最后是人才创新。现阶段我国物流方面的从业人员的专业知识水平和业务水平不高,专业人才短缺。这将成为影响我国港口物流发展的瓶颈。因此,要发展好港口物流业,必须采取多种途径培养、引进物流经营管理专业人才。

3. 按可持续发展观发展港口物流

任何事物的发展都具有利弊两面性,现代港口物流的发展也是如此:一方面,它降低了流通费用,促进了生产力和经济的发展;而另一方面其运输、装卸、仓储等物流环节对环境造成了巨大的负面影响,破坏了经济的可持续发展。在绿色经济的今天,经济的发展是建立在人与自然协调发展的基础上的,港口物流业作为经济体系中衔接生产与消费的重要经济环节,也必须坚持可持续发展,努力向绿色物流方向发展。

所谓绿色物流是指以降低对环境的污染、减少资源消耗为目标,利用先进物流技术,协调发展,实现资源再利用和可持续发展的物流。但是当前,我国现代物流刚刚起步,在绿色物流方面与国际上先进物流国家相比,还存在着巨大的差距。这些差距主要体现在观念上、政策上和技术上。

我国发展港口物流业要在全球经济一体化、环境壁垒渐起的条件下有所作为,在国际市场上占有一席之地,必须以可持续发展为指导思想。要做到绿色物流,就要尽快树立绿色物流观念,建立、发展和完善我国绿色物流的相关政策和法律、法规,改进技术,达到港口物流经济效益和环境效益的最优化。

2.2.2 基本原则

为了提高我国港口物流在国际物流市场的竞争力和影响力,我国在制定港口物流发展战略时应遵循以下几个原则。

1. 统筹规划、合理布局原则

目前,我国整个港口物流产业缺乏统一规划,致使一些港口为了取得短期的经济效益脱离实际,盲目上项目,建设物流基地、物流园区和物流中心。这就导致了港口物流业呈现出"散、乱、小"的格局,严重制约了物流效率的提高。例如环渤海几大港口天津港、大连港、青岛港,为了在激烈的竞争中取得领先地位竞相改善硬件条件,造成了严重的重复建设和资源浪费。其实这几大港口可以从各自的优势(如大连港的泊位深水条件好,天津港有良好的经济腹地态势)出发,统一规划发展环渤海湾的港口物流,提高其国际竞争力,确立起在东北亚的国际物流枢纽地位。

港口物流虽然是独立产业,但是与其他产业的关联性很大,涉及交通、工商、税务、海关、商检、外贸等多个部门。但是,目前这些相关部门都自成体系、独立运作、部门分割,这就难以达到降低港口物流成本的目的。

为了解决以上问题、大力发展我国港口物流业,国家及各级政府要把握好港口物流在经济发展中的位置,协调各部门的关系与职能,制定推动和促进物流发展的政策、意见和措施,特别是要制定好港口物流发展的规划。最为重要的是在制定规划中要坚持统筹规划、合理布局的原则,做到与全国及全省国民经济与社会发展规划相一致,与各地区总体规划、布局相协调。

2. 积极与国际接轨原则

全球经济一体化的趋势，促使港口物流必须向国际化、规模化、系统化发展，但是我国港口物流业国际化、规模化、系统化程度很低。到目前为止，包括上海港在内，我国还没有一个发展良好的港口处于国际物流枢纽地位，在国际竞争中还处于劣势。

为了适应经济全球化和未来经济发展趋势，我国港口物流发展必须积极坚持与国际接轨原则，加强对外开放，学习物流发展较好的国家的经验，引进国外先进的物流技术；加强与港口物流业发展较好的港口的合作，加快港口物流的国际化进程。

3. 科技兴港原则

科学技术是生产力，是推动经济发展的重要因素，港口物流的发展也不能脱离科学技术这个重大推动力。在知识经济时代，科学已经成为港口物流发展的关键因素。科学技术的发展能够推动港口物流的发展，科学技术的落后会阻碍港口物流的发展。香港能成为世界一流的港口，除了凭借天然的深水良港和政府的大力扶持外，主要依靠自动化控制技术和人工智能等先进的科学技术和物流设备。

在港口物流的发展中，坚持科技兴港原则，要加大科技投入，做到以现代信息技术为先导、以高新技术为重点、以先进实用技术为支撑，科技兴港，为港口物流的发展提供良好的环境。

先进的物流技术主要有以下四种：一是物流信息化技术，包括网络、电子数据交换、卫星定位、地理信息、条码、智能卡等；二是管理软件，包括POS（销售终端）技术、商品销售管理系统、运输管理系统、仓库管理系统、供应链管理系统、标准化技术等；三是运输、装卸、搬运技术；四是仓储技术，包括自动化立体库、货架、托盘、分拣、条形码、识别系统等。

4. 以市场为导向、政府规划扶持、企业运作原则

发展港口物流要坚持以市场为导向、政府规划扶持、企业运作的原则，是因为以下两点。

（1）市场经济的基本原则就是市场配置资源，企业是市场的主体。但是政府必须对经济进行宏观调控，制定经济发展的相关法律、政策和发展规划来克服市场经济的盲目性，保证经济的健康、持续发展。港口物流是在市场经济大背景下产生的新兴产业，所以必须遵循这一原则。

（2）我国港口物流企业是在市场经济体制建立过程中，慢慢从传统计划经济体制的港口企业转变而来的。这致使我国许多港口物流企业处于政府的管制之下，在市场中缺乏自主权，不能成为竞争主体，也很难形成港口物流的市场环境。

以上四点原则相辅相成，统筹规划、合理布局是前提，开放发展、与国际接轨是外在动力，科技兴港是关键，以市场为导向、政府规划扶持、企业运作是手段，四者有机结合才能共同促进我国港口物流的发展。

2.2.3 港口物流发展战略目标

1. 基本要求

经济发展战略目标是经济发展战略的核心，是战略思想的集中反映，具有全局性、长远性、综合性、层次性等特征。因此港口物流战略目标的定位应该注意以下几点。

(1) 根据当时当地情况,从实际出发,制定发展战略目标,既要有现实可行性,又要有一定的竞争性和难度。目标制定过高,脱离了实际,就会使人们丧失发展的信心;而目标偏低或缺乏竞争性也难以调动人们的积极性和创造性。所以各地区港口物流战略目标的制定要根据实际情况而定。

(2) 港口物流发展战略目标的制定应该有主有次,且突出重点,不能眉毛胡子一把抓,盲目建设,造成资源浪费。以长江三角洲为例,在发展长江三角洲地区港口物流时要以发挥上海的优势、重点打造上海国际物流中心为发展战略目标的重点,而不是将所有的港口发展为物流中心。

(3) 港口物流发展战略目标要相互衔接、相互协调。这是因为经济的发展具有连续性、继承性、关联性,各时期各地区的经济发展目标要相互衔接、相互协调。

2. 总体目标

随着我国出口加工业的发展、进出口商品结构的优化、货物运输集装箱化程度的提高,国际集装箱货运量必将急剧增长,给港口物流服务形成了巨大的潜在市场。面对这种国际形势和我国国内现存的实际情况,我国港口物流发展的总体战略目标定位应该是:以提高全国经济的竞争力和影响力为战略目标,发展各地区港口的区位优势,积极采用先进的物流管理技术和装备,建立符合市场经济规律、与国际通行规则接轨的多层次的现代港口物流产业群,保证物畅其流、快捷准时、经济合理,实现社会化、专业化。

(1) 充分发挥我国物流市场的需求潜力,迅速培养一批具有相当规模和竞争力、影响力的优势港口物流企业,形成一批具有较强集聚辐射功能的国际港口物流枢纽。

(2) 从整体角度出发,以重要经济区域及枢纽港为依托,建立与我国经济发展水平相适应、具备一定国际竞争力且与国际接轨的完善的物流服务网络;与此同时,通过港口物流的市场化、科技化、信息化,使港口物流运作的各个环节之间衔接顺畅、各港口互动交流,提高物流运作效率。

(3) 努力建设能支持港口物流高效运作的高起点、高标准的基础设施和物流信息系统;尽快制定与港口物流产业发展相适应的政策体系、法律制度;加强物流人才的培养,提高从业人员的总体素质;为港口物流发展创造良好的软硬件环境,使其成为布局合理、配置高效、功能齐备、具有自我发展能力的新兴产业。

3. 区域规划目标

从宏观的角度来看,我国发展港口物流应以环渤海、长江三角洲和珠江三角洲三大港群为区域来定位。

首先,我国港口物流发展遵循的原则之一是统筹规划、合理布局,所以在目标定位时也要以合理布局的港口群为标准。只有这样才能使港口物流向合理、健康的方向迈进。当前我国沿海基本形成了合理的三大港口群布局,所以从布局合理的角度出发,我国港口物流发展目标应该以环渤海、长江三角洲和珠江三角洲三大港群为区域战略定位。

其次,区域目标要与总体目标相一致。我国港口物流发展总体战略目标中,重要的一点是以重要经济区域及枢纽港为依托,建立与我国经济发展水平相适应、具备一定国际竞争力、与国际接轨的物流服务网络。目前,这三个区域既是我国经济发展的重要区域,又包括了大部分枢纽港。

1) 环渤海地区港口物流战略目标定位

环渤海地区港口物流战略目标定位在：加强大连港、天津港、青岛港联合，努力建成东北亚国际港口物流的枢纽。这是因为经过十几年的建设，环渤海各港口得到了迅猛发展，目前以大连港、天津港、青岛港为中心港口，以营口港、秦皇岛港、烟台港为辅助性港口的港口运输体系已建成了。其中大连港、天津港、青岛港最具实力。

2) 长江三角洲港口群港口物流战略目标定位

长江三角洲地处太平洋西海岸，是中国长江、沿海通道和欧亚大陆桥的汇集点，由江苏、浙江、上海组成，经济发展速度居全国之首，在中国的经济增长中起着带头的作用。其港群中，上海港为主要枢纽港，宁波—舟山港则为中转枢纽港，温州港、南京港、镇江港等是其支线港。长江三角洲港口正是因为有了这一优良的经济地理位置，才使该地的港口物流有了大量的货源，港口的货物吞吐量和集装箱吞吐量不断增长。

3) 珠江三角洲港口群港口物流战略目标定位

珠江三角洲地处内地与东南亚中心，能通过港、澳连接世界。目前其已形成了以深圳、广州和珠海为骨干的港口群，拥有以深圳、广州为中心的集装箱港口及以珠江为中心的散货和石油港口；多年来建立了完善的海、陆、空交通网络，形成了全面的运输辐射面。但是其在发展港口物流方面还存在不少问题：一是与渤海湾和长江三角洲相比，珠江三角洲发展港口物流的经济腹地面积小；二是出海航道水深不足，如广州港出海航道深度只有 11.5 米，5 万吨的船只能乘潮进出海港；三是专业化码头数量不多。所以从珠江三角洲的优劣势看，其港口物流业发展的目标应该定位在：加速港口基础设施建设，加强与其他经济地区的联系，提升各港口的综合竞争力，力争将珠江三角洲建成国内华南地区港口物流的基地。

以上三个港群的发展战略目标是相互联系的。它们都处于中国经济发展的大背景下，各地区不能为了达到自己的目标，而各自为政、形成恶性竞争，三个地区要协调发展、共同进步，最终实现我国港口物流的健康发展。

2.2.4 港口物流发展战略中的几个问题

当前，我国港口物流受到社会各方面的重视，得到了一定的发展，但同时存在着许多问题，如物流基础设施和装备条件水平较低、从业人员缺乏等。为解决物流发展中的实际问题，我国港口物流发展应注意下面几个重要问题。

1. 进一步完善港口物流基础设施建设

港口基础设施是发展港口物流的物质前提和保障，良好的基础设施可以保证港口物流的快速发展，反之则会制约港口物流的发展。近年来为了适应现代港口物流的发展，我国不断加强港口基础设施建设以促进港口物流的发展，取得了一定的效果，为我国港口物流的发展提供了可靠的物质前提；但是，从基础设施建设的结构来看还存在一定问题，如港口码头数量虽然多但大型的深水码头较少、专业化码头不足等。随着全国物流需求量的加大，港口物流运输的船舶不断向大型化方向发展。目前占主导地位的集装箱船舶已经完成了向第五代、第六代方向发展的目标，集装箱船舶的发展对港口码头泊位、航道、装卸设备及仓库基础建设不断提出了新的要求。目前为了适应这一要求,许多国家和地区开始加快新一轮的港口基础设施建设。如为了应对集装箱船舶大型化的发展,鹿特丹港已建设了16.5米和19米深的深水码头,装备了智能化的装卸设备,实现了高效装卸,缩短了货运周期,压缩了物流成本。与之相比,中国大多数港口的基础设施建设力度不大,发展比较缓慢,其能力基本上还停留在停靠第三代、第四代集装箱船舶的水平层面上,还不能完全适应新的发展。

面对我国港口发展存在的不足,为适应现代物流运输的发展,尤其是船舶大型化对港口提出的新要求,我国港口应加强建设港口基础设施。只有这样才能提高港口物流业的高效运作,提高港口在物流干线上的中心作用。

2. 加快港口物流信息化建设

物流信息技术包括网络、电子数据交换、卫星定位、地理信息、条码、智能卡等在内的现代信息技术。港口物流信息化建设是一个复杂的过程,其目的是既要满足当前需要又利于未来发展、保证港口物流的高效运作。所以在加快港口物流信息化建设过程中要从实际出发,根据港口现有的基础条件和未来发展目标,配置与港口基础设施配套又有利于提高竞争力的信息系统装备。

3. 加快港口物流专业人才的培养

改革开放以前,国内基本上没有完善的物流教育体系,各种高等院校只设置了物资管理、材料管理、交通运输管理等一些与物流相关的专业。而这些专业的设置主要是为中央和地方物资行业部门培养管理人才,所培养的人才只学习了该部门的相关知识。到了20世纪80年代,我国开始引进物流这一概念,20世纪90年代末物流专业教育才开始起步,直到2002年只有9所院校经教育部批准设置了物流管理或物流工程本科专业。目前全国开办物流专业的学校也只有230所左右(截止到2010年年底),而其中培养港口物流专业人才的学校又少之又少。因此,要从港口物流人才培训的类型及其途径以及建立多层次的学校教育体系来加快人才培养;要考虑物流教育资源现状,兼顾现在和未来的发展,做到综合发展,使各类型人才的培养做到比例协调。当前,我国港口物流教育的发展要以高等教育为主,积极发展中等职业教育。

高等教育培养的对象是熟悉物流管理理论知识和掌握物流信息技术、精通国际贸易专业知识和拥有良好外语沟通能力的高级物流人才,主要包括本科和研究生教育。本科教育的目标是培养懂得管理、会策划、善于决策的港口物流人才,而研究生教育主要是培养高层管理人才、科研人员和高校师资。

港口物流产业的发展和运作不仅需要高级物流人才,还需要各项具体工作的执行人员、基层领导岗位和第一线的实际操作人员。这类人才具有很强的操作技能,应由中、高等职业学校来培养。

港口物流专业还要加强继续教育和职业培训。我国物流业要在政府部门的指导下,调动社会各方面力量,组织规范化的岗位培训、继续教育,特别是资质证书教育。面对物流人才的匮乏和人才需求快速增长的矛盾,满足物流企业的用人需求,仅靠学校教育是难以实现的。这就要求把继续教育和职业培训作为学校教育的补充。随着社会经济和科学技术的发展,即使受过高等教育的从业者也要不断学习,不断更新知识。

继续教育和职业培训针对性要强、内容要新颖。在这方面我国可以借鉴国外的经验,推行和完善资格证书教育。例如在德国,德意志物流学院最近应德国物流界的要求开设了一个全封闭物流教学班,学制一年,学员必须学完全部物流课程并通过考试,才有资格参加欧洲物流协会(ELA)授予物流专业资格证书的评选活动。而获得这种资格证书的人员将有资格在物流企业中担任高级管理职务。

4. 加快港口物流联盟

在全球经济一体化、国内外市场竞争不断加剧的情况下,我国港口物流的发展面对日益激烈的竞争。这就促使我们必须加快港口物流联盟,提高我国港口物流的实力。

在众多影响港口物流发展的因素中,航运的变化是最直接的。目前集装箱船舶大型化,尤其是第五代、第六代集装箱的船舶的投入使用迫使港口必须改善当前的物流基础设施。而港口物流基础设施的改善是一项资金大、周期长的经济活动,短期内,只靠个别港口的力量是很难完成的。所以,港口可以采取多种合作方式(如与船运公司、其他港口、货源地等联盟)来适应这种变化,促进物流发展。

随着我国港口开放程度的不断加大,国外港口物流企业将会进入中国参与物流市场竞争。与国际先进的物流企业相比,我国目前还缺乏足够实力。另外,现有欧洲许多国家为了提高竞争力开始走港口物流联盟的道路。如果这些国外的物流联盟渗透中国市场,必将会给中国港口物流市场带来更加严峻的挑战。为了应对国际上的压力,我们必须加快港口物流联盟的步伐。

加快港口物流联盟的国内因素就是避免当前国内市场激烈的恶性竞争。目前,在国内无论是不同港区还是同一港区,市场竞争都非常激烈,为了抢占市场份额,竞相降价。例如,北方三大主要港口大连港、青岛港、天津港就存在激烈的竞争,三大港口为了争取货源和更多的客户,不惜大搞价格战。这种竞争大大降低了我国港口物流的发展质量,不利于我国港口物流参与国际竞争。

如果所有港口都加大建设势必会造成重复建设。而解决这一问题的有效途径就是,根据各地区特点,加快港口联盟,做到优势互补,避免资源浪费。

从中国目前港口物流激烈竞争的局面和中国港口分布的特点看,最适合我国的策略就是加快港口联盟。只有这样才能加快实现我国港口物流质的飞跃,及早实现战略目标。

港口物流联盟的方式有许多种,如港口与港口联盟、港口与陆地运输系统联盟、港口与海上运输联盟、港口与空中运输联盟、港口与货源联盟、港口与腹地及用户联盟等。

1) 港口与港口联盟

港口与港口联盟是物流联盟最常见的方式。其范围也很广泛,既可以是同一区域内也可以是不同区域的联盟,既可以是同一国家内的联盟也可以是不同国家之间的联盟。但是从目前各国的情况来看,采用最多的方式是同一区域内港口的联盟。因为这样可以使港口间避免激烈竞争,做到取长补短、合理分工,共享现有资源,降低该地区物流的成本,提高物流效率和竞争力。

2) 港口与航运公司联盟

国际货运量的90%都由海上运输来完成,所以港口物流的良好运行对海上航运有很大的依赖性。但是现阶段,航运公司联盟的加强使得航运公司取得了市场的主动权,加大了对停靠港口的选择范围。这就对港口物流的发展产生了很大的压力,如果一个港口失去了一些航运联盟公司的船舶停靠,就会失去大量的货源。为了避免这种情况的出现,港口可以考虑与航运公司联盟。联盟的方式可以多样化,如港航双方可以共同参股经营港口运营,在基础设施建设方面开展合作等,具体情况根据各个港口的实际情况而定。

3) 港口与货源联盟

随着经济的快速发展,企业为了加快其产品流通速度、降低产品在流通领域的流通费用,开始借助第三方物流来完成。这就为港口物流发展提供了便利条件。在市场竞争条件下,为了确保取得长期稳定的货源,港口可以依靠该地区优势,积极与货源客户建立长期合作关系,形成战略联盟。例如,青岛有海尔集团和青岛啤酒等知名企业,青岛港完全可以利用自己的地理优势,与这些企业建立联盟关系,确保自己的长期发展。

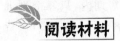

我国主要港口物流发展的特点、问题与对策

近些年来,我国港口已初步形成码头种类齐全、布局日趋合理的总体格局,形成了以20多个主枢纽港为骨干、以区域性重要港口为辅助、以地方中小港口为补充的港口地理布局。部分海港的技术装备和管理水平总体上已接近世界先进水平。港口功能已由以装卸、集散货物为主的运输功能逐步扩展到仓储、加工和商贸等多个领域。目前我国已经形成了三个主要港口群,即以深圳港和广州港为代表的华南珠三角港口群,以上海港和宁波—舟山港为代表的华东长三角港口群和以天津港和大连港为代表的华北环渤海港口群。它们涵盖了我国主要的沿海和内河港口,有效地推动了当地经济发展和港口之间的分工合作。

1. 国内主要港口物流发展的特点

目前,我国港口已初步形成了以煤炭、粮食、国际集装箱和旅客滚装为主的四大接卸系统,格局具有中国特色。在煤炭方面,我国已经形成了以秦皇岛、青岛、连云港、日照四港为主的北方沿海煤炭装船港和与之呼应的华东、华南地区的上海、宁波、海门、温州、福州、广州等港的接卸网络。在粮食方面,经过几十年的建设,我国大连、天津、烟台、青岛、连云港、上海、宁波—舟山、厦门、深圳、广州等海港,建立了一批粮食装卸专业码头。在集装箱方面,我国初步形成了华北、华东、华南三大集装箱港口群。综合来说,其主要特点如下。

1) 船舶大型化趋势十分明显

在全球海运船舶大型化和专业化浪潮的推动下,沿海港口到港10万吨级以上船舶已成为外贸进口原油和铁矿石运输的主要方式,港口装卸效率和服务水平明显提高。

2) 港口建设投资渠道日益多元化

随着港口投融资体制、管理体制的不断改革与发展,以及相关法律制度的出台,我国已初步形成了多层次、多形式的投融资渠道。沿海港口建设不单纯依靠国家投资,还可以依靠银行贷款、社会集资、港口企业自筹和发行股票、债券,鼓励外商以合资合作等多种形式参与港口基础设施建设,允许民间资本投资港口建设和经营港埠业。

3）港口功能不断完善

完善新的港口功能，使港口除了有传统的装卸功能以外，还要逐步成为仓储、货物运抵最终消费市场的物流园区，把物流产业纳入港口的规划中。港口在物流服务链中已不仅是海陆货物运输的重要节点，还是国际贸易的服务基地和货物物流、分拨、配送中心。

4）港口之间的竞争日益激烈

港口经营具有社会性，码头建设具有投资大、回收期长等特点，这决定了港口之间的竞争与其他行业的不同。港口的竞争主要有价格竞争、服务质量竞争、码头建设竞争等。加入WTO后，我国码头经营权日趋灵活和开放，竞争对手会越来越多，国外投资者会越来越多，合资合作方式也将呈现多样性，港口的竞争对手会增加；同时，港口服务市场会进一步开放，周边大港及航运公司揽货面的扩大及揽货手段的多样化，这些会对中小港口形成较大威胁。

5）港口立法工作取得重大进展

《中华人民共和国港口法》于2003年6月28日由第十届全国人大常委会第三次会议通过，并于2004年1月1日起实施。《中华人民共和国港口法》的出台是交通法制建设取得的重大成果，是实现依法治港、促进港口持续有序发展的重要保障，它的实施必将对我国港口事业健康发展产生深远的影响。为配合《中华人民共和国港口法》的出台和实施，我国相继出台了一批配套性部门规章，完善了我国的港口法律体系。

6）港口管理体制改革基本到位

我国不断深化对港口企业的政企分开改革，2003年港口管理权下放地方工作完成后，政企分开工作已经取得了突破性进展，新建立起来的港口行政管理机构正在全面履行其港口行政管理职能，港口企业已经作为完全的市场主体进行经营活动。改革的成效已经在各地重视规划、建设港口的行为中得到了初步体现，并随着改革进一步深化和到位，将进一步明显。

2. 我国主要港口物流发展存在的主要问题

1）沿海港口分布不均匀

我国沿海港口分布以上海为界，北方沿海港口数量相对较少，密度低，但大型港口居多，并且每个港口泊位以深水泊位占多数；南方沿海港口数量较多，密度大，但规模不一，有超亿吨的大港，也有平均吞吐量只有几十万吨的小港，并且港口深水泊位占的比例不是很大。南方沿海中小港的比例相当于北方的3倍多，南北方港口之间等级结构存在着巨大差异，从而造成南北运力上的不平衡。

2）港口建设与世界发达港口相比差距较大

目前我国沿海港口（香港除外）大多数停留在第一代港口的模式上，部分港口具有工业功能和简单商业功能，与20世纪80年代后期进入第三代港口发展阶段的世界发达枢纽港口相比，在港口规模、结构装备、管理体制、集疏系统、口岸服务等方面存在着较大的差距。上海港、深圳港只能算是区域型枢纽港，大部分集装箱在内陆靠铁路和公路集散。在南部沿海，集装箱大部分通过香港转运，由深圳港分流一部分；在北部沿海，集装箱大多数通过釜山港转运。这种情况导致我国大量的集装箱中转量外逃，损失了大量外汇。更重要的是，这种局面制约了我国参与全球资源流通，不利于经济发展。

3）港口发展的软环境尚须加快改善和营造

港口发展的软环境包括港口规划、建设、管理的整体性和统筹协调，港口规划是龙头。目前我国港口发展最大的问题是行政部门间和省市区划间的体制性障碍。现在沿海各省市政府实施"以港兴市"战略的积极性很高，提出投资几百亿打造以我为中心的国际一流大港的呼声不绝于耳。而问题在于地方政府配置资源的作用更强大了，政府要经营城市，要出政绩，地方政府手中掌握着土地资源，掌握着对国有企业的人事任免权，现行的干部考核制度和财政制度使各地方政府太过冲动，如不整体考虑和统筹协调，宝贵的资源难以整合，形不成有效的国际竞争力。

4）港口存在重复建设

所谓港口重复建设，是指在同一规划期、同一经济腹地内，所建设的同一功能的泊位出现了重复现象。我国港口现有吞吐能力满足不了国民经济和对外贸易的增长的需要，但在一些港口，多头审批和多头管理造成了港口布局规划没有权威性，港口无序重复建设。这不仅浪费了资源，而且造成了港口之间的无序竞争，影响了港口发展的后劲。

5）港口信息化水平不高

近年来我国港口集装箱运输电子数据交换系统的应用状况虽然有所改善，但仍未普及，也不规范。目前由于我国港口及其相关行业和部门信息系统缺乏统一的技术标准和规范的数据传送格式，信息系统互不兼容，部门之间的信息难以共享；港口在信息技术装备以及与外部网络链接等方面存在较多问题，致使沿海港口信息技术的应用和服务滞后，不适应集装箱码头计算机应用、通信网络、数据标准化三者结合的发展趋势，难以满足港口发展的需要，与现代物流业的发展的要求更是相去甚远。

6）结构矛盾突出

主要体现在四个方面：一是港口吞吐总量不足，主枢纽港公司吞吐能力严重欠缺；二是沿海主要港口水深不足，已不能满足船舶大型化发展的需要；三是粗放型的港口生产与城市发展和环境美化不协调，矛盾越来越大；四是码头建设滞后于经济发展的实际需要。

7）口岸监管方式落后

世界上一些发展好的港口的口岸环境都比较宽松。而我国现行的退税管理制度，要求海关出具离境装船回执后方能办理退税手续，程序多，速度慢，通常要一个月以上，而直接到境外中转通常在开船后几天内即可办理核销退税；现行政策下内支线成本高；有的港口航线不够多，航班不够密集，只能到境外中转。这些落后的监管方式严重阻碍了我国港口的国际化。目前我国沿海主要港口吞吐量中国际中转比例极低，除地理因素外，海关监管及退税政策约束极大。

8）通关程序复杂

目前我国新建码头，特别是集装箱码头的硬件设施已经是世界一流，码头操作水平也堪称世界一流。世界上一个泊位年吞吐能力平均是60万标准箱，我国沿海集装箱码头的年吞吐能力平均可达到70万～80万标准箱，而深圳盐田港区一个泊位年吞吐能力可达100万标准箱。但是我国港口"一关三检"（海关、商检、边检、动植物检疫），通关程序与方法明显落后，通关效率低，与国际枢纽港之间的差距突出。从货轮靠岸到货物出港运走，我国港口平均花费时间为34小时以上,而韩国釜山港仅为3个多小时。物流不畅的主要原因是我国审批部门太多,审批手续复杂;另外,国内现行的货物中转规则不符合国际惯例,中转货物需先办进口,重复报关。

9) 口岸综合收费水平高

港口费率应适时调整,其价格机制应由市场形成。因此我国就必须赋予各港口更富有弹性的依市场变化、适时调整费率的自由权。

10) 我国深水岸线资源利用率低

与巴西等国相比,我国海岸线资源并不丰富,可供建大型深水泊位的岸线非常珍贵。但一些地方在开发建设过程中只注重港口建设和经营权的开放,却忽视了港口规划和岸线审批的严肃性。由于急于发展,一些地方对岸线资源的优化利用论证不充分,在码头建设,尤其是货主码头的建设上存在较大的随意性。码头重复建设、部分货主码头利用率不高、港口低水平无序竞争,对深水岸线资源的合理利用和港口的长远发展造成了不良影响。

11) 国有港口企业改革滞后,港口投融资体制需进一步健全,物流人才缺乏

港口企业改革滞后表现在:港口下放地方和政企分开后多数集团企业尚未实行产权多元化,未形成混合所有制和现代公司制,法人治理结构未建立,评价标准体系不完善,重数量轻结构,重速度轻质量,重投资轻效益,很多企业大而不强,企业分配机制不协调。

港口投融资体制问题一是融资渠道不宽;二是技术改造资金不足;三是港口建设项目评估审批手续复杂。

物流人才,尤其是港口物流实用型人才、港口物流工程和管理人才缺乏。

3. 对策

发展我国港口物流应采取以下对策。

1) 要高度重视并合理规划港口管理模式

港口管理模式会对港口物流的发展产生深刻的影响。世界港口管理模式可分为三大类——私人企业经营港口管理的模式,由政府机构、国营企业经营管理港口的模式,政府机构、国营企业和私人企业共同经营港口的管理模式。由于第三种即多方共同经营管理模式能使政府对港口的权力控制与私人企业的经营能力高效结合,能兼顾社会利益与私人经济利益,克服公有公营和私人企业经营的种种弊端和限制,近年来相当多国家的港口管理模式正积极转向多方共同经营管理模式,并出现港口民营化的趋势。

港口管理模式对港口的运作效率有很大的影响。这从新加坡港和日本各港口的发展中可以得到很好的证明。1997年新加坡港口进行的民营化改革及其他管理制度改革,如政府投资制度、中央管理制度、自由港政策等,使港口管理与业务经营合理分工,在政府大力投资的基础上保证了私人企业之间完全按照市场规划运作和参与竞争,为港口物流的发展提供了一个很好的软环境。与此同时,其通过执行自由港政策、建设大型的专业化物流中心以及采取各种优惠措施吸引跨国企业在港区建设物流或配送中心等为港口物流的发展创造了便利的条件环境,使其逐渐成为国际物流的一个枢纽。

2) 要充分发挥政府的宏观指导与协调作用

在港口物流的发展中,政府扮演着重要角色。现代港口物流的发展需要政府与企业的互相配合与共同协作。政府在港口物流的发展过程中,必须充分发挥其总体规划者与

调控者的作用。

在港口现代物流的发展过程中,政府的巨大作用主要体现在以下几个方面。一是港口整体发展的规划者。港区及腹地的用地规划、产业发展规划,具体行业的发展规划,具体区域的发展规划等都需要政府综合考虑和统一实施。二是基础设施建设的投资者。港口的各项基础设施以及各项生活配套设施等由于都需要巨额投资,而且这些投资周期长、见效慢、利润低,是单个私人企业无力投资也不愿投资的,因此需要政府财政的大力支持。三是政府法规的制定者。政府应制定完善的物流和各项市场法律、法规,规范企业、市场、行业运行,整顿和维护经营秩序,制定各项优惠政策扶持物流企业发展等。四是物流人才的培养者和引进者。港口物流专业技术人才的匮乏是制约港口物流发展的最主要因素,物流意识不强是制约港口物流发展的瓶颈,所以对物流专业人才的培养和引进是港口物流发展策略的重中之重,而这主要依靠政府的政策和财政支持,需要政府来主导和实施。五是良好服务的提供者。政府各职能部门的高效运作,行业管理机构的健全管理,良好的招商引资、咨询服务,畅通快捷的海关通关服务等都会有力地促进现代物流的发展。

虽然港口、港口物流的发展都离不开政府的规划、协调和管理,但是值得注意的是,政府的规划管理也必须尊重市场规律,运用经济和法律手段而不是直接通过行政命令过多地干预市场;否则就会事与愿违,阻碍港口和港口物流的发展。

3) 要认真研究现代港口物流发展的目标定位

现代港口物流正在逐步向全方位和一体化的方向发展。全方位主要体现在各港口物流中心均围绕业主提供多种形式的增值服务,包括各种金融、保险服务,货物在港口、海运及其他运输过程中的最佳物流解决方案,公正验货以及餐饮、休闲娱乐、各项零售服务等。一体化则主要体现在两个方面:一方面是物流企业内部的一体化,即物流企业将码头装卸、堆场、仓储、运输、包装等各环节的单一经济活动集中为"一条龙"经营,为客户提供"一体化"服务;另一方面是物流企业与港口其他产业乃至腹地发展的一体化,港口物流发展是以港口及其腹地的发展为基础和依托的,同时港口物流的发展又会反过来促进港口及腹地的发展,从而实现其一体化发展。

现代港口物流的发展除了需要对传统装卸业务进行改革和深化外,还要求在港区内或毗邻港区建立相应的配送园区、货物深加工区等各项服务区,从而有效地对来自全球的运输链的各个环节加以整合,使之成为无缝对接的一体;同时还要求走港区联动之路,把港口经济与以提供关税和优惠待遇为基础特征的自由贸易区或保税区的功能加以配套,使之在发展中互相依存、紧密配合、互相促进,成为息息相关的利益共同体,实现共同发展。这一点在香港、新加坡港、鹿特丹港和釜山港都有很好的体现。

4) 要加强与班轮公司合作,大力发展集装箱业务

为了适应集装箱船舶大型化的发展趋势,港口新建或改建集装箱码头的投资风险大大增加。为降低投资风险,许多码头公司都会考虑与班轮公司合作。就全球航运业务发展趋势而言,班轮公司与码头合作、投资港口物流等也正成为一种发展趋势。

5) 要积极构建国际物流中心

建立国际物流中心是现代港口物流发展的要求。建立国际物流中心有利于提高港口的国际竞争力,推动集装箱干线枢纽港的建设和发展,吸引大型班轮公司投资港口产业;

有利于完善港口及港口城市的信息服务功能；有利于加强港口与腹地的联系，推动综合运输的发展，进而促进现代物流在更广的范围和更高的层次上发展，为国际物流经营者的投资创造良好条件；还有利于带动港口及腹地相关产业的发展，从而促进区域经济乃至整个国民经济的发展。

港口积极建立现代物流中心并不意味着港口要发展成为涵盖现代物流一切领域的物流企业，而是要充分利用自身可能推动现代物流发展的优势，发挥筑巢引凤的作用。如建设物流基地、物流园区或物流中心，吸引各类物流企业落户，由物流企业提供货物的增值服务，而港口只是为物流企业提供完善的基础设施和良好的发展软环境。第三代港口处理的主要货物是集装箱；服务的主要对象是班轮公司联盟；生产的特点是为货物流动、物流全程提供全方位高增值的服务，实现网络化的物流运输组织方式，通过 EDI 系统进行信息传递等，使港口的范围进一步扩大，不仅包括港区、临港工业区，而且包括物流中心区。国际物流中心是第三代港口的基本特征，也是港口物流功能拓展的方向。

案例分析

上海国际航运中心建设探路——寻找中国的比较优势[①]

2009 年 6 月 28 日，中国海事高峰论坛在上海举行，码头、船东、航运仲裁、航运金融等行业的代表齐聚一堂，共同研讨国际航运界的重要课题。

上海国际航运中心建设成为与会专家热议的话题。在国际航运中心建设众多可选择的路径中，上海将怎样凭借自身优势走出一条新的国际航运中心建设之路呢？

1. 国际航运中心建设的多种选择

国际航运中心已经存在了几个世纪，这不是一个新兴话题，在建设国际航运中心的道路上，上海并不寂寞。除了上海之外，世界上有伦敦、新加坡、汉堡、中国香港等具有国际认同度的国际航运中心，还有挪威、釜山、迪拜、希腊等新兴的国际航运中心，或寻求航运中心功能升级的世界大港。

所谓的国际航运中心必须在造船、码头建设、航道疏浚、船舶租赁、船员管理以及航运金融、保险、咨询、法律服务等诸多方面具有突出的表现。航运中心要吸引船东落户，就要具备良好的航运传统、充足的货量需求、高质量的人力资源和法律环境等。

在具备建设国际航运中心的基本条件之后，不同的港口依据自身的特点选择了不同的航运中心发展之路。

比如，伦敦作为国际公认的航运中心，其优势体现在航运综合服务方面，包括航运金融、保险、经纪、咨询等。伦敦是国际航运信息中心、航运融资及海上保险中心，拥有世界上最重要的航运交易所，是世界领先的国际海事法律服务中心。

而汉堡港则以为西北欧提供航运物流服务而闻名，其具有年 500 万标准箱的吞吐量，集聚了众多国际知名船东，在船舶生产、维修以及航运保险等方面都表现不凡。

新加坡凭借其优越的地理位置，成为国际上重要的转运港，并且其船舶维修、金融服

---

① http://forum.seafta.com/ShowPost?ThreadID=1419.

务也享有盛誉。

概括而言,国际航运中心建设有三种模式:以市场交易和提供航运服务为主,如伦敦;以腹地货物集散服务为主,如鹿特丹;以货物中转为主,如新加坡。

2. 寻找自身比较优势

早在1996年,上海就已提出建设国际航运中心的目标。经过13年的努力,如今,上海港的货物吞吐量位居世界第一,集装箱吞吐量位居世界第二。

依托广阔的长江流域经济腹地,2008年上海港的货物吞吐量和集装箱吞吐量分别达到了5.8亿吨和2800万标箱,双双名列前茅。从资源禀赋和发展历程来看,目前上海港在腹地型国际航运中心建设方面已具雏形。

随着时代的变迁,国际航运中心的功能也在不断升级。第一代航运中心的功能主要是航运中转和货物集散;第二代国际航运中心的功能是货物集散和加工增值;第三代国际航运中心除了货物集散功能外,还具有综合资源配置功能。如今,国际航运中心的定位正在逐步从货物集散功能向综合服务功能转变。

"考虑港口的实际承载力和环境容量,未来货物吞吐量将不再是上海追求的主要目标,取而代之的是航运服务的完备和国际化水平的提高。"上海国际航运研究中心秘书长真虹教授指出。

这方面的典型案例是伦敦。凭借世界顶级的航运交易和金融服务,伦敦国际航运中心无论在经济效益方面还是在影响力方面都要远胜腹地型的鹿特丹。

真虹认为,有了坚实的经济腹地做基础,上海下一步要做的就是配合金融中心建设完善的航运金融服务,并努力提高自己的国际中转水平。因此上海要走的实际上是一条"复合型"的国际航运中心建设道路,这也是上海相对于天津、大连等港口城市的优势所在。

3. 良性竞争是未来趋势

自20世纪90年代以来,世界各国都不惜投入大量人力、物力、财力兴建主要港口,港城竞争日趋激烈。以东亚为例,日韩都在争夺东北亚国际航运中心的地位:韩国雄心勃勃地要以釜山港和光阳港为中心港,加快推行港口扩建工程,全力建设"东北亚物流中心";而日本则正在对港口资源优化整合做出新的规划,力图恢复其亚洲地区关键的国际航运中心的地位。

激烈的竞争会使国际航运中心越来越少吗?与会专家认为,航运中心不但不会减少,反而会有可能增加,但是,有的航运中心能级会上升,有的航运中心能级会下降,而航运中心之间的竞争也将十分激烈。

上海国际航运中心建设已经明确了目标和主要任务。要建成国际航运中心,上海还需在以下方面努力:维持良性的航运供求关系,即货运需求与运力相匹配;制定和吸引配套的税收政策和优化的人力资源;努力提高高国际化程度;吸引具有领头羊地位的航运名企落户;形成良好的航运传统。

案例问题

1. 上海港要建设成为国际航运中心,在政策与体制环境方面需要国家怎样来营造?
2. 根据国际主要港口的物流发展经验与发展模式对我们的启示,上海港要建设成为国际航运中心应该注意哪些问题?

3. 根据本章的知识,为上海港的发展制定一份战略规划。

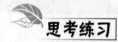

思考练习

1. 港口管理模式与港口物流运作模式各有哪些？它们之间的区别体现在哪些方面？
2. 结合实例剖析我国港口物流发展存在的主要问题。
3. 我国港口物流战略以环渤海、长三角和珠三角三大港口群的区域定位,分析其理由和应注意的问题。

第3章 港口物流系统与供应链

☆ 教学要求
1. 掌握港口物流系统的内涵,了解其特征。
2. 理解港口物流系统的规划原理与原则,明白其规划步骤。
3. 深刻理解并掌握港口物流系统协同的完整内涵。
4. 清晰了解港口物流系统一体化的基本内容,掌握资源整合的基本方法。
5. 全面理解并掌握港口物流横向一体化和纵向一体化的基本内涵、实现途径与整合模式。
6. 掌握港口物流供应链的内涵,了解其基本功能与基本形式。
7. 理解港口物流供应链管理的原理,认识其目标实现机制。
8. 掌握构建港口物流供应链的基本方法。

3.1 港口物流系统

3.1.1 港口物流系统及其特征

1. 港口物流系统及其基本要素

港口物流系统是指由提供港口物流服务的码头设施、仓储设施、集疏运条件、运输车辆、搬运设备和工具、通信设施和网络、港口作业及管理人员、口岸配套服务设施体系和港口后方物流园区、基于供应链的港口物流系统规划研究中心、集疏运系统及其信息系统等相互影响、相互制约的若干动态要素组成的具有特定功能的有机整体。简单来说,港口物流系统是由港口物流基础设施、设备与工具、物流信息系统、集疏运体系、生产运作与管理、口岸服务支持体系等构成的动态的有机整体。

港口物流系统一般具备四个基本要素,即流体、载体、流向、线路。

流体,是指经过港口的货物。港口物流的目的是实现货物从提供者(如接卸货物时的船舶承运人)向接收者(如疏港的铁路经营人)的流动。所有经过港口的货物都要经历装卸、搬运或仓储等过程来实现空间的移动。因此,总的说来,港口货物是处于不断流动的状态。根据流体的自然属性和社会属性,可以计算出流体的价值系数,即每立方米体积该货物的价值。该系数可以反映货物的贵贱,对港口生产组织部门确定货物作业方案有重要的参考价值。价值系数越大的货物,尤其要重视对港口物流过程的安排,一方面可采取货物的保险措施;另一方面应合理安排货物的搬运、保管、包装、装卸等各个环节的组织和作业。

载体,是指流体借以流动的设备和设施。载体分为两类:一类是基础设施,如航道、码头、港内道路、港池等;另一类是直接载运流体的设备,如装卸机械、搬运设备等。港口物流载体的状况，尤其是物流基础设施的状况直接决定港口物流的质量、效率和效益。

流向，是指流体从起点到止点的流动方向。港口物流的流向一般有四种：第一种为自然流向，即根据合理线路安排的货物在港内搬运、装卸的物流方向，这是一种自然选择的流向；第二种是指定流向，如港口管理机构为了各港区任务的平衡，人为指定港口货物的流向；第三种是市场流向，即根据货主或承运人的意图确定货物在港口的流向，如由货主指定货物在某泊位上装卸；第四种是实际流向，指在港口物流过程中实际发生的流向。

线路，是指流体流动的轨迹。线路有港内和港外之分。港内线路是指港区内的货物搬运线路。合理布置港内线路，能提高搬运效率。港外线路是指货物由提供者向接收者移动的线路。合理选择港外线路能提高时效、降低货物移动成本。

上述诸要素构成了港口物流运作的四大子系统：船舶航行作业系统，包括航道、锚地、掉头水域、港池、船舶通信导航设施、各种港作船等；装卸作业系统，包括码头、装卸作业锚地、装卸搬运机械和运输机械等；存储作业系统，包括港内各种库场及库内机械设备；集疏运系统，包括铁路、公路以及内河水网等。四个子系统的协同构成了港口物流综合运作能力——港口通过能力。

2. 港口物流系统的特征

港口物流系统除了具有一般系统的特征外，还具有以下特征。

1）最大量的货物集散性

港口作为供应链的起点和终点，是大量货物量的集结点。国际物流量的90%以上是由海运完成的。当需要对货物提供运输、仓储、加工、分拨、包装、信息等一系列增值服务，即物流服务时，选择在港口这一货物集结点进行最能取得规模经济效益。

2）明确的目的指向性

港口物流系统是为解决生产和消费时空的矛盾组合而成的，这是港口物流系统区别于其他经济系统的目标特征。港口物流系统虽然和其他经济系统一样需要输入人力资源、物力资源、能量资源和信息资源，但经过调控、运转、消耗，输出的不是有形的物质产品，而是无形的服务，且这种服务的内容、要求、方式是用户率先规定了的，即约定在先，服务在后。目标功能的特殊性揭示了评价物流效益应把用户的满意度作为首要标准，因此具有明确的目的指向性。

3）严格的时空序列性

港口物流系统是由众多立体型的子系统连接而具有时间序列的总系统。运输、装卸搬运、储存、包装、配送等环节都是由流体、组织者、载体及线路和信息这些实体要素结合成具有特定功能的立体子系统，这些立体型的子系统又按照不同具体需要连接成先后有序的总系统。这一特征要求港口物流管理要特别强化空间布局和时间序列观念。

4）动态的开放性

港口物流系统不仅内部有复杂的结构，而且和外部环境有着广泛紧密的联系。构成系统的要素及其结构都受国民经济发展状况、科学技术水平、生产力布局、商流等因素的影响，并不断地根据外部环境的变化调整自己的要素组合和结构，通过自我调控实现从无序向新的有序的转换，求得和外部环境相适应。

5) 广泛的协同性

一个系统能从无序到有序转化。如果在一定条件下,一个系统的子系统之间通过非线性的相互作用能够产生协同现象和相关效应,这个系统就能够在宏观上产生时间结构、空间结构,形成一定功能的自组织结构,表现出新的有序状态。港口物流系统是一个多目标函数的"人-机"系统,系统要素间有着非常强的"交替损益"现象,稍有不慎就会出现系统总体恶化现象。通常人们对港口物流数量希望最大,对物流时间希望最短,对物流服务希望最好,对物流成本希望最低。因此,系统的协同就显得非常重要,通过协同可以取得系统整体功能的最优。

3.1.2 港口物流系统规划

随着社会经济的不断发展,各行各业也必须不断调整自己的理念。港口物流系统也必须做出调整,积极规划发展。

1. 港口物流系统规划原理

1) 物流供需平衡原理

物流的需求与供应的平衡是一个基本的指导思想。港口物流的供应包括交通运输的供应和物流节点的供应。交通运输的供应是指码头、生产性泊位、深水泊位、靠船泊位、进港航道、仓库、作业区等的面积、容量和通货能力。物流节点的供应是指在港口物流活动中进行包装、装卸、保管和流通加工等的设施设备的容量及服务水平。港口物流的需求包括货物的位移及其相关服务(含信息)的需要,它受到港口本身通货能力、服务能力、腹地经济发展水平、产品进出口能力和其他港口的竞争状态的影响。

2) 物流成本效益分析原理

港口物流在一定意义上可以看成一个物流园区,在这个物流园区内部,依托港口的特色,为消费企业提供原材料的购买,经过生产过程的产品的存放、搬运、装卸、海运及其报关、金融保险等服务。在开展诸多业务的同时,合理控制物流成本,找到投入产出的最佳方案是提高港口物流效益的重要手段,而物流成本效益分析就是运用经济原理及技术经济的原理与方法来研究物流的成本、效益的方法。港口物流成本是指由货物实体的位移而引起的有关运输、包装、装卸等的成本。长期以来,物流成本被认为是企业第三利润源,但是诸多企业难以按照物流成本的内涵完整地计算出物流成本,更谈不上对效益的预测和核算了。所以企业必须通过物流成本管理对物流经营中所发生的成本进行单独的计划、分析、核算、控制,以达到降低成本、提高港口经济效益的目的。

3) 供应链管理原理

供应链管理是一种集成的管理思想和方法,它履行供应链中从供应商到最终用户的物流计划和控制等职能。供应链管理通过前馈的信息流和反馈的物料流及信息流,将供应商、制造商、分销商、零售商,直到最终用户连成一个整体的管理模式。它把不同企业集成起来以提高整个供应链的效率,注重企业之间的合作。

利用供应链原理能够使港口物流的运作模式发生深刻的变化:首先,使得港口从单纯的运输装卸服务扩大到对全程服务;其次,供应链的无缝连接使得港口物流服务的时间性更强、效率更高;再次,供应链管理对港口物流信息化程度产生了较高的要求,客观上推动了物流信息平台的建设;最后,物流供应链的管理加快了港口物流设施的改进,因为只有现代化的物流设施和设备才能提供符合供应链一体化要求的服务。

2. 港口物流系统规划原则

1) 综合运输网络协调发展的原则

铁路、公路、水路、航空等运输方式,均有其各自的技术经济特点和合理的使用范围,在综合运输体系中都占有相应的地位。因此,港口运输网络规划,应以水路运输服务为中心,根据当地的自然、经济特点和货物流量与流向,发挥多种运输方式的优势,使各种运输方式在整个体系中能统筹兼顾、协调发展,形成合理、优化的物流服务体系。

2) 基础设施与运输工具协调发展的原则

进行港口物流系统规划时,应考虑地区的实际情况,重视基础设施与运输工具的协调发展。

3) 港口物流点、线、面网络协调发展的原则

港口物流具有由点(港口)到线(陆路、水路、航空运输)、面(港口腹地及周边区域)的区域物流活动的辐射优势,因此形成完整的供应链,为用户提供多功能、一体化的综合物流活动是港口物流系统规划的基本原则之一。同时运输中也应该考虑到运输站点、运输线路、服务节点等的综合配套。

4) 经济合理和系统优化的原则

建立港口物流网络的根本目的是以最小的运输成本,取得最大的经济效益,满足货主对运输的需要。

5) 资源优化配置原则

依赖信息技术手段、契约合作关系、小企业大操作的动态资源组合可以达到全球运输资源的最优配置。对单一的水运运输而言,它自身的优势是有限的,但是,多种运输方式的组合,可以调动最充分的优势和实力,从而能够最优良地满足客户需求。

6) 可持续发展原则

目前国内交通运输业面临的形势是,运输能力短缺的问题十分突出,而运输需求将长时期持续增长,交通环境问题将日趋明显。因此,运输网络的规划决策,应重视对生态环境的保护和资源的合理开发利用,降低对环境的不良影响。

7) 切合实际和循序渐进原则

国内港口企业在基础设施、技术水平、信息化程度、资金实力等多方面与国外发达国家港口企业的相比差距很大,所以国内港口企业在进行港口物流中心规划时不能好高骛远,要在能力允许的基础上贯彻切合实际和循序渐进的原则,根据未来经济腹地的物流服务需求和自己企业的资源和能力,做出适当的规划。

3. 港口物流系统规划步骤

进行港口物流系统规划时,首先,必须对系统有客观、深入的了解,这是系统规划和设计的基础;其次,必须确定规划和设计的目标以及可选择的方案,必须结合物流体系的实质,从社会、经济、技术、环境以及货主行为诸方面对港口物流规划的目标进行详细的论证,方案选择过程就是优化的过程,具体方法是定性与定量相结合;最后,必须从社会、经济、技术、环境等多方面对规划方案的效果进行综合评价,选择最优方案,从而达到规划的

目标。整个步骤如图 3-1 所示。

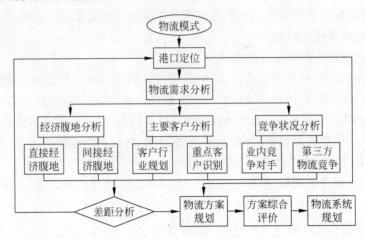

图 3-1　港口物流系统规划步骤

3.1.3　港口物流系统协同

港口物流系统是一个既有静态,也有动态;既有时间,也有空间的多重结构的复杂系统。从其实体要素和环节要素本身来讲,是互相平行、彼此独立的,具有自身的性能和作用,不能互相代替;但在系统中,却遵循物流规律,以不同的深度和广度、不同的数量比例和不同的关联方式相协同,产生出最大的功效。

1. 质态协同

质态协同的目标是追求全面发挥各要素的潜在能量、实现物流系统的最大功效。

1) 组织者和载体的协同

物质实体都是通过组织者的组织和一定的载体承载才能实现流动的,两者在物流中有着各自不同的作用。组织者决定物流的方向、路线、起点、终点以及方式。载体决定物流的速度、批量大小。载体是由组织者选择和使用的,对于一项同质、同量、同方向的物流任务,不同的管理或技术水平的组织者可能会选择不同的载体,而不同载体在该项物流行为中发挥作用的程度是不同的,当然,该物流过程的功效也就大小有别了。就某一具体货类的装卸工艺而言,组织者的技能、专业知识水平等都必须与生产工具以及相应的物质装备的性能、效率和其他要求相适应;否则不但不能有效地进行生产,还会损坏装备。组织者与载体的适应,不局限于直接生产过程,管理方面同样有一个适应问题,管理方式在不同的水平阶段,各自都有相应的不同要求。

2) 载体和线路的协同

这种组合表现最为普遍,如:船舶的技术性能要与航道的要求相适应,集装箱船舶的大型化趋势要与航道、港池深水化相匹配;在高速公路上行驶的汽车必须能达到一定的行车速度并且车况良好;高速列车要与高技术含量的铁路相匹配,这样才能安全高效。另外,港内线路应尽可能布置成直线,以减少不必要的迂回。

3) 流体与载体的协同

为了保证流体的安全移动,不同性质的流体必须要求由相应技术性能的载体来承载。

如,汽油要由专业的油罐车来承运,冷藏货物要由带制冷保温性能的车辆或设备来运送或储存。同时,不同货类应选择不同的机械化系统,件杂货与集装箱、干散货与液态货都必须根据货物的特性确定装卸机械的功能、特点,做出正确的选择。

4) 载体与载体的协同

其一是机械化系统各环节、各作业工序之间的适应性,包括机械与工属具之间的配套性。目前,除了专业泊位的机械化系统有较好的配套性外,一般通用泊位的机械化系统、主机与辅机、机械与工属具之间配套性较差,缺少相互适应性。其二是机械化系统与基础设施的适应性。装卸机械水平较低、生产力水平较低的阶段,对基础设施的要求,在数量、质量、规模、时空布局等方面都不会要求很高。而随着国际贸易的发展,航海技术、造船技术、筑港技术以及智能机器体系及其与之相适应的能源设施的进步,对基础设施的要求会越来越高。船舶的大型化,要求泊位、航道等基础设施提供相适应的条件;没有相应的条件,船舶无法靠泊,现代化的装卸设备就不能充分发挥作用。

2. 量态协同

量态协同就是港口物流系统的数量规定性。量态协同不仅表现在实体要素的组织者与载体、载体与载体、流体与载体等物流要素之间的比例关系,而且表现在泊位系统、库场系统、集疏运系统、装卸系统及其他辅助系统等物流环节之间的比例关系;同时还表现在港口物流诸要素及其所形成的物流系统在一定时期有效运转时所应具备的能力数量范围,即港口物流系统规模的大小。规模是要素在港口的聚集程度,是物流系统得以有效运转的数量规定。不是任何数量的物流要素堆砌在一起都能形成港口物流的物流能力,也不是任何数量的要素相搭配都能使每一要素发挥出自己的全部能力。以港口物流各环节为例,诸要素的能力必须在泊位、库场、集疏运、装卸及辅助作业等主要环节上基本平衡,才能形成港口的物流能力。如果各环节能力强弱不均,就必然会形成以能力弱的环节(或要素)为最高限度的低水平的港口物流系统,而使能力强的环节(或要素)的富余能力被闲置。某环节能力为零时,则根本不能形成物流能力。这就是说,物流要素不但缺一不可,而且必须保持平衡的数量比例。在诸要素能力基本平衡的条件下,港口物流系统整体能力是由诸要素以同等机会、以共同的水平为基准决定的。在诸要素能力不平衡的条件下,港口物流系统整体能力是由能力最低因素(环节)的水平决定的。

3. 空间协同

空间协同的要求主要体现在流体流动的起点、终点与线路分布、物流网点的布局和流体与载体的空间位置组合中。

1) 港口水陆域布局规划的方向性

港口是为双向腹地服务的:一方面为区域经济所需,指向内陆腹地;另一方面,为对应的港口所需,指向对方港口腹地。这种指向性规律决定了港口物流要素进出口的差异和单向性,从而决定了港口物流的方向。水陆域布局往往又受自然地域,如自然环境、地理位置等的局限。港口有必要科学地规划岸线、水陆域范围、边界,充分考虑发展的可能性。

2) 港区规划与城市规划的协调性

港以城托,城以港兴。港口物流要素与城市经济、区域经济生产力因素之间具有相互补偿、相互依赖的关系,即经济互补性。这种互补性以相互提供产品或劳务的种类、数量表示。各种货物通过港口吞吐,以相应的运输方式把原材料、生产地和市场连接起来,使港口既有直接经济效应,有自身的产品、产量、产值和利润,又有间接经济效应,为城市经济和区域经济发展做贡献。因而港口布局与城市规划应充分注意其经济上的互补性,避免相互矛盾。

3) 港口物流系统的乘数效应性

乘数效应即港口物流要素的主导作用对其他有关因素引起的投入产出关系的连锁反应。如利用港口的能力建设港口电站,必然促进临海工业的发展,工业的发展将带动第三产业的发展。港口能力的不断扩大,使船舶到港数日益增多,进而推动修船、造船工业等相关产业的兴起,城市与区域经济的生产和服务又促进第二轮的生产与服务。这种连锁反应正是港口物流系统在城市和区域经济中的主导作用以及关联性和空间布局上的典型表现。

4) 港口物流系统的比较利益性

港口空间布局应根据其自然、技术、经济、交通、社会条件,扬长避短,发挥优势。对港口物流要素的配置要按综合消耗最少、成本最低的原则,使各个港区都能够发挥对自身、对社会利益最大或不利程度最低的功能,因此比较利益是港口物流系统空间布局的重要原则之一。

5) 港口平面布置规划的合理性

港口要根据自然条件和岸线分布,规划方便合理的船舶进出港航线航道及陆上交通路线;根据任务和规模,科学划分港区,以确定码头、泊位的分工。港区功能的扩展,要留有一定的余地,遵循远近结合、合理布局、统筹规划、交通方便的原则。

4. 时间协同

港口物流的时间协同是港口物流系统中每个要素为其他要素发挥作用、提供条件进而为整个系统发挥总体功能提供条件的一种时序安排。港口物流要素的时间组合,如组织者与载体的组合,包括组织者职业教育与培训、组织者技术知识更新与载体的技术进步的配合问题等;载体与载体的组合,包括船舶、车辆、货物到港分布,船舶技术供应等的时间组合等。要根据港口物流要素时间组合方式变化规律的要求,科学地安排物流要素形成过程的先后顺序及其在系统运行过程中的持续时间的长短。

港口物流系统的质态结构、量态结构、空间结构和时间结构不是独立存在的,它们的作用各不相同,不能互相替代。如技术性能的相适应并不能保证过程的合理化,空间布局的科学性并不能等同于时序的合理化。有时,在时间结构无序的情况下,质态结构越高、规模越大,损失反而越大。例如,载体的能量越大,误期造成的单位时间损失就越严重。只有这四种协同相互依存,共同发挥作用,形成一种合力,才能达到整个系统的协同化。

3.2　港口物流系统一体化

3.2.1　基本内容

1. 物流系统一体化及其特点

物流系统一体化是以物流系统为核心的由生产企业经由物流企业、销售企业直至消费者的整个供应链的整体化和系统化。它是物流业发展的一个高级的、成熟的阶段。亚太物流联盟副主席、澳大利亚著名的物流专家凯利·哈蒙德指出，一体化物流就是利用物流管理，使产品在有效的供应链内迅速移动，使参与各方的企业都能获益，使整个社会获得明显的经济效益。

物流系统一体化的形式包括横向一体化与纵向一体化。横向一体化指的是企业专注于某项特定的物流功能，与同行竞争企业进行联合，在物流的某个环节建立竞争优势。纵向一体化面向的是整个生产制造环节，要求企业结合产品的材料供应、生产和销售等上下游环节发展不同深度的业务，具体又包括前向一体化和后向一体化。

物流系统一体化的建设过程呈现如下特点。

1）共享性

在加快全社会物流信息化建设的同时，更加注重公共信息平台的搭建，以提高信息资源的利用效率；在加快物流园区建设的同时，更加注重公共配送中心的发展，以促进设施资源的有效利用。

2）衔接性

在加快交通基础设施建设的同时，更加注重设施之间的有效衔接，以促进多式联运的发展；在加快制定物流产业发展政策的同时，注重相关部门的沟通协调，以促进物流政策的有机衔接。

3）先进性

在加快传统设施技术更新改造的同时，更加注重推进新技术在物流领域的应用，以提高物流产业的技术水平；在推进物流基础设施、技术装备标准化的同时，更加注重管理流程、信息网络的技术标准化，以形成协调统一的现代物流技术标准化体系。

4）高效性

在加快推动第三方物流发展、缓解物流供需之间存在的结构性矛盾的同时，加快保鲜食品物流、生物医药物流、危险品物流、IC产品物流等专业化物流发展，确立行业优势，以不断提高该市物流的社会化和专业化水平。

2. 港口物流系统一体化的产生动因

港口物流系统一体化的实质是一个港口物流管理的问题，即专业化物流管理人员和技术人员，充分利用港口专业化物流设备、设施，发挥专业化物流运作的管理经验，以取得整体最佳的效果。港口物流一体化的形式是一个物流网络，实现港口物流网络首先要有一批优势港航物流企业率先与生产企业结成共享市场的同盟，把过去那种直接分享利润的"联合经营"发展成"优势联盟"，共享市场，进而分享更大份额的利润；同时，优势港口物流企业要与中小型港口物流企业结成市场开拓的同盟,利用相对稳定和完整的营销体系,帮助生产企业开拓销售市场。这样,竞争对手成了同盟军,港口物流网络就成为一个生产企业和港口物流企业多方位、纵横交叉、互相渗透的协作有机体。

港口物流系统一体化是受到许多诸如社会、科学、技术等因素的影响而发展起来的。这些因素可以归为两大类:外部动因和内部动因。

外部动因主要是经济全球化和区域经济一体化两方面。经济全球化使得港口物流系统一体化的趋势越来越强,使企业与企业之间可以借助信息的共享,进行更好的分工与合作。区域经济一体化是指"特定区域内的国家或地区通过达成经济合作的某种承诺或者组建一定形式的经济合作组织,谋求区域内商品流通和要素流动的自由化以及生产分工的最优化,直至形成各国经济政策和区域经济体制某种程度的统一"。而作为"第三利润源"的物流业,必然受其影响。

内部动因主要是港口物流业自身发展的要求。首先,无论哪个区域范围,都存在着港口资源分布相当不平衡的现象,这些不平衡的资源分配给港口的进一步发展造成了很大的阻力,必须对其进行整合,推进港口物流一体化的发展,才可以缓解这种现象。其次,港口物流一体化是港口物流业本身的发展趋势。经济全球化和一体化的加深,要求港口物流要向社会化、合理化、系统化、科学化的方向发展,改变各自为政、自成一统、管理分散的局面,制定整体规划,建立港口与港口、港口与航运企业一体化的全方位一体化体系。最后,对各自利益最大化的追求也是港口物流一体化的内部动因。港口物流企业进入一体化系统中,最根本的目的是实现利益目标,而在目前的国际和经济环境中靠单打独斗已经不能获得最大的利益,因此在利益的驱动下,港口物流企业需要建立一体化的运作模式以促进自身的进一步发展。

3. 港口物流系统一体化的内容

1) 港口物流资源的一体化

物流运作资源可以分为运输资源与仓储资源,并有其特有的整合方式。在一个物流系统中,这些资源都必须纳入一个系统中进行一体化设计和操作,通过不同环节的物流作业的无缝链接,以最小的资源成本支出获取物流作业效率的最大化。

例如以相同的客户需求响应时间和相同的物流成本为前提,仓储与运输的组合方式有两种:一是集中化仓储与快速运输方式组合;二是分散化仓储与低速运输方式的组合。集中化仓储与客户的距离远,但库存水平低;快速运输速度快,但费用高;仓储费用的节省弥补了运费的增加。分散化仓储接近客户,故可以使用低速(低成本)的运输方式,但库存水平会上升;运输费用的节省弥补了仓储费用的增加。物流公司具体采用哪种运输与仓储的组合方式,还要看在整合哪种物流资源时更具有比较优势。

2) 交通基础设施一体化

港口物流系统一体化的前提是交通设施一体化的建设。因为方便快捷、统一的交通网络体系建设,是确保港口物流系统一体化发展的重要前提和支撑。沿海港口地区由公路、水运、铁路、航空、管道等多种运输方式共同发展的综合运输体系所形成的交通网络是物流总量快速持续增长的基础保证。但是由于缺乏站在区域全局高度的统筹规划,目前沿海港口地区的综合交通网络存在不少问题,如区域内港口、高速、铁路和机场的衔接不畅,交通基础设施在行政区划之间存在无序竞争等,大大增加了港口物流企业的物流成本。在这种情况下,就有必要实现港口城市区域内基础交通的战略合作,进行交通一体化建设。

3) 港口物流信息一体化

港口物流信息一体化是港口物流系统一体化的基础。物流资源的一体化运作离不开信息系统的支持。整个公司必须把掌握的所有运输资源、仓储资源及其他资源全都置于公司的信息网络系统之中,以使这些资源在物流企业内部变成运作支持系统。这些资源所有人各不相同,空间上分布很广,但都成为物流企业的后备资源。当然,这样的运作资源系统是动态的,需不断更新、完善。港口物流企业要提供一体化的物流服务,其开发的物流信息系统就要涉及与供应链上所有环节的信息系统的数据接口,物流业务的运作就要涉及与众多部门,如银行、税务、保险、海关、检验检疫、交通、交管、外贸等政府职能部门的协调。物流企业要与这些部门进行沟通和协调,但目前这些部门的信息也无法共享,每个部门都是从各自的利益出发考虑问题,甚至各自出台的政策常有冲突和矛盾的地方,造成办公效率低下。这不仅严重制约了港口物流企业的发展壮大,而且也妨碍了港口物流一体化的发展。因此,港口物流一体化的进一步发展离不开港口物流信息化的建设。

4. 港口物流系统一体化的相关理论

1) 系统论

从系统论的角度看,任何一个地区的社会、经济形态都可以作为一个系统。系统指由相互联系、相互作用的若干要素按照一定的组织、秩序结合起来,且与外界环境发生关联的,具有特定整体功能的有机整体,它本身又是它所从属的更大系统的子系统或要素。

按照系统的观点,任何一个系统总要由若干基本要素组成,各个要素之间既相互独立,又在系统的统一约束下共同受某种规律作用,实现彼此之间的联系和运动,从而显示出系统的总体功能。系统论将复杂的自然、社会、经济活动划分为若干处于动态循环状态中的相互联系的各级系统,使其在各个具体单元内部,在有限的资源条件下尽可能发挥出最大效益,表现出系统的整体优势。港口物流系统一体化所构成的港口物流网络就是由各个节点相互联系所构成的。港口企业、物流企业、航运企业、客户等都在这个网络系统中。我们要运用系统论的观点促使这些节点在有限的资源条件下尽可能发挥出最大效益,表现出系统的整体优势。

2) 博弈论

博弈论是一门研究多人决策问题的理论。具体地说,它是研究决策主体的行为发生相互作用时的决策以及这种决策的均衡问题。在博弈模型中,根据全体局中人的支付总和是否为零,分为零和博弈和非零和博弈。如果在任一局势中,全体局中人的支付总和为零,则称该博弈为零和博弈;否则称其为非零和博弈。根据局中人是否一体化,博弈还可分为一体化博弈和非一体化博弈。这两者的区别主要在于当博弈各方的行为相互作用时,各方能否达成一个具有一体化性的协议。如果两个寡头企业之间达成了一个具有约束力的协议,联合最大化垄断利润,并且各自按这个协议生产,就是一体化博弈;否则,就是非一体化博弈。非一体化博弈强调的是个人理性、个人最优决策,其结果可能是有效的,也可能是无效的。一体化博弈强调的是团体理性,是效率、公正、公平,其往往有 $1+1>2$ 的效果。非零和博弈和一体化博弈的理论,给企业经营者以重大的启示,他们出于增加竞争优势、实现双赢的目的,从零和博弈转向寻求非零和博弈与战略联盟,通过有效磋商,协调彼此的资源,达成共同认可的有约束力的协议,通过各种不同的纽带组建企业联盟,分享联盟带来的收益,使个体理性与团体理性达到一致,希望在日趋激烈的竞争中,共同提高彼此的竞争力或分享市场份额。

港口物流企业进入一体化系统的最根本目的是追求利益的最大化。因此,对于参与的各方无论是港口与港口的一体化,还是港口与航运企业的一体化来说,追求利益最大化的过程就是博弈的过程。

3) 资产专用性理论

资产专用性可以分为地点专用性、实物资产专用性、人力资本专用性和专项资产专用性等。与其他行业相比,港口物流产业具有很高的资产专用性。资产专用性越高,改作他用就越困难,即沉没成本越高,行业退出壁垒越高。一旦港口物流交易中断,则这种投资将失去其大部分的价值。这样,港口物流合作双方的身份以及它们之间关系的持久性便具有重要的价值。为了维持这种含有专用性投资的物流交易,港口物流供求双方就会有动力去寻找合适的机制来保护它们之间的合作关系。

港口物流是一个存在高度的内生不确定性和外生不确定性的交易。从外生不确定性来看,随着竞争的日益激烈,港口物流的需求(运量、流向、船期等)可能随时改变。这样,港口物流交易就处于一个不确定的外部环境中。从内部不确定性来看,人由于理性有限,很难事先把将来可能出现的所有情况都预测到。机会主义行为的存在,使得港口物流的不确定性更加严重。港口物流具有高度的资产专用性,交易关系的维持对双方都异常重要。因此,港口物流交易有必要寻求制度保障,以维持双方的交易关系、减小不确定性对双方的不利影响。

3.2.2 资源整合

港口物流系统一体化的基本前提是资源的整合,港口物流资源整合有下列两种。

1. 港口资源的整合

港口资源,一般是指港口资源条件或要素,它包含诸多方面,一般可分为四大类:①有形的实体资源要素,包括岸线资源、水域资源、陆域资源和港口设施;②无形的技能资源要素,包括货运组织方式、存货控制能力、融资能力、管理经验和工作团队等;③客户资源要素,包括货物流量流向、货主、船公司和喂给港等;④信息资源要素,包括港口、码头、船舶、货物、设备、人员及与之相关联的各类信息。其中,无形的实体资源要素往往是一个港口特有的、不可复制的,是区域港口群中最具竞争力的要素。港口资源不仅是一个港口生存发展的基础,也是一个港口核心竞争力的重要组成要素。一般说来,港口优良的岸线和航道等自然资源、良好的装卸和集疏运能力、充足的资金保证和发达的腹地经济等都可以作为港口核心竞争力的重要组成部分。

港口资源整合主要是实现资源优化配置,具体包括两方面:①实现港口间的优势互补,拓展港口功能,调整港口结构,提供更好的物流服务;②确保港口间分工协作和港口总体布局规划的顺利实施,避免港口间的过度竞争和因重复建设导致的深水岸线资源的浪费,实现港口可持续发展。从国内外港口发展趋势看,港口资源整合是港口发展战略调整的重要手段,也是港口规划建设、经营管理的重要工作,是提升港口竞争力的最直接而有效的途径。

港口资源整合的主要内容与目标详见表3-1。

表3-1 港口资源整合主要内容和目标

港口资源要素分类	整合的主要内容	目标
有形的实体资源	港口岸线、码头泊位、航道、港口陆域、装卸搬运设施	优化配置,合理利用岸线资源
无形的技能资源	运输组织、揽货方式、融资能力、管理经验、人力资源、经济腹地、通过能力	共享管理、技术、人力资源,提升品牌竞争力
客户资源	货主、货运、船公司、喂给港	明确定位分工,增强服务能力
信息资源	港船信息、口岸信息、货主信息、管理信息系统	共享信息资源,建立统一的信息平台

2. 港口物流公共基础设施的整合

港口物流公共基础设施是集群系统整体共享的水、电、气、暖等公共服务配套设施和岸线、航道、公共码头、铁路、公路等集疏运设施等。一体化系统内企业的共享资源是指归属于系统中各成员企业的仓库、堆场、货主码头以及运输中转设备等。港口物流系统一体化的基础是基础设施的一体化,因此必须对港口物流公共基础设施进行整合。

作为物流活动的基础,港口物流基础设施网络是由以物流专业设施和功能设施为主体元素的物流节点和以公路、铁路、航空、水路和管道为支撑元素的物流线路组成的,具有一定的空间层次结构,以及和环境相适应的复杂系统。物流基础设施网络主要由物流节点和线路两个基本元素组成:物流节点包括物流专业设施和物流功能设施,物流线路主要是指铁路、公路、水运、航空和管道运输线路。物流专业设施是指物流园区、物流中心、配送中心等货流较为集中的设施。物流功能设施是指货场、仓库、港口等满足物流运作功能的基础设施。

物流基础设施网络有其特殊性,因其服务的公共性,运作主体不一,表现形式多样,可以被看做多个单一网络组成的复杂网络。物流基础设施网络规模除了可以通过物流节点网络规模指标和线路网络规模指标来衡量之外,还可以通过物流基础设施网络的结构指标,如网络联通度、密度以及可达性等指标来衡量。

物流基础设施网络规模决定着物流基础设施网络的结构、布局,并最终决定着整个物流基础设施网络能否达到系统最优,能否实现企业效益、集群效益以及社会效益的多赢,能否实现与经济的可持续发展。因此,物流基础设施的建设必须为国家对物流基础设施网络的宏观决策的全过程提供借鉴和参考,一方面对现有物流基础设施网络规模是否合理进行事后评价;另一方面是对未来的物流基础设施网络的合理规模进行事前预测,这就是基础设施建设的深度化。系统为一个资源集合体,成员企业间资源共享的基础是一方资源富余,另一方资源短缺。资源富余方让渡资源的使用权,使成员企业内部资源外部化;资源短缺方则通过支付资源使用费,获得外部资源的使用权,即外部资源内部化。物流基础设施充分发挥自身作用与功能的前提条件应是产业集群区域内的物流基础资源能彼此保持衔接与协调,因此,除了重视对物流基础设施的建设外,更需集中力量实现物流基础资源的有效分工与协调,最终在降低物流成本的同时,真正有效地提高物流基础设施的运作效率和服务水平。港口物流一体化建设必须是站在系统整体的利益最优的高度,整合群中现有的设施与设备,无论是系统共有的还是共生企业自有的物质资源;要对港口的基础设施进行系统调配,合理安排作业流程,提高设备利用率,缩短货物在港停留时间,提高港口通过能力,减少船舶在港停留时间,使港口现有的集疏运设施完备,完成货物集散的功能。港口畅通与否对整个供应链中企业的连续生产和商品的快速流通都具有极其重要的影响。港口物流产业作为横跨了众多产业部门的一个复合性的一体化组织,其资源配置需要在实践中打破地方与部门的封锁,实现一体化的运作。

3.2.3 横向一体化

1. 港口物流横向一体化及其实现途径

港口物流的横向一体化表现为拥有共同经济腹地的港口之间的合作,也表现为与港口货运有关的港口间的合作,或是大型枢纽港的合并策略。港口作为全球供应链的重要环节,必须利用资本和技术手段在国际范围内实现合作发展,相互之间资源共享、优势互补,减少管理和技术开发成本。而处于同一经济腹地的港口之间更要通过横向整合以加强相互之间的战略合作,充分利用各方资源,提高国际物流体系的运作效率,实现货物在供应链全程的合理、有序的流动,以达到总成本最小、总效率最优,从而实现多方利益主体的共赢。

横向一体化可能会有两种结果,或者是由市场规模的扩张导致的利润的增加,或者是由一体化带来的垄断利润。不管出现哪种情况,港口物流横向一体化利润分配机制的核心都在于联盟后产生的"溢出"收益如何在联盟成员之间分配。

港口物流横向一体化可通过如下形式来实现。

1) 松散联盟型整合

松散型联盟主要是实现港口间的价格联盟,协调规划,共享港口航道、引航等公共服务和设施,共同研究开辟航班航线等。可根据产业的布局、都市圈、港口区位和运输特点等,以主枢纽港为龙头,由政府引导港口形成一个或多个联盟。获得成功运作的经验后,松散型联盟可逐步向紧密型联盟过渡。

2) 资产纽带型整合

在市场经济的前提下,在政府的引导下,各港口根据经营和运输货种的特色,通过资产或资本运作来实现港口的整合。比如对于同一区域内两个竞争相当激烈的港口(或码头),在各级政府的引导推动下,可以通过建立合资公司等形式实现资产重组和整合,实现有序竞争,从而提高整体竞争力。

3) 跨水联动整合

主要是针对岸线资源紧张的地区和岸线资源比较丰富的地区,在各级政府的引导推动下,通过跨水联动开发来实现港口资源整合,最终以联动建设基础设施为基础,以联动开发产业园区为载体,带动临港产业的联动发展,从而实现港口的互动协调发展的新的开发模式。

4）运输系统型整合

根据港口主要货种存在多程运输的特点，港口主管部门通过整体布局的规划，来实现运输系统的整合。

港口物流横向一体化整合的主体可以分为以下两类。

1）政府主导型

联合的双方管理主体是政府部门。政府主导型的优势在于，政府可以充分考虑发挥宏观调控作用，利用权力和政策，很好地协调各方面关系，为港口发展提供良好的外部环境。透过纽约—新泽西港、日本东京湾港口组合等政府主导型联合的港口可以看到：政府主要对港口发展方向和战略等方面进行决策，并负责港口基础设施建设、安全生产、环境保护等方面的工作；经营、生产性活动由企业自主决策、自主完成。

2）企业主导型

联合的双方是独立的企业，联合的行为完全是企业行为。企业主导型的优势在于企业具有反应迅速、灵活多变的特点。其特点是符合市场经济发展规律的理性选择，是自愿的、主动的、牢靠的，如香港—深圳港的联合。

2. 港口物流横向一体化整合模式

港口物流横向一体化的主要表现形式是港口与港口建立联盟，其核心就是建立港口物流资源的整合模式。纵观国际国内的横向一体化案例，可将港口物流横向一体化整合模式归纳为以下几种。

1）跨行政区划整合模式

跨行政区划整合模式即打破行政区划限制，将不同行政区划上的港口进行一体化，统一管理。

比较成功的案例如美国东部地区的纽约—新泽西港。纽约港与新泽西港一体化后，成为美国东海岸最大的集装箱港，其对外贸易总值约占全国对外贸易总值的40％以上。20世纪40年代根据市场竞争的要求，在政府的引导下，分属纽约州和新泽西州的港区联合组成目前的纽约—新泽西港。其现有的四个集装箱港区，两个在纽约州，另两个在新泽西州。该港由一个14人组成的港口委员会管理，委员会仅负责研究港口的经营、建设、管理中的问题，港口的重大问题由州政府决策。这种模式还有美国西部地区的洛杉矶与长滩整合为的洛杉矶—长滩港。

我国的宁波—舟山港也属这种模式，但目前只是实现了形式上的一体化，要真正发挥一体化的作用，可能还有待时日。

2）跨区域整合模式

跨区域整合模式即跨区域或由国家来构建港口物流体系，使其体系内港口等级划分清楚、支线港和枢纽港职能清晰，形成一个对外协作能力和整体性都强的有机体系。

比较成功的案例如地中海地区港口资源一体化整合。法国的马赛港和意大利的热那亚港，同位于地中海之滨，两港通过对港口资源的合理开发，取得了整体优化的良好效果。一体化后通过规划，马赛老港区码头被用来处理杂货以及客货运输和修船业务，专用转运码头则被用来处理与城市经济有关的货运，同时其又开发了一些专门用途的港区与码头泊位，老港区和新港区相互配合，不仅为法国，而且也为欧洲经济发展服务。而此时，热那亚港通过有效的港口资源整合把与港口相关的工业区变为了综合物流平台,从而获得了迅速发展。

3) 协作自由港模式

协作自由港模式即建立竞合一体化机制,强调自由独立地协作建设自由港与国家干预相协调的合作机制,统筹航运、防洪治理和污染问题的一体化模式。

比较成功的案例如日本东京湾港口群间的一体化协作。东京湾内有东京港、千叶港、川崎港、横滨港、梗洋港、横须贺港等6个重要港口,它们首尾相连,绵延百里。为提升竞争力,六港形成组合,虽经营保持各自独立,但对外竞争形成一个整体,共同揽货,整体宣传,提高整体知名度。港口管理者与地方政府统一对外竞争的整体可以通过港口管理者的统一管理得到实现。这种案例还有密西西比河流域港口群一体化建设。密西西比河流域被称为美国的经济走廊,沿河港口发展迅速,大、中、小港口合理搭配。新奥尔良港口位于密西西比河口,地理位置非常优越,是美国通往全球市场的门户。以新奥尔良港口为中心的周围地区路易斯安那州密西西比河下游,已形成世界上最繁忙的港口群。该港口群在管理上,强调从分散到集中;在水资源利用上,强调从单一以航运或防洪为目的到水资源综合利用;在航道标准上,强调从不统一到统一。该国政府还在河流两岸选择了一大批城镇作为对外开放的窗口或基地——对外贸易区和自由贸易港等。

4) 地主港模式

地主港模式即在地主港域上通过投资建设码头,联合经营或统一租赁经营。

该模式是近些年出现的一种创新模式,正被许多国家采用,也是目前最为流行的一种港口资源整合模式,如香港—深圳港合作模式。深圳港三大集装箱港区,都是由香港集装箱码头经营者(香港和记黄浦、招商集团)与深圳当地经营者的合资建设、合作经营。两港之间的这种联合发展,为两地港口相互形成各自在业界的地位,并刺激两地港口经济增长发挥了重要作用。

3.2.4 纵向一体化

1. 港口物流纵向一体化及其优势

港口物流纵向一体化是指港口物流企业按照产业链结成的纵向联盟。其优势表现为以下几点。

1) 带来经济性

采取这种战略后,企业将外部市场活动内部化可获得内部控制和协调的经济性、信息的经济性、节约交易成本的经济性和稳定关系的经济性。

2) 有助于开拓技术

纵向一体化提供了进一步熟悉上游或下游经营相关技术的机会。这种技术信息对基础经营技术的开拓与发展非常重要。

3) 确保供给和需求

纵向一体化能够确保企业在产品供应紧缺时得到充足的产品供应,或在总需求很低时能有一个畅通的产品输出渠道。纵向一体化能减少上下游企业随意中止交易的不确定性。当然,在交易的过程中,内部转让价格必须与市场接轨。

4）削弱供应商或顾客的价格谈判能力

纵向一体化削弱了对手的价格谈判能力,这不仅会降低采购成本(后向一体化),或者提高价格(前向一体化),还可以通过减少谈判的投入而提高效益。

5）提高差异化能力

纵向一体化可以通过在管理层控制的范围内提供一系列额外价值,来提高自己的企业区别于其他企业的差异化能力。例如,云南玉溪烟厂为了保证生产出高质量的香烟,对周围各县的烟农进行扶持,使他们专为该烟厂提供高质量的烟草;葡萄酒厂拥有自己的葡萄产地也是一种一体化的例证。同样,有些企业在销售自己技术复杂的产品时,也需要拥有自己的销售网点,以便提供标准的售后服务。

6）提高进入壁垒

企业实行纵向一体化战略,可以使关键的投入资源和销售渠道控制在自己的手中,从而使行业的新进入者望而却步,防止竞争对手进入自己企业的经营领域。

7）进入高回报产业

企业的供应商或经销商有较高的利润,意味着他们经营的领域属于十分值得进入的产业。在这种情况下,企业通过纵向一体化,可以提高其总资产回报率,并可以制定更有竞争力的价格。

2. 港口物流纵向一体化整合模式

港口物流纵向一体化整合就是指港口与物流供应链中前后向利益主体之间的整合,表现为强化港口主营业务的纵向协调与延伸。港口物流的纵向整合可通过如下模式来实现。

1）虚拟整合模式

（1）信息一体化。建立统一的信息平台,为港口物流上下游企业,如码头公司、船公司、海关、货运公司、装卸公司、堆场提供港口货运情况的第一手资料。国际上较为普及的做法是运用集装箱运输的 EDI 系统,以电子报关和电子审单为基础,包含了涉及的所有部门,如海关、商检、口岸、运输公司、银行和税务等,支持船公司及代理、港口、码头、理货、货代、集疏运场站、货主及与上述运输业相关的政府监管部门和银行保险实现电子数据交换,并提供高效、便利、快捷、准确、经济的信息服务。

（2）契约合作。协作企业间没有资产产权联结关系,仅以合作契约为基础组成企业联盟;以港口管理部门为核心,以合作契约形式联合港口上下游企业,共享客户,分享合作利润。

2）产权整合模式

主导港口企业通过购买、兼并实现对相关利益主体的控股、参股,组建一体化的经营实体,这种整合被称为港口企业产权一体化的整合。港口企业实行产权一体化整合后,可以对原有的港口的资源、业务、人员等进行重组,实现各港口的合理分工和错位发展,获取竞争优势。

需要指出的是,港口物流一体化发展中需要做到港政统一、规划建设统一、港口引航主体统一、港口生产统计分析统一、港口航道执法统一和水路运输行政管理统一等 6 个统一。这些都要求：港口资源能够得到统一的调配,港口公共锚地、进出港口主航道、航道通航安全管理、水域的综合开发利用在港政管理一体化的框架内得到解决;港区的检验检疫机构要报请国家批准合并,出入境检验检疫工作要进行业务整合;海关不同关区的政策、经济特区政策要统一;港口资源要重新整合和洗牌。

　　港口一体化建设是以港口资源有效整合为基础的。如果一体化整合成功,则港口建设和经营将达到 $1+1>2$ 的效果;反之,则会产生负面效应。港口资源有效整合并非易事:一方面,港口归属于不同行政区,存在港城分别管理的现象,出于利益上的考虑,难以统一规划和统一管理;另一方面,港口所在城市可能处于不同经济发展阶段,港口由于生产规模、发展水平及融资能力的差异,也难以统一品牌和统一建设。所有这一切,都需要在实施港口物流一体化时充分考虑并做好应对之策,否则可能会达不到预想的效果。

3.3　港口物流供应链管理

3.3.1　港口物流供应链及其作用

1. 港口物流供应链及其特征

　　港口物流供应链是指以港口企业为供应链核心平台,通过某种适宜的机制和结构,将其上下游的生产商、供应商、服务商(包括装卸、加工、运输、仓储、报关、配送,甚至金融、商业服务等企业)和消费者(包括付货人和船公司)等各种节点及链段结合而成一个有机整体,并把正确数量的商品在正确的时间配送到正确的地点,实现整个供应链成本最低的功能性网络,如图 3-2 所示。

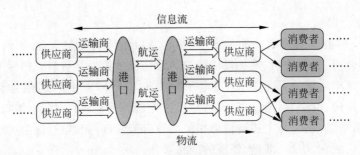

图 3-2　港口物流供应链的功能性网络

　　港口物流供应链要求港口企业将提供产品或运输服务的供货商及用户纳入管理范围,并作为物流管理的一项中心内容;要求港口企业对从原材料到用户的每个过程进行物流管理;要求港口企业利用自身条件建立、发展与供货商及用户的合作关系,形成联合力量,赢得竞争优势。

　　港口物流供应链具有以下特征。

　　1) 协调性和整合性

　　港口物流供应链本身就是一个整体合作、协调一致的系统,它有多个合作者,其像链条似的环环连接在一起,为了共同的目的或目标,协调动作、紧密配合。

　　2) 选择性和动态性

　　港口物流供应链中的企业是在众多企业中筛选出的合作伙伴,其合作关系是非固定性和动态调整的,因为港口物流供应链需要随目标的转变而转变,随服务方式的变化而变化,随时处在动态调整过程中。

3) 复杂性和虚拟性

港口物流供应链是跨国、跨地区、跨行业的企业组合。合作伙伴的物流基础设施、物流管理水平、技术能力等存在差异,而港口物流供应链操作又必须保证其目的的准确性、行动的快速反应性和服务的高质量,这使港口物流供应链呈现复杂性。虚拟性主要表现在它是一个协作组织,而非一个实体性的集团企业或托拉斯企业,各企业以协作的方式组合在一起,依靠信息网络的支撑和相互信任的关系,为了共同利益,强强联合,优势互补,协调运转。当然,为了保持港口物流供应链的高度竞争力,这种连接必须是优势企业之间的连接,所以组织内的吐故纳新、优胜劣汰是不可避免的。港口物流供应链犹如一个虚拟的强势企业群体,在不断地优化组合中得到延续和发展。

2. 港口物流供应链的作用

1) 信息共享

根据内容、目标和功能,信息共享可划分为三个层次,即战略信息层、管理信息层和作业信息层。信息的共享是供应链正常运转的基本保证。

2) 资源整合

在战略层面上,港口物流供应链的资源整合就是通过组织协调,把合作伙伴整合成一个为客户服务的系统,取得 1+1>2 的效果。在战术层面上,港口物流供应链的资源整合就是优化配置的决策,即根据港口物流供应链合作伙伴的发展战略和市场需求对有关资源进行重新配置,以凸显港口物流供应链的核心竞争力,并寻求资源配置与客户需求的最佳结合点,其目的在于通过组织制度安排和管理运作协调来增强港口物流供应链的竞争优势、提高客户服务水平。资源整合的方式主要有三种——技术联合、功能联合和产品联合。技术联合是指使整个港口物流供应链的技术系统达到最优;功能联合是指使港口物流供应链上下游企业的现有业务功能互相匹配;产品联合是指把相关物流产品的功能与技术融合在一起,缩短运输时间,降低运输成本,增加用户满意度。

3) 效率和效益最大化

港口物流供应链使各个局部链节紧密结合在一起,可减少局部生产要素的不合理配置,调动其潜质,使潜能得到最优发挥,从而实现营运效率的最大化。此种效率的最大化,必然使投资和营运成本相对降至最低,从而实现效益的最大化,有效增强港口物流供应链的整体竞争实力。

3.3.2 港口物流供应链的形式

港口物流供应链按其战略伙伴关系的紧密程度,可分为四种形式。

1. 基于"内部集成化"的港口物流供应链

"内部集成化"的港口物流供应链是通过纵向控制将上下游企业"内部化",从而实现企业内部供应链与外部供应链中供应商和用户管理部分的集成,形成内部集成化供应链,达到降低交易成本的目的。构建基于"内部集成化"的港口物流供应链是为了加强港口企业对运输、装卸、报关、仓储、加工、配送等全过程的控制和协调,使港口企业能在竞争中掌握主动,增加各个业务活动阶段的利润。

基于"内部集成化"的港口物流供应链主要采用供应链计划和港口企业内的资源计划系统来实施集成化计划和控制。有效的供应链计划集成企业的所有主要计划和决策业务,包括需求预测、库存计划、资源配置、设备管理、优化路径、基于能力约束的生产计划和作业计划、物料计划、采购计划等。企业资源计划系统集成企业业务流程中的主要执行机构,履行着订单管理、财务管理、库存管理、生产制造管理、采购管理等职能。两者通过基于事件的集成技术联结在一起,采用同步的需求管理,将用户需求与制造计划和供应商的物料管理同步化,减少不增值的业务,通过广泛的信息网络获取巨大的利润。从理论上来说,在市场环境相对稳定的条件下,采用这种模式是十分有效的;但在科技发展迅速、市场竞争日益激烈、客户需求不断变化的现实中,这种模式已暴露出无法快捷响应运输市场机会的不足之处。这是因为采用这种模式,港口企业需对上下游的其他企业拥有一定的管理权,而做到这点,港口企业必须或者自己投资,或者出资控股,但这样一来港口企业就要承担过重的投资任务和过长的建设周期带来的风险。与此同时,港口企业还要从事自己并不擅长的业务活动,应对每一个物流环节领域中的竞争对手,从而使管理成本大幅增加,甚至削弱对自身核心业务的管理,导致企业陷入困境。

2. 基于"分包制"的港口物流供应链

"分包制"的港口物流供应链是一种以供应链合作伙伴之间订立长期交易契约为基础的"准结合"方式,它以契约将存在供求依赖关系的企业"衔接"起来,从而有效解决"内部集成化"存在的内部摩擦、反应迟缓、效率不高等问题。这种模式的组织保证是一组存在于供应链上所有企业之间的正式或非正式的"关系型契约"。

基于"分包制"的港口物流供应链以面向最终需求的灵活调整运输能力为核心,与目前客户需求的多样化相适应,通过长期交易纽带所结成的一条从初级供应商到最终销售商和消费者的链条,实现港口物流供应链诸环节之间的"无缝衔接"。

"分包制"与"内部集成化"相比具有两个显著的优点:一是物流成本的节约;二是物流交易成本的节约。这是因为"准时制"运输和"以长期交易为基础"的港口供应体系能将货源情况和运输供给有机地结合起来。

3. 基于"合作协议制"的港口物流供应链

"合作协议制"的港口物流供应链是供应链上的相关企业通过签订一系列业务或战略协议来结成联盟的一种合作组织形式。

基于"合作协议制"的港口物流供应链,以港口为核心企业,为了某一共同的特定目标,港口物流供应链上下游企业形成合作协议或组成网络式协作关系,旨在运用港口的核心资源,通过结盟更好地降低整个港口物流供应链的成本,实现"双赢",并在合作中提升竞争力。基于"合作协议制"的港口物流供应链的出现,主要是因为外部环境发生了巨大的变化:其一,港口之间竞争日益激烈,客户需求出现高级化、个性化、多样化的发展趋势,面对变化如此之快的市场环境,港口物流供应链上各节点之间协调行动的能力就显得更加突出和重要,而分包制联盟由于过分依赖既有交易伙伴,面对快速变化的运输市场显得缺乏足够的创新活力和反应能力。其二,互联网的出现和通信成本的降低使港口企业可以建立内部互联网,港口物流供应链的企业之间则可通过专用的 EDI(电子数据交换)

系统或借助互联网进行信息传递和交易。其三,标准化、通用化、模块化、组合化正成为新的潮流,使港口物流供应链的企业之间可以采用标准接口技术进行组合,这一方面降低了企业之间的交易成本;另一方面使港口物流供应链上的所有企业能以前所未有的紧密程度联系起来。

4. 基于"集成化动态联盟"的港口物流供应链

"集成化动态联盟"是基于一定市场需求,根据共同目标组成,通过实时信息共享来实现集成化的形式。它应用的主要信息技术是互联网的集成,同步化的、扩展的供应链计划和控制系统是其主要工具。

基于"集成化动态联盟"的港口物流供应链是指港口物流供应链的上下游企业为了实现特定的战略目标,在信息集成的基础上,采取任何股权或非股权形式,共担风险、共享利益的联合行动。它是一个能够快速重构的动态组织结构,因此能很好地适应市场变化的需要,无法适应需求的企业将被从供应链联盟中淘汰。在集成化港口物流供应链动态联盟中,企业通过互联网等信息技术集成在一起以满足用户的需求。一旦用户需求消失,联盟也随之解体;而当另一需求出现时,这样的组织结构又将由新的企业重新动态组成。

基于"集成化动态联盟"的港口物流供应链把各企业化为整个港口物流供应链的一部分,在按照客户要求为其提供最大价值的同时,也使港口物流供应链的总利润最大化。

显然,港口物流供应链上的所有企业都是相互依存的,但现实中彼此的合作却难尽如人意。这主要是因为在整个港口物流供应链上,所有环节不可能同时达到利益最大化,很可能在追求整体利益最大化时弱化某一或某几个环节,多数时候,这些被弱化的经济实体会因为得不到满意的补偿而降低其参与港口物流供应链的积极性。

3.3.3 港口物流供应链管理原理与机制

港口物流供应链管理是对港口物流供应链中的商流、物流、信息流、资金流等进行计划、组织、协调与控制。根据这一定义,可以绘制如图 3-3 所示的供应链管理矩阵。

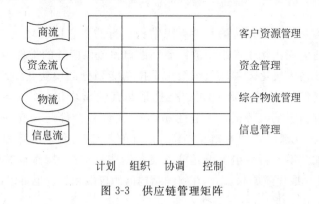

图 3-3 供应链管理矩阵

由图 3-3 可见,对于商流、资金流、物流和信息流的管理通过客户资源管理系统、资金管理系统、综合物流管理系统和信息管理系统来实现。同时,从该图可以充分地理解,为什么可以借助第三方物流进行供应链管理。

港口物流供应链通过合作机制、决策机制、激励机制和自律机制等，达到满足货主需求和增加货源等功能目标，从而实现港口物流供应链管理的最终目标——增强港口物流供应链的整体竞争力，创造最佳经济效益和环境效益。其目标实现过程如图3-4所示。

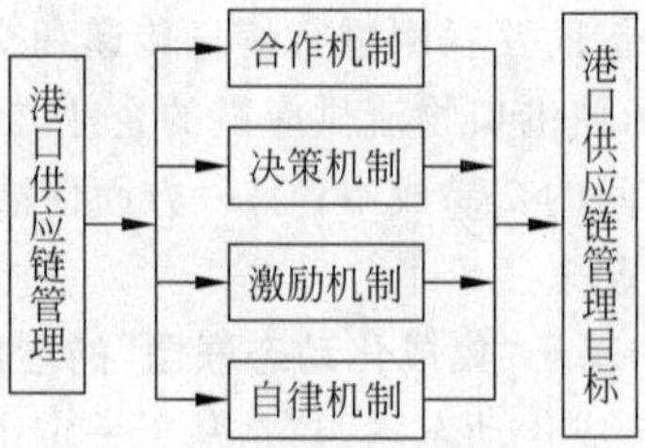

图 3-4　港口物流供应链管理目标实现过程

3.3.4　港口物流供应链的构建

1. 构建目标

港口物流供应链的构建目标如下。

1) 高效精简

结构简洁是构建港口物流供应链的重要原则。为使港口物流供应链能灵活快速地响应市场，港口物流供应链的每个节点都应该是精简的和具有活力的。例如，在选择港口集疏运企业时就应以少而精为原则，通过与少量运输企业建立战略伙伴关系，减少运输等待时间，实现运输环节的无缝衔接。

2) 反应敏捷

进入21世纪，港口物流的市场环境发生了巨大变化，尤其是信息技术的不断进步和经济全球化的发展，使得以客户为中心的港口物流管理面临更为复杂的竞争环境和更为强劲的竞争对手。港口之间的竞争由简单的服务质量、服务性能竞争转向供应链竞争。同时，影响港口生存发展的共性问题如竞争环境、客户需求等因素也变化迅速。因此，港口物流供应链的构建应满足供应链反应敏捷的要求。

要使港口物流供应链面对市场竞争反应敏捷，必须增强港口物流供应链对于不断变化的客户需求的适应能力，以动态联盟的快速重构为基本着眼点，以网络技术为依托，实现供应链企业间的合作和优势互补，在强调从整个供应链的角度综合考虑问题的同时，注重速度和质量，以实现利益各方的"共赢"。

3) 结构柔性

柔性组织结构是相对于传统的刚性组织结构而言的。它适应现代市场需求，结构简洁、反应灵敏，能适应现代化生产组织的需要。港口物流供应链的柔性组织结构具有两大特点。一是组织结构模块化。柔性组织结构是按功能划分的模块化组织结构，组织结构之间有标准化的接口，一个组织结构可以便捷地与其他模块化组织结构进行合并重组。二是组织结构具有动态组织特征：在垂直方向上，允许各个部门具有一定的自主权；在水平方向上，允许不同部门之间的相互协作；在对角方向上，允许信息和任务在不同级别间进行流动和分配。不但新的组织单元可以很容易地添加进来，而且结构内的组织单元可以被别的组织单元取代或删除，它们在组织结构内的权限和职责也可以很方便地被修改。

4) 智能化

美国斯坦福大学商学院教授李效良认为，"世界级水准的供应链管理应该有三层含义：迅捷、灵活和协作。市场的不确定性要求迅捷，产品和技术周期缩短要求灵活，垂直联合和业务外包要求协作。"为了迅捷、灵活和协作，港口物流供应链的智能化是其构建的必然要求。通过智能化的供应链,合作伙伴能保持供求之间的紧密衔接,更迅速地对市场变化做出反应,提高港口物流供应链的整体效率。智能化的供应链要求以信息共享为基础,以最佳方式为客户开发最佳产品,最大限度地提高客户满意度,实现潜在价值最大化。

2. 构建要求

港口物流供应链的构建是一项系统工程,它涉及不同企业组织间的集成与信息传递和交换。建立港口物流供应链的目的是达到对港口物流供应链的集成管理,实现港口物流供应链的协同运作。港口物流供应链的构建应满足以下几方面要求:

(1) 构建过程迅速、高效;
(2) 单个企业可以挂靠在不同的港口物流供应链;
(3) 港口物流供应链的体系结构具有分布式、可伸缩的特点;
(4) 要解决异构系统间的通信交互问题;
(5) 成员企业内部控制机制和成员企业之间的交互操作要得到有效协调。

3. 构建步骤

港口物流供应链中的核心企业(一般指港口企业)可以借助互联网构建实现上述要求的港口物流供应链,其基本步骤如图 3-5 所示。其中,协同物流过程由若干物流活动组成,第一个活动由港口物流供应链核心企业(即港口企业)下达指令触发,其余活动在满足活动间逻辑关系的前提下,由前驱活动触发执行,活动的执行结果由后继活动在交接时进行评估。

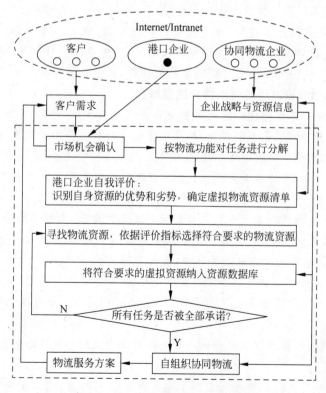

图 3-5 港口物流供应链的创建过程

由于有明确的责任划分区域,后继物流活动会自觉地对前驱活动进行监督,最后由客户在接收时对物流服务进行总体的监督和评价,从而形成跨越各项活动的监督流。在这个监督流中,每个环节的监督情况都能通过信息系统反馈给港口物流供应链的核心企业即港口企业。港口企业根据这些情况,在需要时给予指导和支持,或处理一些突发事件等。由协同物流企业的失误而造成的损失,协同物流企业应当协议赔偿。在业务发生较大变动时,核心企业应提前与协同物流企业进行沟通,说明情况,以便做出相应的调整和安排。同时,协同物流企业也可以对核心企业的运作协调、业务配合以及自身的业务环节履行情况等提出建议,也可以定期请客户对服务质量的完成情况提出建议和批评。这样的信息沟通和反馈机制,可以帮助各企业共同完善物流服务、提高服务水平。

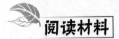

宁波—舟山港一体化建设发展障碍的博弈模型解释与对策研讨①

2003年,浙江省省委、省政府做出推进宁波、舟山港口一体化决策部署。2005年12月16日,《浙江省政府人民政府关于批准宁波—舟山港名称的通知》(浙政发(2004)64号)规定:为加快宁波、舟山港口资源整合,浙江省政府决定批准"宁波—舟山港"名称,报交通部备案并对外公告后,自2006年1月1日起正式启用。其同时决定成立宁波—舟山港管理委员会,协调两港一体化重大项目建设。

但是,从2003年浙江省省委、省政府做出推进宁波、舟山港口一体化决策部署到现在,宁波—舟山港港口一体化实际上仅停留在名义上,主要体现为两港原有名称"宁波港"和"舟山港"的撤销和"宁波—舟山港"新名称的挂牌,两港的管理未发生实质性变化。

1. 两港一体化建设发展障碍的博弈模型解释

宁波—舟山港一体化建设进程几年来一直停留在名义上,表明其存在发展障碍。我们试图建立动态博弈模型来予以解释,并且试图通过分析获得博弈均衡改变的激励机制。

事实上,在宁波—舟山港一体化建设问题上,浙江省、宁波市、舟山市两级三地政府从其实质上来说,处于一种战略博弈状态:浙江省政府站在全省经济发展的角度,无疑是一体化建设的推动者;但宁波市由于计划单列市的身份,必然在考虑合港后经济统计数据的归口的问题,宁波市政府基于宁波港口资源开发几近极限,而相邻的舟山港口优质资源大量闲置,为了拓展发展空间,无疑也是一体化建设的积极推动者,但也因为同样的原因而必然在谨慎观察;舟山市在这场博弈中,是最为弱小的一方,一方面由于经济发展的需要急于开发利用自有的优质港口资源以促进舟山经济的快速发展,另一方面又担心合港口之后资源被别人占有而丧失发展的本钱;三方在这场博弈中都在寻求最有利于自己的方案。

因此,该博弈模型涉及三个参与人:第一是浙江省政府;第二是宁波市政府;第三是舟山市政府。

假定浙江省政府的目标是在保证两个地区财政收入的基础上,使得两港的资源充分

---

① 汪长江,杨美丽.宁波—舟山港一体化建设发展障碍与对策[J].经济社会体制比较,2008,(1).

利用。浙江省政府有两个决策:加速推进一体化(以下用"一体化"表示)、维持现状(以下用"维持"表示)。宁波市政府和舟山市政府也有两个决策:积极参与一体化(以下用"积极参与"表示)、维持现状(以下用"维持"表示)。

那么,我们用下面的方程表示浙江省政府的目标:

$$U = U_a + U_b = \max f_a(x_1 y_1, x_2 y_2) + \min f_b(R_1, R_2) \tag{3-1}$$

式中:U 为浙江省政府的总效用;

U_a 为两个地方政府上缴的财政收入;

U_b 为两个港口资源利用程度;

f_a 为两个地方政府的上缴财政收入的函数;

x,y 分别为宁波市政府、舟山市政府的行为变量;

f_b 为两个港口闲置资源的函数;

$\min f_b$ 等价于 $\max \lg$(lg——两个港口资源充分利用后所产生的产值),R_1、R_2 分别为宁波、舟山的闲置资源。

式(3-1)可以转化为

$$U = U_a + U_b = \max f_a(x_1 y_1, x_2 y_2) + \max \lg \tag{3-2}$$

而两港一体化之前,宁波市政府和舟山市政府的目标是

$$U_i = \lg_i \cdot k_i + R_i \cdot r_i - c_i, \quad i = 1,2 \tag{3-3}$$

式中:k_i 为地方政府从港口中所获得的收益占 lg 的比重;

R_i 为地方政府未被充分利用的资源,包括经济实力、技术信息、经营管理等资源和港口深水资源;

r_i 为闲置资源被利用所带来的收益率;

c_i 为各项成本的总和,包括闲置资源利用的成本。

两港一体化之后,浙江省政府的目标可表示为

$$U' = U'_a + U'_b = \max f_a(x_1 y_1, x_2 y_2) + \max \lg' \tag{3-4}$$

宁波市政府和舟山市政府的目标可表示为

$$U'_i = \alpha_i \lg'_i \tag{3-5}$$

式中:α_i 为两个政府在两港一体化后从港口中获得的收益所占港口产值的比例。

根据以上假设可以绘制出三个政府 A(浙江省政府)、B(宁波市政府)、C(舟山市政府)参与博弈的博弈树(假设三个政府的决策顺序为 A、B、C),见图 3-6。

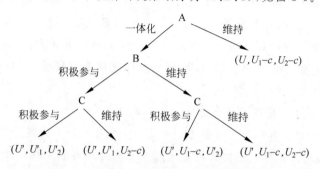

图 3-6 三个政府 A、B、C 参与博弈的博弈树

这个动态博弈是否有均衡解,取决于支付函数的大小。如果B和C想选择不参与一体化进程,意味着B和C需要各自为自己的闲置资源寻找充分利用的机会,让A知道B、C的资源已经得到了充分的利用,即$\min f_b=0$,而这个过程需要花费成本c。我们考虑以下两种情况来试图分析这个动态博弈的均衡解。

第一,$U_i'>U_i-c$。首先A的最优决策一定是一体化(因为两港一体化以后,两港的资源可以互补,可以得到充分利用,所以$\lg'>\lg$)。从图3-6中很容易看出C的最优决策是积极参与。给定了C的最优决策,B的最优决策也是积极参与两港一体化。此即此博弈的一个均衡解是(一体化、参与、参与)。我们对这个均衡的表述如下:如果一体化以后B和C的收益超过一体化之前的收益,那么B和C就理所当然地选择积极参与两港一体化进程。

第二,$U_i'<U_i-c$。此即两港一体化以后B和C的收益低于两港一体化之前的收益,C的最优决策是维持现状,给定了C的维持现状,B的最优决策是维持现状,即B和C选择维持现状或者说没有参与两港一体化的积极性。这个均衡是否稳定的,取决于A的下一步选择,如果B和C能够使A确信其资源已经得到了充分利用,那么B和C的决策(维持现状、维持现状)是最优,此时A的策略为维持现状。所以在$U_i'<U_i-c$的情况下的均衡解为(维持、维持、维持),各自所得的支付为(U、U_1-c、U_2-c)。

根据以上分析,A实行两港一体化进程,要想得到两个地方政府的积极参与,需要保证两个地方政府在一体化以后能够得到的收益大于一体化之前的收益和一体化之前的机会收益,否则其就没有参与一体化的积极性;相反,为了使得A放弃一体化,B和C必然采取一些措施,使得A认为B和C的资源已经被充分利用。例如舟山港正在积极寻求外资,与外资进行合作谈判,通过合作契约的方式提高两港一体化的机会成本,争取更多的主动权。

2. 两港一体化建设发展的对策研讨

从全局层面上来看,由于两港一体化建设后能实现全面的优势互补,其港口各种资源的利用效率和效益无疑是要大大高于一体化前的,即U_i'是大大大于U_i-c的,这一点应该得到了省、市两级三地政府的一致认可,但为什么这么好的事情进展如此缓慢呢?问题应该在于U_i'分解到省市两级三地的程度,即两级三地付出的比例与所得收益比例的一致性,换句话说,就是要让博弈的三方在通过相互的比较中真切地感觉到U_i'确实大于U_i-c,所以从这个意义上讲,一体化后的收益U_i'更确切来说在大大大于U_i-c之上的三方U_i'值的相对值而非简单的$U_i'>U_i-c$的绝对值。这个问题不解决,一体化进程是永远也快不起来的。因此为了调动各方真正落实一体化建设的积极性,可以从以下两大方面入手。

1) 从政策的层面上明确参与各方的收益分享

这里所说的收益分享包含两种含义。一是一体化后所产生的经济增量的统计归口分享。按中国国情,地方政府政绩的体现是政府是否作为的考量依据。所属区域经济发展水平与速度当然是政绩的最好体现,而经济发展水平与速度是通过经济增量的统计数据来表现的。因此,要充分调动参与三方的积极性,浙江省政府要积极与中央政府沟通,从政策上合理地明确一体化后所产生的经济增量统计数据以何种比例分享的问题。二是一体化后经济发展成果在参与各方所属区域上的分享,统计数据的分享只是纸面上的东西,一体化建设后的经济成果要让参与各方所属区域的广大人民切实公平合理地享受,才是一体化建设能真正得到推进的原动力,因此,也必须从政策上实实在在地明确一体化建设所产生的经济增量的区域分享问题。

根据经济运行的自有机理,笔者提出,根据参与三方在一体化建设中的投入以股份合作的形式进行运作是解决上述两个分享的有效方法。

参与三方的投入具体表现在:浙江省的投入主要是政策投入、经济发展环境建设投入(如舟山连岛大桥中的省级投入)和一体化建设中可能的资金投入等;舟山市的投入主要是港口岸线资源投入和可能的资金投入;宁波市的投入主要是资金、技术与管理的投入。我们要通过认真分析计量,找出三方不同类型投入的共同可比量化值,通过这个可比量化值公平合理地确定三方股份,再配以民营资本投入的股份,最终形成一个合理确定参与各方股份、收益按股份分享的、国有民营多方股份运作的建设模式。

笔者认为建立这种建设模式是突破当前一体化建设瓶颈的极其重要和首要的任务,这个利益分配问题不解决,其他一切将无从谈起。

2) 从政府职能的层面上明确政府在一体化建设中的作用

在解决收益分享这一重要问题后,强调政府的经济服务作用也是同等重要的。

市场化条件下,政府职能主要在于提供优良的市场竞争环境、构建优良的市场秩序,具体主要体现在基础设施等公共物品的建设和完善、优良市场环境的构建和竞争秩序的维持等方面。在宁波—舟山港一体化建设中,政府的作用主要体现在港口深水岸线等公共资源的开发、港口基础设施和信息化建设,两港一体化建设中的政府协调,优良市场环境的构建和竞争秩序的维持等方面。

(1) 促进港口岸线资源的开发和建设。从岸线资源上看,宁波—舟山港舟山港域拥有丰富的深水岸线资源,可供开发建设的深水岸段达 50 多处,然而舟山港域 10 米以上的深水岸线目前还有 90% 有待开发;而宁波港深水资源大多已被开发,未来岸线资源将日趋紧张。在当前国际集装箱运输日益成熟、船舶大型化发展的趋势下,深水资源会日趋紧张。针对舟山港港在港口开发建设中起步晚、开发程度不足和舟山港与宁波港之间发展不协调的问题,浙江省政府尤其是宁波—舟山港所属地政府应以深水岸线的开发为重点,充分利用舟山港域丰富的深水岸线,加大深水港口建设力度,建设大型集装箱运输基地,促进宁波—舟山港域的长期发展。

(2) 促进港口基础设施和信息化建设。宁波—舟山港的港口基础设施总量不足,结构性矛盾突出。从 2004 年的数据看,宁波港和舟山港总通过能力为 2.04 亿吨,实际上完成的吞吐量突破 3 亿吨;集装箱通过能力为 206 万标准箱,实际上完成 406 万标准箱,港口能力处于严重紧张状态,大型专业深水泊位尤其是集装箱泊位严重不足,不能满足外贸货物快速增长的需求。同时,从长期来看,与宁波—舟山港相配套的大规模货运集疏运体系还很缺乏。在市场经济高度发展的今天,港口用户的时间成本和风险成本是船舶公司在选择停靠港口时非常重要的一个因素,也是今后港口生存和发展的根本之一。

结合目前浙江省正在进行或即将建设的与港口集疏运相关的交通项目——杭州湾大桥、舟山大陆连岛工程、浙江沿海铁路、杭甬运河改造工程等来看,政府应加强舟山岛与宁波、上海等地区的交通联系,开通港口物流的绿色通道,实现与大陆基础设施的共享,全面实施水、电、交通、信息等基础设施的"登陆"战略;应进一步完善港口功能,加快构建临港产业链,建设临港工业园区和现代物流基地,并且进一步加快开发港口市场,加快口岸、金融、信息等服务与国际接轨的过程,提高港口的物流服务水平;同时,积极发展先进的信息通信网络,建立快捷、安全的国际电子数据交换平台,以先进的设备、高效的管理和优质的服务赢得货主和船东的信赖。

(3) 促进两港一体化建设的协调和统一,促进优良市场环境与公平市场秩序的形成与维持。目前,宁波、舟山两市仍按属地原则进行港口行政管理,依法行使具体的港口管理职能,而宁波—舟山港管理委员会则主要负责两港一体化建设、生产经营、规章制定以及对外招商方面的工作。宁波—舟山港管理委员会还只是一个协调两港关系的松散型管理部门,宁波—舟山港的一体化进程尚未达到统一规划、优势互补、合理分工、共同发展的目标要求。因此,宁波—舟山港在港口管理上尚未实现统一管理。加快宁波—舟山港一体化进程,必须加快宁波—舟山港资源的优化整合,在市场化运作的环境下,实现两港的统一规划、统一品牌、统一建设和统一管理,逐步实现宁波—舟山港区的港政、航政、海事、边检、商检等各方面的统一管理和协调合作,促进优良市场环境与公平市场秩序的形成与维持。

3. 结论

宁波—舟山港一体化建设,从全局层面上来看,是一件利国利民的有效举措,应该得到从中央到地方的各级政府和广大人民群众的积极支持与全力参与。但好的出发点只有配以科学合理的实施理念与方法才能取得好的结果。中国人习惯的以行政手段解决一切问题的思维模式与操作手段,在经济建设中是很难有效的。宁波—舟山港一体化建设进程缓慢且几乎停顿的现实就深刻地揭示了这个道理。

(1) 经济上的合作是经济发展过程中实现资源互享、优势互补、增强竞争力的有效手段,但在合作战略的实施过程中,一定要讲究互赢、多赢,究其实质就是合作后的收益公平合理分享的问题。

(2) 政府经济发展中服务职能的强化也是极其重要的。政府在经济合作中的职能主要体现在政策制定、经济环境构建等方面。当前宁波—舟山港一体化建设中出现的进程缓慢的问题应当引起相当的重视,有利于经济发展的事情越早实施就越早受益,进而越早得到发展,因此,从中央到地方的相关政府机构要通过深入调查研究,尽快尽早地制定出能切实清除发展障碍的有效措施,以使宁波—舟山港一体化建设有效、稳步和高质量地展开。

基于供应链管理的煤炭港口发展新思路①

煤炭供应链管理需要通过专业化的服务企业完成,它既不是一个简单的流通商,也不是一个简单的加工商,而是一个供应链管理的综合服务商。

1. 煤炭港口供应链管理的经验探索

自从有了煤炭的需求,煤炭供应链就存在了。煤炭的消费拉动了煤炭产品由煤炭生产企业到消费企业的终端,也是商流,带动了物流、信息流和资金流。"煤炭供应链"应该涵盖整个煤炭流通领域,也就是包括我们所说的铁路、公路运输,以及海运、库存、交易、加工、信息、资金等。

煤炭供应链管理研究的是由专业化的服务企业通过资源集结的方式,将煤炭供应链各个价值节点高效地连接起来,把煤炭供应链的上下游连接起来,通过物流、资金流、信息流和流通加工等服务,为消费者终端制定和组织实施个性化解决方案,也就是我们通常所讲的,把所需要的正确产品在正确的时间,按照正确的质量、数量要求和在正确的状态下,送到正确的需求地点,来实现煤炭供应链的价值最优、成本最低。

煤炭供应链管理需要通过专业化的服务企业完成,它既不是一个简单的流通,也不是一个简单的加工商,而是一个供应链管理的综合服务商。煤炭供应链管理本质是什么?我们认为就是服务。煤炭从最初的煤炭坑口,一直到电厂煤炭需求终端,通过把煤炭资源运输到港口,再通过信息流、资金流和商流的推动,通过加工,配置成用户需要的标准化或个性化的需求产品,达到用户和设备性能匹配性、煤炭指标一致性、运输技术上的可靠性以及经济上的合理性,从而满足客户最终的要求或者达到客户的满意度。整个过程是一个供应链的管理过程,同时,也是一个价值提升的过程,我们供应链管理的服务就在其中。

与之同步的是网络,供应链的网络大致分为三个部分,即社会网、物链网和信息网。这里的物链网指的是物流基础设施链接网络;信息网大家也很清楚;关键是社会网,是指社会网络或者联盟协作单位。因此,所有企业均处于企业和产业的价值链上,每个相邻企业间都是供需的关系,横向看为同一节点的同类企业,彼此之间是相互补充、优势互补的。

港口在煤炭供应链中,究竟处于中间的什么位置?是一个什么样的环节呢?在供应链中起到一种什么样的作用?

港口物流实施煤炭供应链的管理,关键在于依托港口中转的功能,来提升综合服务的能力。因为在满足客户需求方面,在把煤炭最终转到客户手中之前,有许多服务工作,这要单靠港口或者煤炭企业或者铁路运输都是不可能完成的。港口是一个重要的节点,要吸引各类合作的单位、服务企业,共同集结资源来打造一个平台,提升港口综合服务能力。

---

① 本文根据河北港口集团有限公司副董事长总经理在"2011·东北亚煤炭交易会"上的发言整理,按本书体例做了适当删减,http://e6gps.com/IndustryInformation/Medium_Details.aspx? Id=3916。

这样就和上中下游结合成了一个很好的供应网络,为所有的煤炭下游用户提供专业化、标准化和个性化的智能服务,来满足客户最终的需求。

港口服务中的这么多内容,最终要靠大家一起完成,但也要靠一个核心的企业来连接。这个企业就是煤炭供应链管理服务商,也就是港口。

港口要实现煤炭供应链的管理,把服务搞上去,使价值得到充分的释放。为此,我们研究港区联动,即物流园区、港口和港口之间的联动,港口和铁路的联动等,从而来综合取得供应链一体化效果。

2. 河北港口集团供应链管理的新思路

河北港口集团的前身是秦皇岛港,其到今年已经有113年的历史。2009年,在河北省政府的统一部署下,以秦皇岛为基础,包括沧州、黄骅港和部分曹妃甸港等纳入了河北港口集团。目前其资产近300亿元,"十二五"时期的规划目标是:吞吐量要达到8亿吨;资产要达到1000亿元人民币;另外在营业收入目标上,港口是150亿元人民币,利润是20亿元人民币。

针对这一目标,我们近来不断研究港口集团发展的思路,围绕着科学发展,转型发展,适时调结构、转方式、促升级、增效益这样的一个总体要求,根据河北港口集团的实际,提出了"1+6"的管理模式。

"1+6"中"1"主要是做强港口主业——秦、黄、沧主要三个港口;"6"指的是六大板块,具体是临港物流、港口建设、港基制造、港口服务、地产开发以及资本运作。港口建设指的是码头建设,我们已经取得了甲级资质;港基制造是港口相应的基建;港口服务既有船上的服务,也有内部的服务,也应该有现代服务理念。同时,我们在技术改造、实施西港东迁的内容上,在大量的土地要置换出来以后,要和地方共同开发;要和不同行业、不同所有制,进行良好的资本运作的合作。

在港口做煤炭供应链的管理"4个1"模式,这是我们的一个新思路。"4个1"非常简单,就是一个中心、一个市场、一个公司、一个园区。有了这样的架构,就能完成港口集团物流产业的发展。"一个中心"指的是煤炭物流协调服务中心。在港口煤炭发运当中,要把煤炭最终发到用户那里,环节很多、时间很长。特别是在紧急的情况下,我们需要很好的协调联动,要有一个协调服务中心,我们正在尝试协调铁路、港口、海关、海事、船方和用户。"一个市场"就是煤炭交易市场。"一个公司"主要是构成我们连通上下游的物流贸易公司。"一个园区"是临港的煤炭物流园区。通过这四个单元,就可在物流产业实施共享管理。

案例问题

1. 根据本案例并结合本章的知识,煤炭港口供应链管理应主要抓好哪几方面的工作?

2. 结合河北港口供应链的经验,通过对你所在城市港口进行调研,拟订一份所在城市港口实施供应链管理的方案。

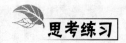

思考练习

1. 何为港口物流系统？其特征有哪些？
2. 港口物流系统的规划原理与原则有哪些？如何规划？
3. 港口物流系统协同包括哪些内容？
4. 如何理解港口物流系统一体化？资源整合的基本方法是什么？港口物流横向一体化和纵向一体化的基本内涵、实现途径与整合模式是什么？
5. 什么是港口物流供应链？其基本功能与基本形式怎样？
6. 如何理解港口物流供应链管理的原理？其目标实现机制是什么？
7. 通过调研，拟订一份你所在城市港口构建港口物流供应链的基本方案。

第4章 港口物流经营与效率

☆ **教学要求**

1. 了解港口物流经营方式与经营组织结构,认识港口物流经营管理改革的必要性,了解其改革路径。

2. 认识港口物流虚拟经营及其特点,初步掌握港口物流虚拟经营基本原理及其逻辑结构。

3. 掌握效率与港口物流效率的内涵,了解其理论及其研究动态。

4. 理解港口物流效率测评的方法原理。

港口发展现代物流的关键之一是港口物流的经营管理是否科学合理。因此,对于现代港口而言,其经营方式、组织与效率至关重要,将关系到港口物流发展的成败。

4.1 港口物流经营方式与组织

4.1.1 港口物流经营方式

港口发展和经营物流是有别于一般企业的。生产企业、商贸企业发展和经营物流是将流通领域的职能从企业生产领域剥离出来,建立企业的物流体系或者委托专业的物流企业承担;一些仓储、货运代理企业发展和经营物流则是拓展其服务范围,转型为物流企业,这种方式被称为功能拓展式的物流服务;而港口本身不直接经营物流企业,而采取以建立供应链为目的、以供应链其他成员的利益为出发点、站在供应链的角度去理解和管理物流的思想,提供物流基础设施,加强与其他物流企业的合作,协同供应链各方最大限度地降低物流费用、提高物流服务的整体效益,从而吸引、稳定货源,提高港口的整体效益。

目前,港口物流的经营管理方式主要有以下几种。

1. 物流中心

我国制定的物流术语标准中关于物流中心的定义为:接受并处理下游用户的订货信息,对上游供应方的大批量货物进行集中储存、加工等作业,并向下游进行批量转运的设施和机构。定义表明,物流中心是一种设施或机构,而这种设施或机构又具有运输、仓储、装卸搬运、包装、流通加工、信息处理等功能。因此,物流中心就是集这些功能为一体的公司或机构,以物流据点的形式形成吸引-辐射的双向式发展。

港口物流中心则是指以港口为据点,以主枢纽货运港口业务为基础,进一步加强并整合运输、储存、装卸搬运、包装、流通加工、物流信息处理等基本功能,并引进货物检验、报关、结算、需求预测、物流系统设计等延伸功能,全方位、全过程地完成物流服务。这也就是以物流中心为载体,集国际商品、资本、信息、技术等于一身的资源配置型港口,即"第三代港口"。

现代港口产品(服务)可分为三个层次：核心产品(装卸运输)、形式产品(设备运输工具等)、延伸产品(各种增值服务)。在传统的经营模式下，港口的运作只是一种被动的经营，完成的只是一些基础服务功能，并且各功能之间没有有效的衔接，对于前两个层次的产品比较注重，忽视了对延伸产品的提供。而在物流中心模式下，港口则不仅完成各项基础服务，还为客户提供一些扩展服务和附加服务，将重心更多地放在了增值服务的提供上。优质的服务不仅赢得了客户，也赢得了不可估量的第三方利润，高效的物流运作和完全的顾客导向使得港口变被动的经营为主动的吸引和辐射。

港口发展物流中心模式具有得天独厚的优势。首先，港口具有发展物流中心的硬件条件。港口、场站本身就有装卸、存储、包装和集疏运等功能，建立物流中心是对传统功能的进一步有效利用和功能扩充。其次，港口本身也有一定的信息处理系统，而物流中心模式要求这种信息处理更及时、更准确、更系统。

港口发展物流中心的经营模式具有重要意义。首先，港口发展物流中心有利于港口企业吸引货源以及各方服务商参与物流活动。物流中心的运作不仅可以吸引生产企业、供应商等将仓库迁址到物流中心，更能吸引众多物流服务商将物流活动、实体交易等迁址到物流中心。其次，物流中心模式也是港口企业向外辐射发展的有效途径。全过程、一体化的服务使港口企业不再局限于其地理区域，服务范围从点扩展到面。最后，建设港口物流中心，确保港口物流顺畅有效是现代经济发展的必然趋势，也是提高港口效率、降低港口运营成本、改善服务和提高经济效益的关键，同时还将对整个社会的经济发展产生重要影响。

我国港口发展的现代物流中心虽已具备一定条件，但同发达国家港口的物流中心相比仍有很大差距。港口物流中心包括以下几个中心。

1) 配送中心

配送中心的功能是提供货物包装及再包装、贴签、装配、分拨、开发票和增值税管理等服务。配送中心利用完善的信息通信网络，为物流服务企业和货主提供货物状态和存储信息。

配送中心的建设要运用现代物流技术，采用先进物流装备和工具。港口配送中心的建设应主要考虑配送中心选址和规模的确定、库场货位的布置、设备装备的研究、物流管理计算机系统的研究等问题。

2) 物流管理中心

物流发展使港口功能定位发生了变化，港口必须建立完善的港口物流管理系统，提高港口物流服务效率，完善物流服务功能，降低服务成本。

港口物流管理中心负责规划、组织物流网络的建设，指挥、协调整个物流网络的运作。一个完善的物流管理中心的建立必须满足两方面的要求：一方面要具有报关代理自动化系统，使所承运货物的所有资料都进入这个系统，这样手续在货物到达海关之前即已办完；另一方面要具有及时追踪系统，使所有交付货物都能获得一个追踪条码，货物走到哪里，这个系统就跟到哪里。追踪系统可进入全球因特网，客户可通过网络查询他们托运的货物的踪迹。非电脑网络客户可以用电话询问"客户服务中心"。

3) 信息数据中心

港口物流信息数据中心负责协助物流管理中心指挥、协调整个物流网络的运作，物流信息的接收、处理与发送,为决策者提供有用的决策参考数据,为用户提供相关的信息查询服务,为港口物流顺畅提供技术支持和保障。

港口成为物流中心,要以信息技术作为主要的保障体系,融入网络经济中,使港口成为物质流、现金流、信息流汇集的中心;要将所运货物的档案资料从世界各地汇总到这里,货物送达时,投递员借助一个类似笔记本电脑的"传递信息读取装置",摄取顾客的签字,再通过送货车上的转换器,将签名直接输送到"数据信息中心",使投递实现了无纸化操作。

4) 包装检验与设计服务中心

服务中心的数据库中储存着大量的抗震的、抗挤压的、防泄漏的等各种包装案例。服务中心运用这些信息为客户提供包装设计服务,拥有集管理、指挥、调度、信息、衔接和货物处理为一体的物流综合服务平台。

2. 特许连锁经营

特许连锁经营是指核心港口企业(总部)同加盟港口企业(分部)签订合同,授权加盟企业在规定的区域内使用自己的服务标志、品牌、经营管理技术和信息系统,在同样的形象下进行物流服务。港口企业的特许连锁经营类似于超市、餐饮企业的特许连锁店经营,实质上是品牌企业的一种"克隆"。

尽管国内运输企业还未尝试过特许经营,但这一物流经营模式对于港口企业的经营来说还是有很重要的借鉴意义的:一是通过鼓励生产、流通企业采用物流外包或多种形式的物流模式,改变大部分企业"大而全,小而全"的物流模式,形成物流的有效需求;二是以建立现代企业制度为契机,引导企业通过兼并、重组、联营、参股、控股等多种形式,组建一批上规模的骨干物流企业。特许经营中的核心港口企业(盟主),如中国海运集团,目前已在沿海部分区域中形成了主枢纽货运港口的核心地位,已初步形成标准化的物流服务体系,在目标客户群中赢得了良好的信誉和知名度,这为其充分利用无形资产向外辐射发展创造了条件。并且,特许经营使核心港口企业能在较少的投入下合理配置资源、布局物流网点,形成以核心港口企业为中心的跨区域分层次的物流结构,从而实现吸引-辐射式的双向发展。另外,电子商务在该模式下也得到了推广应用。特许经营中的加盟者——中小型港口企业,拥有专业港站设施和场所条件,为寻求物流发展,迫切要求引进先进的物流经营管理技术和利用盟主的品牌效应获得充足的货源。特许经营能使它们迅速获利,又提升了核心港口企业的物流能力和在同行业中的地位。因此,无论是对盟主还是对加盟者,特许经营无疑都是一项双赢的举措。

特许连锁经营的基本思路:首先,核心港站企业将其企业名称、服务标识等申请注册商标,并确保其物流经营管理技术和信息系统等的质量与规范性;其次,核心港站企业选择加盟企业,与加盟企业签订合同,将其品牌、服务标识等授权给加盟者使用,盟主企业拥有加盟者的物流经营权,而加盟者拥有加盟企业的所有权和收益权,并向盟主缴纳一定比例的特许使用费;同时在经营过程中,联盟企业统一使用同一品牌名称,遵循统一的价格策略和服务操作规范,在总部的战略方针指导下实现物流经营的特许连锁。

盟主在物流服务市场中需具有较高的声誉和知名度,企业经营状况良好,市场潜力巨大,物流经营管理标准化、规范化,信息网络完善,物流流程成为区域内的样板流程。加盟者需在区域内拥有一定的场所和专业物流服务设施,且有改善物流经营,从属于他人品牌的意愿。

港口企业发展特许经营模式除考虑所应具备的条件外,还应注意如下几点:①核心企业要有目的地选取加盟企业,充分考虑加盟者的地域条件和经营基础,以便合理配置资源,扩展市场范围;②核心企业要坚持企业的经营管理标准,考虑其在不同地域、不同企业规模中应有的广泛适应性,加盟企业也考虑核心企业的经营准则是否有利于自己企业的发展;③核心企业应考虑对所有加盟者的统一管理,防止破坏企业整体形象的经营行为。

3. 供应链

供应链模式是指处于同一条供应链中的企业,以提高供应链整体的效率和各企业自身的效益为目的,在一定时间内共享信息、共担风险、共同获利的一种相互信任的伙伴关系。港区内的物流经营的供应链合作则主要表现在将物流企业吸引到港区内,企业跨越或取代供应商、分销商的位置,直接与供应链核心企业之间的一种长期、稳定的战略合作。

1) 供应链合作模式的联合策略

(1) 联合货主。与货主的联合实际上就是对港口经济腹地货源的控制。港口应该加强与货主的联合,扩展自己的集疏运系统,并且充分利用腹地物流园区,加大港口集货的力度,实现港口经营腹地空间网络化。

(2) 联合船公司。与船公司的联合是港口对水路腹地的控制的有效途径,并且可以部分地解决货源分流的问题。港口与航运企业的全面合作将是一个必然趋势。港口可以通过出租码头或者与船公司联合建造专业码头等形式吸引船公司。

(3) 联合其他相关企业。为了实现港口物流效应,港口还应当以不同的方式与其他相关企业进行合作。港口与铁路联合既可以实现集货的效应,又有利于开展铁海联运业务;港口与公路运输公司联合,既可以充分利用其灵活性满足客户的个性化要求,也是在经济运距内集货的一种手段;港口与物流园区联合可以使港口企业消除规模不经济性,并且可以缓解港口发展中可能出现拥挤的情况;港口与仓储企业和堆场公司的联合可以突破港口资源的局限,盘活存量,使之充分发挥其在物流中的作用。

2) 供应链合作模式在运作上存在的问题

(1) 合作伙伴的选择的长期性。要形成长期、稳定的合作关系,生产企业对物流企业的要求就十分严格,除了考虑可见的积极性问题外,还要考虑长远的诸如战略方向是否一致等问题,对物流企业业务经营是一大考验,因而要形成供应链模式需要相当的时间。

(2) 合作与交流的稳定性。尽管理论上供应链合作模式要求伙伴之间的紧密合作、充分信任,但实际上信息的不对称总是存在,信任的可靠度不强就会影响彼此间的合作,就会存在供应链的稳定性的问题;物流企业取得与供应、贸易类相关的经营权限也不是一件容易的事情;如果合作关系未能达成而造成破裂,对物流企业造成的损失是非常大的。企业会因为失去了长期稳定的货源而收益急剧下滑。

4.1.2 港口物流经营组织结构

企业组织结构运行和变化的核心力量是权利,组织结构中的权利是由组织中占统治地位的资源决定的。并且在当今社会,组织结构中的权利有向组织单元中的核心能力拥有者倾斜的趋势。组织结构中组织单元群体利益的外在表现是利益驱动,内在动力是人心需求。企业的组织结构并不是一成不变的。随着竞争方式和作业模式的改变,敏捷制造方式代替传统生产方式,柔性作业管理代替刚性生产控制,这些转变都会产生新的组织结构形式。

1. 直线制与直线职能制结构

直线制组织结构模式是最早出现的组织结构形式,它是一种以生产为导向,以完成生产任务为目标的组织结构。直线制组织结构要求企业组织与外部环境没有更多的物质交换和信息交流,没有太多的组织摩擦与碰撞,其特点是权利集中、责任分明、命令统一、控制严密。当技术和市场压力不大的时候,企业以产品为导向组织生产经营活动,员工作业比较规范,企业或组织与环境之间没有更多的物质交换和信息交流,这时组织多采用直线制。

当市场和技术压力增大时,企业所处的外部环境越来越复杂,需要集中更多人的智慧,于是直线职能制就产生了。这种组合结构模式是在坚持直线指挥的前提下,设立职能参谋机构,并把某些特殊的任务授予职能部门的组织制度。

2. 事业部制结构

随着市场压力的越来越大,企业之间的竞争日趋激烈,竞争方式已由价格竞争转变为全方位的企业大战。科学技术为降低成本提供了条件,因此企业在发展中更多地采用了规模经济的发展模式。这时,企业就自然采用了事业部制的组织结构。它是在总公司的领导下设立多个事业部,各事业部有各自独立的初级产品和市场,实行独立核算,其经营原则是"集中决策、分散经营",高层决策层主要负责公司的战略和长远规划。

3. 扁平型结构

在扁平型模式中,港口企业的物流服务以物流团队的形式出现。作为一个过程管理者,在明确了团队的总体目标后,带领团队共同设计、组织全过程的物流服务。相对于直线职能制的功能型组织结构,扁平型结构能极大地缩短物流响应时间,为客户打造完全个性化的服务,是一种适应现代化物流发展的有效组织形式。但扁平型模式也存在其自身的弊端:当过程管理越来越多时,企业组织就不可避免地出现重复投入、人员冗余的现象,并且由于扁平型结构是对原有组织形式的彻底打破,所以实现起来比较困难。物流规模不大的港口,采取扁平型模式更有利于其物流发展。

4. 矩阵制结构

矩阵制组织结构模式是把按职能划分的部门和按产品(或项目、服务等)划分的部门结合起来组成一个矩阵,同一员工既同原来职能部门保持组织与业务上的联系,又参加产品或项目小组的工作。为了保证完成一定的管理目标,每个项目小组都设负责人,在组织的直接领导下进行工作。

这种新型的组织形式打破了传统的"顶头上司"的命令原则,使一个员工可能同时隶属于两个甚至以上的部门。其优点是：加强了各职能部门的横向联系，具有较大的机动性和适应性，实现了集权和分权的优化组合，有利于发挥专业人员的潜力，有利于各类人才的培养。缺点是：这种组织形式实行纵向横向双重领导，极易产生意见分歧、造成工作扯皮和管理矛盾；同时组织关系比较复杂，对项目负责人要求较高；这种组织由于具有临时性的特点，容易导致人心不稳。

5. 网络结构

随着市场和技术的进一步发展，社会化大生产终于由产业经济时代迈向知识经济时代，企业生产经营中的知识含量渐渐加大，企业的技术权力逐渐向第一线和基层转移。这样，企业逐渐将各个作业点演变成决策单元。在现代电子技术的催化下，这种演变最终形成了在电子计算机连接下，以每个作业点为终端的网络组织结构。

在网络组织结构中，信息是重要的神经中枢。企业为了获得更多的市场机会，要制定详细的作战目标和行动方案，使企业的触角渗透到市场的各个角落，提高企业快速占领市场前沿阵地的反应能力，取得绝对性的竞争优势。企业运用网络组织的快速适应能力使自身的经营高效、灵敏。

网络信息是数字化技术把"0"、"1"有机地组合起来实现高节奏的"人-机对话"，使组织采用有能力、有魄力、有知识的智慧型人才，直接面对市场、控制市场、决胜市场。在网络组织结构中，严格的等级制度的命令链被知识网络形成的沟通取代，由传统的命令沟通方式变为协商式的沟通方式，从而使组织高效、智能、柔性、开放。

网络性组织结构强调协调，它使得职位权威逐渐过渡到知识权威，使得序列活动逐渐过渡到同步活动，使得纵向交流逐渐过渡到横向交流，使得团队成员在严格的等级制度中的不信任和服从过渡到信任和诚实，使得管理边界由精确严格过渡到模糊柔软。

网络组织结构强调建立学习型组织，强调团队协作、知识能力、虚拟任务，强调以人为本，它的最大特征是对环境的快速反应和对战略的充分理解。战略资源决定企业的发展方向，核心稀缺资源决定企业组织结构的形式。在以信息化为主要特征的知识经济时代，网络结构是企业面对的一种组织结构选择。

6. 柔性组织结构

市场和技术压力的不断加大，使得知识在企业中迅速聚集。计算机导致新的技术革命，知识爆炸在企业中得到了充分反映。知识经济使得企业的价值理念、管理机制、作业方式、营销手段、利益分享原则遭到前所未有的挑战，因此给企业提出了新的管理课题，即新的经济形式需要新的游戏规则与之相适应。而这种建立在知识经济基础上适合不断变化的环境的组织结构就是柔性组织结构。

柔性组织结构是指组织单元可以在一段时间之内完成不同的工作任务，快速适应需求变化，具有组织韧性和抗干扰、抗冲击的能力。柔性组织结构的特点是使企业走向虚拟经营，使管理达到"无为而治"的境界。柔性组织结构对资源的配置理念由"资本中心主义"过渡到了"知识中心主义"。

创新是柔性组织结构模式的灵魂，是组织存在的内在动力。柔性组织结构中群体融合、分工合作、共担风险和共同合作，是"1+1＞2"管理原则的具体体现。柔性组织结构具有"海绵功能"，极强的吸水性能和强大的生命力、凝聚力，是一种不容易破坏的组织形式。

第4章　港口物流经营与效率

柔性组织通过组织成员的知识学习、心智修炼、能力提升、自我超越,及时摆脱组织困境。柔性组织结构既要为员工创造有利于创新的环境,又不至于造成混乱;既要员工参与决策,又使员工专心于自己的工作;既要集权又要分权;既要庞大又要精干;既要有制度约束,又要有创新的行为空间。

这种柔性组织结构是建立在由核心能力所构筑的竞争优势基础上的。因此构筑企业有别于其他企业能力的核心能力是选择和建立柔性组织结构的关键。

7. 虚拟组织结构

关于虚拟组织结构详见 4.2 节。

4.1.3 港口物流经营管理改革

1. 提高物流策划组织和信息部门在港口企业管理层的地位

计划经济环境中,生产调度部门是港口企业的核心部门。在市场经济下的传统物流环境中,业务和揽货部门成为港口企业的核心部门。在现代物流环境中,物流策划、物流组织、物流信息部门应该成为港口企业的主导部门。如上海港军工路港务公司成立了物流办公室,暂挂在业务科,表明该公司领导已经敏锐地看到了物流组织在今后港口生产经营中的重要作用,而不是将其剥离在港口业务系统之外。

2. 加强组织结构调整,努力建设知识性港口

顺应知识管理的浪潮,重视调整港口的组织机构,将港口建成知识性港口。实施知识管理首先要打破原先的设置,建立起能适应知识经济要求的知识性港口的组织结构,使任何一名普通职工的信息、意见或建议都可以通过简化了的组织机构直接传输到港口的高层领导;同时制定严格的民主管理与民主决策的程序,充分尊重职工的意见和建议,努力做到公开、公正、公平,最大限度地增强决策的民主化和透明度,使职工从内心深处找回自己港口主人的感觉,并使之有强烈的归属感。这是知识管理模式对港口组织结构模式提出的要求。

3. 按照现代物流的特性改造生产系统

对于传统的港口生产业务系统进行物流化改造是完全必要的。物流化改造可以从以下几个方面入手。

(1) 在业务部门内建立物流链管理系统,对建立在港口主业基础上的不同的物流链确立专人专项管理,确保物流链的有效衔接和畅通;对具备一定条件的物流链建立专项物流中心,实施专业化物流管理。

(2) 在业务部门内建立主要船公司和货主的专项管理系统,为主要船公司和货主固定专门业务人员,解决这些船公司和货主在该港的各种需求和物流服务,实现"全天候"和全方位服务,确保主流经过该港,保证主流畅通。

(3) 减少管理层次,采用扁平化管理模式,业务经理直接对应管理若干条物流链,以增强物流服务中的时效性和应变能力。

(4) 在港口企业内建立物流规划、物流设计和物流咨询的专门机构,不仅要加强对主业实施物流化改造,而且要帮助、引导货主依托港区开辟现代物流。

总之,按照现代物流的理念改造主业,才能更好地发展主业。主业发展了,才能促进各类依托港口的物流企业和物流业务的兴旺发达,而兴旺发达的各项物流企业和物流业务又能使港口这一物流平台得到进一步的发展。

我国现代物流起步较晚,物流企业多采用与生产或销售企业类似的垂直型组织形式,导致运作成本较高、反应灵敏度低和物流效益低下,不利于提升企业的核心竞争能力。现代物流的发展要求企业对物流活动实行一体化管理,建立以市场拓展为驱动的一条龙服务,增强管理系统的快速反应能力,减少管理层次,使组织形式由职能化向过程化转变、由垂直化向扁平化转变。开展港口综合物流,要求港口根据自己所处的发展阶段和物流业务的运作特点,认真分析各种物流组织模式的优缺点,选择正确的组织创新方向和具体形式。

4.2 港口物流虚拟经营

虚拟经营的概念首先由罗杰·内格尔于1991年提出,其后关于虚拟经营、虚拟企业的理论研究成为管理科学中的一个研究前沿和热点问题,以特许经营、外包等为代表的虚拟经营模式在实践中亦取得了巨大的成功。虚拟经营模式可以拓展和延伸港口物流的功能,提高港口物流综合服务能力,提高港口物流的柔性、敏捷性、合作性以及客户的满意度。

4.2.1 港口物流虚拟经营及其特点

1. 港口物流虚拟经营的含义

港口物流是作为港口的一个主要功能而发展起来的。在港口经由"运输中心"、"配送中心"发展为今天的"综合物流中心"后,港口的功能发生了本质性的变化,形成了港口物流。港口物流的内涵和外延也早已超出了港口的范畴,港口作为港口物流的一个节点而存在,而港口物流则作为供应链的整体而存在,通过港口物流供应链为客户提供个性化的完整高效的服务,其根本的使命是提高整个物流系统的效率,使货尽其流。就本质而言,港口物流是一个功能的概念,是不同于港口作为一个资源的概念的。但港口物流作为一个系统是复杂的,其功能是丰富的。

港口物流经营主体的有限理性、机会主义行为以及交易特性所形成的三个维度——资产专用性、不确定性和交易频率,使得港口物流经营市场规制缺少效率。因此,这里从港口物流系统的角度提出港口物流的虚拟经营。所谓港口物流虚拟经营是指以港口(功能)作为协调中心,以完成港口物流整体功能为目标,通过契约的方式联合价值链(供应链)不同环节中的具有核心能力的各个功能主体,从而实现成本的分担以及资源和能力的共享的一种经营组织结构或模式。这一定义包括以下含义:首先,港口物流虚拟经营的目的在于为顾客提供一体化的物流服务;其次,港口物流虚拟经营是通过契约的形式整合核心资源,关键在于功能的集成而不在于对资源的占有;最后,港口物流虚拟经营以港口为中心,以协调系统在实体空间与虚拟空间的无缝衔接和高效运作。

2. 港口物流虚拟经营的特点

港口物流发展到供应链时代,虚拟经营方式由于其特殊的资源配置方式正在或即将发挥其积极的作用。通过虚拟经营,港口物流系统将不再由于资产的专用性、交易的不确定性等痼疾而阻碍港口物流的发展。综合而言,港口物流虚拟经营具有以下特点。

1) 虚拟化

港口物流虚拟经营模式最本质的特点就在于虚拟化。虚拟化是对传统资源配置模式的一种颠覆,是通过一种双赢的契约,以整体利益最大化为目的来取得资源的使用权,进而在不改变组织所有权制度的基础上实现功能的整合和集成。

2) 集成化

集成化首先是在全球经济发展情况下的港口物流的需要,客户需要一体化的高效物流服务;其次,集成化也是港口物流虚拟经营的目的所在。虚拟经营的本质就在于突破资源的空间和所有权的限制实现功能的集成化,从而降低由港口物流通过市场方式频繁交易而产生的不确定性带来的损失。

3) 柔性化

港口物流通过虚拟经营为系统内的主体创造一种虚拟空间,企业通过虚拟的供应链合作,优化自身的资源配置,即专注于核心能力的构建,从而提高服务的质量和服务的个性化。这样一来,港口物流在虚拟经营模式下就是一个核心竞争能力的联合体,能够及时根据客户的需要调整联合体,从而增强港口物流的柔性。

4) 协同化

协同化是港口物流实施虚拟经营的基础。只有具有信息共享、功能协同,港口物流才可能通过虚拟方式为顾客提供一体化的港口物流服务。同时,协同化也是港口物流虚拟经营的本质特征。在港口物流虚拟经营模式下,系统内各个主体将通过信息共享,改进自身的作业计划,并且在港口物流中心的协调下,使各个子系统的功能同步、实现柔性化管理。

4.2.2 港口物流虚拟经营的空间特征

1. 港口物流虚拟经营的实体空间特征——并行结构

实施并行运作的思想是港口物流虚拟经营本质特征所决定的,并行结构是资源配置虚拟化与功能协同化的有机结合。在传统模式下,港口物流的发展总是在追求港口企业或者航运企业如何通过实际占有或股权投资等方式实现业务范围的拓展,从而为顾客提供一体化、高效的物流服务。但与其他行业相比,港口物流行业具有很强的资产专用性。根据威廉姆森的交易成本理论,资产的专用性程度越高,企业的沉没成本越高,退出壁垒就会越高。同时,对于港口物流的经营无论是通过市场规制方式还是通过企业方式都是不恰当的。在传统的市场规制方式下,港口物流的经营主体将港口物流的功能实现模式与资源配置方式同一化,即认为港口物流供应链具有继承性,因此,在资源配置方式上采取市场规制,使得港口物流供应链体系成为了一条贯穿整个系统功能的长带。港口物流并行结构如图 4-1 所示。

而企业规制方式尽管可以将港口物流交易内化,但由于上文所述的资产专用性以及国际海运的双边管制、港口外资所有权的严格控制,企业方式一般不易实现。在此情况

图 4-1　港口物流并行结构

注：◆表示物流任务的完成或形成一个最终成果；⬛表示港口的实体功能
○表示港口物流的功能；⟶表示港口物流流程。

下,虚拟经营作为一种中间规制形态自然应运而生。因此港口物流虚拟经营的流程具有模块化特点,即在虚拟经营模式下,港口物流系统不再拘泥于资源的归属性,而是将港口物流系统的特征分割和封装。首先,对港口物流系统功能进行界定,并将其分割成具体的子功能,例如我们熟知的装卸、包装、海陆运输以及延伸的服务例如金融、保险等；其次,将系统子功能进行封装,封装的目的在于将子功能最优化。通过系统功能分解和封装,港口物流系统将按照运作流程形成各集成任务模块。集成任务模块是一个功能的概念,而其组成的方式是通过各实体企业以团队形式组成的集合。虚拟经营的优势就在于其将港口物流对于功能的固定性要求与功能的资源归属的动态性完美地结合了起来。集成任务模块作为一个功能模块是固定的,但是为了维持集成任务模块总是最优化的功能,其资源的配置是动态的,或者更加形象地说功能不是以静态的方式对应某一个组织或团队,即具有动态性。通过以上分析,这里给出港口物流虚拟经营运作流程图,如图 4-2 所示。

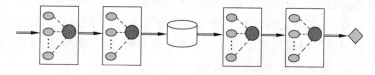

图 4-2　港口物流虚拟经营并行流程

注：方框表示港口物流系统的每一个集成任务模块,方框中的 ○ 与 ● 表示为实现某
一集成任务模块的团队与团队的组合(下面以 IM 和 CM 表示),其他同图 4-1 注。

方框中的多个 IM 正好表示虚拟经营模式的动态性,表示为实现一个集成任务模块的功能,港口物流系统有多个选择。事实上,方框中的 CM 也应该是多个的,因为 CM 并非一定来自同一个实体企业。而我们为研究的方便,只用一个 CM 图示表示其中的协调和沟通功能。箭头表示港口物流供应链的连续性和继承性,但这仅仅只是逻辑上的特征,并不表示时间上的继起性,充分体现了港口物流虚拟经营实施并行流程的思想。在并行流程中,港口物流系统为了完成其任务,即实现其功能就有了多条通道,这就大大提高了港口物流系统的敏捷性,并最终将通过高效的物流服务来体现。

2. 港口物流虚拟经营的虚拟空间特征

上面分析了港口物流系统在实体空间的运作方式,虚拟经营的并行运作结构或者流程只是虚拟经营的一种表现形式。至于这样的一个并行思想在市场中是如何来具体实施的,仅仅停留在实体空间我们是无法给出完美的解释的。因此,下面阐述港口物流虚拟经营的另一个空间,即港口物流的虚拟空间,以及虚拟空间如何为实体空间的运作提供一个平台。

港口物流的虚拟经营具有自组织特征,但其自组织运行必须建立在虚拟空间的基础上。港口物流的虚拟空间是指港口物流供应链以港口为中心所构建的虚拟网络平台,是港口物流系统信息流、资金流的集聚点和发布点,如图 4-3 所示。

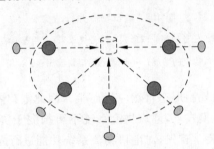

图 4-3　港口物流虚拟空间

注:虚线表示信息沟通渠道;⬚ 表示港口的虚拟功能,即港口物流的虚拟控制中心,具有协调、沟通等功能;其他同图 4-1、图 4-2 注。

虚拟空间首先要求参与各方建立通用的网络平台,能够为虚拟各方开设沟通交流的接口;其次,虚拟空间更是港口物流虚拟经营的基础平台,虚拟空间通过信息及网络技术使港口物流领域的核心价值不再局限于实体商品的空间和时间特征,知识的生成、储存以及流通同样具有增值性。港口不再局限于港口物流的地域中心或是价值链的中心,而将成为港口物流的功能中心和逻辑中心。港口将发展更为广泛的服务功能,以有效的协调、整合整个系统的资源,并直接以顾客为导向构建物流平台,其最终目的就是提供高效的一体化的港口物流功能。而用户通过虚拟空间可不受时间、空间的限制,搜索、交换信息,将业务交往虚拟化,并使其具有动态特征。

4.2.3　港口物流虚拟经营的二维空间逻辑结构

通过以上分析可见,港口物流的虚拟经营模式具有二维空间逻辑结构,是实体空间特征与虚拟空间特征的有机结合。港口物流首先是通过实体空间的并行运作流程为客户提供一体化的物流服务,通过并行运作的理念提高港口物流系统的柔性和协同化;但同时,港口物流的实体空间特征是建立在港口物流的虚拟空间的基础上的,只有在港口物流系统具备了先进的管理理念和通畅的网络平台,即虚拟空间有效运作后才能实现,否则港口物流系统将会因信息不顺、沟通不畅而瘫痪。港口物流的虚拟空间如同系统的智能中心,具备信息的集聚、储存、加工和发布的功能。因此,我们认为,港口物流的虚拟经营是一个二维空间的逻辑结构,如图 4-4 所示。

从以上二维空间逻辑结构可见,一方面,集成任务模块与港口的实体功能构成了实体空间,通过并行运作流程为客户提供一体化的物流服务;另一方面,集成任务模块的信息模块与港口的虚拟功能一起构成港口物流的虚拟空间。港口物流的运作始于港口的虚拟功能与客户的沟通与协调;在与客户达成条件、形成一个任务后,虚拟功能将利用其畅通的信息平台,在虚拟空间内分解任务、搜寻资源,从而形成一个最佳的作业计划;接着,虚拟空间的智能中心将根据作业计划调度实体空间的资源(功能的物质载体),从而完成任务;最后,搜集客户的反馈信息,存储于虚拟空间的智能中心,为系统的优化提供原始信

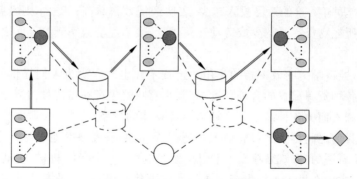

图 4-4 港口物流虚拟经营的二维空间逻辑结构

注：图中的图标所表示的含义同图 4-1～图 4-3 注。

息。显然，在二维空间逻辑结构下港口物流经营是遵循虚拟经营内在机制的，能够体现港口物流虚拟经营虚拟化、柔性化、协同化、集成化的本质特征。这与本文对港口物流虚拟经营模式本质特征的分析是吻合的，再次印证了二维空间逻辑结构是港口物流虚拟经营模式逻辑结构的设想。

综上所述，港口物流虚拟经营模式具有二维空间逻辑结构，即实体空间与虚拟空间，体现了港口物流虚拟经营模式虚拟化、集成化、柔性化、协同化的本质特征。在二维空间结构下，港口物流的运作始于与顾客的实时沟通与协调，将真正体现客户导向的经营理念，实现有限港口资源的最优化利用和处于时空离散状态的港口物流功能的集成使用，从而最终提高增强港口物流的效率与服务功能。

4.3 效率与港口物流效率

4.3.1 效率及其分类

1. 效率的含义

效率的经济含义存在多种多样的理解，经济学界目前对其还没有一个统一的定义。萨缪尔森将效率定义为：效率意味着不存在浪费，即当经济在不减少一种物品生产的情况下，就不能增加另一种物品的生产时，它的运行便是效率最高的。

新古典经济学代表人物帕瑞特（Paret）在其著作《政治经济学教程》和《政治经济学讲义》中将效率定义为"对于某种资源的配置，如果不存在其他生产上可能的配置，使得该经济中的所有人至少和他们的初始时的情况一样良好，且至少有一个人的情况比初始时的情况严格地更好，那么资源配置就是最优的"，其中的"最优"实际上就是效率最高（被称为"Paret 最优"），不过，后来"Paret 有效"渐渐代替了"Paret 最优"。中国经济学家樊纲在其著作《公有制宏观经济理论大纲》中将经济效率定义为"指社会利用现有资源进行生产所提供的效用满足的程度，因此，也可一般地称为资源的利用效率"。它是需要的满足程度与所耗费资源（成本）的对比关系。需要明确的是，它不是单纯地生产多少产品的简单的物量概念，而是一个效用概念或社会福利概念。

无论如何定义效率，在经济理论上，效率一般都是指投入与产出或成本与收益之间的对比关系；生产同样数量的产品投入越少，表明经济效率越高；反之，则表明经济效率越低。单位产品所耗物资资源越少或劳动耗费越少，表明经济效率越高；反之，表明经济效率越低。

综上分析，经济学上的效率指的是用一定技术和生产资源为人们提供最大可能的满足。效率代表各种资源配置的合理程度，高效率意味着生产在可能性边界上运行，能高限度地满足社会和人们的各种需求。就社会经济整体的效率来说，"效率最高"是指各种资源在不同生产目的之间得到了最有效的合理配置，能够最大限度地满足社会和人们的各种需求，这就是所谓的"宏观效率"。当效率概念被用于某个经济机构（企业）时，"最高效率"是指该生产主体在投入一定生产资源的条件下使产出最大，或者反过来，就是在生产一定产出量时经济机构（企业）实现了成本最小，这也就是"微观效率"。

2. 效率的分类

经济学是研究资源配置的科学，而效率是指资源配置的优化程度。由于资源是稀缺的，效率存在如下分类。

1）根据效率的决定手段分类

效率根据决定手段可分为两大类，一类为通过管理手段可以提高的效率，另一类为通过技术手段由技术改进所产生的效率。实际上，由管理取得的效率和由技术取得的效率包括了所有促进效率提高的因素。

2）根据效率的组织职能分类

组织一般可以分为内部组织和外部组织两种，港口都是通过其组织职能来实现其预定目标的。对应地，按照组织职能港口效率可分为港口外部效率和港口内部效率。其中港口外部效率包括市场效率等，港口内部效率包括港口管理效率等。我国港口内部组织的有效性有待完善和提高，外部组织的建设和管理也是比较薄弱的。

3）根据生产要素分类

效率按照生产要素分类可分为货币资金运作效率、劳动效率、资源效率等。由于生产经营的组织都是以生产要素为依据的，按照生产要素划分的效率表现形式与按职能划分的效率形式是不同的，但二者没有实质区别。

4.3.2 效率基本理论

1. 效率前沿面基本理论

经济学生产理论中，用于描述生产技术关系的生产函数是被唯一确定的，即特定生产技术条件下各种生产要素投入的组合可能生产的最大产出可以用确定的生产函数来描述。

经济学中的效率前沿面是指通过连接所有最佳观测点形成的分段曲线所得到一个凸性的生产可能性集合。它是由传统的单投入单产出的情况或多投入单产出的生产函数向多产出情况的推广，是最佳的决策单元的集合（DMU）作为前沿观测值构成生产前沿面，处于前沿面上的最佳的决策单元的集合相对效率最高。

效率前沿面理论研究的效率为相对效率，所以效率前沿面理论适合对处于同一客观环境条件下多投入多产出系统的相对效率进行评价，尤其适合在对客观环境条件不十分了解的情况下对多投入多产出系统的相对效率进行评价。

对于给定的生产要素和产出品价格，DMU 只有选择要素投入的最优组合（也就是投入成本最小化组合）和产出品的最优组合（亦即产出收益最大化组合），选择适度的经济规模，并在生产调控过程中对投入品和产出品具有强处置能力，而且使生产技术水平和经营管理水平充分发挥，才能取得可能的最高劳动生产率。

由此可见，采用生产函数进行经济理论分析具有一定的合理性，以营利为目的的厂商追求的就是利润最大化，这时应该追求这种最优生产状态。在这种理论框架下，生产函数所描述的生产可能性边界被称为生产前沿面(production frontiers)。

但是，实际的生产过程并不全是在最优状态下进行，即使优秀的企业也不能长期处于这种最优生产状态，因而生产前沿面所描述的是一种短期的动态的概念。在运用常规计量方法或模型直接对实际要素投入和产出数据进行拟合时，所得到的生产函数反映的只是一定投入要素组合与平均产出量之间的关系。这种平均意义上的生产函数与在一定前提下定义的理论上的生产函数相比往往是有偏差的。

因此，20 世纪 70 年代以后，学术界开始了对描述有效生产前沿面生产函数的研究，这种描述生产前沿面的生产函数被称为前沿生产函数或边界生产函数(frontier production function)。生产函数的经验研究中，若需要研究一组要素投入所对应的最优生产状态，需要通过前沿生产函数的估计才有可能实现，应用平均生产函数是不合适的。

因为前沿生产函数构成产出包络面，所有实际产出量都只能在其下方或生产前沿面上，不可能在其上方，但对于平均生产函数，实际产出量可以在其上方，也可以在其下方，所以平均生产函数不能对应最优状态，也不能作为包络面。在技术水平给定的条件下，实际生产状态与生产前沿面状态总是存在差距的，这种差距反映的就是低效率。

最初的"效率"研究主要使用单一的指标来分析生产单位的竞争优势等经济特征。随着企业生产特征研究的深入，对效率的分解细化研究也越来越精细。

效率前沿面分析涉及的基本概念是总经济效率（又称成本效率）、技术效率、配置效率、纯技术效率和规模效率以及后期出现的 X-效率等。

技术效率描述的是要素的投入量与产出量之间的关系。如果投入要素没有浪费，则不存在低技术效率而处于效率前沿面上。配置效率描述的是在已知价格的情况下以尽可能低的投入要素组合的成本实现既定的产出，即选择一种能使生产成本最低、产出最大、质量最好的方法。资源配置效率是指通过不同生产单位、不同区域或不同行业之间分配有限的经济资源而达到的效率。技术效率与配置效率二者实现的途径不同：技术效率通过内部管理方法和提高技术来实现；而配置效率则通过外部生产要素流动，即制度安排实现。配置效率决定技术效率。

英国剑桥大学经济学家法瑞尔(Farrel)最早从微观层面对企业的效率情况作了具体定义。他从投入的角度提出了总经济效率、技术效率、配置效率和效率生产函数的概念。

法瑞尔认为总经济效率就是在产出规模、市场价格不变的条件下，按照既定的要素投入比例所能达到的最小生产成本占实际生产成本的百分比。总经济效率亦被定义为成本效率。而技术效率则是反映了既定生产投入数量下，实际产出与理论最大产出的百分比。配置效率被定义为反映给定价格时企业以适当比例使用各种投入的能力。技术效率与配置效率之积为总经济效率。

一方面，若厂商能在一定投入组合下产量最大，则此厂商已实现了产出面技术效率；另一方面，若厂商在产出水平一定的情况下能使要素投入组合最小，则该厂商实现了投入面技术效率。

在规模收益不变的情况下，要素价格被要素边际技术替代时，厂商实现最优要素雇佣量，达到成本极小化目标。在规模收益可变假设下，技术效率可分为纯技术效率和规模效率。

纯技术效率测度的是在规模收益可变假设下，被考察企业与生产前沿面之间的距离。而规模效率衡量的是规模收益不变假设下的生产前沿与规模收益可变假设下的生产前沿之间的距离。规模收益可变假设下得到的纯技术效率不受规模收益的影响，而规模收益可变假设下得到的技术效率受到规模收益的影响。

厂商理论认为，规模收益是指厂商内部的生产规模发生变化时所带来的产出变化。生产规模的变化指将生产要素的投入量由 X 变为 aX 时，对应地，产出由 $f(X)$ 变为 $f(aX)$。

当 $f(aX)>af(X)$ 时，规模收益递增，即厂商可以通过扩大规模增加收益并提高效率。

当 $f(aX)<af(X)$ 时，规模收益递减，即厂商现有规模过大，可以通过缩小规模增加收益并提高效率。

当 $f(aX)=af(X)$ 时，规模收益不变，即厂商现有规模增大 a 倍后，厂商的收益率没有变化，换句话说，厂商不能通过扩大规模增加收益。

总之，港口处于规模收益递增状态时，可以采取扩大规模的战略；而处于规模收益递减状态时，不应该扩张规模，甚至应该考虑缩小规模。当其处于规模收益不变状态时，其投入量既不偏大，也不过小，达到了最佳状态。此时其具有较大的选择空间，既可以保持规模不变，也可以扩大规模，如果为了取得更高的市场占有率等目标，可以采取扩张规模的战略。

根据效率前沿面理论，处于规模收益递增阶段的 DMU 可以通过扩大规模来提高效率；而处于规模收益递减状态的 DMU 则不能通过扩大规模提高效率，应该考虑是否有必要缩小规模以提高效率；处于规模收益不变状态的 DMU 可以根据实际环境条件和各方面的综合情况及战略目标选择是否改变规模。而规模收益不变状态属于特殊情况，此时的平均产出线与生产前沿面重合。

现有的港口物流方面的相关研究尽管早已认识到资源利用效率的重要性，但通常假定港口总是高效运营的，而实际情况并非总如此。两个同样的港口，它们的产出、成本和利润并不相同，这些差异可能是由技术效率、资源配置效率和其他未预见的外部因素造成的。在投入资源给定的情况下，技术差异的存在使得一些港口不能位于产出前沿面上；在给定投入和产出价格的情况下，如投入和产出数量配置不合理，即使技术相同，该港口也存在低效率，即不能处于综合效率前沿面上。同时规模也会影响港口的效率水平。总之，无论技术效率，还是配置效率，或是港口的规模都会影响产出，只要存在任何一种低效率，该港口都难以位于效率前沿面上。

2. X-效率理论

针对新古典经济学无法解释的由非技术关系导致的企业经营失效问题,莱宾斯坦(Leibenstein)定义了X-效率。经典的厂商理论忽视了厂商的内部运行和厂商管理效率而集中注意市场效率。"同任何理论一样,厂商理论也提出了某些假设。一个假设是,厂商内部是有效率的。……这些假设使得经济理论可以忽视厂商的内部运行和内部效率,而集中注意市场效率。由于存在这些假设,一直被经济理论忽视的存在着一种类型的低效率被称为X-效率。"[①] 莱宾斯坦认为这种与传统情况不同的低效率并非由企业资源配置低效等原因产生,而是受企业员工的工作态度、企业管理行为、市场竞争状况等位置因素影响的,其真正的形成原因是未知的,所以被称为X-效率。X-低效率就是非配置低效率,它是指经济单位由于内部原因而没有充分利用现有资源或获利机会而处于的一种状态。X-效率的成因与计算已逐渐成为现代"效率"类研究的焦点。

X-效率理论没有遵循新古典经济学的行为最大化假设,它的核心命题是:并非所有企业都会追求成本最小化;并非所有企业都追求利润最大化;企业可能没有充分利用现有资源和观察到的获利机会;企业内部的变化率取决于个人的努力点的性质、惯性区域边界大小以及外部刺激的变化率,也就是并非所有的企业都在它们的生产可能性边界上生产,即在有利可图时,企业也不一定会进行技术变革、加强管理等活动。而传统理论认为,企业的变化仅仅取决于外部刺激的性质和变化率。为了阐明企业为什么不会在最低成本扩展线上生产,莱宾斯坦提出了一系列基本假设,这也是X-效率理论的基本假设。

1) 个人是决策的基本单位

生产活动不是一种单纯的技术决定关系,在一定程度上,它取决于个人的心理活动。只有个人才有思想感情和行动,因此,研究应该从个人入手,再由个人行为发展到集体行为。

2) 选择性理性

在一般情况下,个人只具有有限理性,而不具有完全理性。个人理性的程度取决于其个性和环境的压力。选择性理性假设表明,最大化行为只是个人在个别情况下的个别表现,在通常情况下,个人行为表现出非最大化特征。

3) 代理成本

一般地说,在企业内部,作为委托人的所有者和作为代理人的雇员两者的目标和利益往往是不一致的。只有当经济组织仅由一人组成时,即代理人和委托人是同一个人时,两者在目标和利益上才是一致的。只要存在委托代理关系就必然存在代理成本。

4) 惯性区域假定

惯性指个人不想改变生活和工作习惯的一种倾向。在惯性约束下,只有在外界压力相当大时,人们才会改变他们的行动。个人的行为常常具有受习惯影响的惯性。所谓惯性区域,是指一组行为边界,在这个边界内,环境因素的变化不会对个人行为产生明显的影响。也就是说,只有环境因素的变化足够大或持续一定的时间时,才会对个人行为产生影响。

---

① Leinbensein H. Allocative efficiency VS "X-efficiency"[J]. American Economic Review, 1966, 56(6): 392-415.

5) 劳动合同的不完全性

在劳动合同中，只能规定雇员(工人、管理人员)的工作时间和报酬标准，而不能事先规定雇员的努力水平。劳动时间是可以购买的，但雇员的努力程度无法通过合同来保证。在一定程度上，雇员可以选择他们的努力水平，自主决定这些活动的完成速度和质量。而且个人的努力是分散的，个人行为与组织目标难以协调。所以，根据这种合同，雇员对于提供多少某种技能水平的努力，具有相当的自由决定权。

传统的新古典理论把企业视为"黑箱"，着眼于企业外部、市场内部，关注稀缺资源在各种竞争性用途之间的配置效率。因此，新古典理论不可能对作为企业构成要素的群体行为进行考察。莱宾斯坦则着眼于市场外部、企业内部，着重关注企业内部的非配置低效率。若要考察企业的内部运行效率，就必须对企业内部的群体行为进行考察。对群体行为的考察是 X-效率理论所特有的。群体努力均衡理论就是莱宾斯坦在考察专利侵权行为的过程中提出的。在群体努力均衡理论中，莱宾斯坦考察了群体内部传统、人际关系等因素对个人努力程度的影响，考察了群体内部成员之间相互依赖、相互影响的关系及其对群体努力水平的影响，并从群体行为的角度揭示了企业内部 X-低效率现象的根源。

新古典学派更侧重宏观分析，用抽象的理性方法，设立了许多假设条件；而 X-效率理论更侧重微观分析，用的是行为心理学的博弈方法，没有设立太多假设。X-效率理论解释功能明显，是对新古典理论的修正和补充，而不是推翻，所以在分析效率问题时，可以将两者结合运用。

X-效率研究的是企业内部而非外部。企业外部是市场行为，企业内部是非市场行为，两种行为具有不同的性质。X-效率的实现有赖于企业内部全体成员的共同努力。在企业内部，上司、同事和传统等因素都对个人的努力水平产生影响。因此，即使是拥有相同投入和技术装备的企业，也会由企业内个人努力的程度不同而导致不同的产出水平。

许多西方学者把 X-效率等同于技术效率，其实两者虽然相似，但并不完全一致。

(1) 理论基础不同。技术效率是新古典理论的概念，而 X-效率却在许多方面偏离了新古典理论。

(2) 前提条件不同。技术效率意味着最大化行为，而 X-效率既允许最大化行为，又允许非最大化行为。

(3) 研究的决策单位不同。技术效率把企业视为基本的行为单位，X-效率则把个人视为基本的行为单位。

(4) 研究决策单位的目标不同。技术效率假设企业是个统一的决策单位，拥有管理者所制定的明确目标；X-效率则允许企业有多个甚至可以是相互冲突的目标。

(5) 产生的原因不同。技术效率是由诸如管理者和工人的不同技能等技术因素决定的；或者，由于使用的是一种特定的技术，虽然该技术已被充分利用，但它的使用效率仍会低于同行业中其他企业对类似技术的使用效率。X-效率却由技能的差别或技术的扩散需要时间所致，是由对技能或技术的使用不同，或工作努力的程度不同所致。

X-效率理论认为，企业效率由雇主与雇员博弈决定。由于劳动合同的不完全性，雇员可以自主决定个人的努力程度。这就意味企业生产率问题实质上是个博弈问题。企业的实际生产率水平，最终取决于雇主和雇员之间的博弈策略。在博弈过程中，雇主和雇员都有多种可供选择的策略,而双方通常会按习惯或常规行事,因此所实现的产出水平,与最大化产出水平之间存在一定的差距,X-效率的程度可由这一差距的大小来度量。在压力没有达到一定程度时,企业不会努力改变惯性,即不会积极寻找可能的获利机会。这样,在企业内部非配置效率不仅存在,且非常重要。

港口物流 X-效率分析的是在给定产出水平和组合条件下,是否以节省成本的方式使用投入。在我国,港口经济组织内存在低效率现象已是一个不争的事实。西方 X-效率理论和博弈论方法,对解释我国港口物流效率低的原因、探求提高港口物流效率的新途径,具有重要的借鉴意义。

4.3.3 港口物流效率

1. 港口物流效率的含义

"效率"意味着经营实体对其拥有资源的有效利用程度,即增加或减少投入量对其产出能力的影响程度。当"效率"概念被应用到港口物流领域时,"有效率"意味着该港口与其他港口相比,在成本费用支出最小化、产出能力最大化、资源配置合理化等方面存在竞争优势。

港口物流效率的研究主要包括技术效率、成本效率(总经济效率)、配置效率等。从港口投入产出的角度看,技术效率就是反映了在既定生产投入数量下,实际产出与理论最大产出的百分比;成本效率是反映了在既定产出条件下,实际成本与理论成本的百分比;配置效率被定义为反映给定价格时企业以适当比例使用各种投入的能力。总经济效率则是在产出规模、市场价格不变的条件下,按照既定的要素投入比例所能达到的最小生产成本与实际生产本的百分比。从港口竞争力的角度来看,综合效率则是反映了囊括成本、产出以及基础环境等全方位的效率的总和。

港口物流效率也可以从微观和宏观两个方面考察。从微观层面考察,港口物流效率指各港口所完成的各种资源配置达到最优的程度。从宏观层面来考察,港口物流效率是港口对国民经济增长的贡献率。

在市场经济条件下,港口将追求利润贯穿其经营管理的整个过程,还要追求高效性和快速性,这就要求港口讲究运作效率。从本质上讲,港口物流效益与其效率是统一的;港口物流效益是指港口为客户提供各项服务所带来的收益率;而港口物流效率指港口在追求效益的同时,还要兼顾其可持续发展能力。有效率的资源配置必然是有效益的,尽管这种效益不一定能显现出来,一种无效率的港口资源配置肯定是无效益的。但是在某些情况下,有效益的运营未必有效率,借助特殊地位所获得的高收益并不一定是高效率的。比如一项对某个港口部门有利的资源分配,可能对整个港口体系资源配置或社会福利增进没有任何好处。可见,效率是效益的基础,效益是效率的目标。港口经营活动的核心是效益,而基础是效率。对宏观经济活动而言,宏观港口物流效率的提高依赖各港口运作效率的提高。

2. 对港口物流效率的理解

根据港口物流效率的含义,在理解其内涵时需要注意以下几点。

(1) 港口物流效率并不是一个简单的成本收益的对比关系,而是一个从投入产出角度衡量的综合效率概念,其投入和产出也并不仅仅局限于货币化的投入和产出。

(2) 港口物流效率是对于港口资源配置情况和各项资源综合利用的有效程度的衡量。

(3) 港口物流效率可以是从整体衡量的效率,也可以是从某一功能单元或某一局部衡量的效率。

(4) 港口物流效率的比较是建立在同一背景和基础上的,其效率值只是一个相对值,是在所选取的决策单元内进行的测算与比较,没有绝对的高效率与低效率。

4.4 港口物流效率测评方法

港口物流效率测评具体应包括以下四个方面:一是确定各种港口物流效率的评价指标体系;二是采用合理的评价模型对其进行评价;三是找出并分析港口实际效率与效率"标准"的差距;四是针对港口物流效率的主要影响因素提出改进对策和建议。

国内外现有研究对港口物流效率的测评方法主要有两大类,一类是非参数化方法;另一类是参数化方法。

4.4.1 非参数化方法

1. 平衡计分卡法

平衡计分卡(BSC)法最初源于1990年美国诺顿研究所主持并完成的"未来组织绩效衡量方法"研究计划。该计划的目的在于找出超越传统的以财务会计量为主的绩效衡量模式,以使组织的"策略"能够转变为"行动"。平衡计分卡法是一种对企业长期战略目标进行综合评价的方法。它同时也是一个从价值和战略的角度,对企业各个部门和员工的绩效进行评价和引导,以便形成正确的决策,共同为实现企业的战略价值而努力的管理体系。

平衡计分卡可将企业的战略目标用各种可以测量的指标表达出来,使管理层及各级员工能够对企业的发展战略有明确认识,并促使发展战略向经营实践转化。简单地说,平衡计分卡就是通过建立一整套财务与非财务指标,包括财务绩效指标、客户指标、内部业务流程指标和学习与成长绩效指标等的体系,对企业的经营绩效和竞争状况进行综合、全面、系统的评价。一个合理的平衡计分卡可以反映企业的战略和策略,并可以将企业的策略转化为一系列相互联系的指标(这些指标由长期决策目标和达到这些目标的途径共同决定);并且可以明确结果指标和产生这些结果的执行动因间的因果关系。

平衡计分卡的特点是它在保留了传统财务指标的基础上,增加了客户、内部业务流程、学习与成长三方面的非财务指标,从而可以达到全面计量企业绩效的目的。其最突出的特点是,将企业的远景、使命和发展战略与企业的绩效评价系统联系起来,把企业的使命和战略转变为具体的目标和评测指标,以实现战略和绩效的有机结合。

平衡计分法中的所谓"平衡"是指在长期与短期目标之间、外部计量(股东和客户)和关键内部计量(内部流程/学习和成长)之间、所求的结果和这些结果的执行动因之间、客观性测量和主观性测量之间保持平衡。

平衡计分卡也存在着一些有待于进一步改进与完善的地方。例如,平衡计分卡中的有些指标,如客户满意程度、员工满意程度等难以进行定量等。

2. 数据包络分析法

数据包络分析(DEA)法是利用线性规划技术及其对偶模型,对多指标投入和多指标产出的同类经济体的相对效率进行评价的有效方法。

DEA 法于 1978 年由著名的运筹学家卡日勒斯(A. Charnes)、库佩(W. W. Cooper)和偌霍兹(E. Rhodes)首先提出,用来评价部门间的相对有效性(因此被称为 DEA 有效)。他们的第一个模型被命名为 CCR 模型。

从生产函数角度看,这一模型是用来研究具有多个输入,特别是具有多个输出的"生产部门"同时为"规模有效"与"技术有效"的十分理想且卓有成效的方法。1984 年贝克(R. D. Banker)、卡日勒斯和库佩给出了一个被称为 BCC 的模型。1985 年卡日勒斯、库佩和格拉尼(B. Golany)等给出了另一个模型(称为 CCGSS 模型),这两个模型是用来研究生产部门间的"技术有效性"的。1986 年卡日勒斯、库佩和魏权龄为了进一步地估计"有效生产前沿面",利用卡日勒斯、库佩和柯腾科(K. Kortanek)1962 年首先提出的半无限规划理论,研究了具有无穷个决策单元的情况,给出了一个新的数据包络模型——CCW 模型。1987 年卡日勒斯、库佩、魏权龄和黄志民又得到了被称为锥比率的数据包络模型——CCWH 模型。这一模型可以用来处理具有过多的输入及输出的情况,而且锥的选取可以体现决策者的"偏好"。灵活地应用这一模型,可以将 CCR 模型中确定出的 DEA 有效决策单元进行分类或排队等。这些模型以及新的模型正在被不断地进行完善和进一步发展。

上述的一些模型都可以看做处理具有多个输入(输出越小越好)和输出(输入越大越好)的多目标决策问题的方法。可以证明,DEA 有效性与相应的多目标规划问题的 Paret 有效解(或非支配解)是等价的。DEA 可以看做一种统计分析的新方法。它是根据一组关于输入-输出的观察值来估计有效生产前沿面的。

在有效性的评价方面,除了 DEA 方法以外,还有其他的一些方法,但是那些方法几乎仅限于单输出的情况。相比之下,DEA 方法处理多输入,特别是多输出的问题是具有绝对优势的。并且,DEA 方法不仅可以用线性规划来判断决策单元对应的点是否位于有效生产前沿面上,又可获得许多有用的管理信息。因此,它比其他的一些方法(包括采用统计的方法)优越,用处也更广泛。

DEA 可以评价不同量纲的指标,不须主观地赋予指标的相对权重,具有很强的客观性。司福德(Seiford)等在研究 DEA 时就得出了 DEA 模型所评价的效率前沿具有相当的稳健性的结论以及它相对于其他前沿分析更适合小样本效率分析的特点。但是这种方法首先没有考虑随机误差,未解决随机误差干扰和结果的统计性检验等问题;其次,DEA 模型要求样本数量至少是指标数量的 2 倍;最后,这种方法同时由于指标的选取随意性,导致了评价结果也不一样。

4.4.2 参数化方法

1. 线性回归法

线性回归是一种利用数理统计中的回归分析方法确定两种或以上变量间相互依赖的定量关系(线性)的统计分析方法。

该方法在港口物流效率方面已有应用,童戈则(Tongzon)利用港口的成本指标等作为自变量,将桥吊效率等作为因变量,借助线性回归方法建立了港口绩效和效率评价模型,采用了23个国际港口的数据,并通过实证检验了各种影响港口物流效率的因素,利用线性回归模型检验了港口效率与船运成本的关系,研究得出了美国的主要港口效率是影响船运成本的主要影响因素。线性回归模型能较好地分析出港口物流效率,并能找出各影响效率的因素的影响程度。但是模型忽略了各因素的相互制约、相互影响的极其复杂的非线性关系。

2. 随机前沿分析法

目前,采用比较多的港口物流效率测评方法是随机前沿分析法。所谓随机前沿分析法是指通过测量某一待考察港口与效率前沿港口的偏离程度来衡量该港口的效率。效率前沿港口是指在给定的技术条件和外部市场情况下,实现最佳绩效的港口。效率前沿港口在实际中并不存在,它是指在效率分析过程中,相对其他港口而言效率最佳的港口,它因港口样本集合的不同而发生变化。

随机前沿分析方法的特点为:首先,考虑了随机误差,但是假设的边界函数具有一定的主观性,且该假设本身又难以验证,函数形式的准确性对效率值有相当影响;其次,一旦无效率项的实际分布偏离了所设定的分布形式,那么使用随机前沿分析类模型就无法区分港口物流效率中的无效率项和随机误差项;最后,随机前沿分析方法只能测度港口在整个考察期内的平均效率,而不能测度某个时点上的效率,而在技术进步、内部管理水平变化等因素的影响下,港口物流效率是会随时间而发生变化的。

3. 指标评价体系法

指标评价体系法是现在港口效率评价法中最常用的方法,主要分港口物流系统评价体系、港口物流投入产出评价体系、港口物流竞争力评价体系三块。

1) 港口物流系统评价体系

港口物流系统的评价指标非常复杂,只有建立合理的评价指标的结构才能对其进行准确的评价。目前是按照港口物流的主要功能来构建指标体系。

(1) 目标层。综合表达港口物流系统的总体能力。

(2) 系统层。从物流理论发展要提高效率、降低成本的两个目标出发,将港口物流系统的整体能力分成两个部分来衡量,即效率与成本。

(3) 状态层。依据港口的主要物流活动,从装卸、搬运、储存、信息管理和成本管理五个方面来评价上一层中的效率与成本问题。

(4) 要素层(具体指标)。采用可获得的指标,对状态层直接给予度量,该层指标是此次评价的最下层指标,这些指标可以分为质量指标和数量指标。其中,质量指标有泊位数、靠泊能力、职工人数、机械设备数量与能力、库场面积、吞吐量、装卸自然吨、操作量等,数量指标有操作系数、直接换装比重、船舶平均每装卸千吨货在港停泊时间等。对这些基础指标的测量、计算,可以充分反映出上一层指标的状态。

2) 港口物流投入产出评价体系

港口物流投入产出评价体系起源于美国经济学家列昂惕夫提出的投入产出模型。20世纪60年代初国内学界同仁借助其基本方法,对相关部门和领域进行了较为深入的研究,并在分析地区间的投入产出方面积累了丰富的理论和实践经验,在模型的应用方面也不断完善和创新,总结出了诸如投入产出线性规划模型、CGE 模型、高速增长模型、投入产出最优化控制模型等。我们应用投入产出模型对港口物流经济活动中各要素的相互关系进行数量分析,在充分体现港口物流系统的技术性、经济性、安全性、实践性和可持续发展性原则的指导下,把港口物流系统分成自然资源模块、基础设施模块、信息模块、运营模块、相关产业模块和协调支持等六大模块,运用港口物流投入产出模型可以分别对这些模块进行分析。

3) 港口物流竞争力评价体系

港口物流竞争力评价体系主要侧重对影响港口竞争力的因素的描述性和理论性分析,主要包括以下几种方法。

(1) 层次分析法。层次分析法是一种将复杂问题分解为多个组成因素,并将这些因素按支配关系进一步分解,按目标层、准则层、指标层排列起来,形成一个多目标、多层次的模型,形成有序的递阶层次结构,通过两两比较的方式确定层次中诸因素的相对重要性,然后综合评估主体的判断确定诸因素相对重要性的总顺序的方法。层次分析法的基本思想就是将对组成复杂问题的多个元素权重的整体判断转变为对这些元素进行"两两比较",然后再转为对这些元素的整体权重进行排序判断,最后确定各元素的权重。

(2) 模糊综合评价法。模糊综合评价法是应用模糊变换原理和最大隶属度原则,考虑与被评价事物相关的各个因素对其所作的综合评价。

该方法能较好地适应港口这样复杂的大系统,且与以定性为主的港口物流竞争力指标体系相协调。港口物流竞争力模糊综合评价的步骤如下:

一是根据评价指标体系确定评价因素集合;

二是确定评价等级集合;

三是确定评价矩阵;

四是确定权数评价集;

五是计算模糊决策集;

六是计算方案的综合评价得分。

层次分析法和模糊综合评价法的共同特点就是要建立权重集,而这个权重一般都是通过专家打分得到,受主观因素影响较大。

(3) 因子分析法。因子分析法也是对港口物流竞争力进行分析的比较流行的方法之一。在实际中,人们在评价或描述一个对象时总是希望收集到更多的数据信息,于是就会有许多的指标,但是在指标分析中变量的无节制设置和引入,导致共线性、重叠、畸变等误差源出现。于是我们就希望在不引起信息丢失的情况下创建变量群。因子分析法就是把众多的指标(因子变量)综合成为数较少的几个指标(因子变量)。它的特点是：第一，因子变量的数量远远小于原始指标变量的个数；第二，因子变量并非原始指标变量的简单取舍，而是一种新的综合；第三，因子变量之间没有相关关系；第四，因子变量有明确的解释性。

(4) 主成分分析法。主成分分析法主要是作为一种探索性的技术，在分析者进行多元数据分析之前，用主成分分析来分析数据，以对数据有一个大致的了解。

因子分析法和主成分分析法的异同如下。

一是因子分析是把变量表示成各因子的线性组合，而主成分分析则是把主成分表示成各变量的线性组合。

二是主成分分析的重点在于解释各变量的总方差，而因子分析则把重点放在解释各变量之间的协方差。

三是主成分分析不需要有假设，因子分析则需要一些假设。因子分析的假设包括各个共同因子之间不相关、特殊因子之间也不相关、共同因子和特殊因子之间也不相关。

四是主成分分析中，当给定的协方差矩阵或者相关矩阵的特征值是唯一的时候，主成分一般是独特的；而因子分析中因子不是独特的，可以旋转得到不同的因子。

五是在因子分析中，因子个数需要分析者指定(SPSS软件可根据一定的条件自动设定)，指定的因子数量不同，其结果就不同；在主成分分析中，成分的数量是一定的，一般有几个变量就有几个主成分。和主成分分析相比，因子分析由于可以使用旋转技术帮助解释因子，在解释方面更加有优势。大致说来，当需要寻找潜在的因子，并对这些因子进行解释的时候，更加倾向于使用因子分析，并且借助旋转技术帮助更好地解释。而如果想把现有的变量变成少数几个新的变量(新的变量几乎带有原来所有变量的信息)来进入后续的分析，则可以使用主成分分析。当然，这种情况也可以使用因子得分做到。所以这种区分不是绝对的。

(5) 德尔斐法。港口物流竞争力的多层次综合评价指标体系由定性和定量指标构成，而德尔斐法是用于评价各级指标权重的常用方法。德尔斐法是用书面形式广泛征询专家意见以预测某项专题或某个项目未来发展的方法，又称专家调查法。德尔斐法最初应用于技术预测，后来推广到各个领域的预测。

(6) 灰色关联法。灰色关联是指事物之间的不确定性关联，或系统因子与主行为因子之间的不确定性关联。灰色关联分析是一种基于行为因子序列的微观或宏观几何接近，以分析和确定因子间的影响程度或因子对主行为的贡献程度而进行的分析方法。灰色关联分析实质上就是比较数列曲线几何形状的接近程度。一般来说，几何形状越接近，变化趋势也就越接近，关联度就越大。因而在进行关联度分析时必须先确定参考数列，然后比较其他数列同参考数列的接近程度，最后才能对其他数列进行比较，进而做出判断。

灰色关联分析模型可以解决因子间关联的相对度量。它提供了一种相对客观的评价指标权重测度的方法，而且，它对数据要求不苛刻，可以用来解决数据量少、信息不全情形下的测度问题。

采用灰色关联分析来评价港口物流效率的基本思路是：以被评价港口的各项指标作

为比较数列,以各项指标对应的最佳值作为参考数列,求关联度。关联度越大,说明被评价港口的竞争力越强,反之则竞争力越弱。

港口物流效率测评与增进对策[①]
——宁波—舟山港一体化建设背景下的研讨

从2003年浙江省省委、省政府做出推进宁波—舟山港口一体化决策部署到现在,宁波—舟山港港口一体化实际上仅体现为"宁波—舟山港"新名称的挂牌,两港运作未发生实质性变化。究其原因,除客观因素外,有关港口物流的相关理论研究不到位也是重要因素之一。这里拟结合宁波—舟山港港口物流的现状与发展趋势,对港口现代物流效率的测度与评价做出研讨,并在此基础上提出其增进对策。

1. 港口物流效率的测度与评价

对港口物流效率的测度和评价一定程度上成为对港口宏观经济效率的测度与评价。对港口物流效率的研究,可采用指标树法、层次分析法、经济模型分析法[②]等进行。

前人对港口宏观物流效率的研究多采用经济模型分析中的DEA分析法进行。由于宁波—舟山港目前是散货、集装箱综合港口,因此,采用DEA模型分析并比较港口物流效率的差异不具有可行性。这里采用经济模型分析法中的一元线性回归模型对港口物流效率进行测度与评价。

1) 测评指标的选取与结构构建

关于港口物流,目前尚未形成系统的统计方法与指标体系。要测度和评价港口物流效率,必须选取港口物流的代表性指标。

港口货物吞吐量是衡量港口物流功能与水平的重要统计指标,它表明了一定时期内经由水路进、出港区范围内并经过装卸的货物的数量[③]。因此,可选用港口货物吞吐量指标表示港口物流发展水平。GDP是一定时期内一国或地区生产的最终产品和提供劳务的市场价值的总值,是目前一国或地区用来衡量其经济发展综合水平的通用指标,具有较强的可比性。GDP代表一定时期内社会生产的总量情况,港口是社会生产中承担流通职能的重要部门之一,因此GDP与港口货物吞吐量一定存在某种函数关系,这种函数关系能在一定程度上反映港口物流的效率。

为了便于分析,这里采用上海、广州、宁波、舟山地区GDP与港口货物吞吐量数据(表4-1),构建一元线性回归模型,以反映港口物流发展对经济发展的贡献、测度港口物流效率。

---

① 汪长江.港口现代物流:概念诠释、效率测评与增进对策[J].管理世界,2008,(6).
② 田宇.物流效率评价方法研究[J].物流科技,2000,(2).
③ 货物吞吐量[J/OL].百度百科,http://baike.baidu.com/view/387430.html? wtp=tt.

表 4-1　上海、广州、宁波、舟山地区生产总值与货物吞吐量数据

单位：万吨,万元

年份	宁波		上海		广州		舟山	
	港口吞吐量	地区GDP	港口吞吐量	地区GDP	港口吞吐量	地区GDP	港口吞吐量	地区GDP
1990	2 554	1 414 000	13 959	7 816 600	4 163	3 196 000	192	245 697
1995	6 853	6 026 500	16 567	24 994 300	7 299	12 592 000	883	743 786
2000	11 547	11 445 700	20 440	47 711 700	11 128	24 927 400	3 189	1 215 702
2001	12 852	12 787 500	22 099	52 101 200	12 823	28 416 500	3 281	1 343 755
2002	15 398	14 533 400	26 384	57 410 300	15 324	32 039 600	4 068	1 573 010
2003	18 543	17 492 700	31 621	66 942 300	17 187	37 586 200	5 722	1 866 184
2004	22 586	21 094 500	37 896	80 728 300	21 520	44 505 500	7 359	2 312 696
2005	26 881	24 493 100	44 317	91 641 000	25 036	51 542 300	9 052	2 801 592

数据来源：《中国统计年鉴》、舟山统计信息网

2）测评结果分析与评价

模拟结果分别见图 4-5～图 4-8。从结果中可以看出，上海、广州、宁波、舟山港口货物吞吐量与所在地区 GDP 存在强线性相关且模型的拟合优度很好，分别为 91.39%、98.13%、99.37%、98.47%。比较上海、广州、宁波、舟山港口货物吞吐量与地区 GDP 线性回归模型的系数，可以看出港口物流发展对相应地区经济发展的贡献为上海第一，其余依次为广州、宁波、舟山，亦即港口物流效率依次为上海、广州、宁波、舟山。由以上的分析可以看出，宁波、舟山港物流效率相对较低。

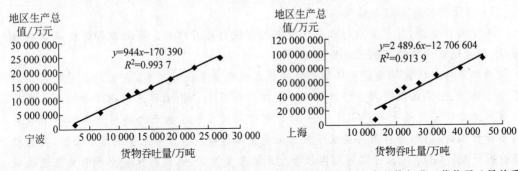

图 4-5　宁波地区生产总值与港口货物吞吐量关系　　图 4-6　上海地区生产总值与港口货物吞吐量关系

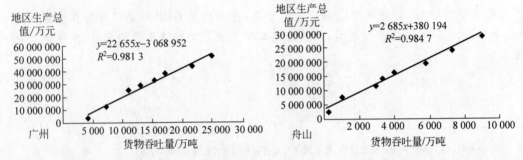

图 4-7　广州地区生产总值与港口货物吞吐量关系　　图 4-8　舟山地区生产总值与港口货物吞吐量关系

2. 宁波、舟山港口物流效率潜力分析

宁波、舟山港口物流效率相对较低的原因是多方面的,概括起来说,有以下几点。

(1) 历史的原因:上海、广州历史上是以港兴市的,长期依托港口发展经济的路径使港口对地方国民经济的支撑度自然较高。

(2) 措施的原因:上海、广州等地由于港口对经济的高支撑而多年来采取了各种措施大力发展港口,使港口物流的功能相对更为完善。

(3) 认识的原因:宁波、舟山港口的研究从历史的角度来看无疑明显落后于上海、广州等地,对诸如港口物流的内涵的认识、如何提高港口物流效率等问题的研究不深入,造成其多发展之心而少发展之路。

随着全球经济一体化进程的加快,宁波—舟山港的一体化建设和上海洋山港的建成运行意味着宁波—舟山港与上海港共同构成中国东部国际航运中心已是必然。

宁波港、舟山港、上海港共同的经济腹地——长江三角洲,已成为"世界加工厂"。世界90%以上的能源、原材料需由海运承担,95%以上的贸易要通过海运完成。但从目前长江三角洲地区口岸的分布来看:江苏除连云港外,港口深水岸线很少且开发已近极限;上海新建成的洋山港也只能接纳第五代、第六代集装箱船,对于第六代以上集装箱船只的接纳能力有限,且受天气、台风等影响较多;杭州湾北部港口深水岸线受出海航道(8m)扼制,大型船舶无法进港;浙南深水岸线除乐清湾和三门湾外,其他地区很少。总体来看,宁波—舟山港深水资源丰富,具有得天独厚的优势。舟山港域拥有国际国内罕见的得天独厚的深水资源和建港条件,符合国际航运业船舶大型化、运输集装箱化的趋势。因此,宁波、舟山港口物流效率提高进而带动区域经济的高速发展无疑潜力巨大。

3. 增进宁波、舟山港口物流效率对策探讨

根据前面对港口现代物流基本概念的诠释及对港口物流效率的测评,宁波—舟山港物流效率的提高具体可以从以下几方面入手。

1) 确定科学的发展与管理模式,加快宁波—舟山港一体化建设步伐

通过港口股份合作的发展建设模式和港口物流系统虚拟经营管理模式,加快宁波—舟山港一体化建设步伐,做好一体化后的经营管理工作。

(1) 在政府的统一规划和政策指导下,通过资产搭桥、联合开发等资源入股模式,实现港口岸线、信息、科技、人才和业务等资源的共享,进而提高宁波—舟山港在港口建设、市场营销、港口管理等方面的优势,促进宁波—舟山港物流效率的提高。[①]

(2) 从港口及港口物流内涵出发,构建港口物流虚拟经营管理模式,并从港口物流虚拟经营模式的内涵与特征出发,通过对港口物流虚拟经营模式运作流程及其平台的深入分析,创建港口物流虚拟经营系统的逻辑结构,以此提高一体化后的港口经营管理工作效率,以切实提高港口物流效率。

2) 从区域经济的角度做好建设定位,制定科学合理的建设措施

宁波、舟山港地处长三角,要从长三角整体经济的角度,以优势互补、协调发展的原则

[①] 这部分内容详见:汪长江,杨美丽.宁波—舟山港一体化建设发展障碍与对策[J].经济社会体制比较,2008,(1).

做好港口物流发展的建设定位,通过科学合理的建设措施努力发展港口现代物流,提高物流效率。根据前面的分析,这项工作可从以下两方面展开。

(1) 在建设深水集装箱码头的发展思路下,紧跟国际发展趋势,在码头前沿水深、泊位数、堆场有效面积、装运机械、口岸通关能力、信息化水平、技术创新能力和物流管理水平等方面合理设计、阶段运行,全方位加强港口基础设施建设,以促进宁波—舟山港物流效率综合水平的提高。

(2) 全球经济一体化和世界航运业船舶大型化、海运集装箱化发展趋势决定了货主选择哪个港口的服务主要依据集装箱航班密度和货物的通关效率。宁波—舟山港港口物流建设,应考虑吸引国内外大型航运公司入股,将港口与航运公司利益捆绑,既可吸引资金,又可吸引航运公司船舶挂靠港口、增加航班密度,同时,还能吸引国际知名码头公司参股开发,学习先进技术和设备,在较短时间内提高经营管理水平和港口的服务水平与综合竞争力,加快与国际惯例接轨的步伐。

上海港口集卡运输效率问题[①]

近年来,随着经济的飞速增长和对外贸易量的不断增加,上海港基本建成国际重要物流枢纽和亚太物流中心。

1. 上海港口集卡发展的现状分析

1) 港口集装箱吞吐量发展势头良好

2009年上海港集装箱吞吐量达到了2500.1万标准箱;到了2010年完成2905万标准箱,首次跃居世界第一。在上海港的吞吐量激增的同时,如何合理、高效地运输配送集装箱成了其当前的首要问题。

2) 港口集卡基础设施不断改善

港口集卡向着更专业的方向发展。集装箱码头堆场的作业是影响集卡效率的一大因素。边装边卸、双箱吊、双吊具等这些装卸工艺以及甩挂运输,提高了装卸效率。但是,不同规格的集装箱在集卡上的放置位置会影响集卡的效率,应争取在允许的情况下,放置更多的货物,以减少不必要的损耗。

3) 港口集卡相关功能不断深化

随着信息化程度的不断提高,互联网的运用对港口集卡的运作也产生了相当大的影响:在集卡总体调配上,集装箱集卡调度(TPS)系统通过动态实时地调度集卡,GPS使集卡通过最短的时间在最短的路径内到达;在信息接收与传达上,采取网上下单的方式,联网安排分配任务,提高集装箱卡车的利用率和运输效率。

2. 上海港口集卡运输发展中存在的问题

1) 集卡空驶问题严重

信息规整力度不够,安排不够系统,调控不紧密,不可避免地引起了集卡的空驶问题。

---

① 黄韵. 上海港口提高集卡运输效率的策略研究[J]. 科技资讯,2011,(26). 根据本书结构做了适当整理。

无论是空箱和重箱,集装箱都采用全程收费。所以,这也使得集卡的效率大大地降低了。

2) 驾驶人员水平有待提高

上海港口集卡运输业一直存在着超载、疲劳驾驶、极少数驾驶人员驾驶水平不合格等一系列问题。集卡的行业性质决定了目标员工的范围,当前对集卡驾驶人员的选拔应该更为严格,提高集卡驾驶员的技术是提高集卡效率的基础。

3) 信息化建设仍需加速

虽然,上海港逐渐引进了 TPS、GPS 等技术,但是,其运用和落实程度还需要进一步提高。同样地,对于网上订单的归集和分配有所欠缺,导致集卡使用率降低。集卡作业和各环节之间没有系统的衔接,数据交换阻塞和信息不对称,造成了不必要的资源浪费。

4) 油价上涨

由于汽油每吨上调 500 元,柴油每吨上调 400 元,折合零售价格全国平均 90 号汽油和 0 号柴油每升分别提高了 0.37 元和 0.34 元,调整后的汽、柴油供应价格分别为每吨 8 580 元和 7 730 元。集卡行业的利润锐减,导致很多公司随之倒闭。所以,提高集卡的效益才是当前最重要、最紧迫的问题。

3. 上海港口集卡发展的对策

1) 加大对港口集卡运输路线的系统调控,减少空驶所造成的损失

可将数据信息进行合理的规整,与目标公司达成同一天送货与发货的协议,利用空箱返回时装上需要出货的货柜,从而实现重去重回;还可与空箱返程时的沿途公司达成送货协议,在返程时减少空运所造成的损失。

2) 强化对集卡驾驶人员的教育和培训

为了增强安全意识,减少疲劳驾驶、超载等情况,对集卡的驾驶人员应该在上岗后进行再培训。公司也应该更加关注这一问题,给予员工更科学的工作排班。另外,集卡上不同集装箱的堆放方式,会有不同的效果。在效率问题上,应在不超载的情况下,争取最大的装载数量。提高港口集卡从业人员全员素质,才是集卡的根本问题。

3) 增加信息化网络的建设

可对订单信息进行归整,按时间顺序和地理区块规划集卡的行驶路线,从而避免空驶现象;同时,可通过 GPS 技术实时掌握集卡的行进路线,以便于随时安排任务、实现总体效益最大化的目标;可使订单、路线、GPS 等相互连接起来,形成一个有机的整体。

4) 建立必要的仓库或者内地堆场

仓库或者内地堆场就像一个"中转站",可以缩短路程以及减少集卡空驶的损失。集卡不必每次都要到港口,在这个"中转站"就可以完成装卸货任务。这不仅有利于提高集卡效率,更可以在无形中减少疲劳驾驶的数量。

案例问题

1. 上海港如何利用现有的资源与技术,进一步减少集卡的空驶率和提高对集卡驾驶员的监管力度?

2. 文中的对策能全面解决上海港集卡运输当前存在的问题吗?

 **思考练习**

1. 港口物流经营方式有哪几种？各有何特点？结合实例谈谈港口物流宜采用哪种经营组织结构。

2. 结合你所在城市港口的实际情况，谈谈港口物流经营管理改革的必要性与改革路径。

3. 港口物流虚拟经营及其特点如何？结合实例详细解释港口物流虚拟经营的基本原理及其逻辑结构。

4. 效率与港口物流效率的内涵是什么？

5. 港口物流效率测评的方法有哪几种？详细解释其原理及适用范围。

第2篇

港口物流实务

徳川時代史

第5章 港口生产与商务管理业务

☆ **教学要求**

1. 了解港口生产计划及其分类,掌握船舶在港作业过程及单船作业计划的编制,掌握港口生产调度的方法。

2. 了解港口生产统计指标体系及构建原理,理解并掌握吞吐量、装卸工作量、船舶在港停时、港口生产设备运用等几大类指标的意义及计算。

3. 认识港口市场及其特点,掌握港口市场营销策略及合同管理方法。

4. 认识货运事故及其类型,了解其处理程序,掌握货运事故的记录方法。

5. 了解港口费收及其种类,理解并掌握费收标准。

6. 认识我国口岸管理系统体系,掌握口岸检验检疫及海关货运监管制度。

7. 了解港口主要设备的类型及用途,了解港口装卸工艺及作用,掌握工艺与设备的匹配,认识并掌握港口设备的维修与保养。

8. 了解港口库场及其管理的详细内容,掌握港口库场堆存作业计划的编制方法,认识并掌握库场堆存作业的详细流程及工作内容。

9. 认识理货业务及其类型与内容,掌握库场理货、装船理货、卸船理货的流程、内容与方法,掌握理货辅助方法的应用,认识理货单证,掌握其编制方法。

5.1 港口生产计划管理

港口生产计划管理的基本任务是在解决了港口的生产技术活动同港口外部环境的动态平衡的前提下,用计划、组织、控制和协调等职能,解决港口的生产活动同港口内部的人力、物资、资金等的动态平衡问题;使投入生产过程中的各种要素有效地结合起来,形成有机的整体,并为货主及旅客提供安全、优质、价廉、方便、及时的劳务和服务,以满足社会需要、提高港口物流的经济效益。

5.1.1 港口生产计划与调度

1. 港口生产计划

现代港口生产涉及面广,它既涉及港口内部、水上运输和其他运输方式的各个环节,又涉及国民经济各部门。要完成一次港口物流生产作业,必须要涉及船舶、货物、港口内的各种装卸机械设备、各种作业人员和各种运输车辆的衔接。而要把这些复杂的技术装备和人员组织在一起使其协调地进行港口生产,就必须执行严格的计划管理。港口的规模越大,对计划管理的要求也越高;港口的航线越多,涉及的面越广,对计划管理的要求也就越严格。

港口生产计划按业务范围和内容划分,分为港口生产计划、基本建设计划、劳动工资计划等(表5-1);按时间划分,分为长远计划、年度计划等(表5-2)。

表5-1 按业务范围和内容划分的港口物流生产计划

港口生产计划	包括货物吞吐量计划、旅客吞吐量计划、集装箱运量计划、执行工作计划、设备运用计划和船舶在港停时计划等
基本建设计划	基本建设是扩大再生产的重要手段,它规定了计划期内新企业的建设、现有企业的扩建和技术改造的规模和速度
劳动工资计划	规定了完成生产建设计划所需的各类人员数、工资总额和劳动生产率提高的程度、劳动定额等
物资供应计划	规定了计划期内主要原材料、燃料、机电设备等主要物资的需要量和库存量等
成本计划	反映了企业为完成生产计划需要支出的费用,并规定了装卸总成本、单位成本和成本增减率等
财务计划	规定了企业在计划期内的全部财务支出和收入,所需的流动资金及其周转速度,企业的利润和节约等
设备修理、更新计划	包括港口水上、土建、机械、工具、车辆、船舶、电力、通信等各种设施的大修、维修计划等
科研、技术革新和改造计划	包括企业在计划期内进行技术改造、改进生产组织和经营管理中的科研、技术革新等的项目、内容、进度和预期的经济效果等
职工教育、培训计划	包括职工技术、文化和其他培训和教育的有关项目、要求和措施,以促进智力开发、提高职工素质等

表5-2 按时间划分的港口物流生产计划

长远计划	在整个计划体系中起主导作用,是企业的远景规划,规定了企业在较长时期内发展的战略目标和基本方向,内容包括港口腹地经济调查、发展规模、建设项目、主要技术经济指标的水平和经济效益等
年度计划	是以一年为期的长远规划的具体化,是港口计划管理的基础,涉及港口的生产任务、财务成本、经济效益和各项指标等。这些指标往往也是企业的考核指标
季度计划	由于港口季节生产的特点,各季度的生产任务可能会有较大的不平衡性,因此需要进行季度计划的安排,以保证年度计划的完成。其内容大体上和年度计划的相同
生产作业计划	包括月度计划、旬度计划、昼夜计划和班计划,是整个计划体系的具体化,是组织企业日常生产活动的依据

2. 船舶作业计划

船舶作业是港口生产的主要作业环节,港口生产活动大多是围绕船舶作业开展的。要做好船舶作业就必须做好准备工作,编制单船作业计划就是其中重要的一项,它是组织好船舶在港作业的重要依据。

1) 船舶在港作业的种类及其顺序

一般船舶能否按照预订的运行计划及船期表准时发船,取决于所有港内与该船舶相关的各项作业是否有严格的计划。单船作业计划详细规定着船舶从抵港到离港的所有作业项目以及各个项目作业程序与时间。各项作业所需的时间,是根据船舶的具体要求与港口的实际条件,按照定额规定的标准计算的。

船舶在港作业的全过程包括船舶抵港后联检(对外贸船)、引船入港、靠泊、卸货、移泊、装货、技术及燃料供应、办理货运文件、引船出港等作业。这些作业涉及港内外的许多部门(图5-1),如果没有这些部门的协同是很难顺利进行的。其中任何一个作业的延误都将影响到船舶在港停泊时间。而编制单船作业计划的目的就是要合理、科学地组织这些作业,最大限度地缩短船舶在港的停泊时间。

2) 组织船舶在港作业应注意的几个问题

(1) 组织好船舶在港的各项作业,使这些作业能按顺序连续地进行,并尽可能缩短这些作业的延续时间;

(2) 组织好船舶在港的各项作业,使可以平行进行的作业尽可能平行地进行,如利用船舶进港航行时间在不影响安全航行的前提下进行开舱和准备好吊杆等工作,在装卸作业的同时完成船舶供应及船舶修理等工作;

(3) 组织好装卸作业,缩短装卸时间。

3) 编制单船作业计划需要的主要资料

(1) 船舶的预计到港时间,如果是在该港卸完货后装货的船舶,则是预计卸完货的时间。

(2) 详细的船舶积载图和配载图,积载图中应写明货种、数量、流向、包装、件重、理化性质、对运输和保管的要求以及货物在各舱的分布,对出口货物要说明货物的动态和集中的安排,对进口货物则要说明其操作过程及疏运的安排。

(3) 船舶的性能资料,特别要注意与装卸有关的性能,如总长、船首与船尾吃水、船宽、舱口数与结构形式(如舱盖类型、有无两层舱等)、舱吊杆类型、最大负荷、数量及其分布,是否有舷门等。

上述三类资料可以从船舶在该港的代理处获得。

(4) 水文、气象资料,预先测知船舶靠泊方向,特别要注意是否需要抢卸,以便及时做好准备工作。

(5) 各种定额资料,如起重机和运输机的技术定额及生产定额、用人力或机械完成的各项作业定额、准备作业和结束作业的时间定额等。

(6) 上级有关部门对有关该船的指示,是否有特殊要求,如离港的最后期限等。

4) 单船作业计划的编制

根据以上资料,结合港口具体条件,单船作业计划可按下列步骤编制:

(1) 计算各舱纯装卸时间以及整艘船的纯装卸时间;

(2) 计算各项辅助作业和技术作业时间,从而估算出船舶在港停泊时间;

(3) 计算工人、装卸机械、所需库场容量及驳船需要量等;

(4) 初步安排货物库场位置;

(5) 提出为完成任务应采取的措施、注意事项等。

5) 单船作业计划的贯彻与分析

单船作业计划由计划调度部门编制,经调度会议通过,就可以形成决议,成为全港应执行的文件。

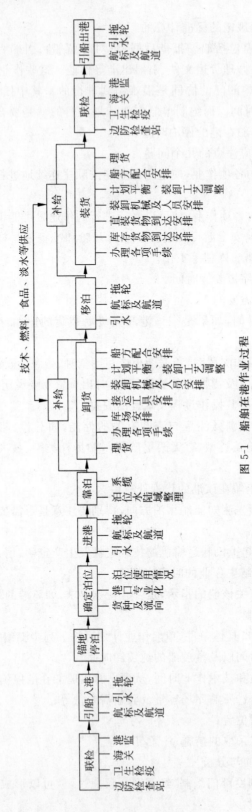

图 5-1 船舶在港作业过程

单船作业计划由值班调度员负责具体组织贯彻。值班调度员向现场调度员、装卸指导员进行布置,向有关方面提出工人、机械、泊位、工具等的需求,然后由现场调度员指挥生产。

现场调度员及值班调度员要及时了解装卸进度,发现问题应及时采取措施解决,要把先进经验及时推广到装卸工作中去,千方百计保证计划完成。

单船作业计划完成之后,现场调度员和值班调度员应提供具体资料,计划调度员进行总结分析,向调度会议作报告。总结要分析任务完成情况、经验及问题、应采取什么措施解决,有表扬,有批评,做到奖罚分明。这样的总结分析,能吸取经验教训,以利再战,从而使单船作业计划不断完善、提高。

单船作业计划管理是一种重要的港口作业组织方法,是提高港口装卸工作效率的有效方法。它对于压缩船舶在港停时、提高整个港口作业水平都有着重要作用,应该切实做好。

3. 港口生产调度

港口生产调度是指保证港口生产计划实现而进行的一系列指挥、检查、督促、协调和平衡工作。港口生产调度部门应依据制定好的生产作业计划,把生产中各部门或各环节有机地联系起来,实现港口有节奏的生产和服务。

港口生产调度是港口物流生产系统的核心,也是港口成功开展物流服务活动的保障。港口生产调度工作的质量高低直接影响到港口企业的生产效率与经济效益。如何提高港口生产调度的准确性和合理性,最大限度地发挥生产调度的核心作用,一直是港口企业为提高自身竞争力而不断探索的重要问题。

港口生产调度流程为:

(1) 及时获取相关信息,如货源、运输工具(车船)、装卸机具和劳动力等;

(2) 具体调配各种资源,如决定采用何种装卸操作方法、选用何种机械类型、配备一定规模的人力、安排船舶作业顺序,以及确定停靠泊位和作业起止时间等;

(3) 掌握货物的装卸、堆存、疏运等过程中的情况和进度,及时发现问题并采取相关补救措施,以保障港口生产作业的计划、组织、协调、控制等行为得到低成本、高效率的完成,并为客户提供高效、优质的服务。

随着管理科学和信息技术的不断发展,现代港口生产调度改变了以往"以现场指挥为主"的局面,呈现出"预见性、实时性、集中性、全面性"等特点。利用信息技术开展港口生产调度,对港口生产作业及经营活动进行连续的、不间断的组织、指挥、协调和平衡工作,不仅可提高港口生产资源的使用效率,还可降低港口物流服务成本、提高港口经济效益。

5.1.2 港口生产统计指标

1. 港口生产统计指标体系

港口生产统计指标是一组综合反映港口物流生产、经营活动状态、特征的信息。港口生产统计指标体系的设计是一项非常重要的工作,一个完善的指标体系应对港口生产起到不断促进和提高的作用。根据港口生产经营的特点,港口生产统计指标体系应包含

以下指标:
    (1) 生产经营成果统计指标;
    (2) 安全质量统计指标;
    (3) 劳动生产率统计指标;
    (4) 生产设备(设施)及运用统计指标;
    (5) 船舶在港停留时间统计指标;
    (6) 燃料、物料消耗统计指标;
    (7) 财务收支及资金占用统计指标;
    (8) 经济效益统计指标。

上述指标,按其说明问题的性质可以分为数量指标和质量指标;按指标的作用又可分为计划指标和考核指标。

数量指标反映港口生产经营活动的规模和能力的水平,通常用绝对数,如吞吐量、操作量、机械起运量和泊位数等表示。

质量指标反映港口生产经营活动的效果和质量的水平,通常用相对数(比例、比值、百分率等),如操作系数、船舶平均每千吨货在港停时、泊位占用率、库场容量运用率、装卸机械利用率等来表示。

计划指标是企业生产计划中规定的必须达到或完成的生产目标。它既是执行计划的依据,也是指导生产和实行考核的基础。计划指标既要能反映港口物流生产的规模、能力和水平,又要能反映其效果和质量。

考核指标是对企业或部门的生产、经营、管理工作的好坏进行评比、奖惩的衡量标准。它可以是计划指标的内容,但又不完全是计划指标。考核可以侧重生产中某些薄弱环节。例如,当港口船舶排队严重时,可以把船舶在港时间作为重点考核。

港口生产指标体系庞大,为了便于读者学习,在随后的几部分中将选择指标体系中几种常用的指标作介绍。

2. 吞吐量指标

吞吐量是港口生产指标体系中最重要的产量指标,分为旅客吞吐量和货物吞吐量。

货物吞吐量是指经由水运运进、运出港区范围并经装卸的货物(箱)数量,包括邮件及办理托运手续的行李、包裹,以及补给船舶的燃料、物料和淡水,计算单位为"吨"或"TEU"(标准箱)。"港区范围"是指各港口港章中规定的或经港口当地政府机关划定的港口陆域、水域范围。

吞吐量的计算方法:自该港装船运出港区的货(箱)计算一次出口吞吐量;由水运运进港区卸下的货(箱)计算一次进口吞吐量;由水运运进港区、经装卸又由水运运出港区的转口货(箱),不论是船到船直接转口,还是经过库场后再装船转口,都分别按进口卸船和出口装船,各计一次吞吐量;将补给国内外运输船舶的燃料、物料和淡水,计算为出口吞吐量;将由水运运进港区,并在港内消耗的建港物资、人防物资和防汛物资(包括港用机械、设备等),计算进口吞吐量;由水运运进、运出港区的邮件、行李、包裹,分别按进口或出口计算吞吐量。

下列情况不计算吞吐量:港区范围内的水上运输货(箱);船舶运载进港后,未经装卸又原船运载出港的货（箱）；自船上卸下，继而又装到同一船上的货（箱）；装船后未运出港区，又卸入该港区范围内其他地方的货（箱）。

一标准集装箱（20ft）计算一个 TEU，其他箱型按各自己的换算系数折合成 20ft 标准箱（TEU）进行统计。

国际标准集装箱换算系数的计算公式为：

$$换算系数=集装箱自然长度英尺/20 英尺$$

因此，一个 40ft 箱计 2 个 TEU，一个 45ft 箱计 2.25 个 TEU。

按重量吨统计时，集装箱应被视为货物的外包装箱，不论空箱还是重箱，箱的自重都一并计算吞吐量。

港口货物吞吐量统计，一律以统计期（月、季、年）末最后一天的 18 时整为截止时间。

货物吞吐量统计除按进出口统计外，还要根据不同目的分全港、本港、贸易性质、货物类别、船舶类型、货物流向等进行统计。

3. 装卸工作量指标

1）装卸自然吨

装卸自然吨是指进、出港区并经过装卸的货物数量。一吨货物从进港到出港（包括进港后不再出港；在港内消耗的物资，如建港物资等），不论经过几次操作，都只计算一个装卸自然吨。

装卸自然吨和吞吐量一样，都是港口装卸工作量的主要指标，它与吞吐量的主要差别是水水中转货物在港口进行换装作业时，每一装卸自然吨计算为两个吞吐量，而水陆中转则统计为一个吞吐量。

装卸自然吨由于不随着货物流程的变化而改变数值，因此常常被用来作为计算港口装卸成本的计量单位。

2）操作量

操作量是指通过一个完整的操作过程所装卸、搬运货物的数量。其计量单位是操作吨。

在一个既定的操作过程中，一吨货物不论经过几组工人或多少装卸机械的操作，也不论运输距离的远近、是否有辅助作业，都只计算一个操作量。

完整的操作过程，是指货物由某一个运输工具（船或车）到另一个运输工具（船或车）或库场、由库场到运输工具或库场的整个装卸搬运过程。

操作过程一般划分为船↔船、船↔车、船↔库场、车↔库场、库场↔库场。

同一库场内的倒垛、转垛属库场整理工作，翻舱、拆包、灌包、缝包、摊晒货物、过秤等属于辅助作业，一律不得计算为操作量。

装卸自然吨、货物吞吐量和操作量之间的关系如表 5-3 所示。

表 5-3 装卸自然吨、货物吞吐量和操作量之间的关系

操作过程	自然吨	吞吐量	操作量
船—船	1	2	1
船—库场—船	1	2	2
船—港内驳运(去货主码头)	1	1	1
船—港内驳运(去港务局码头)	1	1	1
船—库场—港内驳运(去货主码头)	1	1	2
船—库场—港内驳运(去港务局码头)	1	1	2
港内驳运(自港务局码头来)—库场—船	1	1	2
车—船	1	1	1
车—库场—船	1	1	2
车—库场—港内某处(港口自用物资)	1	0	2
船—库场—港内某处(港口自用物资)	1	1	2
船—库场—库场—车	1	1	3

3) 操作系数

操作系数用于测定每吨(箱)货物在该港区内的平均操作次数,是考核港口装卸工作组织完善程度的主要质量指标之一。其计算公式为:

$$操作系数 = 操作量/装卸自然吨 \qquad (5-1)$$

由于每吨货物通过港口至少要经过一次装卸,因此操作系数≥1;如果港口全部装卸作业都是以直接作业的形式进行,则操作系数等于1。

一般情况下,操作系数低的港口,直接换装比重高,库场需求量少,完成换装作业所消耗的劳动量小、成本低、货损少,这通常是港口生产组织管理工作追求的目标。

但是在当前船舶大型化、港口现代化的新情况下,加快船舶周转速度,要求极高的装卸效率,宁可采取两次操作的工艺方案,常常先行将大量货物集中在码头前沿库场,或将卸下的货物先存放在港区库场,随后再慢慢疏散。故大型的现代化码头的操作系数有时反而比旧码头的要高,配备的库场面积比例比旧码头的也要高。

当然,在一般情况下,还是要求加强管理协调,尽可能降低操作系数。

4. 船舶在港停时指标

船舶在港停时是指运输船舶自进港到离港的时间段。缩短运输工具在港的停留时间,对航方来说,加快了船舶周转速度、提高了船舶的运输能力;对港方来说,加快了泊位周转速度、提高了港口通过能力,对双方都具有巨大的经济效益。

船舶在港停泊的时间由生产性停泊时间、非生产性停泊时间和自然因素引起的停泊时间三部分组成。

1) 生产性停泊时间

指船舶在运输生产过程中所必需的停泊时间,包括装卸作业时间、移泊时间和其他生产性停泊时间。装卸作业时间包括装卸前后张挂安全网、起放吊杆、开盖货舱、接卸输油管(臂)的准备时间,装卸货物时间,补给船用燃料、物料及淡水的时间,扫舱、铺舱、隔舱及油轮加温等的时间。移泊时间是指装卸作业计划中规定或受港口条件的限制,必须从这

一泊位移至另一泊位作业的移泊时间。其他生产性停泊时间是指除上述各种生产性停泊时间以外的其他生产性停泊时间,如船舶联检时间等。

2) 非生产性停泊时间

是指由于运输、装卸组织工作不善,或船舶到港不均衡,或货物不能按时集中等运输生产过程非必需的停泊时间。造成非生产性停泊的原因包括港方原因、船方原因、物资部门原因和其他原因四部分。

3) 自然因素引起的停泊时间

是指由自然因素影响造成的停泊时间,包括因风、雨、雾等不能作业,高温季节工人工间休息,候潮进出港等所造成的停泊时间,以及船舶到指定地点避风的停泊时间及其往返的航行时间。

船舶在港停时的计量单位为"艘时"或"艘天"。船舶在港停时统计的截止时间,一律为月、季、年的最后一天的18点整。

5. 港口生产设备运用指标

1) 码头泊位运用情况指标

码头泊位运用情况指标具体包括泊位占用率、泊位作业率等指标。

泊位占用率是指泊位占用小时数与泊位日历小时数的比值,反映码头泊位停靠船舶占用的程度。即:

$$泊位占用率(\%) = (泊位占用小时数 / 泊位日历小时数) \times 100\% \quad (5-2)$$

式中:泊位日历小时数是指报告期全部装卸生产用泊位在册日历小时数的总和,包括占用小时数和非占用小时数;泊位占用小时数是指泊位日历数中,实际停靠船舶所占用泊位的时间,包括装卸时间和非装卸时间。

泊位占用时间的计算,应从船舶靠泊系妥第一根缆绳时起,至船舶离泊解完最后一根缆绳时止。

计算泊位占用时间,要以既定的泊位数为准,即一个既定的泊位停靠船舶1小时,不论是停靠一艘还是两艘及其以上船舶,都只能计为占用一个泊位艘时,不能计算为两个或两个以上的占用泊位艘时。

泊位作业率是泊位作业小时数与泊位日历小时数的比值。即:

$$泊位作业率(\%) = (泊位作业小时数 / 泊位日历小时数) \times 100\% \quad (5-3)$$

式中:泊位作业小时数是指在占用时间中进行装卸作业的时间,包括装卸前后的准备、结束时间,纯装卸时间,补给供应及其他作业时间。

泊位占用率和泊位作业率指标并非越高越好,而要视船舶装卸量变化情况进行综合评价。一般来说,以上两项指标的提高幅度以低于或等于船舶装卸量的增幅为好。

2) 装卸机械运用指标

装卸机械运用指标具体包括机械完好率、机械利用率、机械作业量和平均台时产量等指标。

机械完好率是指装卸机械日历台时中机械完好台时所占的比重,计算公式为:

$$机械完好率 = (机械完好台时 / 日历台时) \times 100\% \quad (5-4)$$

式中:机械完好台时是指装卸机械技术状态良好可供使用的台时,包括工作台时和停工台时;日历台时是指装卸机械在册天数乘以24小时的积。

机械利用率是指装卸机械日历总时间中机械工作时间所占的比重,反映装卸机械的利用程度,计算公式为:

$$机械利用率 = (工作台时/日历台时) \times 100\% \qquad (5-5)$$

机械作业量是指装卸机械在装卸作业过程中装卸、搬运货(箱)数量的总和,反映装卸机械完成的总结果。

其计算方法为:在同一操作过程中,有多种装卸机械分别在不同工序中进行起运工作,则每台装卸机械应分别计算一个机械作业量。

平均台时产量是反映装卸机械的生产率指标,计算公式为:

$$平均台时产量 = 机械作业量/工作台时 \qquad (5-6)$$

5.2 港口商务与口岸管理

5.2.1 港口市场营销

1. 港口市场及其特点

港口市场是指那些对港口设施及其物流增值服务有需求的所有消费者和潜在消费者等相关要素的集合。港口市场有市场主体、市场客体、市场行为和市场秩序等相关要素。港口市场主体包括港口物流服务的接受者(如船方、货主、各类相关代理公司等)和提供者(如港口经营人);港口市场客体主要是指由港口经营人提供的港口物流服务(即产品),是港口市场交易赖以存在的物质基础;港口市场行为包括市场交易行为和竞争行为,港口市场所有经济活动的进行,都是通过各种现实的和具体的市场行为来实现的;港口市场秩序包括港口市场机制和港口市场规则。只有在合理的市场秩序下,港口的市场主体之间才能通过一定的市场行为,实现对市场客体的最终交易。

港口市场的行业特点如下。

1) 港口业是国家基础产业,属于服务业,具有公益性和竞争性双重特征

场站、码头、航道基础设施以社会公益性为主;港埠装卸服务、仓储物流以营利为主要经营目的,属于竞争性领域。

港口公益性设施包括航道、防波堤、导流堤、锚地、船闸、公共通信、助导航等设施。

港口经营性设施包括港池、道路、码头(泊筒、装卸平台、趸船、浮筒、水上过驳设施)、护岸、仓库、堆场、机械、设备、车辆、客运站、铁路、给排水等。

2) 港口的服务对象众多,涉及面广

港口企业的顾客数量众多,类型不同,规模不一,有船公司、铁路和公路运输部门,有众多的贸易企业、生产厂家,还有船代、货代、多式联运企业等。

港口不仅提供水运货物的装卸搬运、仓储、简单加工和货运等物流基本业务和功能性服务,还可提供进出口报关、货运交易、信息、物流咨询、金融保险代理等物流延伸业务和增值服务。

3）供求由市场决定

我国港口生产运行领域已基本取消指令计划，港口企业处于市场经济，船公司与港口企业具有双向选择权。

2. 港口市场营销策略

港口市场营销策略包括市场调研，产品开发，售后服务，顾客意见反馈，产品目标市场选择，价格、渠道、促销决策的确定等一系列与市场有关的企业经营活动。港口企业开展市场营销活动，必须依据港口行业特点，根据形势发展来识别不同市场、设计营销方案，用以顾客满意为中心的理念来优化港口作业及管理。

港口市场营销策略除市场营销通用策略外，还主要表现在以下方面。

1）港口揽货

港口揽货是港口企业揽货人员揽取货物的经营活动，它是港口商务活动的重要内容和主要环节。一方面，港口揽货直接与客户接触，揽货人员通过与客户联系、接触、洽谈，可及时了解客户对港口服务的要求，及时调整营销策略，尽量满足客户的要求；另一方面，港口揽货与客户建立长期业务关系，力求稳定货源、保持货运量和市场份额。

2）建立良好的客户关系

港口客户主要包括船东、货主、货代、船代等，港口客户关系主要指与货主、船公司、运输企业等的关系。港口要与客户建立良好的关系，一方面应具备为客户提供服务的价值和能力；另一方面应与客户进行有效的沟通，建立并维护港口与用户、船公司、代理业、运输企业等的信息网络关系。

3. 港口业务合同管理

港口经营人从事港口经营性业务，要与委托人订立港口业务合同。委托人可以是当事人，也可以是其指定的代理人。除了即时结清者外，港口业务合同应当以书面方式订立，电报、电传、传真等同样具有书面效力。

港口业务是指为船舶的停靠、旅客和货物运输，向船舶、旅客和货主提供的服务，包括为船舶提供引航，港口设施，拖带，货物的装卸、储存、驳运，理货，供油、供水，以及为旅客候船和上下船舶提供的服务等，分为港口经营性业务和港口非经营性业务。港口经营性业务是指以营利为目的订有港口业务合同并发生费用结算的港口业务。港口非经营性业务是指港口经营性业务以外的港口业务。

港口业务合同的订立、履行、变更或解除及违约的处理等合同管理工作通常由港口商务部门负责。

港口业务合同签订者在履行合同时应注意一些船舶规范、舱单、船图等资料的交接、处理、归档及保存，以便查询。

港口经营人对用户未能履约的情况，要予以分析：对于有客观原因的要给予配合、补救；但是对于个别用户故意拖欠码头使用费等的现象，应按照合同中的违约条款予以处置；对于一些到期限的合同，要根据具体情况，需要续签的，及时与对方进行联系，做好合同续签工作。

5.2.2 货运事故及其处理

1. 货运事故的概念

货运事故系指自货物承运验收开始至货物运达目的地向收货人交付货物时止,由于承运方,或托运方,或第三方的责任,在装卸、运输、保管过程中所发生的货物灭失、短缺、损坏或变质,以及件数或重量短少等。

在实际工作中,货运质量事故一般表现为货损及货差两大类。货损是指货物发生颠损、磨损、破裂、变形、湿损、污损、腐烂等。货差是指发生短少、失落、错装、错卸、错运、交接差错等。

在我国港口工作中,发生或发现货运事故时,应按照我国《合同法》等相关法律、法规的规定,首先做好货运记录;其次对事故的原因进行调查;最后根据调查的结果做出货运事故的处理。

2. 货运事故的处理程序

货运事故的处理主要包括索赔、理赔和赔偿。

1) 索赔

托运人、收货人或作业委托人(简称索赔人)向承运人和港口经营人要求货运事故赔偿时,应在自收到货运记录的次日起的180天内提交索赔书。超过时效后提出的索赔要求,承运人和港口经营人不再受理。提出货运事故索赔书的同时,应随附货运记录、货运单证、货物损失清单、价格证明等文件。

2) 理赔

承运人、港口经营人收到货运事故索赔书后,应在自收到的次日起的60天内将处理意见以书面形式通知索赔人;索赔人收到承运人、港口经营人的处理意见通知后如有异议,应在自收到的次日起10天内提出。

承运人或港口经营人受理赔偿要求时,应审查赔偿要求的时效、赔偿要求人的要求权利、应附的单证等;对经审查不合规定的赔偿要求,应向要求人说明理由,退回文件。

3) 赔偿

承运人或港口经营人对由其责任造成的货物损失进行赔偿。赔偿价格的计算,按《货物运输事故赔偿价格计算规定》办理。但货物被盗并已向公安部门报告并立案的赔偿,期限可以顺延半年。

在索赔和理赔操作过程中,应该充分运用好操作流程,以将事故损失降到最低。一旦发生货运事故,应即刻通知事故受损方、保险公司等有关部门,到现场确定货损事实。港口如果在该事故中,被确定为事故的责任方,那就应按事故责任的比例进行赔偿。如果事故类别属于港口责任保险范畴,港口应编制索赔报告,将赔偿金额的损失向保险公司提出补偿。

3. 货运事故的记录

货运事故的记录是分析责任和处理事故的依据。货物在运输装卸过程中,发生或发现货运事故时,必须编制货运记录。

如果货运事故涉及承运人、托运人、收货人、港口经营人和作业委托人之间的责任,不同当事人应根据货运事故发生的不同阶段,编制货运记录:在货物进港时发现和发生货运事故的,由起运港港口经营人会同作业委托人编制;在装船前和装船时发现和发生的,由承运人会同起运港港口经营人或托运人编制;在卸船时发现和发生的,由承运人会同港口经营人或收货人编制;在货物交付时发现和发生的,由到达港港口经营人会同收货人编制。

货运事故记录分为货运记录、港航记录和普通记录三种。

1) 货运记录

货运记录是记载承运人和托运人或收货人之间责任的记录。遇有下列情况之一时,应根据交付货物当时的实际情况编制货运记录:

(1) 品名、件数、包装、标志与运单记载的不符;
(2) 货物溢短、灭失、变质、污染、损坏;
(3) 有货无票或有票无货。

货运记录使用印有号码的用纸,按每一张运单编制,并由负责编制记录的人员和相关人员签章。货运记录一式三份,一份交收货人或托运人,一份由编制港留存,一份转责任单位;如事故责任涉及几个单位,可按需要增加抄本。

2) 港航记录

港航记录是港、航企业之间记载事故原始情况的记录,对收货人、托运人不发生效力,不向托运人和收货人提供。但它是承运人内部各环节之间辨明责任、采取保证货运质量措施的依据。

港航在进行货物交接时发生或发现货损、货差等事故以及按规定应编制记录证明的,港口应会同船舶编制港航记录。任何一方要求编制记录,对方不得拒编,意见有分歧的可在记录上批注;如一方坚持拒编、拒批,对方可实事求是地编制"港航备忘录",据实说明实际情况,递交对方上级或转交有关部门。

遇有下列情况之一时,应编制港航记录:

(1) 货物灭失、变质、污染、损坏、腐坏;
(2) 件数溢短、货单分离、货单不符;
(3) 标志脱落不清,包装破损或经过整修等。

港航记录编制一式五份:进口时编制单位留存一份,交船舶一份,转港口主管货商部门三份(其中一份寄起运港,一份寄船公司);出口时,编制单位留存一份,交船舶两份(其中一份带交到达港),转港口主管货商部门两份(其中一份转交船公司)。

3) 普通记录

普通记录是记载承运人向托运人或收货人提供证明事项的记录,但不涉及承托运之间的责任。遇有下列情况之一时,应编制普通记录:

(1) 托运人按舱封或装载现状与承运人进行交接,以及其他封舱(箱)运输的货物,发生非承运人责任的灭失、短少、变质、污染、损坏和内容不符;
(2) 托运人随附在货物运单上的单证丢失;
(3) 托运人派人押运和甲板货物发生非承运人责任所造成的损失;
(4) 承运人提供船舶水尺计量数;

(5) 货物包装经过加固整理；

(6) 收货人要求证明与货物数量、质量无关而承运人又能证明的其他情况。

普通记录编制的份数根据需要确定。

5.2.3 港口费收管理

1. 港口费收及其种类

港口凭借自己拥有的设备、设施和人力，为船舶运输和货物装卸提供劳务和服务，根据规定标准和项目向货主和船方收取的各种费用叫做港口费收。

港口费征收的对象有的是船方，有的是货方，有的是船方、货方均可。一般情况下，该国的船舶装卸费向货方收取，外轮装卸费按合同约定办理。货物保管费除特殊情况由船方承担外，一般向货方计收。

港口费收包含港口费目和港口费率，港口费目是收取港口费用的项目，而港口费率是收取每项港口费用的费用标准或单价。

按收费对象，港口费收可分为船舶费用与货物费用。船舶费用即针对船舶征收的费用，包括领航费、移泊费、系解缆费、船舶港务费、停泊费、开关舱费等；货物费用即针对货物征收的费用，包括装卸费、货物港务费、港口建设费、货物保管费等。

按收费性质，港口费收可分为港口劳务费与港口规费。港口劳务费指港口企业因向船舶或货物提供劳务和服务而征收的相关费用，主要包括装卸费、货物保管费、移泊费、拖轮费、过驳费、系解缆费、开关舱费、起货机工力费等项目；港口规费是具有税收性质、统收统支的费用，是指港口管理当局按有关规定向船方或货方征收的港口非劳务费，包括港务费、港口建设费等项目。

港口费收的内容涉及各个经营活动，其计费工作以交通部颁发的《港口费收规则》为依据。

2. 港口主要费收标准

1) 船舶吨税

各个国家对进出国境的外籍船舶征收具有关税性质的船舶吨税。

船舶吨税征收的对象是驶入我国港口或行驶于我国港口之间的外籍船舶、外商租用的中国籍船舶、中外合营企业租用的外国籍船舶。

船舶吨税一般都是按船舶的净吨计收，但现在也有许多港口按总吨计收。船舶吨税并不一定对每一个航次都要收取，可按各国规定期间收取。我国规定，经常来往我国港口的短途国际航线船舶，以每三个月为一期缴纳船舶吨税。

2) 船舶港务费

船舶港务费是港口用以维修、保养港口建筑物和疏浚航道，以利于船舶和货物安全进出港口和使用便利而向船舶征收的费用。船舶按净吨（拖轮按马力）以次数计收，进港和出港分别计算。外贸船舶的港务费费收标准是 0.71 元/吨，沿海船舶港务费费收标准为 0.25 元/吨。按现行有关规章规定，凡遇难和避难船舶，非营运的军事、公安、边防、海关、检疫、捕鱼及港内工作船舶，非运载旅客或货物的船舶均免缴船舶港务费。

3) 货物港务费

经由港口吞吐的货物,根据交通部制定的《港口费收规则》中的货物港务费率表,确定货物计费单位和费率。货物港务费的计算公式为:

$$货物港务费 = 货物重量 \times 港务费率 \qquad (5\text{-}7)$$

4) 港口建设费

港口建设费是一种由国家征收的用于港口建设的费用。其征收标准由国家相关规定确定。

5) 引航、移泊费

引航、移泊费是指由引航员引领进港或出港以及港内移泊的船舶,应向港口支付的费用。国家规定对外籍船舶进出我国港口的,实行强制引航。

由引航员引领进港或出港以及港内移泊的船舶,沿海港口引航费按每净吨(拖轮按千瓦)每次 0.21 元计收,移泊费按每净吨(拖轮按千瓦)每次 0.15 元计收;引航移泊距离超过 15 海里时,按相应费率加收 30%;起始计费吨为 500 吨(拖轮按千瓦)。

引航员引领拖轮及其拖带船舶、驳船、木竹排和其他水上浮物的引航费或移泊费,分别按被引领的拖轮千瓦和拖带船舶净吨或载重吨(木竹排、其他水上浮物每立方米换算为一吨)计算。

对使用港口拖轮拖带进出港口以及在港内移泊的船舶,另按拖轮出租费率计收拖轮使用费。

接送引航员超过一定距离时,可对其计收接送费,具体标准由各港提出,报所在市(地)交通、物价主管部门批准。

6) 系、解缆费

系、解缆费是船舶在港口码头、浮筒靠离或移泊时,向船舶征收的系缆或解缆操作的费用。不论是对空载船舶还是对重载船舶,每系缆或解缆一次,分别计收系缆费和解缆费。航行国际航线和航行国内航线的系、解缆标准略有区别,以不同档次的船舶净吨为计费单位。

船舶在沿海港口靠离码头、浮筒或移泊时,按下列费率分别计缴系缆费和解缆费:

50 净吨(或 100 吨载重吨)以下的船舶免缴(净吨达到 50 吨或载重吨达到 100 吨的船舶不予免征);

50~300 净吨的船舶,码头每次 6.00 元,浮筒每次 9.00 元;

301~500 净吨的船舶,码头每次 8.00 元,浮筒每次 12.00 元;

501~1 000 净吨的船舶,码头每次 26.00 元,浮筒每次 40.00 元;

1 001~2 000 净吨的船舶,码头每次 33.00 元,浮筒每次 49.00 元;

2 001~5 000 净吨的船舶,码头每次 66.00 元,浮筒每次 99.00 元;

5 001 净吨以上的船舶,码头每次 82.00 元;浮筒每次 132.00 元。

1 000 净吨以下的客轮在省内港口系、解缆时,按以上费率减半计缴;客渡轮系、解缆费按规定按月定额计缴。

船舶在港口码头或浮筒停泊期间,每加系一次缆绳,计缴一次系缆费。

港口未派工人进行系、解缆作业和货主码头不计收系、解缆费。

第 5 章 港口生产与商务管理业务

7）停泊费

向停泊在港口码头、浮筒的船舶所征收的费用被称为停泊费。停泊分为生产性停泊和非生产性停泊。生产性停泊是指港口码头、浮筒进行装卸作业时的停泊。非生产性停泊有以下几种情况：装卸完毕（指办妥交接）4小时后，因船方原因继续留泊；非港方原因造成的等修、检修（等装，等卸和装货过程中的等修、检修除外）；避难来港；专门进港加油加水，加完后继续留泊；国际旅游等。

停泊费按船舶净吨（拖轮按马力）以日征收。对在停靠码头、趸船的船舶外挡系泊的船舶以及系泊在趸船前后两端的船舶，均视同停靠码头，计征停泊费。对由于候潮、气候影响或港方原因造成在港内留泊的船舶定期客班轮免征停泊费。

8）拖船费

拖船费是指使用港口拖船而向港口支付的费用。

船舶进出港口、在港口内靠泊和离泊，都需要港口提供拖船协助；散货船在港内装卸前验看水尺时，以及在海上意外遇险时都需要使用拖船等。使用拖船，以拖船马力和使用时间为单位按规定费率进行收费。

9）开、关舱费

根据规定，由港口工人开、关船舶舱口，不分船舶大小、层次和开、关次数，分别按卸货计收开、关舱费一次，装货计收开、关舱费一次。另外，港口工人单独拆、装、移动舱口大梁，视同开、关舱作业，计收开、关舱费。大型舱口（又称A、B舱）中间有横梁的（包括固定横梁和活动横梁）按两个舱口计收开、关舱费。设在大舱外的小舱口，四个按一个大舱口（四折一）计算，不足四个按一个大舱口计算。

10）装卸费

装卸费是船舶在港内装卸货物而应支付的费用。

港口装卸费率计费单位有重量吨（W）、体积吨（M）和择大计费（W/M）。现在外贸进出口货物装卸一般以重量吨作为计费吨。对在沿海运输及陆地作业的货物，则实行了"择大计收"的计费方法。"择大计收"是一种在货物的重量吨和体积吨之间，择大作为计量标准的计费方法。

按现行规定，装卸船费根据作业船舶的不同按《港口费收规则》的"内贸部分"和"外贸部分"分别计收。计算货物装卸费，可先根据货物名称、包装种类、作业过程查《外贸进出口货物装卸费率表》或《内贸货物费率表》以及部分港口企业自行确定的装卸费率表，再将货物所要经过的作业过程的费率相加，确定货物的总装卸费率和计费单位：

$$货物装卸费 = 货物重量 \times 总装卸费率 \qquad (5-8)$$

11）货物保管费

货物保管费又称货物堆存费，是指货物在港口内存放时，在除规定的免费保管期外应缴纳的保管费用。由于港口库场是周转性库场，只有加速周转和畅通，才能为更多的进出口货物提供堆存服务。因而有必要对超过免费保管期仍未被提取的货物，收取货物保管费，以促使收货人尽早提货，避免造成港口的经济损失。

应根据货物种类、入库时间，确定货物保管费收费时间，并按照港口关于保管/堆存费规定，确定货物保管/堆存费率：

$$货物保管/堆存费 = 货物重量 \times 保管/堆存费率 \qquad (5\text{-}9)$$

12）港口经营业务的其他费收

（1）工时费：经港口同意，非港方和货方自带工人进港区装卸货物或进行辅助作业，使用港口动力或装卸机具，另收动力费或装卸机具使用费；如由港口工人操作机械，按不同工时计收工时费。

（2）杂项作业费：装卸需要敲、铲、整理货物时，以及由港口工人进行装包、捆包、过磅、定量等作业时，按各港规定收取杂项作业费。与港口有关的杂项作业费有以下几种：分票费、拆包和倒包费、灌包和缝包费、挑样费、一般扫舱费、拆隔舱板、特殊平舱、倒垃圾、装卸指导员工时费、装卸船用防雨设备、防雨罩、污水处理、围油栏等。

（3）代理费：港口代理货运业务和客运业务时，要向货物托运人或收货人收取货运业务代理费和客运业务代理费。代理费一般按货运收入的一定比例计收。

（4）其他劳务和服务费。

5.2.4 港口口岸管理

1. 我国口岸管理制度

我国口岸管理实行国家和地方政府专项管理和各边境口岸执法行政的制度，使港口管理在整体上形成了一个多层次、多环节、多目标、多功能的综合管理系统。

口岸管理系统由以下四个系统组成。

1）交通运输分系统

包括港口、机场、车站以及与之相联系的铁路、公路、航空、航运、管道运输等各种运输方式，主要任务是完成进出口物资、旅客的装卸、疏导及位移工作。

2）外贸分系统

主要任务是完成外贸成交、货源组织等工作，为口岸提供货运基础。

3）监督分系统

包括检查、检验、检疫三个子系统，代表国家对进出境的人员、行李、货物及运输工具履行管理、监督检查职能，维护国家的权益和国际信誉。

4）服务分系统

包括为船舶等交通工具及其驾乘人员服务的供应、船舶代理、船舶引水、海员俱乐部，为进出口货物服务的货运代理、仓储、理货。口岸服务分系统不仅以各自不同的方式，为口岸各项工作及进出口岸的交通工具、旅客、货物提供服务，而且也一定程度地维护着国家的权益和国际信誉，还肩负有宣传责任。

口岸为国家的重要基础设施，以及对外开放的门户和窗口，其管理水平和运作效率的高低，是影响开放型经济发展的一个重要因素。口岸的软、硬环境和工作效率是影响港口物流加快发展的一个重要因素。从1990年的第一个保税区到2007年国家批准设立的保税港区，到目前统一归并为保税区与综合保税区，是我国口岸特定监管区域功能的不断深化和监管手段不断创新的过程。综合保税区和原保税港区一样，是目前开放层次最高、优惠政策最多、功能最齐全、手续最简化的海关特殊监管区域[①],可叠加享受我国保税区、出口加工区、保税物流园区等各项优惠政策,是真正的"境内关外"。目前,已获得国务院批准设立的保税港区有洋山保税港区、天津东疆保税港区、大连大窑湾保税港区、海南洋浦保税港区、宁波梅山保税港区和广西钦州保税港区等。有关保税方面的知识,详细可见本书第8章。

改革开放以来,我国口岸管理体制的改革取得了很大成就。但同时,不容忽视的是,与发达国家和地区的口岸管理相比,我国口岸管理总体水平仍然较低,口岸物流管理费用较高,物流组织环节较多,口岸管理和运行效率与现代物流发展的要求还有很大差距。因此,还必须加快我国口岸管理制度的进一步深化改革,提高口岸工作效率,以适应国际贸易和货物运输发展的需要。

2. 口岸检查检验

口岸检查检验是指对进出口货物、出入境人员及其交通运载工具依法进行检查和检验,简称查验。检查检验是维护国家主权和尊严的重要体现,也是保障国家安全、方便合法出入境的必要措施。

口岸检查检验的对象是进出我国港口、国界通道、航空港、车站和国家批准地点作业的各种外籍交通工具,以及航行国际航线、港澳地区的我国交通工具,以及它们的驾乘人员和所载的旅客、货物及其物品。

口岸检查检验的任务是维护国家主权、经济利益和对外信誉,保证进出口运输的质量安全,提高效率,促进对外贸易、经济技术文化交流和旅游事业的发展,为建设社会主义现代化强国、发展国际统一战线和爱国民族统一战线做出贡献。

口岸检查检验由国家派驻口岸、代表国家依法对口岸进行管理的海关、边防检查、海事、出入境检验检疫四个行政管理执法机构执行。

1) 海关

海关是国家的进出关境监督管理机关。海关代表国家对进出境活动实施监督管理。主管机关是国家海关总署。其宗旨是:依据《中华人民共和国海关法》、《中华人民共和国进出口关税条例》等法规、条例的规定,依法对进出境活动实施监督管理,维护国家的主权和利益,促进对外经济贸易和科技文化交往,保障社会主义现代化建设。

2) 边防检查

边防检查是国家通过设在对外开放口岸的边防检查机构,依法对入出境人员、交通运输工具及其携带、运载的行李物品、货物等实施检查、监督的行政管理活动。主管机关是公安部边防局。其宗旨是:依据《中华人民共和国公民出入境管理法》、《中华人民共和国外国人入出境管理法》、《中华人民共和国出境入境边防检查条例》等法规、条例的规定,实施边防检查、监护和管理,维护国家主权,保卫国家安全。同时,方便合法往来,也是国家对外开放政策对边防检查工作的一项要求。

3) 海事

海事是国家海事机构依法监督水上交通安全和防止船舶污染水域的行政管理机构。

---

① 我国设立的海关特殊监管区域分为保税仓库、出口海关监管仓库、出口加工区、保税区、保税物流园区、保税物流中心、保税港区、综合保税区等。2011年对这些区域进行了归并,统一设为保税区与综合保税区两种。

主管机关是国家海事局。其宗旨是：依据《中华人民共和国海上交通安全法》、《中华人民共和国内河交通安全条例》、《中华人民共和国海洋环境保护法》等法规、条例的规定，实施海事管理和服务，维护国家主权，保障水上交通安全，促进水上运输事业的发展，保护水域环境，防止水域污染。

4）出入境检验检疫

国家质量技术监督出入境检验检疫局是主管出入境卫生检疫，动植物检疫，商品检验、鉴定、认证和监督管理的行政执法机构。其宗旨是：依据《中华人民共和国国境卫生检疫法》、《中华人民共和国进出境动植物检疫法》、《中华人民共和国进出口商品检验法》等法规的规定，对出入境人员和交通工具实施传染病检疫、检测和卫生监督，对进入我国国境和过境的动植物、动植物产品及其运载工具等实施检疫，对进出口货物进行检查并发给检验证书等。

3. 海关货运监管制度

接受申报、查验、征税、放行，是我国海关通关的基本制度。

1）申报

是指货物、运输工具和物品的所有人或其代理人在货物、运输工具、物品进出境时，向海关呈交规定的单证手续。

2）查验

是指海关在接受申报后，以已经审核的法定单据为依据，在海关监管场所，对进口的或出口的货物进行实际的核对和查验，确定货物的进出口是否合法，以及货物的品名、数量、规格等是否与报关单证所列一致。进出口货物，除海关批准免验的以外，都应接受海关的查验。查验进出口货物，应当在海关规定的时间和场所进行。如果要求海关在海关监管场所以外的地方查验，应当事先报请海关同意，海关按规定收取规费。海关查验货物时，进出口货物的收货人或其代理人应当到场，并按海关的要求负责搬移货物、开拆和重封货物的包装等；海关认为必要时，可以进行开验、复验或提取货样。

3）征税

是指根据查验的结果，由海关税费征收环节关员对报关单，随附单证及货物查验结果审核无误后，打印、签发各类税费专用缴款书，进出口货物收、发货人持海关签发的税费专用缴款书到银行缴纳税费，并将银行的缴款回执交还海关。

4）放行

是指海关对货物、运输工具、物品进行查验后，在有关单据上签印放行，或者开具放行通知单，以示海关监督结束。

海关监管的基本任务是：根据《海关法》和国家有关进出口的政策、法律、法规，监督管理货物和运输工具的合法进出，检查并处理非法进出、偷漏税等走私活动。

海关监管采取前期管理、现场监管、后续管理相结合的监管体制。其业务制度基本程序是申报审核、检查查验、核查核销、结关放行。结关放行后的进出口货物方可解除海关监管，办理提货、运输手续；出境运输工具经海关办结海关放行手续后才准予驶往境外。

5.3 港口设备与工艺管理

5.3.1 港口主要设备

1. 集装箱码头主要设备

集装箱码头主要设备有装卸机械、堆场作业机械两大类。其中装卸机械包括集装箱专用吊具、岸壁式集装箱装卸桥两类设备,堆场作业机械包括龙门起重机、跨运车、底盘车、集装箱叉车和正面吊等几种设备。

1) 集装箱专用吊具

(1) 固定式吊具。集装箱专用吊具是用于起吊集装箱的机械,而固定式吊具是只能起吊一种集装箱的吊具。其优点是结构简单、自重轻、价格便宜;缺点是对箱体类型的适应性较差,更换吊具往往要占用较多的时间。

(2) 自动式吊具。这种吊具利用油压操作使吊臂能自行伸缩,以满足起吊不同尺寸集装箱的要求。其优点是变换起吊不同集装箱所花时间少,使用灵活;缺点是自重较大,一般为9～10t。这是目前在集装箱桥吊上使用最为普遍的一种集装箱专用吊具。

(3) 组合式吊具。这种吊具将起吊不同尺寸的集装箱的吊具组合使用。其优点是结构简单,实用性强,自重较自动式的小,一般为4～7t。组合式吊具主要用于跨运车等堆场作业机械。

(4) 双箱吊具。这种吊具可以同时起吊两个20ft的集装箱。在双箱吊具的中部增加4只旋锁,当吊具伸到40ft位置时,可同时起吊两个20ft的集装箱。双箱起吊方法大大提高了船舶的装卸效率。

2) 岸壁式集装箱装卸桥

在现代化的集装箱码头上,从事码头前沿集装箱装卸作业的主要设备是岸壁式集装箱装卸桥,简称桥吊。

桥吊按框架结构的外形可分为A型框架式和B型框架式。桥吊作业时,由于集装箱专用船舶的船舱内设有箱格,舱内的集装箱作业对位非常方便,无须人工协助,因此,在作业中没有像件杂货那样的舱内作业工序。

配备桥吊时主要考虑的技术参数如下。

(1) 起重量。确定桥吊的起重量一般要考虑如下作业条件:第一,起吊集装箱船舱盖板的需要,舱盖板的重量一般不超过28t;第二,考虑装卸非国际标准集装箱的需要;第三,考虑有可能采用同时起吊两个20ft型集装箱的作业方式,两个20ft型集装箱的最大重量一般约为40.6t;第四,兼顾装卸其他重大件杂货的需要。

(2) 起升高度。桥吊的起升高度由两部分——轨道以上的高度和轨道以下的高度组成。它取决于集装箱的型深、吃水、潮差、甲板上装载集装箱层数、码头标高以及船体倾斜等因素。目前,世界各国设计制造的岸壁式集装箱装卸桥,一般都取轨道面上起升高度为25m,轨道面下起升高度为12m。

(3) 外伸距。所谓外伸距,是指集装箱装卸桥海侧轨道中心线向外至集装箱吊具铅垂中心线之间的最大水平距离。外伸距主要取决于到港集装箱的船宽,并考虑在甲板上允许堆放集装箱的最大高度,当船舶向外横向倾斜3°时,仍能起吊甲板上外舷侧最上层的集装箱。

(4) 内伸距。内伸距是指集装箱装卸桥内侧轨道中心线向内至吊具铅垂中心线之间的最大水平距离。确定内伸距主要考虑两个问题,首先是能否放置集装箱;其次是能否放置舱盖板。

(5) 轨距(跨距)。轨距是指桥吊两条行走轨道中心线之间的水平距离。轨距的大小影响到装卸桥的整机稳定性。考虑到装卸桥的稳定性和为了更有效地疏运岸边的集装箱,轨距内最好能安排三条接运线。

(6) 横梁下的净高。该净空高度是指横梁下面到轨顶之间的垂直距离,一般取决于最大搬运集装箱机械的最大高度。目前,集装箱装卸桥横梁下的净高为10m。

3) 龙门起重机

龙门起重机简称龙门吊,是一种水平桥架设置在两条支腿上构成门架形状的桥架型起重机,是一种在集装箱堆场上进行集装箱堆垛和车辆装卸的机械。由于龙门吊跨度大,起重机运行机构大多采用分别驱动方式,以防止起重机产生歪斜运行而增加阻力,甚至发生事故。为适应港口码头的运输需要,龙门吊的工作级别较高:起升速度为8~10米/分;跨度根据需要跨越的集装箱排数来决定,最大为60米左右,相应的,20、30和40英尺长的集装箱的起重量分别约为20、25和30吨。

龙门吊一般有轮胎式(又称无轨龙门吊)和轨道式(又称有轨龙门吊)两种形式。

轮胎式龙门吊的主要特点是机动灵活,通用性强。它不仅能前进、后退,而且能左右转向90°,设有转向装置,可从一个堆场转向另一个堆场进行作业。轮胎式龙门吊的跨距是指两侧行走轮中心线之间的距离。其跨距大小取决于所需跨越的集装箱列数和底盘车的通道宽度。根据集装箱堆场的布置,通常标准的轮胎式龙门吊横向可跨6列集装箱和1条车道,可堆3~4层。

轨道式龙门吊是集装箱码头堆场上进行装卸、搬运和堆垛作业的专用机械。一般轨道式龙门吊比轮胎式龙门吊跨度大,堆垛层数多。最大的轨道式龙门吊横向可跨19列集装箱和4条车道,可堆5~6层高。轨道式龙门吊是沿着场地上铺设的轨道行走的,因此,只能限制在所设轨道的某一个场地范围内进行作业。轨道式龙门吊确定机械作业位置的能力较强,故较易实现全自动化装卸,是自动化集装箱码头的一种比较理想的机械。

4) 跨运车

跨运车是一种具有搬运、堆垛、换装等多功能的集装箱专用机械。跨运车方式又称"麦逊公司方式"。跨运车采用的旋锁机构与集装箱结合或脱开;吊具能够升降,以适应装卸和堆码集装箱的需要;也能够侧移、倾斜和微动以满足对位的需要。

跨运车工艺系统在欧洲应用比较广泛。在集装箱码头,跨运车可以完成许多作业任务,比如集装箱装卸桥与前方堆场之间的装卸与搬运、前方堆场与后方堆场之间的装卸和搬运、后方堆场与货运站之间的装卸和搬运、为底盘车进行换装等。

跨运车一般被认为是一种故障率比较高的设备,在有些国家使用时,故障率高达30%~40%,由此造成维修费用上升。但是随着技术的进步,以及操作管理的改善,跨运车在一些码头上使用得相当成功。不过在我国,相对较少采用跨运车方式。

同时,跨运车是一种价格昂贵的集装箱专用机械。为了减少码头上跨运车的使用量、节省码头设备投资、降低装卸成本,目前许多采用跨运车方式的码头从码头前沿到堆场这一段搬运过程的操作改用场地运输车来拖带。这样,跨运车就只负责堆场上的堆垛作业了。

5) 底盘车

底盘车方式又称"海陆公司方式",是由陆上拖车运输发展起来的。集装箱堆场上采用的底盘车方式是指将集装箱连同运输集装箱作业的底盘车一起存放在堆场上。这种集装箱的堆存方式机动性最大,随时可以由拖车将集装箱拖离堆场,而无须借助于其他机械设备。因此,底盘车方式比较适合门到门的运输方式。目前,美国西海岸的主要港口较多使用这种方式。

6) 集装箱叉车

集装箱叉车是集装箱码头上常用的一种装卸机械,主要用在吞吐量不大的综合性码头上进行集装箱的堆垛、短距离搬运和车辆的装卸作业,也有的用于大型集装箱码头堆场的辅助作业,是一种多功能的机械。叉车搬运集装箱一般采用两种方式:一种是吊运方式,即采用顶部起吊的专用吊具吊运集装箱;另一种是叉运方式,利用集装箱底部的叉孔用货叉起运,一般主要是搬运 20ft 的集装箱或空箱。任何一种方式的集装箱叉车都应符合以下作业需要:

(1) 起重量应保证能装卸作业所需的各种箱型;
(2) 起升高度应符合堆垛层数的需要;
(3) 荷载中心(货叉前臂至货物重心之间的距离)取集装箱宽度的一半,即 1 220mm;
(4) 便于对准箱位,货架应能侧移和左右摆动。

7) 正面吊

正面吊是一种目前在集装箱码头堆场上得到越来越频繁使用的专用机械。这种集装箱堆场设备虽然由于其运行方向与作业方向垂直而需要占据较宽的通道,但是堆箱的层数较高,并且可以为多排集装箱作业,设备的灵活性较强,因此很受码头堆场的欢迎。采用正面吊可以堆存 3~4 层重箱,或 7~9 层空箱,因此堆场场地的利用率较高。目前,正面吊主要还是作为集装箱堆场的辅助作业机械,但确实是一种很有前景的集装箱装卸专用设备。

2. 散货码头主要设备

散货码头主要设备有散货装船机械、散货卸船机械和散货堆场机械三大类。其中散货装船机械有固定式装船机、移动式装船机两种设备;散货卸船机械有间歇型散货卸船机械、连续型散货卸船机械两种设备;散货堆场机械有堆料机、取料机和皮带输送机等几种设备。

1) 固定式装船机

固定式装船机是一种整机不能沿码头岸线移动的装船机型。这类机型的悬臂可作旋转、俯仰和伸缩的动作,所以这种装船机也被称为悬臂转动式皮带装船机。有的装船机悬臂还可摆动,因而也被称为摆动式装船机。这类装船机由于性能全面,装船效率高,对码头的承载能力要求低,可节约码头的建造费用,因此成为国内外煤炭和矿石码头的主要装船机型之一。

2)移动式装船机

移动式装船机是一种整机可沿泊位前沿轨道全长行走的装船机械。这类装船机性能完善,可适用于各种煤炭和矿石码头的任一船舱的装载,但构造比较复杂。这类装船机为了供料,需要沿码头设置高架栈桥和皮带机,配备可与装船机一起移动的卸料车和供料皮带机等设备,因此,对码头结构强度的要求较高。

移动式装船机具有灵活、机动、工作面大、对船型变化的适应性强的优点,所以是国内外煤炭、矿石码头最常用的一种装船机械。选用这种装船机进行装船一般都采用定船移机工艺。

3)间歇型散货卸船机械

(1)船舶吊杆。船舶吊杆的工作特点有以下几点:首先,为了装卸作业的安全,船舶吊杆工作时,抓斗起升高度不能太高;其次,船舶吊杆的起重量较小,卸货效率较低;再次,清仓量大;最后,在采用船舶吊杆抓斗卸船方式时,不需要在码头上配备卸船机械,因此,可节约码头的建设费用、降低港口的装卸成本。

(2)带斗门机。这是一种在门机的门架下设置可伸缩漏斗的散货卸船专用机械,带斗门机的工作特点是卸船效率高。这是因为一方面门架下的漏斗可根据抓斗行程调节伸缩,使抓斗带货运行的行程缩短;另一方面,带斗门机的起升、变幅速度比普通门机高40%~50%,从而提高了装卸效率。带斗门机适用于船型不超过5万吨级的中型散货船进口码头,卸船效率在700t/h以下。世界上最大的带斗门机卸船效率可达1 050t/h。

(3)装卸桥。装卸桥也称桥式卸船机,是国外大型散货码头最主要的卸船机械,一般适用于5万吨级以上的散货专用船,卸船效率在700t/h以上。装卸桥抓斗的行程路线简单,起重量大,同时,装卸桥还可以承受较大的动量载荷,所以其装卸小车的工作速度可加快,抓斗的工作周期大为缩短,从而提高了卸船的效率。装卸桥在国外大型散货码头得到了普遍使用。

4)连续型散货卸船机械

链斗式卸船机和斗轮卸船机是两种常见的连续型散货卸船机。这两种卸船机主要由垂直提升的斗式提升机和水平输送的皮带机两大部件组成。

(1)链斗式卸船机。链斗式卸船机的工作过程如下:物料由链斗提升机提取,卸到回转转盘附近的料槽内,由臂架皮带机送进大车中的中心料斗,再经过下面的双料斗直接卸到汽车或火车内,或者流到皮带机火车上,最后经坑道皮带机转库场堆存。

(2)斗轮卸船机。斗轮卸船机的作业特点是:由双排斗轮取料,物料落入中间皮带机上,输送到链斗提升机上,再提升到悬臂皮带机上,最后转送到岸上。斗轮和链斗可以由舱内操纵转动240°。由于驾驶员易于观察物料的抓取情况,这种卸船机机动性较好,抓取效率较高,也可以减少整机移动和悬臂转动的次数。从发展趋势来看,连续型的各式卸船机是一种可提高卸船效率的、很有发展前途的专用卸船机械。

5)堆料机

堆料机是国内外散货堆场常用的专用机械。堆料机有单悬臂、双悬臂、旋臂式三种机型。堆料机与堆场皮带机系统可以组成不同的堆场装卸工艺形式。

6）取料机

取料机是专用于堆场取料的机械，常见的是与水平固定式皮带机配合使用的取料机，也有流动式取料机。取料机通常和堆料机配合使用来完成物料进出堆场的作业。这种堆取分开作业的营运费用较低，但土建部分的投资大，所以在一般情况下适用于堆场外形尺寸长而宽的堆场。取料机的特点是两端支撑在轨道上，中间是皮带机和滚斗桥架，整机可跨堆场移动，滚斗也可沿桥架移动。其工作过程是：由滚斗从货堆上取料，再将物料转到上部桥架上，最后卸入平行轨道设置的固定皮带机上。

7）皮带输送机

皮带输送机是散货装卸作业线连接装卸船、装卸车、堆场机械和各种储存给料作业环节的水平运输的转运工具。随着装卸船效率和煤炭、矿石装卸工艺的现代化发展，皮带输送机已具有固定式、大容量、长距离和高效率等特点。目前世界上最新型皮带机系统的输送效率已达 40 000t/h。高效率的皮带输送机对皮带的强度要求高，对皮带的带宽和带速也提出了更高的要求。皮带输送机效率的选用要与装船机和卸船机相适应。

5.3.2　港口装卸工艺

所谓工艺，是指社会生产中改变劳动对象所采取的方法。工艺是达到目的一种手段，工艺的效用是在整个生产过程中表现出来的。工艺在制造业中主要指的是加工方法。在港口企业中，港口装卸工艺是指在港口将货物从一种运载工具（或库场）上转移到另一种运载工具上（或库场）的空间位移的方法和程序。

1. 港口装卸工艺的主要内容

在港口，装卸工艺工作主要包括两个方面，即港口日常装卸工艺工作和港口装卸工艺设计工作。

1）港口日常装卸工艺工作

这一工作是以港口现有的工艺系统与装卸设备为基础，通过挖潜、技术创新和有效的组织，合理运用现有的人力、物力，以达到安全、优质、高效、低消耗地完成港口装卸任务的目的。这是属于港口内涵式的扩大再生产能力的工作，具体包括工具的改进和创新、装卸工艺线的再设计、作业线改进、工程心理学研究、装卸作业技术标准的拟订与修改等。除此之外，港口日常工艺管理工作还包括货物在运输工作与库场内的堆码方式、各种辅助作业的完成方法等。

2）港口装卸工艺设计工作

港口装卸工艺设计属于外延的扩大再生产范畴，是港口工程设计的一个重要组成部分。装卸工艺设计往往对港口工程设计的其他环节提出设计要求，对整个设计起到总览全局的约束作用。装卸工艺设计是港口规划发展中的主要决策内容之一。在设计装卸工艺方案时，必须根据货物的种类、流向、流量、包装、理化性质等因素，以及车型、船型、码头交接方式、港口的自然条件、运输组织等方面的具体情况，拟订一系列可供比较的、有价值的方案，并经过详尽的分析和比较，找出一个较为合理而且可行的方案。一个成熟、合理、可行的工艺方案的产生，必须经过反复修正与比较，使所选方案完善合理。如果工艺方案决策错误,即使港口具体工作做得再多、再好,企业也难以取得成效。计算机仿真技术的应用使装卸工艺方案的选择过程更为科学。

由上述几个方面的分析可知,港口装卸工艺主要涉及以下几方面的内容:

(1) 装卸机械设备类型的选择和吊货工具的设计;

(2) 工艺流程的合理化;

(3) 货物在运输工具上和库场的合理配置和堆码;

(4) 驾驶员和工人的先进操作方法;

(5) 工艺规程的拟订和修改。

2. 港口装卸工艺的作用

港口的主要任务是进行货物在不同运输工具之间的换装,装卸过程中并没有材料的消耗,只有机械的磨损及燃料的消耗。因此,装卸成本主要决定于机械的折旧修理费、燃料费、机械驾驶员及装卸工人的工资等。所以,降低装卸成本就是要降低上述几种费用,这可通过合理使用装卸机械及装卸工艺来达到。另外,要保证装卸过程中的安全与质量也必须寻找合理的装卸工艺。其他如装卸效率的高低、劳动强度的大小等,也与装卸工艺有密切关系。因此可以说,港口装卸工艺工作在港口技术管理工作中是头等重要的工作,是港口生产的基础。

港口装卸总是按某种方式进行的,然而不同的方式会产生不同的效果。这就是说,港口装卸工艺是客观存在的,我们的任务是主动地研究、改造它,使之更合理。这也是必须大力开展装卸工艺研究的原因所在。

港口装卸工艺在港口生产管理中具有重要的作用,这些作用概括起来有以下几个方面。

(1) 港口装卸工艺是港口生产的基础。港口装卸工艺是通过装卸作业线具体实现的,而作业线实际上就是装卸工艺线。

(2) 港口装卸工艺是劳动管理的重要内容。港口装卸作业的方式选择直接影响到作业的时间、定额以及奖惩制度。

(3) 港口装卸工艺现代化是港口生产技术进步的标志之一。长期以来,港口装卸工艺有一种倾向,就是重码头建设、轻设备的有效应用。这致使我国集装箱码头虽然建了不少,但是单泊位通过能力却普遍较低,大大影响了码头应有能力的正常发挥。

(4) 港口装卸工艺直接影响港口的生产绩效。港口装卸工艺选择是否合理,直接影响到港口的生产绩效。装卸工艺选择并不是主张设备采用得越先进越好,而是要根据港口的实际生产情况和货种、货流情况进行合理选择。

3. 港口装卸工艺的合理化原则

国内外港口生产实践表明,合理的装卸工艺应该符合一些基本的原则。揭示这些原则将有助于解释为什么这样的工艺要比那样的工艺合理。

1) 安全质量原则

安全质量原则是指在港口生产过程中,防止货物损坏和差错,保护人员的生命,保障设备、设施的正常运行。

2) 充分利用机械设备原则

充分利用机械设备原则是指对于劳动强度大、工作条件差、搬运装卸频率高、动作重复的环节,尽可能采用有效的机械化作业方式。

3) 专用化和适应性原则

专用化原则是指尽可能采用专门的工艺、专用的设备进行货物的装卸、搬运和储存。专用化,是社会化大生产的产物,是现代化大工业发展的客观规律和基本特征。适应性原则是指采用的工艺方案或者装卸设备应尽可能地运用于不同种类的货物的装卸作业。当设备的适应性增强的时候,它的应用范围就可以相应扩大,使用就比较方便。

究竟是采用专用化设备有利,还是采用适应性强的设备有利,关键在于对货物和车船类型等作业条件,以及未来可能的变化进行调查和预测,对经济效益做出科学的评估。在这个基础上,高层管理者凭借其本身的经营智慧做出决策。

4) 高效作业原则

高效作业原则是指装卸工艺的设计应保证船舶和车辆的装卸能力得到充分的发挥,以缩短车船在港停留时间。

5) 标准化原则

标准化原则是指在选择装卸工艺方案以及直线设备时,应尽可能采用标准化的成熟方案和设备系列,以及标准化的货物单元。

6) 环境保护原则

环境保护原则是指在装卸工艺的试验和改造中,应采取有效措施,防止在作业过程中对周围环境产生有害影响。

5.3.3 港口装卸工艺与设备的匹配

装卸工艺和装卸设备系统是两个关系密切但又互不相同的概念。装卸工艺是指货物装卸的方法,装卸设备系统则是用来实现装卸工作机械化的各种装卸机械及辅助设备的集成。例如,在件货装卸时,龙门起重机可以和叉式装卸车配合组成一个机械化系统,但同一个"龙门起重机-叉式装卸车"系统可以有几个不同的工艺方案——成组运输、成组装卸及堆存、散件装卸。

必须指出,现代化的装卸工艺是以先进的装卸机械化系统为基础的,而且机械化系统一经采用,更换就比较困难,因此必须根据港口的具体营运状况和自然条件合理地设计机械化系统,特别要注意构成机械化系统主体的装卸设备类型的选择。影响装卸机械设备类型选择的因素大体包括货物、运载工具、自然条件、港口建筑物和运输组织等几方面。

1. 货物方面

1) 货物特性

货物特性具体表现为以下几点:

(1) 货物的尺寸、重量、容重、形状和包装形式影响着起重量的选择;

(2) 货物品种的多样性影响着机械的通用性和灵活性选择;

(3) 货堆的脆弱性和包皮的牢固性影响装卸方法和货堆高度进而决定着装卸机械的性能要求;

(4) 货物的冻结性和凝结性对设备的有效应用具有重大影响,例如盐、化肥散运时会因凝结而结壳,冻结的货物由于不能自流,影响到车辆和露天地下坑道的有效应用;

（5）货物的磨损性和腐蚀性会加速机件的损坏，因此需要特别的防护与维修；

（6）货物的易燃、易爆、扬尘性要求在设计装卸机械化系统时从安全、环保的角度采取有效措施；

在设计机械化系统时，还需要考虑特定货物引起的某些辅助作业设备，如干燥、净化、精选、粉碎、分票、选材、称量、计件等设备的需要。

2）吞吐量

货物吞吐量大小关系到是否需要设置专用化泊位和采用专用化机械。港口的专用化生产是社会化大生产的产物，也是现代化大工业发展的客观规律和基本特性。

3）货物流向

货物流向是影响机械设备选择的又一重要因素。水运货物是经铁路还是经水路转运，是双向货流还是单向货流，货物是全部需要经过库场还是有很大比重直接换装，货物是否经过仓库，对机械设备选择都有很大影响。双向货流要求机械在装船与卸船的两个方向都能进行工作。在这方面起重机系统较输送系统优越。

除此之外，货物方面还要考虑流量、流向的稳定程度，因为这关系到是否适宜采用专用化装卸设备。

2. 运载工具方面

1）船舶类型

泊位长度主要根据船长决定，船宽关系到岸上机械的臂幅。船舷及上层建筑高度决定起重机门架及输送栈桥的高度和岸上机械具备升降式或伸缩式悬臂的必要性。舱口数影响岸上机械的数量，舱口尺寸影响作业方法和装卸效率，舱口面积与货舱面积之间比例的大小影响舱内作业效率，而舱内作业往往成为限制装卸效率的主要因素。船舱结构影响舱内机械的采用。舱口位于上层建筑里面的客、货船要求采用特殊的装卸方法。

在进行机械化系统的技术经济指标计算时，传统上根据设计任务中提供的设计代表船型，但工艺上往往不能满足于设计代表船型。一般来说，专用化的车型和船型有利于采用专用机械、提高装卸效率。但由于我国车船类型比较复杂，存在着各种车船类型到港作业的可能性，因此设计机械化系统时通常需要考虑一定的灵活性。

2）车辆类型

关于车型，除特定的情况（如用自卸车运散货）外，我国目前还很少用某一种车型装运一种货物。因此，除有特殊要求者外，一般只需了解是否有篷车或有篷货车装运散货的情况。

3. 自然条件方面

1）水位与潮汐

我国海港的潮差一般不大，内河港口的水位差则很不相同，有的港口变化较小，有的则变化很大。水位变化过大会使直立式码头的造价昂贵，使水工建筑投资增加；在斜坡式码头条件下，船舶与岸线相对位置变化很大，要求机械化系统能够灵活适应，保证高水位和低水位时的车辆与船舶装卸作业。

如需要地下建筑物，则需了解地下水位高度。地下水位高会增加港口建造地下坑道施工方面的困难，影响地下坑道的经济合理性。水流方向决定着船舶靠码头的首尾方向，在某些情况下,对工艺布置也会有影响。

2) 地质和地形

地质条件对码头形式、结构、造价及机械设备的选用都有重大影响。例如,在地质不好的条件下,安装重型机械或建造高大的储货舱和油罐会遇到技术上的困难。即使技术问题可以解决,地基处理的费用也将大大增加,从而影响设计系统的经济性。在土质太坚硬(如钢渣填土)的情况下,挖掘工程量太大会给施工造成困难。在设计工艺方案时应尽量利用原有地形条件,根据高站台、低货位、滑溜化等原则,利用位能进行货物装卸。

3) 气象条件

经常下雨的港口,为解决雨天装卸问题,应研制防雨的设备。北方港口为防止货物在严寒季节冻结,应采取相应的措施。冬季要封冻的港口,应考虑冰凌对码头形式和机械设备的影响。

4. 港口建筑物方面

1) 岸壁形式和码头结构

岸壁形式有三种——直立式、混合式和斜坡式。混合式中又因直立段的位置而分为半斜坡式和半直立式。

直立式岸壁造价高于混合式的,混合式岸壁造价则又高于斜坡式的。直立式岸壁和斜坡式岸壁造价的差额随着高度的增加而显著增加,在地质条件不好时差额更大,因为地质条件对斜坡式岸壁的影响远较对直立式岸壁的影响小。

海船泊位一般用直立式岸壁,因为如用斜坡式或混合式岸壁,船舶吊杆和起重机都会因海船吃水深、船岸间距离大而难以作业。但散货专业泊位也常用斜坡式和混合式岸壁。除岸壁形式外,码头本身结构的强固程度对机械的选择也有巨大影响。我国港口旧码头一般承载能力小,在这些码头上使用重型机械设备就非常困难。在分析和设计我国港口旧码头上的机械化系统时,对这方面的情况必须予以注意。

2) 库场类型及位置

库场地面的允许负荷和平坦程度、仓库的高度、支柱的多少、库门的尺寸等都影响着流动机械类型的选择。库场的平面尺寸和形状影响到某种特定情况下选择某种类型的机械是否恰当。库场和码头的相对位置决定着货物的搬运距离,影响着各种机械的使用效果。

3) 铁路和公路与码头的相对位置

铁路线与地面的高度差影响着流动机械的应用。铁路线和公路与码头平面相对位置对机械设备的选择也有影响。在设计机械化系统时,要尽可能避免陆上运输工具对装卸工作的干扰。

5. 运输组织方面

车船运输组织的特点是选择装卸机械类型,因而其是决定工艺方案的又一重要因素。例如有的港口船舶要候潮进、出港,因此船舶作业时间和装卸船机械的生产率和潮汐的周期相联系。

同理,铁路的成组编解或成列到发等运输组织方面的要求都要照顾到。

除以上所述的条件外,还要注意港口作业频繁、对生产要求高等特点,同时机型选择还受到我国港机生产和维修水平的制约。

5.3.4 港口设备的维修与保养

1. 港口设备的正确使用

1) 正确使用设备与设备工作能力的关系

港口设备的使用过程也是设备工作能力下降的过程,影响这一过程的主要因素有使用方法、工作规范、连续工作时间和环境条件等。控制这一阶段的设备技术状态就是要掌握正确的使用方法、选用设计允许的工作规范、不允许超出容许范围的连续不停机工作、创造适合设备工作的环境条件(温度、湿度、含尘量、含腐蚀性介质、震动等)。在这一阶段,最重要的是人的因素,因为使用设备的人在操作设备、确定工作规范,并且,操作者最先接触到设备工作能力的耗损情况(感受到设备功能的衰退或丧失、输出参数的变化在产品参数上的反映等)。设备效能的发挥,以及能否持久工作且不出或少出故障,与人的素质(熟练程度、责任感、劳动兴趣和生理状况等)有直接关系。因此,正确使用设备是控制设备技术状态变化和控制故障的重要步骤,不仅是企业连续生产的需要,也是开展修理计划的前提。因为不正确使用设备所造成的设备损坏将导致计划外的紧急修理,这会打乱正常的修理计划。

2) 保证港口设备正确使用的措施

(1) 严格按照规程操作设备。设备操作规程规定了设备的正确使用方法和注意事项,以及对异常情况应采取的行动和报告制度。只有严格按照规程进行操作,才能够减少对设备的损坏和损耗、延长设备的使用寿命。

(2) 施行使用设备的各级技术经济责任制。操作者应按规程操作,按规定交接班,按规定进行维护保养。班组、车间、生产调度部门和企业领导都应对设备的正确使用承担责任,不允许安排不符合设备规范和操作规程的工作。

(3) 严格实行程序化、标准化管理。应严格实行定人定机、教育培训、操作考试、凭证操作、执行交接班制度、严肃处理设备事故等程序化管理措施,实施标准化管理。

(4) 开展维护保养和竞赛评比活动。应实行设备维护的奖励办法,开展相关竞赛活动,把提高使用人的积极性同物质奖励结合起来,提高员工对港口设备正确使用的重视程度。

2. 港口设备的检查

检查港口设备的目的是判断和确定设备的技术状态是否在规定范围内,以做出继续使用、采取预防措施或停机修理的结论。因此,检查结果是计划修理的主要依据之一。统计一个单位设备检查的结果,可以判断这个单位总的设备技术状态水平。

港口设备技术检查包括如下方面。

1) 日常点检

由设备使用人按点检卡上的要求进行检查。

2) 巡回检查

由维修值班人员按规定的巡回路线,对所负责的设备和检查点,进行日常的检查,掌握设备日运行状况。

3）定期检查

定期检查又可分为定期功能检查和定期参数检查。定期功能检查的对象主要是重点设备。以机械设备为例，一般不拆卸、不刮研、不检查精度，只打开盖子检查和调整间隙，排除小的故障隐患，修补小缺陷，修除毛刺和划痕等。定期参数检查主要是针对精密、大型和关键设备所进行的检查。在进行参数检查前，应先做功能检查，然后再检查设备主要参数，例如，精密设备的精度、锻压设备的最大工作能力、动力设备的功率以及重负荷受压设备的安全性等。

4）状态监测

对使用状态下的设备进行不停机的在线监测，这种方法能够确切掌握设备的实际特性，有助于判定需修复或更换的零部件和元器件，使设备和零件的潜力得到充分利用，避免过度维修，能够最大限度地节约维修费用；并且由于及时发现和更换了处于故障边缘的零件，避免了故障停机所造成的生产损失，对流程式、流水式生产和关键设备，作用更为突出。状态监测要利用传感器和仪器连续地或定期地从监测部位取得信号，进行波形、频谱和数值分析，并由专门人员负责信号和数据的记录、分析和处理。

5）修前检查

在设备修理之前，以维修人员为主进行的深入检查。修前检查要拆卸零部件和元器件，进行检验和测量，目的是确定修理内容和方法。此外，修前检查还包括对一个单位设备技术状态的完好率检查、对维护质量的优劣情况检查等。

3. 港口设备的修理

修理的作用是恢复设备已失去的工作能力，使设备回复到良好的技术状态。设备工作能力的下降和技术状态的劣化是逐渐发生的，而设备的修理却是间断发生的。根据修理内容、工作量和维修理论的不同，港口设备的修理作业可以划分为不同的类型。

1）大修

大修是旨在全面恢复设备工作能力的修理工作，其特征为将设备全部或大部分拆卸分解，修复基准件，更换或修理所有不宜继续使用的零件，整新外观，使设备精度、性能等达到原出厂要求。为了提高设备工作能力，可以对需要改进的部位（部件或项目）或整机结合大修进行现代化改装。

2）项目修理

项目修理简称为项修，修理的项目是指设备部件、装置或某一项设备的输出参数。项目修理是在设备技术状态管理的基础上，针对设备技术状态的劣化程度，特别是在已判明故障的情况下，所采取的有针对性的修理活动。

4. 港口设备的保养

在设备维修中，经过长期实践，以预防为主的观点已为世界各国普遍接受。在港口企业中，港口设备的保养是设备状态维修方法的基础。为了进一步突出设备保养的全面性和强制性，港口一般采用"日常保养"和"定期保养"相结合的二级保养制度。日常保养工作的具体内容已融入到港口的日常生产、管理工作之中，下面主要介绍一下港口设备的定期保养。

1）定期保养的定义

港口设备的定期保养是指港口装卸机械在运行一定时间间隔后，由操作人员和保养人员按规范有计划地强制保养,是对装卸机械的全面性维护工作。定期保养是装卸机械运行管理和状态维修管理的重要组成部分,是使装卸机械能经常保持良好技术状态的预防性措施。该定义主要突出以下四项要求。

(1) 定期保养是由操作人员和专业保养人员按各自的职责分工,相互合作共同完成的。

(2) 定期保养是按一定的运行时间间隔制定出保养作业计划。这个计划是状态维修管理计划的组成部分。计划必须按时间顺序管理,执行计划必须具有严肃性。

(3) 定期保养是一项强制性管理措施。

(4) 定期保养是对装卸机械进行全面性维护,以使其保持应有的技术状态。

2) 定期保养的特点

(1) 定期保养是状态维修的基础。定期对港口设备进行保养,可使其运转情况得到及时改善。消除可以避免的磨损和损坏,就可以减缓设备的劣化趋势,实质上也就是延长了设备修理周期、减少了修理工作量,所以说执行定期保养是推行状态维修的基础。没有保养的基础保证,也就无法推行状态维修。

(2) 定期保养具有强制性。由定期保养的目的可以得知,它贯穿设备运行的全过程,可使设备运行状态得到及时的改善,消除可以避免的磨损和损坏,所以说定期保养伴随着设备运行的全过程,不是可有可无的作业行为,而是必须对设备进行的强制行为。

(3) 定期保养具有全面性。一台装卸机械是由各个系统总成部件组合而成的,总成部件运转状态的正常与否直接对整机的技术状态产生影响。整机的技术状态也是通过总成部件反映出来的,所以对装卸机械必须实施全面性的定期保养。实施全面性定期保养的项目不宜过多。根据港口装卸机械的复杂程度和结构特点,以相互关联的总成部件及影响安全的部件装置为重点,抓重点并兼顾全面,达到对机械进行全面保养的目的。

3) 定期保养的基本内容

(1) 对机械设备进行清洁和擦洗;

(2) 检查、调整、紧固各操纵、传动等连接机构的零部件;

(3) 对各润滑点进行检查、注油或清洗换油;

(4) 调整和检查安全保护装置,保证其灵敏可靠;

(5) 使用相应的检测仪器和工具,按规范对机械主要测试点进行检测,并做好检测记录。

5.4 港口库场管理

5.4.1 港口库场管理内容

1. 港口库场及其任务

港口库场是指港口装卸和存储货物的仓库、货棚、堆场、货囤、筒仓、油槽(库)等建筑物的统称。

港口库场与港口泊位、装卸、疏运能力一起构成港口生产能力设施。不同港口的库场建筑物的类别和需要的面积不同。其中杂货港口需要使用仓库、货棚、堆场等多种建筑物和较大的占地面积；集装箱港口需要大量堆场和少量后方仓库进行装拆箱作业；油港只要油槽和管道，占地面积较小。

港口库场具有的货物集散、储存、装卸作业和处理的作用和功能，使得港口在库场管理中需要承担货物交接保管、保持库场畅通的基本任务。

1）负责货物的收发、承担货物的保管

货物进港由库场负责作业指导，在港货物的收发任务也由库场承担，未提货物就由库场负责保管。库场要以高度的责任心和科学认真的工作态度做好货物的交接验收工作；要对不同货物采取合理、科学、正确的方法堆放、保管，保证货物的良好状态。

2）加强库场的疏运、确保库场的畅通

港口库场是在港货物周转的集散地，库场货物周转速度决定了港口的货物周转能力。港口库场要加强疏运能力，挖掘库场容量，确保库场满足港口货物周转的需要。

2. 港口库场的类型

每个港口都拥有一定数量及不同种类的仓库和货场，港口库场可以从建筑特征、库场所处的位置和所保管的货物类别等方面来进行分类。

1）按建筑特征分

按建筑特征，港口库场可分为露天货场、货棚、仓库、货囤等。

露天货场用来堆存适于露天保管的货物。

货棚又称半露天库房，只有棚顶，四周不围闭。

仓库一般为封闭的建筑物，有单层仓库和多层仓库两种形式，主要有砖木结构和钢筋混凝土结构两种，库内设有必要的通风、防火设备，可用于堆存件杂货。

货囤，是一种水上仓库，一般有铁质的或水泥制成的有顶盖的平板驳船，也有用废旧船舶改建成的，既可以停靠船舶进行装卸，也可以在舱面及舱内堆存货物。

2）按库场所处的位置分

按库场所处的位置，港口库场可分为前方库场和后方库场。

前方库场是指设置在接近码头前沿的仓库或货场，它能缩短货物搬运的距离、提高港口的装卸效率，同时也能减少泊位与库场间流动机械运行的干扰。

后方库场是指在吞吐量大的码头泊位设置的面积足够大的库场，可以为前方库场分担堆存压力。

3）按货物通过港区库场的形式分

按货物通过港区库场的形式，大型港口还可考虑设置进口库场、出口库场及中转库场。

进口库场是为进口货物及卸船服务的库场，大型港区还可以考虑进一步划分杂货进口库场、大宗货进口库场，南方进口、北方进口及远洋进口库场等。

出口库场是为出口货物及装船服务的库场，在需要的情况下也应像进口库场一样作进一步划分。

中转库场是联运换装港口，设置专为中转货物服务的库场，为了适应需要，还可以按水陆中转或水水中转分别设置。

4) 按所保管的货物类别分

按所保管的货物类别,港口库场还可分为普通库场及煤场、矿石堆场、仓库、油库、冷藏库、危险品仓库等。

3. 港口库场管理的基本目标

港口库场管理的基本目标有以下几个方面:

(1) 建立切合实际的有效管理制度,对库场实行计划管理、标准化管理、使整个库场处于良好的管理状态;

(2) 使用科学的管理方法,以充分利用库场的堆存能力、加快库场周转速度、提高库场的通过能力、确保进出口货物畅通无阻;

(3) 完善库场的货运作业,按照货运规章的要求,正确处理有关票证和单证,做好信息储存、查询和统计工作;

(4) 采取正确的技术措施,完善库场的护货设施,以保证入库货物的完好无损。

4. 港口库场管理的基本工作

(1) 库场堆存定额指标管理。即科学地制定有效面积定额、仓容量定额、堆存技术定额、堆存使用定额等。

(2) 库场计划管理。即制定切实的库场年工作计划,根据堆存能力和堆存需要情况编制月度、旬度及日常堆存作业计划等。

(3) 货物入库作业管理。即建立入库货物的验收制度和办法,规定签发入库票据以及台账登记的办法等。

(4) 堆码管理。即推行堆码标准化管理,根据堆码的要求,对堆码的形式、技术、方法予以标准化,确定堆码注意事项等,使库场处于科学管理状态。

(5) 库场货物的保管。即完善护货设施的管理,根据货物不同的理化性质,确定正确的防湿、防霉、防虫害、防锈蚀等技术措施;对于冷藏仓库、危险品仓库制定特殊的技术管理措施等,以保证入库货物的完好无损。

(6) 货物出库作业管理。即规定提货的手续,制定货物出库的放行办法,更新台账内容,做好信息储存工作,为统计、查询和编制计划提供依据和信息。

(7) 库场的安全管理。库场的安全管理是其他一切管理工作的基础和前提,具有十分重要的意义。做好库场的安全工作,是库场工作中的头等重要大事,也是每个库场工作人员的重要任务。

(8) 其他方面的管理。这包括各种统计资料、报表的管理、查询等工作。

5.4.2 港口库场堆存计划

1. 港口库场堆存能力

如果港口库场有足够的面积来接纳将要入库的货物,那么编制堆存计划只需将每票货物分配到货位即可。

但是在许多情况下,库场不能提供充裕的堆存场地,特别是前方堆场和仓库的面积更为紧张。这样,计划者就必须将库场可使用的面积与入库货物所需要的面积进行比较,然后做出计划。由于每单位重量的入库货物所需要的面积不是一个常数,是随货物的种类、包装与装卸保管方式等的变化而变化的,所以计算每票货物所需库场堆存面积是编制堆存计划者经常要做的一项重要工作。

库场的堆存能力,就是库场所能容纳的最大货物堆存量。库场面积是其堆存能力的主要因素,而货物本身,如货物的装卸特性,即货物的尺码、包装,货物的体积与重量比,可堆到多高,每票货物之间必须怎样分隔等也是一个重要因素。

库场堆存能力不仅受库场堆存面积大小的影响,而且受库内堆存货物的自然特性和装卸特性的影响。库场的堆存能力主要取决于可用堆存面积、货物的堆垛高度、货物的积载因素和亏仓情况等因素。

1) 可用堆存面积

仓库的可用堆存面积并不是仓库的地面总面积,而是实际上能用于堆货的地面面积。

库场面积利用率是在扣除了一系列不能用于堆存的面积后,可用于堆存的面积占总面积的比例。典型的前方杂货仓库库场面积利用率通常为 59%～69%。库场面积利用率低于这个数字,就说明库场面积的使用情况不佳。

增加仓库可用堆存面积的通常方法是减少仓库门数、减少通路和主要通道的宽度、减少办公室的面积或把办公室移到仓库之外等。但要谨防过度提高库场面积利用率,因为这会导致堆存作业的困难。

2) 堆垛高度

有效地利用垂直空间常常是增加库场堆存能力的最简单、最经济的方法之一。在保证货物堆垛是安全的、库场地面承受的载荷不超过许可限度的情况下,尽可能提高货物堆垛高度是提高库场堆存能力的最有效的方法之一。

然而,货物的堆垛高度常常要受到一些因素,如入库货物的尺度、货物的承压能力、使用的堆垛机械设备的能力和安全因素、货物的批量等的限制。

3) 积载因素

货物积载因素是货物的体积与重量之比。

如果库场只堆存一种货物,则根据该种货物的积载因素,便可计算出所需的堆存面积。然而一个库场内往往堆存多种不同的货物,这几种货物的积载因素又各不相同,要计算堆存面积就必须先计算出这几种货物的平均积载因素,这可用下列公式进行计算:

$$\bar{\mu} = \frac{\sum_{i=1}^{n} \mu_i q_i}{n} \tag{5-10}$$

式中:$\bar{\mu}$——平均积载因素(m^3/t);
   μ_i——某种货物的积载因素(m^3/t);
   n——堆存货物种类;
   q_i——某种货物占总入库量的百分比。

4) 亏仓情况

亏仓是堆存的每票零星货物之间和周围留出的空间。根据港口的经验,采用紧密堆存的大批量袋装货的亏损百分比很小,只有 5% 左右;而形状不规则的包装货物与批量小的货物,亏损百分比可能达到 20%,甚至 30%。

亏仓因素可考虑采用亏损系数的办法,亏损系数为

$$K = 1 + \xi \tag{5-11}$$

式中：K——亏损系数，

ξ——亏损百分比。

亏损百分比是指由于受上述诸因素影响而减少堆放货物的体积与计划堆存的该种货物的体积之比,用公式表示为

$$\xi = \frac{V'}{V} \times 100\% \tag{5-12}$$

式中：V'——少堆放货物的体积(m^3)，

V——计划堆存的该种货物的体积(m^3)。

由于亏损百分比取决于各票货物的数量、体积、包装形状以及是否需用垫板、托盘等物料,因此编制堆存计划者应积累经验,准确地判断亏损百分比的值。

至此,就可以计算货物所需堆存面积了。利用下面的公式,可以较准确地计算出每票货物的实际所需的堆存面积：

$$S = \frac{W \times \mu(1+\xi)}{H} \tag{5-13}$$

式中：S——货物所需的堆存面积(m^2)，

W——计划堆存货物的重量(t)，

H——允许堆高(m)。

2. 港口库场堆存计划的要求

为入库货物合理地安排堆存计划,对满足进出口货物的需要、充分利用库场通过能力和加快库场的周转速度、提高装卸效率、缩短船舶在港时间和保证货运质量有重要作用。

堆存计划是对月度、旬度及昼夜入库货物在时间、数量和货位方面的安排。

堆存计划是港区生产计划的一个组成部分,与装卸作业计划有密切关系,它们各自从不同的角度来保证港区生产计划的实现和进出港货运任务的完成。

堆存计划应以满足入库货物的需要为前提,充分利用库场的堆存能力,使库场保持畅通。堆存计划必须以现有的仓容量为依据。

在具体安排堆存计划时,应满足下列要求。

1) 最佳搬运路线

搬运过程对港口作业效率有着重大的影响,搬运过程受阻,就会使得整个作业过程停止。因此,要在能满足最佳搬运路线的条件下安排堆存计划,以减少操作环节、避免交叉作业、提高装卸效率。

2) 最短的距离

无论是货物入库还是出库,都必须进行必要的搬运,但是这种搬运应该是尽可能直接的和距离最短的。货物的存放点应该能保证这一要求的实现,避免迂回的和远距离的搬运。

3) 最少的装卸和搬运,降低作业劳动强度

在编制库场作业计划时要充分考虑货物的流向、装卸要求,避免不必要的操作,使货

物的装船和卸船以及入库和出库所发生的装卸和搬运,操作次数最少和工作量最小;应根据货物的流向、品种、包装及装卸搬运要求,选择适当的货位,以避免不必要的翻倒仓作业。

4) 满足库场内作业的需要,方便货物进出库场

库场堆存计划是库场安排作业的依据。在制定库场作业计划时一定要考虑到作业的顺利进行,保证有足够的作业回旋余地,避免发生交叉作业和过分集中作业相互影响的现象。

5) 便于理货和符合安全要求

理货工作要求分票、分标志和便于清点,入库货物的货位安排应适应理货的需要。

6) 确保装卸计划的执行,充分利用仓容量和库场设备。库场堆存计划的制定必须确保装卸作业的货物中需要入库的货物都能够进入库场,使装卸作业顺利进行和完成。

3. 港口库场堆存计划的编制

只有在掌握足够和准确的资料的基础上才能制定出科学、合理、有效的计划。在制定库场堆存计划之前,计划人员必须收集和掌握库场现有货物空仓量、出入库货物的情况以及港口对货物作业的计划安排等。货物堆存计划的计划期越长,库场安排就越笼统。日常堆存计划应安排到具体作业工班、具体仓库或堆场,甚至货位。月度堆存计划则只安排到区位。

1) 编制月度、旬度堆存计划

首先,要掌握港口或装卸公司在计划期内的库场堆存能力,即可以使用的仓库和露天堆场在计划期内共能堆存多少货物。

其次,根据下月(或下旬)将在港口或装卸公司靠泊的船舶到港计划表,估计出非直取方式的货运量,并且根据下月(或下旬)将在港口或装卸公司出口的货运计划,估计出需预先进入库场集中待运的货运量。

再次,利用上述资料进行需求与能力的平衡。平衡不仅要使总入库量与总堆存能力相适应,而且要使入库货物的种类、流向和数量,与各类专业化库场的能力相适应。为此,应按货物的不同特征,分别列出各类货物的入库量;同时,也要将各类专业化仓库的能力,分别统计出来,并使相应的货类及流向的入库量分别与相应的专业化库场能力相适应。

最后,根据平衡的情况,为港口或装卸公司每个堆存区域编制出堆存计划。

2) 编制日常堆存计划

如果没有堆存计划,工班组长和库场管理员就无法知道该票货物的堆放位置,同时货物堆放的位置是否正确将在很大程度上影响库场管理目标的实现。因此,需要在装卸作业开始前就编好堆存计划,并将计划分送到工班组长和库场管理员手中。

在一艘船的泊位确定后,便可开始编制堆存计划。编制堆存计划主要应确定三个方面的内容——入库量、出库或入库路线以及各票货物的堆存货位。

(1) 确定入库量。为即将到达的卸货船舶制定堆存计划,需取得如下资料:船舶卸货量,可使用的库场位置以及可堆货的面积,入库货物的数量、品种及批量大小,装载这些货物的舱口号码及装舱位置,托运人员是否有特殊要求,货物将预计堆存多长时间,换装

接运的工具、货物的流向等。

为即将到达的装货船舶制定堆存计划,需取得如下资料:承、托双方约定的货物集中日期;该船将装载的货物品种和数量,其中船边直接装船所占比重;每票入库货物所需的库场面积;可使用的库场位置以及可堆货的面积;每票货物装船的舱口号码及货物的配积载情况。

在取得了上述全部资料后,就可对一艘船的进出口货物堆存做出计划。

(2) 做出进、出口货物堆放库场的方案,确定货物的入库和出库路线。计划的编制者可利用上述资料初步确定哪些地方用来集中出口货物、哪些地方用来接受船舶卸下的进口货物。各个计划编制者在安排出、入库路线上,可视泊位和库场的布局、条件等做出不同的堆存方案。

(3) 计算堆存面积,确定各票货物的堆存货位。计划的编制者要详细计算各票货物所需的堆存面积。如果面积充裕,计算就比较简单;但如果面积紧张,计算就要详细,并要做出合理的安排。

5.4.3 港口库场堆存作业

库场的货物堆存作业由三部分,即货物的入库作业、出库作业和保管作业组成。

1. 货物的入库作业

入库作业包括入库前准备、货物入库验收、货物堆码、单据处理。

1) 入库前准备

入库前的准备包括如下方面。

首先,应摸清入库货物情况,一般先要从出口货物的装船通知单入库联(内贸)、装船预报表附页(外贸)、进口货物的分舱单取得入库货物的包装、规格、数量的详细资料;对出口货物还应了解装船舱别、到货港以及货物的来源(如是当地出口货,还是中转联运货);对进口货物还应了解出港的流向、在港堆存时间,以及卸船作业顺序、进度等情况。

其次,应安排货位,做到先算后堆。一般应做到:进口货按入库顺序,出口货按到港顺序及配舱顺序,从里边货位开始逐渐向外开垛脚,不能从外向里堆垛,把门堵死;大票货先确定货位,小票零星货机动安排;大票货不堵小票货,轻泡货不堵重件货,近港货不堵远港货,缓发货不堵急发货;同一收货人的货物集中堆放;在安全前提下,货垛尽量堆高,以利用空间、增加堆存量。货物入库前要匡算每票货所需的货位面积,再根据货位纵深确定开脚数。预先安排好货位后应向作业工人及有关人员交底,讲清要求。

2) 货物入库验收

货物入库验收是指库场在货物正式入库前,按照一定的程序和手续,对到库货物进行数量和外观质量的检查。货物入库验收实质上是一种责任交接。

由于到货来源复杂、渠道繁多、产地和厂家不同,又都经过不同的运输方式和运输环节的装卸搬运等,有可能在数量、质量上发生变化,这就决定了对入库货物进行验收的必要性。验收的主要任务是查明到货的数量和质量状态,为入库和保管打好基础,防止库场和货主遭受不必要的经济损失,同时对供货单位的货物质量和承运部门的服务质量进行监督。

库场应凭单收货,没有单据的货物不能收入库,单据和货物要全面核对。

货物入库验收的基本内容包括质量验收、数量验收。

货物质量的验收主要是对包装的验收。这通常是在初验时进行的,应检验包装有无被撬、开缝、污染、破损、水渍等不良情况。同时,还要检查包装,包括选用的材料、规格、制作工艺、标志、打包方式等是否符合有关标准要求;对国家或国家主管部门未规定标准的应按《水路、公路运输货物包装基本要求》的规定验收;对没有标准和要求的应在保证运输安全和货物质量的原则下进行包装;对不符合标准要求的,应该拒收,或由托运人负责加固、整修,并编普通记录随货同行(内贸货物)。当然也应注意包装内货物的异常情况,采用"验、看、听、嗅、问"等不同方法进行验收。

货物数量验收是保证货物数量准确的不可缺少的重要步骤,是在初验的基础上进一步做出的货物验收,即所谓的细数验收。在进行数量验收时,必须注意同供货方采取相同的计量方法。采取何种方式计数要在验收记录中做出记载。出库时也应采用同样的计量方法,避免出现误差。货物数量的验收主要是件数的验收:对按件交接的货物一定要认真点清件数;对成组货物既要点清组数,又要注意每组细数。通常情况下,对国内商品只检查外包装,不拆包检查,而进口商品则按合同或惯例办理。对按重量供货或以重量为计量单位的货物,做数量验收时,有的采用检斤称重的方法,有的则采用理论换算的方法。对按体积供货或以体积为计量单位的货物,做数量验收时要先检尺,后求积。

3) 货物堆码

堆码应按照货物性质、作业要求和堆码标准化要求进行。

货物堆码是根据货物的特性、形状、规格、重量及包装质量等情况,同时综合考虑地面的负荷、储存的要求,将货物分别叠堆成各种码垛。科学的货物堆码技术,合理的码垛,对提高仓容利用率、收发作业及养护工作的效率,都有着不可低估的重要作用。

堆码操作的要求第一是安全。堆码的操作工人必须严格遵守安全操作规程;使用各种装卸搬运设备,严禁超载;同时还必须防止超过建筑安全负荷量。码垛必须不偏不斜,不歪不倒,牢固坚实,以免倒塌伤人、摔坏货物。第二是合理。不同货物的性质、规格、尺寸不相同,应对其采用各种不同的垛形。货垛的高度要适度,既不要压坏底层的货物和地坪,也要与屋顶、照明灯保持一定距离;货垛的间距,走道的宽度,货垛与墙面、梁柱的距离等,都要合理、适度。垛距一般为 0.5~0.8m,主要通道为 2.5~3m。第三是方便。货垛行数、层数,力求成整数,以便于清点、收发作业。过秤货物若不成整数,应分层表明重量。第四是整齐。货垛应按一定的规格、尺寸叠放,排列整齐、规范。货物包装标志应一律朝外,以便于查找。第五是节约。堆垛时应注意节省空间位置,适当、合理地安排货位的使用,提高仓容利用率。

库场货物堆码应按照标准化要求,把货物堆码工作置于严密的标准基础之上是实行科学管理的基本要求。货物堆码的规范要求主要是指"五距",即垛距、墙距、柱距、顶距和灯距。叠垛时,不能依墙、靠柱、碰顶、贴灯,不能紧挨旁边的货垛,必须留有一定的间距。

要设计一种货物的堆码标准,必须考虑该种货物的性质、包装种类、包装材料、数量、成组方式等条件。同一种货物在不同的库场可能有不同的堆码标准,这是因为各港口库场的结构不同,使用的装卸、码垛机械和存放地的自然条件(如温度、湿度)也有所不同,因而码垛标准可以因地制宜、多种多样。堆码的形式只要能符合保证货物质量,合理利用仓容,便于理货和有利于快装、快卸等条件,就是合理的堆码形式。各库场应根据自己港的情况予以标准化。

包装货物的堆码形式有如下三种。

(1) 平台垛——底层件数与上层件数相同,成长方形或正方形,常见于库内堆存箱装货物。其特点是整齐、计数方便、占用库场面积少。

(2) 起脊垛——底部堆成平台,接近顶部堆成屋脊形,特点是加盖油布后便于排泄雨水。这种形式多用于露天堆场存放袋装货物。

(3) 行列垛——有单行垛、双行垛等。进口的小票杂货多采用行列垛形式堆放。这种码垛形式的优点是便于分票、计数和提货,缺点是占用库场面积大。

散装货物可根据货种、场地条件、通道位置等情况,堆放成有规则的几何台形体。这样便于理货计数。货堆的倾斜角要小于货物的自然倾角,以保持货堆平稳和不倒塌。

4) 单据处理

库场收货入库,是一种责任转移,库场从货主或船方接过货物后就要对接收货物的数量、质量负责。因此,库场收货入库需要填写和签证有关交接单据。

对内贸出口货物,库场可以在入库联、运单上签收;对外贸出口货物,可以在附页上签收。进口货物则大多填制理货交接计数单。除了交接单据签证外,还要填制收货报表,登账入册。对单证处理的要求是:及时、正确和清洁;按规定内容、要求、方法填制、批准;字迹清楚,改动处盖章;在规定时间内完成,并投入流转。

2. 货物的出库作业

货物的出库作业是库场根据货物出库凭证(提货单、领料单、调拨单),按其所列的货物名称、规格、数量和时间、地点等项目,组织货物出库、登账、配货、复核、点交清理等一系列工作的总称。货物出库必须依据货主开出的货物出库凭证进行。不论在任何情况下,库场都不得擅自动用、变相动用或者外借货主的库存货物。

货物出库作业从业务性质上可分为向收货人交付和由车、船转运出港两种,但对库场来说,它们实质上是一样的。

1) 发货前的准备

发货前应查看存货账和货堆实物,看数量是否相符、有无质量问题,做到心中有数。对于一票大宗货堆几个货垛的,应根据库场使用要求,确定出货桩脚,出剩残堆应优先出清。对于易弄错的货垛,应在货垛旁做出明显记号,对作业工组交代清楚。

货主持提货凭证来提货时,库场应先对提货凭证进行审核,弄清是否办过提货手续,货物品名、规格、件数是否相符等。支付现金的提货凭证应核对提货日期。

对接运的车、驳,应询问核对,以防止错装、错发。

2) 发货与交接

发货交接应注意做到如下几点。

(1) 出库凭证和手续必须符合要求。出库凭证格式不尽相同,但不论采用何种形式都必须真实、有效。出库凭证不符合要求时,仓库不得擅自发货。特殊情况下的发货必须符合仓库的有关规定。

（2）发货前双方应商定交接计数办法,坚持当面交接。一般货物入库检验与出库检验的方法应保持一致,以免造成人为的库存盈亏。

（3）港口只凭标志相符、包装完整发货,对箱内货物一般不负责任。如包装残损、内货状况不明时,不能贸然开出记录、让其提走件货,而是应暂时将货留下。内贸货双方应当场开箱验货,外贸货应由商检局开箱鉴定。

（4）按车、按驳时办理交接签证,一般不开总交接单;也不要预先开单,以防更改;点垛交接可以一次办总交接。

（5）空袋地脚货应随原批货同行。

（6）发现短缺时,不能随便用同品种、规格的货物抵补。即使是同一收货单位的,也要货主开具抵补证明,并在提货凭证上写明抵补情况,出仓日报上也应写清抵补情况。

（7）发货完毕,应检查库场道路,注意有否漏发、错发和掉件。

（8）提高服务质量,满足用户的货物出库要求,做到及时、准确、保质、保量地将货物发放给收货单位,防止差错事故发生;工作尽量一次完成,提高作业效率;为用户提货创造各种方便条件,协助用户解决实际问题。

3）单据处理

库场发完货应立即与接货方办理交接手续,签证有关交接单据。

交接签证单据是双方交接的凭证,库场可以此作为货物账册付账的原始依据。车辆提货的交接单据,同时又是出门通行证。船舶装运的货物交接单据叫库场-船驳交接计数单。交接计数单由发货库场员填写,内容要详尽具体,在装好后填妥,交船驳方签证。

除了填签交接单据外,还要在提货凭证上做出记录,写明日期、操作过程、提取数量与结存量。如果提货证记录栏已记载满,或者提货凭证港口要收回,则应给货方另填提剩单以作为下次的提货凭证。开出提剩单后,原提货凭证上应作记录并收回。

货物出库后,库场还要填制出仓报表,并让其在货物账册上付账。

3. 货物的保管作业

如货物在库场堆存保管期内,港口就要对货物的安全质量承担责任,确保不发生货损、货差事故。

具体来讲,货物保管要做好以下工作。

（1）防止盗窃等破坏事件发生。库场管理员应坚守岗位,离开时应锁门。库门钥匙要专人保管,上班领取,下班交回。进出仓库人员应进行登记,与仓库作业无关人员不能进入仓库。

（2）做好消防工作。库场应按堆放货物种类配备消防器材,消防器材应放置在固定地点,不能挪做他用,并定期检查更换。对火种、电源要进行严格管理。仓库内不准使用电炉、煤炉,不得带火种入库,明火作业应经派出所(消防部门)批准,同时进行监护。车辆进入港区应安装"火星熄灭装置"。

（3）做好防汛、防台风工作。防台风、防汛措施应落实,器材配足,有专人负责,加强检查督促。水管下水道要保持畅通。屋面漏雨、门窗破裂,要及时修复。苫盖油布要经常检查、破洞要及时补好。堆场盖油布要扣牢网绳,以防被风吹开。质量不好的仓库,低洼堆场所堆货物,在台汛期间要催货主快些提走或联系运力转出,不能运出港区,就在港内转栈。防汛墙外的货物要特别注意。要随时掌握气象情况,防止天气突变造成湿损事故。

(4) 健全货账制度,定期盘点。库场堆放货物必须建立货账制度,做到有货有账,货账相符。货物入库应及时登账,货物出库及时销账。库场堆存货物应定期盘点,一般杂货每月一次,煤炭等大宗散货每季度或半年一次。盘点发现数量溢缺,应查明原因、报告有关部门更正账面。杂货仓库每月盘货后,填制月结报表,可作为存货的账册。

(5) 建立保管责任制、交接班制度和经常性的安全检查制度,保证以上各项措施、制度的落实。

5.5 理货业务管理

5.5.1 理货业务范围

理货是指在交接过程中,根据运输单证、票据和货运规章制度对运输中的货物进行清点计数、检查、签证,出具货物数量、状况证明的行为。

理货业务范围随着外贸运输的发展而逐步扩大,从最初的计数、挑残,发展到现在的服务于海上货物运输所涉及的货物交接的各个领域。

1. 理货业务类型

(1) 按理货对象分,理货业务可分为船方理货、货方理货、保险方理货、其他方理货等。

(2) 按货类和船舶分,理货业务可分为成件货物理货、集装箱理货(含理箱和理货)、载驳船理货和散装船理货等。

(3) 按工作地点分,理货业务可分为国内港理货、随船理货、出国理货和内地理货等。

(4) 按货物性质分,理货业务可分为外贸货物理货、内贸货物理货、行李包裹理货、海外货物理货与转口和过境货物理货等。

(5) 按理货规则分,理货业务可分为强制性理货和委托性理货等。

2. 理货业务内容

(1) 点清货物数字,剔清货物残损,分清货物标志、批次和件号;

(2) 点清集装箱数字,剔清集装箱残损,分清集装箱箱号和铅封号;

(3) 点清集装箱箱内货物数字,剔清箱内货物残损,分清箱内货物标志、批次和件号;

(4) 验封和施封集装箱;

(5) 绘制积载图,制作分舱单;

(6) 办理散装货物单证、手续业务;

(7) 对货物进行甩样、分规格、挑件号;

(8) 丈量、计量货物;

(9) 监装、监卸;

(10) 办理交接、签证手续,提供有关单证。

5.5.2 库场理货

1. 库场理货及其任务

库场理货是指在货物进出港口时,库场理货员(管理员)代表港口对货物进行清点计数、检查,制作货物数量、状况记录和报表的管理工作。

库场理货的任务如下。

1) 清点计数,确定货物数量

库场应按规定或者约定的方法和地点对货物进行清点计数,确定货物的准确数量。对于计件货物要逐件验收,确定件数;对其他货物采取相应的方法确定重量或体积。

2) 查验货物

理货员首先要查验货物的货名、规格、包装、标志是否与单证记载的一致,严防收、交错货物;还要检查货物有无损害或状态不良、标志脱落等影响货物作业质量的现象。理货员接收货物时未发现的货物损害将由港口承担责任。

3) 残损认定和编制记录

在查验货物时发现货物损坏或状态不良,要另行堆放,待工班结束或作业结束时进行查验,确定货物的残损原因和损坏程度,编制货运记录;对对方编制的货运记录要仔细进行核对、签认。

4) 货物分票、分规格

对混票运输的货物或者多票货物卸货时,理货员要做好分票工作,指挥不同票货的堆放位置,避免混堆。

5) 办理货物交接手续

在接受或者交付货物完毕后,库场理货员要核算交接货物数量,填制货物单证,办理单证签署和签发,完成货物的交接手续办理;在本班结束时,如果货物未交接完毕,当班理货员应与对方核对理货数量并当场办理当班交接货物的交接手续,签发车辆出门证。

6) 指挥堆垛、装卸作业

库场理货员要正确指挥库场货物的码垛或拆垛作业,保证货垛质量,指挥货物苫盖并检查是否符合要求;指挥货物装卸车、装卸船作业;安排地脚货的收集和灌包、堆放;检查作业线路,查找到遗漏、散落货物并安排取回归垛。

2. 库场理货的方法

随着国内外贸易的发展、货运量的增加,理货工作为适应客观形势发展的需要,其方法也在不断改进。具体方法都是在一定的交接形式下产生的,当前普遍应用的方法如下。

1) 划数理货法

是一种应用比较普遍的理货方法。尤其是同一货种的大宗货物,在船↔船、船↔驳、船↔库场、船↔车等装卸作业范围内均可使用。其方法是采用一交一接的双边记数办法。双方人员站在适当的位置进行对口交接,每记一钩货物互相招呼,每隔一定时间互相核对数字。

2) 点垛交接法

是一种常见的理货方法,适用于按作业线对口点数(点垛)交接,目前多在出口货物集港、装船时使用。

3) 发筹理货法

是交接双方指定一筹代表一钩或一件货物,根据货物装卸数量和地点约定交接界线,随货一交一接;筹码发完、回筹时,双方记明数量、核实清楚。以筹代数是比较古老的理货方法,只适用于人力操作、数量不大、按件计数的货物。随着机械化程度的提高,发筹交接(理货)法的使用范围逐渐缩小了。

4) 按重理货法

适用于货主申请按重交接的货物,以及不能用件作基本单位的散装货物。

5) 计数器理货法

是在袋装货专用码头使用皮带运输机装卸货物时,用机上装有的电子计数器代替人工进行理货的方法。该方法只适用于同一货种的大宗货物,如每件重量相等的袋装货。另外,液体散装货物,均采用流量仪表计量。

6) 小票理货法

是在前几种理货方法的基础上发展起来的一种方法。其交接形式是发货方与收货方用文字联系,按小票格式填写提单号、数量、残损及顺序号。小票由司机随货带到收货地点;收货方依据小票记载内容,核实货物的交接方法。小票采用双联方式,填发一方留有存根,每班作业完毕,交接双方按票核实数字和残损,无误后,双方签字,以示交接完毕。

小票理货法在接卸进口货物时应用较普遍,它优于"划数法"、"点垛法"。其特点是:

(1) 理货人员必须上岗定位,具有认真负责的工作作风;

(2) 遇有不符能立即得到纠正,避免班后扯皮;

(3) 避免从船到库场的中间环节无人管的现象,一张小票紧密地连接着外理、装卸、司机、库场员四个岗位,使这四个岗位既能互相监督,又能互相配合。

5.5.3 装船理货

1. 装船前的理货准备工作

在船舶装货前 24 小时内,船舶代理人将载货清单、装货清单、危险品清单和经船方确定的货物配载图等有关单证资料送交理货机构。发货人或其代理人将经港口仓库确认并批准货物堆放位置的装货单附页和经海关核准放行的装(收)货单一起送交理货机构。理货机构收到这些单证资料后,要进行整理和登记,如发现问题,及时联系解决,然后将有关单证资料交给指派登轮的理货人员使用。

理货人员收到单证资料后,要立即着手进行下列准备工作。

1) 核对装货单和载货清单

装货单是理货人员验收货物和装船理货的凭证。载货清单全称是"国际航行船舶出口载货清单",习惯上被称为"出口舱单"或"舱单",是船舶代理人根据装货单按卸货港顺序汇总编制的,是供理货人员了解和掌握全船所载货物的总件数和总重量之用。核对装货单和载货清单,应以装货单上记载的内容为准。如发现两者内容不一致,应按装货单修正载货清单。

核对内容如下。

(1) 港口名称。港口名称包括货物的卸货港和目的港。有的货物的卸货港和目的港是一致的,有的货物的卸货港不是目的港,而是转口港或选择港。

(2) 标志、货名、包装。标志包括主标志和副标志。

(3) 件数和重量。件数和重量是核对的最重要内容,不能有丝毫的差错。

(4) 对未到货物的处理。可能由于发货人还未将货物送到港口库场,或海关验货未放行,或发货人没把货备齐,或发货人和港口库场对货物件数有争议等原因,装货单未到理货人员手中。此时,理货人员应在载货清单上标明未到的装货单,或另外列一张未到货的清单以便下一班理货人员掌握。

2) 编制舱口装货计划表

舱口装货计划表是理货长根据货物配载图和装货单,按舱口分层次编制的全船装货顺序计划表,俗称"进度表"。

编制舱口装货计划表的要求如下。

(1) 将装货单按编号顺序排列。

(2) 根据货物配载图和装货单,按卸货港顺序,分舱口和层次圈配载图上的装货单号,同时在装货单上填明装舱位置。

(3) 将同舱口、同层次、同装货港的装货单,按不同的货类、性质、积载要求、包装式样、货物来源加以分开;将同货类、同性质、同包装式样的零星小票货物集中在一起。

(4) 将转口货和选港货的装货单按不同的转口港和选择港加以分开。

(5) 将危险品、贵重品、使馆物资、重大件等特殊货物的装货单单独分开。

(6) 在完成上述工作的基础上,按不同的舱口、卸货港编制进度表。

(7) 对大宗货、大票货和散装货,应在进度表上分别注明装入各舱的货物数量。

(8) 对加载、退关货物,应在进度表上注明加载、退关的货物件数和重量。

(9) 在进度表上计算出装入各舱口和各层次的货物总件数和总重量、各卸货港(包括转口港和选择港)的货物总件数和总重量;然后计算出全船装货的总件数和总重量;最后,把计算出来的各项数字与载货清单计算出来的各项数字相核对,务必使两者完全一致,如有不一致的地方,必须找出原因,直到两者数字完全相同为止。

3) 准备登轮工作所需的单证、资料和理货用品

4) 与大副联系有关事宜

(1) 了解和核对卸货港顺序。配载图上的各卸货港是由船方确定的,为了确保卸货港顺序的正确无误,理货人员有必要进行仔细的检查,且与大副当面核对一次。如发现有不妥之处,应与大副磋商,进行适当调整。

(2) 修正配载图上错配、漏配、重配的装货单。配载图上标明装货单编号用来表明每票货物的装舱位置。理货人员在编制进度表时,可能会发现货物配载图上有错配、漏配和重配装货单的现象。

错配,指将不同卸货港的货物或性质互抵的货物混配在一起。

漏配,指部分货物没有配置在配载图上。

重配,指同票货物重复出现在配载图上。

理货人员要把错配、漏配、重配的装货单送交大副,由他重新确定装舱位置。

(3) 纠正配载图上存在的问题。由于船方对货物的实际情况不了解,因此,编制的配载图难免存在一些问题,如货物轻重、大小搭配不合理等。理货人员发现问题后,应向大副提出,以便及时纠正。

(4) 了解衬垫隔票要求。对衬垫隔票的总要求,船方在配载图上备注栏内已经标明。但在装货过程中,还会遇到许多具体情况,如衬垫隔票的物料来源、对某种货类衬垫隔票的具体要求等,这都需要理货人员联系船方解决。

(5) 了解装卸方面的问题。向船方了解船舶吊杆的安全负荷量、重大件的起吊设备、冷藏舱打冷气的时间、夜间作业舱内是否安装灯光、外档作业是否提供绳梯等,向船方介绍装卸作业时间、工班作业舱口等。

(6) 了解理货方面的事宜。商定与大副联系工作的地点、时间,夜班作业发生问题如何处理,船方值班人员安排等,向其介绍我国理货的概况、理货方法,征求对理货工作的要求等。

理货长应将与船方洽谈的有关事项记录在交接簿内,供接班人员掌握。

2. 装船过程中的理货工作

1) 熟悉装货单,准备理货

装货单是理货的依据,要注意:

(1) 掌握该舱口所装货物的种类、卸货港顺序;
(2) 掌握货物尤其是特殊货物,积载的位置和要求;
(3) 了解货物衬垫隔票的要求和物料的来源;
(4) 了解直装或现装货物的来源、操作过程和交接方法。

将装货单附页抽出,按卸货港顺序、货物种类和性质、包装式样、积载要求,排列好装货的先后顺序,同时尽可能根据附页上注明的货物来源、堆放地点,把同一货位的装货单排列在一起,以便于仓库发货和工人装货。

对不同卸货港、转口港和选择港的装货单,应分别单独排列,以防止错装。

对重大件、危险品的装货单,应先查看货物装舱条件和货物实际情况,以便指导工人装船;如发现货物不宜装在该处,应及时通知理货长。

对冷藏货装船,应事先通知船方停供冷气,以保证工人操作安全,同时要求船方准备好隔垫物料,以备使用。

对直装、现装货物,应先了解驳船和车辆停靠位置,记下车辆号、驳船号,然后通知海关人员到现场验放装货单。

2) 凭单装船理货

对从港口库场装船的货物,装船前,理货员凭装货单先到港口库场检查核对货物;然后,再将附页交给库场员,供其凭此发货装船,或将附页交给装卸工组,供其凭此到库场提货装船。直装、现装货物,凭装货单收货装船。

在装船过程中,理货员在船上或船边凭装货单逐票逐钩核对货物标志,点清件数,检查包装。

核对标志,主要是核对货物的主标志和卸货港名称;如发现标志不符,应通知库场员,待解决后,方能装船。

理清件数,指对杂货,要逐票点清件数;对大宗货物,工人必须坚持做到定量钩,理货人员逐钩复查,点清数字;对直装、现装的货物,要在船上或船边与发货人或驳船船员划钩计数,当钩交接清;对船方有特殊要求的货物,装船前,应通知船方共同进行点交点接,理清数字。

检查包装,重点是检查货物包装是否完整,保障货物完整无损地装船。如发现下列情况,原则上不能装船:

(1) 木箱、木桶等硬包装发生变形;
(2) 包装外表加的铁带、铁箍松弛、断裂或脱落;
(3) 包装内货有晃动或破碎的声响;
(4) 包装外表有渗漏、污染痕迹;
(5) 袋装货的袋口松散;
(6) 桶装货的塞、盖脱落;
(7) 各种包装破损;
(8) 动植物、食品出现腐烂、发霉气味;
(9) 其他明显的包装异常、损坏等;

3) 监督装舱

在装货过程中,要指导和监督工人装舱积载和衬垫、隔票。

装舱积载,主要是指导每批或每票货物的积载位置和堆码要求。尤其是班轮装货,更要严格按照船方要求指导装舱积载。在装舱位置比较紧的情况下,要控制发放的附页的数量,尽量做到整票装清。在装船过程中,如遇上突然下暴雨,要特别注意舱内货物是否被雨淋湿和破票货物未装船的件数和它们所在的位置。对在船边交接的货物,要经常检查舱内积载情况,防止工人随意变更积载位置和乱堆乱放。对船方提出的要求是,要及时转告工人和有关部门。

衬垫,主要是根据船方的要求和理货人员的布置,将衬垫要求和衬垫物料来源通知工人。如事先需要船方验看的,应通知船方验看后再装船。

隔票,是理货人员直接指导装卸工人进行的。凡下列情况需要进行隔票:

(1) 不同卸货港的货物装完后,需要进行隔票,然后才能装其他卸货港的货物;
(2) 不同转口港或选择港的货物装完时,需要进行隔票后,才能装其他转口港或选择港的货物;
(3) 同包装不同票的货物装完时,需要进行隔票后,才能装其他票的货物;
(4) 船方要求隔票的其他货物,需要进行隔票后才能继续装船。

4) 编制单证

在装船作业过程中,理货人员应按钩填制计数单;整票货物装上船时,应如实批注装货单;如发生理货待时的情况,应填制待时记录。

5) 复核计数单和装货单

核对计数单和装货单的内容包括:

(1) 核对计数单上填写的装货单编号、标志、包装、件数是否与装货单上的相符合;
(2) 复核计数单上填写的总件数和总重量是否正确;

(3) 对直装、现装货物,要核对计数单与随车清单或驳船清单是否相符;

(4) 整票货物未装完,要核对计数单上填写的件数与装货单附页上签注的件数是否相符;

(5) 复核已装船的装货单编号和份数与计数单上填写的是否相符。

6) 销进度表和载货清单

要在复核计数单和装货单的基础上销进度表,俗称销账。这是装船理货工作中很重要的一环,因为它是全船装货进度的综合反映,是绘制积载草图的依据,是确定出口总数的基础。

根据已装船的装货单,在载货清单的件数栏上,画一个圆圈,在发货人一栏上注明装舱位置,以表明该票货物已装船、发给理货人员的装货单已收回。通过圈销载货清单,可随时了解装船动态,掌握货物未装船的存余票数,以便与发货人核对装货单已装船数和存余数,船舶离港后可作为核查船公司查询单的原始资料。

7) 交接班

理货人员的交接班有时是在装船作业过程中进行的,因此交接班的两个理货人员应在理货岗位上进行交接。这就要求:接班理货人员应提前到理货岗位;交班理货人员在接班人未到前,不能擅自离开理货岗位。

3. 装船结束时的理货工作

一般要求在装船结束后两小时内,完成全船的所有理货工作,特殊情况除外。这对理货人员来说,是一项艰巨的任务,时间短,收尾工作多,受客观因素影响比较大,因此,要求理货人员要提前做好结关准备工作。要在两小时内完成一般事务、编制单证和船方签证三项任务。

1) 一般事务

一般事务包括如下内容:

(1) 检查和整理好所有理货单证和其他有关单证资料;

(2) 检查和处理好最后一批装货单;

(3) 复核装船货物的总件数和总重量,复核装船货物的分港数和分舱数;

(4) 复核退关的装货单编号和货物数量;

(5) 向港口库场了解有否遗漏货物、残损货物是否全部装上船;

(6) 向各舱理货员了解装货结束时间和其他相关事宜;

2) 编制单证

编制单证包括以下内容:

(1) 填制最后一份日报单和待时记录;

(2) 编制完货物分舱单和理货证明书;

(3) 完成货物积载图的绘制工作。

3) 船方签证

应在完成上述各项工作的基础上,提请船长或大副签认最后一批装货单、理货证明书和货物积载图等单证。

签字结束后,理货人员应携带所有单证资料以及理货用品离船;然后将全船的单证

第5章 港口生产与商务管理业务

资料整理好，交主管部门，并汇报有关情况。

5.5.4 卸船理货

1. 卸船前的准备工作

船舶到港前 24 小时内，船舶代理人应将进口舱单、分舱单、积载图、危险品清单、重件清单等有关单证资料送交理货机构，货方代理人应将进口货物的详细资料送交理货机构。理货机构根据进口舱单和进口货物有关资料制成若干份分标志单（又称分唛单）、一份销账进度表和一份流向单，并将其交给登轮的理货长使用。

1) 理货人员收到单证资料后，应着手进行下列准备工作

查阅和整理单证资料；联系港口调度和库场；了解船舶停靠泊位、时间，卸船作业计划，货物流向或库场货位安排。着重掌握以下情况：

(1) 船舶性质和国籍；

(2) 货物的来源和装货港，各舱货物的种类、性质、数量和积载情况；

(3) 卸船作业计划、货物现提数量和流向、进港口库场的数量和堆存地点；

(4) 对成套设备、重大件、危险品、贵重品等特殊货物的卸货安排、装卸工艺、安全措施、注意事项和对理货工作的要求等；

(5) 主管部门对理货工作的指示和要求；

(6) 在交班簿上填写各舱的重点货种、注意事项、交接方法和验残要求等内容。

2) 船舶靠泊后，理货人员登轮向船方大副了解有关情况

(1) 装货港装货时的天气情况、装卸工艺、操作方法、理货方法，有无数字争执和退关，有无残损批注和保函等。

(2) 船舶在航行途中的天气情况，有无海事报告等。

(3) 船舶在中途港的装卸、理货情况，过境货的隔票情况，备用袋的存放位置；如装有车辆，要索取钥匙。

(4) 舱内货物的积载、隔票情况。

(5) 原残货物的验残方法和要求。

(6) 对理货工作的要求和卸货的注意事项。

(7) 装货单和装货港的理货单证。

理货人员要向船方了解情况，并将其记录在交接簿上；对重大问题，应及时向主管部门汇报。

2. 卸船过程中的理货工作

1) 与装卸人员协调

与装卸人员协调的工作包括以下方面。

(1) 介绍舱内货物的种类、性质、票数和积载隔票情况。

(2) 介绍残损货物的验残要求，要求工人发现原残货物应立即通知理货员，未经理货员处理，不得随意搬动；要求对工残货物，能实事求是地签认理货员编制的工残记录。

(3) 要求装卸工组必须按票起卸，配合理货人员做好分票工作。

(4) 要求装卸工组在卸精密仪器、使领馆物资、展览品等贵重货物时，要轻拿轻放，注

意货物倒置标志；卸大宗货物时，要做好定量钩工作。

（5）要求发现混票或隔票不清现象，要及时通知理货员，经理货员处理后，再起卸。

2）理货作业

卸船过程中的理货作业包括如下内容：

（1）凭分票标志单进行分票、理数；

（2）处理原残和工残货物；

（3）处理理货与港口库场或收货人及其代理人办理货物交接手续等；

（4）将船方提出的合理要求及时通知装卸指导员；

（5）协助工人联系船方解决起落吊杆，起货机故障，安装照明设备、舷梯等问题；

（6）协助工人联系船方指导起卸重大件、危险品和困难作业的货物。

3）交接班

交接班的内容包括如下方面。

（1）交资料。交班理货人员要将所有单证资料向接班理货人员交接清楚。

（2）交情况。交情况主要是交卸货进度、全船理货数字、货物残损情况、向船方了解的情况、卸船理货注意事项等内容。

（3）交要求。这包括交分票、理数、验残要求，交指导工人按票起卸要求，交办理货物交接手续要求等。

（4）交问题。这包括交工作中发生的各种问题和处理情况、交接情况。

除了将上述交接内容口头交代清楚外，还要将一些重要内容记录在交接簿上。

3．卸货结束时的理货工作

卸货结束时，一般也要求在两小时内完成全船的理货工作，特殊情况除外。在这短短的两小时内要完成一般事务、编制单证和船方签证三项任务。

1）一般事务

卸货结束时理货工作的一般事务包括如下内容：

（1）检查和整理好所有理货单证和其他有关单证资料；

（2）复核卸船货物的总件数与残损货物数量和内容；

（3）了解有否漏计和漏卸货物、卸货结束时间等；

（4）与港口库场核对全船理货数字，与收货人或其代理人核对现提货物数字；

（5）最后确定卸船货物的溢短数字、残损货物数字和内容。

2）编制单证

卸货结束时编制单证包括以下内容：

（1）填制最后一份日报单和待时记录；

（2）编制理货证明书、货物残损单和货物溢短单。

3）船方签证

应在完成上述各项工作的基础上，提请船长或大副签认理货证明书、货物残损单和货物溢短单。

签证结束后，理货人员应携带所有单证资料以及理货用品离船；然后整理好全船的单证资料，交主管部门，且汇报有关情况。

5.5.5 理货辅助方法与单证

1. 理货辅助方法

1）衬垫

在船舶受载部位和舱内四周处,以及货物之间,铺放木板、草席等物料,以减轻船舶受载部位的压力,使货物不直接接触舱底板和船舱四周的舱壁,减少货物受损情况,从而达到保证船、货安全的作业,被称为衬垫。

在底舱及各层甲板装载包、捆货物和怕潮货物时,一般可铺垫木板一二层。如铺一层,要横向铺,即左右向铺垫;如铺两层,下层要横铺,上层要纵铺,即首尾向铺垫。在污水沟处要留出空当,以便污水畅通。对易发热、腐烂的货物,最好在木板上面加一层席子或帆布。舱口边缘、横梁下面要铺几层席子或帆布,以防汗湿货物。

为防止货物移动,可用木楔、撑木加固货物;为了防止甲板受力集中,可铺垫木板或方木。

舱壁及舷壁,一般可用席子、草片、帆布、木板等物料来衬垫,以防汗湿货物,保护壁板,但要防止阻塞汗水下流和舱内通风。安装护货板的船舶可不加衬垫。

2）隔票

将不同装货单(提单)的货物分开装船积载使之不相混淆,被称为隔票。

对不同港口货物,可用以下方式隔票:

(1) 件杂货可用网络、席子、帆布、木板、纸张等物料进行隔票;

(2) 钢板、钢管、钢材等可用涂料、钢丝绳进行隔票;

(3) 袋、捆、包装的货物可用网络、席子、帆布等物料进行隔票;

(4) 桶装货可用木板、草片等物料进行隔票;

(5) 散装货可用席子、帆布等物料进行隔票。

对同港口不同包装物,如果包装是明显不同的,可以采用自然隔票,但每票货物堆积必须集中,以便卸货和理货工作。对同港口相同包装的不同票货物必须按票用隔票物料加以隔清。

3）分票

分票就是依据出口装货单或进口舱单分清货物的主标志和归属,分清混票和隔票不清货物的运输标志和归属。

(1) 装船时,可采用以下方法分票

① 按票核对货物上的主标志,保证其与装货单上的标志相一致;

② 按票核对货物上的副标志,如卸货港名称、批号、重量等;

③ 对标志模糊不清、脱落或无标志的货物,应及时联系发货人处理,否则不予装船;

④ 必须按票装舱积载,做到一票一清、票票分隔,防止混装和隔票不清的现象发生。

(2) 卸船时,可采用以下方法分票:

① 对同包装、同票的货物,可采取抽查的方法,核对主标志;

② 对同包装、不同票的货物,要着重检查其主标志的差异部分;

③ 对不同包装、不同票的货物,要逐件检查它们的主标志;

④ 对标志不符、不清或无标志的货物，要联系收货人确认可否归入同票货物中，以减少溢短签证；

⑤ 对散件或抽件的货物，要尽量归入原票货物中，以减少短件溢支签证。

4）理数

理数就是在船舶装卸货物过程中，记录起吊货物的钩数，点清钩内货物细数，计算装卸货物的数字，亦称计数。理数的常用方法如下。

(1) 发筹理数。对每钩货物发一支筹码，凭筹码计算货物数字，被称为发筹理数。这种原始的理数方法，目前已极少使用。发筹理数的前提条件是每钩货物件数必须相等，每支筹码代表每钩同等数字的货物。这种方法适用于定量包装和定钩码的大宗货物。

(2) 划钩理数。逐钩点清货物数字，被称为划钩理数。这种方法适用于各种货物。

(3) 挂牌理数。对每钩货物挂一只小牌，凭牌计算货物数字，被称为挂牌理数。这是发筹理数的一种演变形式。这种方法适用于定量包装和定钩码的大宗货物。

(4) 小票理数。按每钩货物数字填发小票，交接双方各执一联，凭票计算货物数字，被称为小票理数。小票是一种有顺序编号的两联单。这种方法适用于各种货物。

(5) 点垛理数。按垛点清货物数字，被称为点垛理数。垛是指在码头库场按一定要求堆码成型的货物。这种方法一般不适用于外贸运输货物，但在特定条件下，如对舱内、船边不易按钩点清数字，而从货垛外能点清数字的货物，倒可作为一种辅助的理数方法。

(6) 抄号理数。记录每件货物的号码，据以计算货物的数字，被称为抄号理数。一般货物，尤其是成套货物的包装上都印有件号，一个号码代表一件货物，因此，这种方法更适用于成套设备和有特殊要求的货物。

(7) 自动理数。这是一种以科学仪器作为计数工具的理数方法。目前在世界各港口最普遍使用的计数工具，就是在输送带上安装的一个自动计数器。这种方法主要适用于定量包装的货物。

5）理残

理货人员为了确保出口货物完整无损、进口货物分清原残和工残，在船舶装卸过程中，剔除残损货物，记载原残货物的积载部位、残损情况和数字，被称为理残，亦称分残。理残的方法如下。

(1) 查明残损货物的受损情况。理货人员在理残时，一旦发现残损货物，就应：首先根据装货单或进舱单核对残损货物的标志、件号和包装，查明其归属哪一票；其次仔细检查残损货物包装外表受损情况；最后，确定残损货物的受损范围和程度。

(2) 理清残损货物的数量。由于货物受损原因各不相同，因此，受损情况会不同。不管货物受损程度如何，理货人员必须理清残损货物的数量，这是理货人员的工作职责。尤其是对受损面积比较大的货物，一定要区分清好货和残货，理清残损货物的数量，以供有关部门办理海事理算时作为参考。

(3) 明确残损货物的责任方。理货人员可通过理残工作，查明残损货物发生的时间和地点界线，明确残损货物的责任方。

2. 理货单证

目前国际上还没有统一的理货单证，各国理货机构使用的理货单证种类、格式差异比

第 5 章　港口生产与商务管理业务

较大,但几种基本的理货单证还是大同小异。下面介绍我国使用的理货单证。

1) 理货委托书

理货委托书(application for tally)是委托人委托理货机构办理理货业务的书面凭证。由于我国对国际航线的船舶实行强制性理货,因此不需要此类船舶提交理货委托书,理货机构就与船方自动产生了委托与被委托的关系。在国内沿海运输中,有的船公司与理货公司签订了长期委托理货的协议书,也就没有必要按航次再提交理货委托书。

理货委托书由理货机构用中文和英文印刷的两种文本,中文本供国内委托方使用,英文本提供给国外委托方使用。

2) 计数单

计数单(tally sheet)是理货人员理货计数的原始记录。计数单的计数栏内,通常是按钩填写货物的数字。对于不同舱口的货物,以及进口和出口的货物,都不能合编一张计数单。

计数单是判断卸船货物数字是否有溢、短,装船货物数字是否准确的唯一根据,是填写装货单/大副收据实装件数的依据。船方对计数单比较重视,在理货过程中,经常检查理货员编制的计数单是否准确。

为了便于理货员提供计费的依据,计数单的备注栏内印有计费项目。

3) 现场记录

现场记录(on-the-spot record)是理货人员记载货物异常状态和现场情况的原始凭证。如发现进口货物在船上有原残、混装、隔票不清等情况,以及船方原因造成的翻舱等,均应编制现场记录。现场记录是汇总编制货物残损单的依据。

4) 日报单

日报单(daily report)是理货长向船方报告各舱货物装卸进度的单证。进口和出口货物不能合制一张日报单。日报单上的货物吨数为参考数,因为理货人员很难准确地计算出装、卸货物的吨数,但一票货物如发生溢、短,其重量应根据舱单或装货单做相应的更改。日报单上的货物件数是准确数,它是根据当班的计数单填写的。

5) 待时记录

待时记录(stand-by time record)是记载由船方原因造成理货人员停工待时的证明。由非装卸工人责任造成船舶吊机故障、电源中断、舱内打冷气、开关舱、铺垫舱、隔票、拆加固等情况,致使理货人员停工待时,均应编制待时记录。

6) 货物溢短单

货物溢短单(overlanded/shortlanded cargo list)是记载进口货物件数溢出或短少的证明。整船进口货物件数无溢短时,仍需编制货物溢短单,在通栏内填写英文"NIL"。货物溢短单由理货长累计计数单,对照进口舱单汇总编制。

货物溢短单的编制,关系到船方的经济利益,必须经大副或船长签字。货物溢短单是收货人向船公司或保险人索赔的重要凭证。

7) 货物残损单

货物残损单(damaged cargo list)是记载进口货物原残情况的证明,由理货长根据现场记录汇总编制。

货物残损单的编制,关系到船方的经济利益,必须经大副或船长签字。货物残损单是收货人向船公司或保险人索赔的重要凭证。

8) 分港卸货单

分港卸货单(discharging report in separate ports)是两港分卸的同一票货物在第一卸货港卸货件数的证明,由理货长编制,可作为第二卸货港理货的依据。

9) 货物分舱单

货物分舱单(cargo hatch list)是分港分舱记载每票货物装舱部位的清单,一个卸货港编制一份,由理货长根据装货单编制。

货物分舱单对卸货港制定卸船作业计划,安排车、驳衔接,库场堆存等,理货,对船方掌握舱内货物情况具有重要作用。

10) 货物积载图

货物积载图(stowage plan)是出口货物实际装舱部位的示意图,由理货长根据装船过程中的变化,随时修改货物配载图而绘制成的。

货物积载图对船方了解货物装船情况和货物在舱内的积载部位、卸货港安排卸船作业和理货工作,都有重要作用。

11) 复查单

复查单(rechecking list)是理货机构对原理货物进行复查后出具的凭证。复查是船方或其他方要求进行的。复查的结果有两种,一种是与原结果相同;一种是与原结果不同。两种复查结果,都要对外出具复查单。

12) 更正单

更正单(correction list)是理货机构更改原理货结果的凭证。更正与复查的区别:更正是理货机构发现本身理货工作失误,主动地对外更正理货结果;而复查是应他方要求进行的,如证明原理货结果错误,则就主动地对外更正理货结果。理货机构对外出具更正单或复查单,一方面表明承认理货工作有失误;另一方面也表明理货机构的实事求是精神。

13) 分标志单

分标志单(list of marks-assorting)是在卸船后分清混装货物标志的凭证。

边卸货边分清混装货物标志,或船舶离港前分清混装货物的标志,皆不编制分标志单。

14) 查询单

查询单(cargo tracer)是向对方调查货物情况的单证。

查询单通常是在货物发生溢短情况时,由船公司或理货机构编制查询单,向船舶停靠港口调查货物有无错卸、漏卸、错装、漏装等情况,以澄清事实、挽回损失。

15) 货物丈量单

货物丈量单(list of cargo measurement)是记载丈量的货物尺码的单证。

丈量货物尺码,计算出货物体积,有两种情况:一种是理货机构为了准确收费的需要,主动地对货物进行尺码丈量;另一种是理货机构受委托方要求,开展对货物进行尺码丈量的业务活动。我国规定货物的一立方米体积为一尺码吨。理货机构按货物重量吨和尺码吨择大计费。

对货物的重量和体积,一般是按照进口舱单和出口装货单上的数字记录。但对有疑问者,理货机构可以进行实际丈量,并以丈量的数字为准。

16) 理货证明书

理货证明书(tally certificate)是委托方确认理货工作的凭证。

理货证明书是理货机构向船公司或其代理人结算各项费用的依据。由于理货证明书上列明了进口或出口货物的总件数,因此,它在客观上又起到了记录船舶实际装卸货物总数量的交接作用。为了便于理货人员填写理货工作项目,理货证明书上印制了各项内容。

港口设备管理中的几种不良倾向[①]

港口设备是港口企业生产的物质基础。一个港口仅拥有现代化的设备而无科学的管理是不可能获得良好的设备技术效能和经济效益的。在企业中,设备管理是一个重要的管理领域,在这个领域中避免不良的管理倾向是十分重要的。

一、港口设备管理中的不良倾向

目前,港口设备管理中的如下几种不良倾向,应引起我们的注意。

1. 重视设备技术管理,忽视经济管理

设备管理本质上是对设备运行过程的管理。设备的运行过程有两种形态:一是实物形态;二是价值形态。两种形态形成设备的两种管理——技术管理与经济管理,它们分别受技术规律与经济规律的支配:一方面要求经常保持设备良好的技术状态;另一方面要求节约设备维修与管理费用,也就是使设备的寿命周期费用达到最佳化。现行的传统设备管理考核指标中,突出设备完好率及其他技术指标,而忽视设备经济指标考核,这对提高设备的经济效益是十分不利的。

设备是港口企业重要的和数额最大的固定投资,而且为了保证设备的正常运转和良好性能,还应追加维修费用。一个港口企业支付这些资金必须取得良好的经济效益,才能维持自身的生存和发展,才能满足各种需求和为国家创造、积累财富。同时,在社会主义市场经济中,设备也是商品,也有价值和使用价值这两重性。因此,必须认识到,要取得设备的使用价值,以从事生产活动,就必须垫付设备的价值和支付维护、修理及改造设备的费用。国务院颁布的《国有企业设备管理条例》中明确规定:"企业设备管理主要是对设备管理进行综合管理,保持设备的有效性,取得良好的投资效益。"要达到上述目标,就要求设备管理与维修人员不仅要对设备进行各项技术管理,还要对设备进行经济管理。

2. 重视设备状态维修方式,忽视其他维修方式

1) 决定所应采取的维修方式的因素

实践证明,重视某一种维修方式、忽视其他维修方式是片面的、不科学的,也是非常有害的。此外,故障分类不是固定不变的,随着检测技术的发展某些原来认为不可监测的故

[①] 吴华海.浅谈港口装卸设备管理中的几种不良倾向[J].交通科技,2007,(6).

障可能转变为可监测的。

事实上,决定设备的最佳维修方式的因素主要有三个:设备因素、经济因素、安全因素。通常决定维修的准则主要是经济因素,即以维修费用最少为原则,同时要满足安全规程等要求。

2)各种维修方式的特点

各种维修方式的特点如下。

(1)事后维修。它不控制维修时机,是在设备、机械发生故障或技术性能下降到合格水平以下时采取的非计划性维修。这种维修方式不需要做任何监测,不需做维修计划,无过剩维修,但有时可能由于故障而影响生产。另外,由于故障的发生属于偶然性,我们不知道故障发生的时间,因此也就无法做好维修技术准备,这样造成停机的时间可能较长。

(2)定期维修。这是以机械磨损的一般规律为基础,只要设备使用到预先规定的时间就进行维修的方式。它可以在一定程度上消除设备运行隐患,使维修技术准备充分。但因零件的实际寿命与想象状态不完全一致,这种维修会有较多的过剩维修,同时常发生未发现故障隐患而产生拆装和设备性能下降的情况。

(3)状态维修。这是设备在运行过程中,以技术状态的实际劣化程度来确定维修时机的维修方式,是由不断监测机件的某些量数或性能的状态数据决定的。这种维修方式能在适当的时候安排维修工作,即提高设备的有效利用率,不但能充分发挥零件、部件的效能,而且能使维修技术准备充分。但这种维修方式对设备的技术条件和管理水平要求较高,对监测手段、工具、仪器要求也高,同时增加了维修的组织机构。另外这种方式由于要定期进行状态监测,在一定程度上减少了作业时间。

总的来讲,港口设备维修方式应是多样的,因为各种零件、部件、设备都有不同的故障类型,且每种维修方式各有利弊。要根据港口生产特点以及港口设备作业的实际情况选用维修方式,以达到使维修技术合理、增加经济效益的目的。

3. 重视客观状态监测,忽视主观状态监测

状态监测就是对零件、部件或整台设备的工作状态进行监测,根据监测结果,对其工作状态进行判断。如有故障迹象产生,立即写出待修报告,安排计划进行修理。目前,状态监测技术对我们来说比较陌生,一听到状态监测我们就会联想到需要高级、复杂的检测仪器。其实这是一个相当错误的概念,对开展状态维修极为不利。其实大多数状态监测只需要一些极其简单的工具就可以实现,当然某些状态监测确实需要特殊的仪器。

状态监测分主观状态监测和客观状态监测。主观状态监测人员(大多由操作人员担任)靠五种感觉——视觉、听觉、感觉、嗅觉、触觉来判断异常状态。但是由于监测人员经验不一,监测结果解释也不一样。例如门座起重机的起升减速箱齿轮啮合,不同的装配调整就会有不同的啮合间隙,在一定程度上影响齿轮啮合工况。所以,主观状态监测的可靠性在很大程度上取决于执行监测的人员的技术素质和经验。客观状态监测,即为了取得零件、部件设备的状态信息,用一些不同用途的仪器或简单的辅助工具对其进行状态监测。这种监测不取决于人的经验,因此,可靠性和监测准确率较高。

4. 建议

设备管理应该对设备从工程技术、财务经济和经营管理三个方面进行综合管理和研究。要管好、用好、修好设备,既要掌握多种科学技术,又要掌握有关设备管理的经济规律、提高设备管理的经济效益。只有具备这些条件,才能有效发挥现代化设备的技术效能和经济效益。

(1) 目前港口设备的维修不能走向误区,应根据各类型设备作业特点,从三种维修方式即事后维修、定期维修、状态维修中对照选择合理的维修方式,以使各类设备都能得到经济合理的维修,从而达到技术和经济的最佳值。

(2) 设备状态监测工作手段应采取主、客观监测相结合的方式,既要重视主观状态监测,又要重视客观状态监测,特别是在设备状态监测仪器配备还未跟上的情况下,应对主观状态监测予以足够的重视。此外,加强设备油液监测工作,将有效地提高港口设备的可靠性、节约维修成本、延长设备的使用寿命。

(3) 要在重视设备技术管理的基础上,充分利用经济手段加强技术管理,不能仅仅停留在设备完好率及其他技术指标上,要有所突破,健全和完善机械成本核算制度,着重考核单机创造的效益和运行成本的比值,建立一套合理、科学的单机成本核算制度,从而使设备寿命周期费用达到最佳化,以便为将来的设备选型工作提供依据。

(4) 加强对维修工人的技术培训、提高维修能力,是节约设备修理费用、提高设备经济效益的重要条件。

(5) 抓好设备技术改造工作,对促进港口经济效益的提高有着重要的作用。对于在技改工作中做出贡献的工程技术人员及技工,在晋级、住房、学习深造等方面要给予优先考虑,形成激励机制,从而调动广大员工的积极性,使他们能够全心全意地投入到工作中去。

美国西海岸港口治理堵塞方略

总部设立在美国加利福尼亚的第三方物流服务商加利福尼亚分销公司的业务发展部主任托德·理塞2006年9月初谈到目前美国西海岸港口动态的时候指出,2006年集装箱运输夏季高峰已经到来,尽管集装箱吞吐量有增无减,创新高不断,却没有看到和听到美国西海岸港口再度发生类似2004年夏季的码头拥堵情况。

据美国全国零售商联合会和全球观察咨询公司公布的2006年8月港口跟踪报告,美西港口集装箱吞吐量2006年8月水平与2005年10月水平持平。业内人士通常认为美国西海岸港口集装箱吞吐量10月份最高,这就是说,美国西海岸港口2006年集装箱吞吐量季节最高峰提前两个月出现了。

美国西海岸港口2006年集装箱吞吐量继续上涨却太平无事绝不是偶然。实际上,美国西海岸各港口方始终没有放弃对治堵方案的研究,2006年高峰季节的一派顺畅景象似乎预示了其正在脱离"拥堵明星"的行列。

以下即美国西海岸港口所采用的一系列治堵方略。

(1) 各个港口码头在不同程度上缩短了集装箱码头免费存放时间。为了提高集装箱码头效率、促使货主和当事人尽快从集装箱码头提取集装箱、提高码头集装箱流通效率和减少码头拥堵情况,不少美国港口双管齐下,一方面缩短集装箱码头免费保管时间;另一方面提高超过免费时间提取集装箱的码头滞延费率。

(2) 扩大投资。最近几年,美国铁路系统发展最快的是铁路集装箱多式联运,其继续扩大投资,更新和扩建铁路,引进现代化火车头、集装箱铁路货车,扩建和增建铁路集装箱堆场和装卸站,迄今总投资不少于24亿美元,大幅度提高了北美铁路集装箱多式联运质量,确保了货物无损、准时和稳定送达目的地的三项基本标准。尤其是其通过提高经营效率,让服务要求标准越来越高的国际远洋集装箱班轮公司、货运代理公司、进出口商等广大客户更加满意。

(3) 实现高度自动化。据悉到2006年,美国西海岸港口的大中型集装箱码头的自动化设施和设备在先进程度上超过美国东海岸港口或者美国墨西哥海湾沿岸港口的集装箱码头。美国西海岸港口集装箱码头自动化技术的引进主要集中在港口各大出入口、港区场地、集装箱码头设施设备和码头铁路调度上,当然还包括港口码头经营人所认为的现代化成套设备。其内容主要包括:给各种现代化起重机、吊车和堆垛机等设备安装电子光学识别系统;在美国西海岸港口码头上来来往往的集装箱卡车、跨运车、火车、堆高机、铲车等上配备射频标签识别仪。其以此实现了集装箱的自动识别和记录,集装箱的跟踪、定位和集装箱装卸设备动态和码头基础设施的跟踪管理。

(4) 强化集装箱流量预测和实施码头和内地铁路、公路多式联运一体化调度。2006年年初,美国联合太平洋铁路和美国柏灵顿北桑塔费铁路当局就把集装箱运输联合经营规划交给美国西海岸各个港口码头当局。其总共增加了铁路员工600名,投资100亿美元改善了铁路基础设施,增添了200台火车头、2 100节集装箱铁路货车,提高了集装箱铁路运量和效率。铁路运输经营人与港口码头经营人互相支持和密切配合,共同迎接每年集装箱运输高峰季节的到来。

案例问题

1. 美国西海岸港口所采用的一系列治堵方略对我国港口物流的发展有何启示?
2. 谈谈港口拥挤的经济影响。

思考练习

1. 何为港口生产计划?它分为哪几种类型?港口生产作业计划的编制涉及哪些主要内容?船舶在港作业过程是怎样的?单船作业计划如何编制?港口生产调度的基本方法与流程是什么?
2. 港口生产统计指标体系的组成及原理、作用是什么?
3. 通过对你所在城市港口的资料收集,计算其吞吐量、装卸工作量、船舶在港停时与港口生产设备运用等详细指标并进行比较分析。
4. 什么是港口市场?其营销策略有哪些?港口业务合同管理的内容有哪些?
5. 何为货运事故?它有哪些种类?处理程序如何?怎样记录?
6. 何为港口费收?它有哪些种类?费收详细标准是什么?
7. 描述我国口岸管理的工作体系与原理。口岸检验检疫与口岸管理的关系是什么?

第5章 港口生产与商务管理业务

怎样理解我国海关货运监管制度?

8. 港口主要设备有哪些?其各有什么用途?如何理解港口装卸工艺的性质?港口为什么要采用"日常保养"和"定期保养"相结合的二级保养制度?为什么港口设备的定期保养具有强制性?

9. 论述港口库场在港口中的重要地位。库场管理包括哪些主要内容?

10. 理货业务包括哪些内容?理货过程中要注意哪些问题?库场理货、装船理货、卸船理货程序各有哪些内容?理货单证主要有哪些?

第 6 章 集装箱港口管理业务

☆ **教学要求**

1. 认识集装箱,了解其类型,掌握集装箱的规格尺寸标准和标志的含义。
2. 认识集装箱码头及其构成,掌握集装箱装箱方式与要求,了解集装箱货物交接方式。
3. 了解集装箱港口进出口程序,理解并掌握集装箱及出口单证业务。
4. 了解集装箱货运站业务的内容,掌握集装箱码头检查桥业务的主要内容及工作流程。
5. 了解集装箱箱务管理业务的内容与要求。

6.1 集装箱的基础知识

6.1.1 集装箱

1. 集装箱的定义

集装箱,英文名为"container"或"box",原义是一种容器,专供便于机械操作和运输的大型货物容器。其因外形像一个箱子,又可以集装成组进行运输,故称"集装箱",我国香港和台湾地区称之为"货柜"。国际标准化组织(ISO)对集装箱的定义是:集装箱是一种运输设备,它应具备以下条件:

(1) 具有足够的强度,可长期反复使用;
(2) 装有便于装卸和搬运的装置,便于从一种运输方式转移到另一种运输方式;
(3) 便于货物的装满和卸空;
(4) 适于一种或多种运输方式运送货物,无须中途换装;
(5) 具有 1m^3 或以上的内容积。

简而言之,集装箱是具有一定强度、刚度和规格,专供周转使用的大型装货容器。

2. 集装箱的类型

集装箱运输不断发展,为适应装载不同种类货物的需要,不同种类的集装箱就出现了。这些集装箱不仅外观不同,而且结构、强度、尺寸、功能等也不相同。根据不同的分类标准,集装箱有不同的类型。

(1) 按制造材料分类,集装箱分为钢制集装箱、铝制集装箱、不锈钢制集装箱、玻璃钢制集装箱等几种类型。

(2) 按用途分类,集装箱分为干货集装箱、开顶集装箱、台架式及平台式集装箱、通风集装箱、冷藏集装箱、散货集装箱、动物集装箱、罐式集装箱、汽车集装箱、服装集装箱等多种类型。

（3）按规格尺寸分类，国际上通常使用的干货集装箱分为10ft箱、20ft箱、30ft箱、40ft箱等类型。

集装箱运输的出现，不仅影响运输业本身，而且对贸易、金融、海关、商检等其他部门都产生了重要影响，可以说是国际运输业的一次历史性革命。

普通散件杂货运输由于长期以来存在着装卸及运输效率低、时间长、货损、货差严重等问题，影响货运质量，且货运手续繁杂，影响工作效率，因此对货主、船公司及港口的经济效益产生了极为不利的负面影响。集装箱的出现，有效地避免了这些负面影响。集装箱运输是一种高效益、高效率、便于组织多式联运的运输方式。当然，这种方式也是一种高投入和对不同运输类别之间协作要求较高的运输方式。

3. 集装箱标准化

在集装箱运输早期，集装箱的规格不一，阻碍了集装箱的交换使用，影响了集装箱的运输效率。因此，一些国家和组织开始进行集装箱的标准化工作。1933年，国际铁路联盟制定了集装箱标准。当时欧洲地区铁路上就使用这种统一标准的集装箱。1959年，美国国际运输协会建议采用2.44m×2.44m×6.07m(8ft×8ft×20ft)和2.44m×2.44m×12.19m(8ft×8ft×40ft)型集装箱。1961年6月，国际标准化组织建立了104技术委员会以后，国际集装箱标准化就以104技术委员会为中心开展工作。40多年来，104技术委员会对制定国际集装箱标准做了很大的努力，建立了国际集装箱标准。集装箱的标准化促进了集装箱在国际间的流通，对国际集装箱运输的发展发挥了决定性的作用。目前世界上绝大部分的国家都通用国际标准集装箱，其规格标准如表6-1所示。

表6-1 国际标准集装箱规格标准

规格	箱型	高度/m	宽度/m	长度/m	最大总重量/kg
3m(10ft)箱	ID	2.44(8ft 0in)	2.44 (8ft 0in)	2.99 (9ft 9.75in)	10 160
	IDX	<2.44(8ft 0in)			
6.1m(20ft)箱	ICC	2.59(8ft 6in)	2.44 (8ft 0in)	6.05 (19ft 10.25in)	24 000
	IC	2.44(8ft 0in)			
	ICX	<2.44(8ft 0in)			
9.1m(30ft)箱	IBBB	2.9(9ft 6in)	2.44 (8ft 0in)	9.12 (29ft 11.25in)	28 400
	IBB	2.59(8ft 6in)			
	IB	2.44(8ft 0in)			
	IBX	<2.44(8ft 0in)			
12.2m(40ft)箱	IAAA	2.9(9ft 6in)	2.44 (8ft 0in)	12.2 (40ft 0in)	30 480
	IAA	2.59(8ft 6in)			
	IA	2.44(8ft 0in)			
	IAX	<2.44(8ft 0in)			

目前大部分国家集装箱运输都采用6.1m(20ft)和12.2m(40ft)长的两种集装箱。在集装箱生产、运输过程中，为了使集装箱箱数计算统一化，把6.1m(20ft)集装箱作为一个计算单位，称之为"标准集装箱"(twenty-feet equivalent units，TEU)，简称"标箱"，12.2m(40ft)集装箱可换算为2TEU。

4. 集装箱标志

为了方便集装箱运输管理,国际标准化组织(ISO)拟订了集装箱标志方案。根据ISO790-73,集装箱应在规定的位置上标出以下内容。

1) 第一组标记:箱主代码、顺序号和核对号

箱主代码:是集装箱所有者的代码,它由4位字母表示。前3位字母由箱主自己规定,并向国际集装箱局登记。第四位字母为U,表示海运集装箱代号。例如中国远洋运输公司的箱主代码为COSU。

顺序号:为集装箱编号,按照国家标准(GB1836—85)的规定,用6位阿拉伯数字表示,不足6位时在前面以0补足到6位。

核对号:用于计算机核对箱主号与顺序号记录的正确性。核对号一般位于顺序号之后,用1位阿拉伯数字表示,并加方框以醒目。核对号是由箱主代码的4位字母与顺序号的6位数字通过以下方式换算而得。

将表示箱主代码的4位字母转化成相应的等效数字,字母和等效数字的对应关系见表6-2。

表6-2 箱主代码字母的等效数字

字母	A	B	C	D	E	F	G	H	I	J	K	L	M
数字	10	12	13	14	15	16	17	18	19	20	21	23	24
字母	N	O	P	Q	R	S	T	U	V	W	X	Y	Z
数字	25	26	27	28	29	30	31	32	34	35	36	37	38

等效数字是去掉了11及其倍数的数字,这是因为后面的计算将把11作为模数;然后,将前4位字母对应的等效数字和后面顺序号的数字(共计10个数字)采用加权系数法进行计算求和;最后,以所得之和除以模数11,取其余数,即得核对号。

例如,求中国远洋运输公司的集装箱COSU800021的核对号。

首先,对应的数字是13、26、30、32、8、0、0、0、2、1。

然后求和:

$S = 13 \times 2^0 + 26 \times 2^1 + 30 \times 2^2 + 32 \times 2^3 + 8 \times 2^4 + 0 \times 2^5 + 0 \times 2^6 + 0 \times 2^7 + 2 \times 2^8 + 1 \times 2^9 = 1\,593$

最后,除以11取余数,余数为9,所以,核对号为9。

2) 第二组标记:国籍代号、尺寸代号和类型代号

国籍代号:用3位字母表示,说明集装箱的登记国,例如"RCX"为"中华人民共和国"的代号。

尺寸代号:由两位阿拉伯数字组成,用于表示集装箱的尺寸大小。例如,20表示20ft型集装箱。

类型代号:由两位阿拉伯数字组成,说明集装箱的类型,其中00~09为通用集装箱;30~49为冷藏集装箱;50~59为开顶集装箱。

3) 第三组标记:最大总重和自重

最大总重:称额定重量,是集装箱的自重和最大允许载货量之和。最大总重单位用

千克(kg)和磅(lb)同时标出。

自重：是指集装箱的空箱重量。

6.1.2 集装箱码头

集装箱码头，是专供停靠集装箱船、装卸集装箱的港口作业场所，是在集装箱运输过程中，水路和陆路运输的连接点，是集装箱运输系统的集散站，是提供集装箱堆存、作为转换集装箱运输方式的缓冲池，也是集装箱多式联运的枢纽。

集装箱码头的高度机械化和高效率的大规模生产方式，要求集装箱码头同船舶共同形成一个不可分割的有机整体，从而保证高度严密的流水作业线高效运转，充分发挥集装箱码头的作用。集装箱码头通常应具备的必要设施有泊位、码头前沿、集装箱堆场、货运站、检查桥、控制室、行政楼、维修车间等。

1. 泊位

目前世界上集装箱码头泊位(berth)的长度一般为300m，水深在11m以上。

2. 码头前沿

集装箱码头前沿(quay surface)装有集装箱桥吊，又是进出口集装箱进行换装的主要地点，其宽度根据集装箱起重机的跨距和装卸机械的种类而定，一般为30～60m。码头前沿主要由三部分构成：

(1) 从岸壁线到集装箱桥吊第一条轨道(靠海侧)的距离部分，一般为2～3m；

(2) 桥吊轨道部分，一般为15～30m；

(3) 从桥吊轨道(靠陆侧)到堆场前的距离部分，一般为10～25m。

集装箱码头前沿除安装了集装箱桥吊和铺有桥吊轨道外，一般还备有高压和低压电箱、船用电话接口、桥吊电缆沟、灯塔等设施。码头前沿应始终保持畅通，以确保集装箱桥吊的装卸效率。

3. 堆场

堆场(CY)是指集装箱码头内堆存集装箱的场地，由前方堆场和后方堆场两部分组成。

前方堆场位于码头前沿和后方堆场之间，是为加快船舶装卸作业效率，用以短时堆放集装箱的场地。其用于船到港前，预先堆放待装船出口集装箱；卸船时，临时堆存进口集装箱。其面积占堆场总面积的比例较大，其大小根据集装箱码头所采用的装卸工艺系统而定。

后方堆场是指储存和保管空、重箱的场地，是码头堆场中除前方堆场之外的部分，包括中转集装箱堆场、进口重箱堆场、空箱堆场、特种集装箱堆场等。

事实上，前方堆场和后方堆场并没有十分严格的分界线，仅仅是地理位置上的相对概念。堆场的场地上都画有存放集装箱的长方形格子，并编有号码，也就是场箱位，以对堆存的集装箱进行位置标识。堆场上要求有照明设备、道路交通标牌、排水明沟、电源插座等设施，并要求不能有妨碍码头作业或降低码头作业效率的任何障碍物。

4. 集装箱货运站

集装箱货运站(CFS)是集装箱码头对拼箱货进行收发交接、装箱、拆箱、配载、保管等业务操作的场所。集装箱货运站一般建于码头后方,侧面靠近码头外公路或铁路的区域,这样可尽可能保证陆运车辆不必进入码头堆场内,而直接进出货运站。随着集装箱码头吞吐量的增加,为了充分利用码头的堆场面积,集装箱货运站也可移至港外。

5. 检查桥

集装箱检查桥(container gate house)是集装箱码头的出入口,是进出码头的集装箱进行立体检查和交接的场所,是一个区别码头内外的责任分界点,是码头与内陆承运人进行集装箱设备交接的重要地点。其主要负责对公路集装箱的信息录入、箱体检查工作,并对相关单证进行审核与交接。在这里不但要检查集装箱的有关单证,而且要对集装箱的有关箱号、铅封号、外表状况等进行检查。检查桥一般设置在集装箱码头的后方,出于保证码头机械和船舶积载的安全性,还设有地磅,配有计算机、IC卡机等设备。

6. 控制室

控制室(control tower)又称控制中心,是集装箱码头各项作业的指挥调度中心。它的作用是监督、调整和指挥集装箱码头作业计划的执行。其地理位置一般设置在可看到这个码头上各个作业现场的地方,比如港口行政办公楼的最顶层。控制室内装有电子计算机系统、测风仪及气象预报系统,并配有用于指挥码头现场作业的无线对讲系统,这个系统用于监控码头作业现场的闭路电视、望远镜,及用于对内对外联系的电话、传真机等通信系统。控制室是集装箱码头作业的中枢机构。

7. 集装箱维修车间

集装箱维修车间(maintenance shop)是对集装箱装卸机械进行检查、修理和保养的地方。集装箱维修车间对于确保装卸机械的维修质量、使各种机械处于完好备用状况、提高集装箱码头效率和充分发挥集装箱运输的优越性都起着十分重要的作用,一般设置在不影响集装箱码头作业的码头后方或保养区附近。

6.1.3 集装箱装箱

1. 集装箱装箱方式

1) 整箱

整箱(full container load,FCL)是指货方自行将货物装满整箱以后,以箱为单位托运的集装箱。这通常在货主有足够货源装载一个或数个整箱时采用。除有些大的货主自己置备有集装箱外,一般都是向承运人或集装箱租赁公司租用一定的集装箱。在空箱运到工厂或仓库后,在海关人员的监管下,货主把货装入箱内、加锁、铅封后交承运人并取得站场收据,最后凭收据换取提单或运单。整箱货的拆箱,一般由收货人办理,但其也可以委托承运人在货运站进行。可是承运人不负责箱内的货损、货差。只有货方举证确属承运人责任事故的损害,承运人才负责赔偿。承运人对整箱货,以箱为交接单位。只要集装箱外表与收箱时相似和铅封完整,承运人就完成了承运责任。整箱货运提单上,要加上"委托人装箱、计数并加铅封"的条款。

2) 拼箱

拼箱(less than container load,LCL)是指承运人(或代理人)接受货主托运的数量不足整箱的小票货运后,根据货类性质和目的地进行分类整理,把去同一目的地的货,集中到一定数量拼装入箱。由于一个箱内由不同货主的货拼装在一起,所以叫拼箱。这在货主托运数量不足装满整箱时采用。通常承运人要分别揽货并在承运人码头集装箱货运站或内陆集装箱转运站进行分类、整理、集中、装箱(拆箱)、交货等工作,而后将两票或两票以上的货物拼装在一个集装箱内,同样要在目的地的集装箱货运站或内陆站拆箱分别交货。对于这种货物,承运人要负担装箱与拆箱作业,装拆箱费用仍向货方收取。

2. 集装箱装箱要求

1) 普通货物的装箱要求

(1) 不同包装的件杂货混装在同一箱内时,应根据货物的性质、重量、外包装的强度、货物的特性等情况,将货区分开:将包装牢固、重件货装在箱子底部,包装不牢、轻货则装在箱子上部。

(2) 货物在箱子内的重量分布应均衡稳定,做好绑扎衬垫。如箱子某一部位装载的负荷过重,或货物在箱子中移动等,都会使箱子底部结构、侧板弯曲或破损,或在吊机和其他装卸作业时,箱子会倾斜,致使作业不能进行。此外,在海上或陆上运输时,货物的移动还可能造成安全事故,尤其是在装圆形货物时,绑扎、衬垫的质量是货物安全运输的必要前提。

(3) 进行货物堆码时,应根据货物包装强度,确定集装箱的堆码层数;另外,为使底层箱内货物不致被压坏,应在集装箱堆垛之间垫入缓冲材料。

(4) 货物之间,也应加隔板或隔垫材料,以避免货物之间相互擦伤、沾湿或污损。

(5) 货物的装载要严密整齐,货物之间不应留有空隙。这样不仅可充分利用箱内容积,也可防止由货物相互碰撞而造成的损坏。

(6) 装箱完毕时,关箱前应采取系固措施,以防止箱口附近货物的倒塌。如果没有对箱口附近货物采取系固措施,那么在目的地拆箱时可能会发生货物倒塌情况,造成货物损坏和人身伤亡的事故。

(7) 使用清洁、干燥的垫料(胶合板、草席、缓冲器材、隔垫板)。

(8) 根据货物的不同种类、性质、包装,选用不同规格的集装箱。选用的箱子应符合国际标准,同时必须经过严格的检查,并具有检查部门发给的合格证书。

2) 超尺度货物的装箱要求

所谓超尺度货物是指装箱货物的尺度超出了国际标准集装箱的尺寸。能装载超尺度的集装箱一般指的是那些不全固定封闭的集装箱,如开顶箱、框架箱等。超尺度货物一般包括超高货和超长超宽货。

(1) 超高货。通常,20ft 和 40ft 的标准集装箱的内高为 2 393mm。如货物超过这一高度,则属于超高货。如对超高货进行装卸,只有在装卸机械上临时安装一定的附属工具才能进行。另外,当船舶、集装箱积载超高箱时,如果货物高度超过顶侧梁最上端所在平面,该箱上面就不能再积载任何集装箱。

(2) 超长超宽货。集装箱在船舱内不允许货物在横向、纵向上有突出的部分,首先是受到集装箱船箱格结构和集装箱箱位之间距离的限制,不能在船舱内积载;在甲板上积载集装箱时,超长超宽货尽量积载在上层,以减少占用的仓位、降低海运费和减少亏舱,同时在超长超宽的方向相邻的位置上不能再积载集装箱。在陆上运输时,其超宽的限制不如超高的那么严格,关于超宽的限制则根据所使用的机械设备种类而定。如跨运车,一般对每边超宽10cm以内的集装箱可从底盘车上卸下;但如超过了10cm,跨运车则无法作业。

3) 液体货的装箱要求

散装的液体货可以利用罐式集装箱运输,这样可以节约大量的包装费用和装卸费用。采用罐式集装箱运输液体货物时应注意:

(1) 罐式集装箱本身的结构、性能、箱内面的涂料是否满足货物的运输要求;

(2) 查明集装箱的容量与所允许载重量的比例和货物比重是否接近一致,在货物比重较大而只装载半罐的情况下,在装卸和运输过程中有损罐的危险;

(3) 查明排灌时是否具有必要的设备、这些设备是否适用于箱子的阀门等,并检查安全阀是否有效;

(4) 了解货物的特性,货物在运输和装卸过程中是否需要加温,以及装卸地是否具有蒸汽源和电源。

4) 冷藏货的装箱要求

冷藏集装箱所装载的货物可分为冷却货物和冷冻货物两种,前者温度范围为$-11\sim 1℃$。冷却货物,比如一些新鲜的蔬菜、水果是为了维持货物的呼吸和防止箱内出汗。后者温度范围通常为$-11\sim -20℃$,是指将货物,比如肉类、鱼类等冷冻起来运输。

对冷藏货在运输途中应保持的温度,在托运时相关的单证上都有明确注明,承运人在运输过程中应严格尽保管、照料之责,保证温度在所要求的范围之内。双方都应保管好有关该票货物所需要的文件,以便发生纠纷后就温度问题引起的争执有据可依。

在冷藏货装箱前,对集装箱和货物都应进行检查。检查时需对以下事项特别注意:

(1) 检查冷冻装置的启动、运转、停止是否正常,同时做好装箱前的预冷工作;

(2) 检查通风孔开、关状态,冷冻机的排水管是否堵塞,集装箱本身的气密性,冷藏货是否达到规定的温度等;

(3) 装箱时,应注意货物不要堵塞冷气通道,天棚部分留有一定间隙;

(4) 装卸期间,冷冻装置应停止运转。

5) 动植物的装箱要求

动植物货物一般指的是牛、马、羊、猪以及其经过屠宰后的皮、毛、肉等。运输该类货物的集装箱有两种,一种是非密闭性的;另一种是密闭性的。动植物货物装箱时应根据具体的动植物情况,注意集装箱的适货性,装箱时的环境,货物所需的备料,活动物的饲料、饲养槽、水槽,货物的装箱量等情况。

动植物的检疫应根据出口国的规定进行。多数国家规定:动植物的进口一定要经过检疫人员的检查,并得到许可后才能进口;如得不到许可,则会强制处理,如杀死、烧毁等。

6) 散装货的装箱要求

用集装箱积载运输散装货可节省包装费用和装卸费用。散货集装箱主要用于运输小麦、麦芽、大米、树脂、铅粉、矿砂、矿石等货物。在该类货物装箱时应注意：

(1) 根据装卸地选用装卸设施；

(2) 箱型的选用及清扫；

(3) 防止由货物的自然特性而造成的货损、箱损；

(4) 箱子应清洁、干燥、无味等。

7) 危险货物的装箱要求

危险货物的物理特性、化学特性与普通货物的不一样，在运输安全方面提出了更高的要求，所以危险货物的装箱要求也相对较高。

(1) 不符合包装要求的，或已有破损、渗漏情况的危险货物不得装入箱内。

(2) 危险货物的任何部分不得突出到箱外，装箱后箱门应完全封闭。

(3) 不应将危险货物与不相容的货物装在同一箱内，特殊情况必须由主管当局同意并根据《国际危险品装卸规定》的隔离要求进行隔离。

(4) 危险货物只有按规定包装后才能装在集装箱内运输，某些干燥的散装危险货物，可装在该种货物运输的特种集装箱内。

(5) 液体货物和非冷藏的压缩气体的装载应得到主管部门的批准。

(6) 箱内货物和其他任何物质的包件必须固定。

(7) 当一票危险货物只构成集装箱内所装货物的一部分时，最好将其装载在箱门附近。

(8) 托运人应在货物托运单上或单独的申报单上保证其所托运的货物已正确申报货名、加以包装、做出标志，并具有适运的条件。

(9) 负责将危险货物装入集装箱内的工作人员，应提交《集装箱装运危险货物装箱证明书》，以证实危险货物已正确装箱并符合相关规定。

(10) 应在装有危险货物的集装箱的箱体外表贴上符合《国际危险品装卸规定》的类别标牌，至少有4幅这种标牌，并将其贴在箱体的前、后、左、右侧面醒目的位置。装载危险货物的集装箱卸空后，应采取措施保证集装箱没有被污染，不具有危险性。一旦集装箱解除危险，所有危险标志就应立即从箱体上除去。

6.1.4 集装箱货物交接

1. 集装箱运输的关系方

集装箱运输的主要关系方有集装箱实际承运人、无船承运人、集装箱租赁公司、集装箱堆场、集装箱货运站、货主等。

(1) 实际承运人(actual carrier)是掌握运输工具并参与集装箱运输的承运人，主要包括经营集装箱运输的船公司、公路集装箱运输公司、航空集装箱运输公司、联营公司等。通常他们拥有运输工具，能与托运人签订运输合同，同时还拥有大量的集装箱，以利于集装箱的周转、调拨、管理以及集装箱与车、船、机的衔接。

(2) 无船承运人(non-vesssel operating common carrier)本身不拥有船舶，专门经营

集装货运的揽货、装箱、拆箱、内陆运输及经营中转站或内陆站业务。他们接受托运人委托，签发提单或多式联运单证，再将集装箱货物转交给船公司运输。他们在实际承运人与托运人之间起着中间桥梁作用：对实际货主来讲，他们是承运人；对实际承运人来说，他们又是托运人。

（3）集装箱租赁公司（container leasing company）是专门经营集装箱出租业务的公司。集装箱租赁对象主要是一些较小的运输公司、无船承运人以及少数货主。这类公司的业务包括出租、回收、存放、保管以及维修等。

（4）集装箱堆场（container yard，CY）是集装箱码头的组成部分，是整货交接的场所，包括集装箱前方堆场和集装箱后方堆场，是主要办理集装箱重箱或空箱装卸、转运、保管、交接的场所。

集装箱货运站（container freight station，CFS）是处理拼箱货装箱和拆箱服务的场所，它办理拼箱货的交接、配箱积载后，将箱子送往 CY，并接受 CY 交来的进口货箱，进行拆箱、理货、保管工作，最后拨交给各收货人；同时也可按承运人的委托进行铅封和签发场站收据等业务。

2. 集装箱货物的交接方式

集装箱货物的交接方式，根据贸易条件所规定的交接地点不同一般分为如下九种。

（1）门到门（Door to Door）：从发货人工厂或仓库至收货人工厂或仓库。

（2）门到场（Door to CY）：从发货人工厂或仓库至目的地或卸箱港的集装箱堆场。

（3）门到站（Door to CFS）：从发货人工厂或仓库至目的地或卸箱港的集装箱货运站。

（4）场到门（CY to Door）：从起运地或装箱港的集装箱堆场至收货人工厂或仓库。

（5）场到场（CY to CY）：从起运地或装箱港的堆场至目的地或卸箱港的集装箱堆场。

（6）场到站（CY to CFS）：从起运地或装箱港的集装箱堆场至目的地或卸箱港的集装箱货运站。

（7）站到门（CFS to Door）：从起运地或装箱港的集装箱货运站至收货人工厂或仓库。

（8）站到场（CFS to CY）：从起运地或装箱港的集装箱货运站至目的地或卸箱港的集装箱堆场。

（9）站到站（CFS to CFS）：从起运地或装箱港的集装箱货运站至目的地或卸箱港的集装箱货运站。

6.2 集装箱港口进出口程序

6.2.1 集装箱出口流程

集装箱货物运输的出口业务与传统的班轮运输的货物出口业务大体相同，所不同的是增加了发放和接受空箱和重箱、集装箱的装箱作业等环节，改变了货物的交接方式，制定和采用了适应集装箱作业和交接的单证。集装箱货物运输出口业务的主要环节主要包括以下步骤。

1. 订舱或托运

货主或者货运代理人根据货物的数量、性质、适箱情况、航线、船期、运价、箱位和集装箱类型等，填制集装箱货物托运单，向船公司或其代理人在其所营运的船舶截单期前办理托运订舱，以得到船公司或其代理人的确认。托运单的主要内容有：装箱港以及承运人收到集装箱的地点，卸货港以及货运目的地，发货人以及发货人的代理人，货名、数量、吨数、货物外包装、货类以及特种货情况的说明，集装箱的种类、规格和箱数，集装箱的交接地点及方式，内陆承运人由发货人还是船公司安排。货物交接时托运单上还应注明装箱地点、日期及抵达堆场的承运人和日期；拼箱货中如有超长货，其还应注明规格及尺寸等内容。

2. 承运

船公司或其代理人审核托运单，确认无误后可以接受订舱，在装货单上签章，以表明承运货物的"承诺"，同时填写船名、航次、提单号等信息，然后留下船代留底和运费通知(一)、(二)共三联，将其余各联退还给货运代理人作为对该批货物订舱的确认，以备向海关办理货物出口报关手续。船公司或其代理人在承诺承运货物后，根据集装箱货物订舱单的船代留底联制作集装箱货物清单，并将其分送集装箱堆场和集装箱港务公司(或集装箱装卸作业区)，据此准备空箱的发放和重箱的交接、保管以及装船工作。

利用集装箱运输货物，需要进行正确的配载。配载时需要正确掌握关于货物的知识，这不仅要选择适合集装箱的货物，而且要选择适合货物的集装箱。因此在提取空箱之前应全面考虑，编制好集装箱预配清单，按预配清单提取空箱。

3. 提取空箱

通常，集装箱是由船公司无偿借给货主或集装箱货运站使用的。船公司或其代理人在接受订舱、承运货物后，即签发集装箱设备交接单给托运人或其货运代理人，托运人或其货运代理人据此到集装箱堆场或内陆集装箱站提取空箱。而在承运人的集装箱货运站装箱时，则由货运站提取空箱。不论由哪一方提取空箱，都必须事先制作出场设备交接单；提取空箱时，都必须向箱站提交空箱提交单，在箱站的检查桥或门卫处双方在集装箱设备交接单上签字交接，并各执一份。应该特别注意的，是在交接前或交接时应对集装箱外部、内部、箱门、附件和清洁状态进行检查。

4. 报检、报关

1) 报检

发货人或其货运代理人应依照国家有关法规并根据商品特性，在规定的期限之内填好申报单，分别向商检、卫检、动植检等口岸监管检验部门申报检验。监管检验部门审核或查验后，视不同情况分别予以免检放行或经查验、处理后出具有关证书放行。如果托运危险品，还需凭危险品清单、危险品性能说明书、危险品包装证书、危险品装箱说明书、危险品准装申报单等文件向港务监督部门办理申报手续。

2) 报关

发货人或货运代理人依照国家有关法规，于规定期限内持报关单、场站收据五至七联

（七联单是二至四联）、商业发票、装箱单、产地证明书等相关单证向海关办理申报手续；根据贸易性质、商品特性和海关有关规定，必要时还需提供出口许可证、核销手册等文件。海关审核后，根据不同情况分别予以直接放行或查验后出具证书放行，并在场站收据第五联（装货单）上加盖放行章。

  5．货物装箱

  货物装箱应根据货运代理的集装箱出口业务员编制的集装箱预配清单，在集装箱货运站或发货人的仓库进行。

  整箱货由发货人或其货运代理人办理货物出口报关手续后，在海关派员监装下自行负责装箱，施加船公司或货运代理集装箱货运站铅封和海关关封。若在内陆装箱运输至集装箱码头的整箱货，应有内地海关关封，并应向出境地海关办理转关手续。

  拼箱货由货主或其代理人将不足整箱的货物连同事先制作的场站收据，送交集装箱货运站。集装箱货运站核对由货主或其代理人制作的场站收据和送交的货物，接收货物后，在场站收据上签字；如果接收货物时，发现货物外表状况有异常，则应在场站收据上按实际情况做出批注。集装箱货运站将拼箱货物装箱前，货主或其代理人必须办理货物出口报关手续，并在海关的监督下装箱，同时还应按货物装箱的顺序从里到外地编制装箱单。

  6．交接和签收

  港口根据出口集装箱船舶班期，按集装箱货物的装船先后顺序向海上承运人或其代理人发出装船通知，海上承运人应及时通知托运人。托运人或其代理人在收到《装船通知》后，应于船舶开装前5天开始，将出口集装箱和货物按船舶受载先后顺序运进码头堆场或指定货运站，并于装船前24小时截止进港。

  不论是由货主自行装箱的整箱货物，还是由货运代理人安排装箱的整箱货物，或者是由承运人以外的集装箱货运站装运的整箱货物，经海关监装并施加海关关封后的重箱，都随同装箱单、设备交接单（进场），以及场站收据，通过内陆的公路、铁路或水运送交港口的集装箱堆场。在集装箱堆场的检查桥或门卫同送箱人对进场的重箱进行检验后，双方签署设备交接单。集装箱堆场业务人员则在校对集装箱清单、场站收据和装箱单后，接收货物并在场站收据上签字，然后将经过签署的场站收据的装货、收货单两联留下，将场站收据正本退还送箱人。这时集装箱可入港站堆场等待装船。

  7．换取提单

  港站集装箱堆场签发场站收据以后，将装货单联留下以作结算费用和今后查询之用，将大副收据联交理货人员送船上大副留存。货运代理人收到签署后的场站收据正本后，到船公司或其代理人处，交付预付运费，要求换取提单。船公司还要确认在场站收据上是否有批注，然后在已编制好的提单上签字。

  8．集装箱装船

  集装箱进入港区集装箱堆场后，港务公司根据待装集装箱的流向和装船顺序编制集装箱装船计划，在船舶到港前将待装船的集装箱移至集装箱前方堆场，并按顺序堆码于指定的箱位。

  集装箱船舶配载应由海上承运人或其代理人负责编制预配图，港口应据此编制船舶配载图,并经海上承运人确认。船舶到港后,港口按集装箱装船计划和船舶配载图,按顺序组织装船。装船完毕后,外轮理货公司应编制船舶积载图。

船舶代理人应于船舶开航前两小时向船方提供提单副本、舱单、集装箱装箱单、集装箱清单、集装箱积载图、特殊货物集装箱清单、危险货物说明书等完整的随船单证,并于开航后采用传真、电传、邮寄等方式向卸货港或中转港发出必要的有关资料。

集装箱装船后,货运代理人应发货人的委托及时向买方或其代理人发出《装船通知》,以便对方准备付款、赎单、办理进口报关和接货手续,如 CFR 或 FOB 合同条款,以便于买方及时办理投保手续。

9. 离港及结算

船舶离港后,集装箱货物运输的货运代理人应抓紧退证、办理退关、费用结算,做好航次小结;船公司与货主应进行航次费用清算;货方应进行结汇、收汇核销、退税等业务。

集装箱出口业务流转如图 6-1 所示。

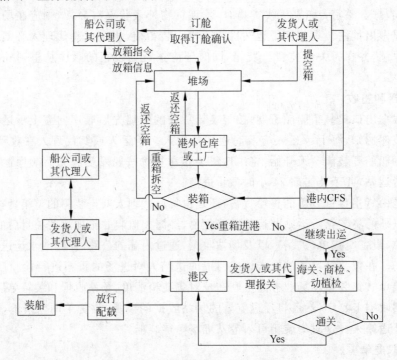

图 6-1 集装箱出口业务流转

6.2.2 集装箱进口流程

1. 确认到港信息

收货人接到客户的全套单据(正本提单或电放副本、装箱单、发票、合同)后,要与船公司或船舶代理部门联系,确定船到港时间、地点,如需转船应确认二程船名,并确认换单费、押箱费、换单的时间;同时,联系好场站,确认好提箱费、掏箱费、装车费、回空费等费用。

2. 换单

凭带背书的正本提单(如是电报放货,可带电报放货的传真件与保函)去船公司或船舶代理部门换取提货单和设备交接单。换单时要注意以下几点。

(1) 正本提单的背书有两种形式:如果提单上收货人栏显示"TO ORDER",则由发货人与提单持有人背书;如果收货人栏显示某一特定的收货人,则需收货人背书。

(2) 保函是由进口方给船舶代理出具的一份请求放货的书面证明。保函内容包括进口港、目的港、船名、航次、提单号、件重尺及进口方签章。

(3) 换单时应仔细核对提单或电放副本与提货单上的集装箱箱号及封号是否一致。

(4) 提货单共分五联,即白色提货联、蓝色费用账单、红色费用账单、绿色交货记录、浅绿色交货记录。

(5) 设备交接单是集装箱进出灌区、场站时,用箱人、运箱人与管箱人或其代理人之间交接集装箱及其他机械设备的凭证,并兼管箱人发放集装箱的凭证的功能。当集装箱或机械设备在集装箱码头堆场或货运站借出或回收时,由码头堆场或货运站制作设备交接单。设备交接单经双方签字后,作为两者之间设备交接的凭证。集装箱设备交接单分进场和出场两种,交接手续均在码头堆场大门口办理。出码头堆场时,码头堆场工作人员与用箱人、运箱人就设备交接单上的以下主要内容共同进行审核:用箱人名称和地址,出堆场时间与目的,集装箱箱号、规格、封志号以及是空箱还是重箱,有关机械设备的情况是正常还是异常等。进码头堆场时,码头堆场的工作人员与用箱人、运箱人就设备交接单上的下列内容共同进行审核:集装箱、机械设备归还日期、具体时间及归还时的外表状况,集装箱、机械设备归还人的名称与地址,进堆场的目的,整箱货交箱货主的名称和地址,拟装船的船次、航线、卸箱港等。

3. 报关、报检

报关用换来的提货单(一、三)联并附上报关单据前去办理。海关放行后,在白联上加盖放行章,发还给进口方作为提货的凭证。报关单据还有正本装箱单、正本发票、合同、进口报关单一式两份、正本报关委托协议书、海关监管条件所涉及的各类证件。报关时当海关要求开箱查验货物时,应提前与场站取得联系,并调配机力将所查箱子调至海关指定的场站。

若是法检商品应办理检验检疫手续。如需商检,则要在报关前,拿进口商检申请单(带公章)和两份报关单办理登记手续,并在报关单上盖商检登记在案章以便通关。验货手续在最终目的地办理。如需动植检、卫检,也要在报关前拿箱单发票合同报关单去代报验机构申请报验,使其在报关单上盖放行章以便通关。

4. 办理提货手续

报关报检手续办理后,根据海关盖放行章的提货单以及船公司或其代理人签发的设备交接单,到港区办理提箱手续,并交纳相关的港务港建费、港杂费等费用。费用结清后,港方将提货联退给提货人供提货用。

5. 提货

所有提货手续办妥后,可通知事先联系好的堆场提货。提货时需注意:

(1) 首先应向港池调度室取得联系安排计划并做好相应提货记录;

(2) 根据提箱的多少与堆场联系足够的车辆,尽可能在港方要求时间内提清,以免产生转栈堆存费用;

(3) 提箱过程中应与堆场有关人员共同检查箱体是否有重大残破,如有,要求港方在设备交接单上签残。

6. 返还空箱

重箱由堆场提到场地后,应在免费期内及时掏箱以免超期。如若超期则需收取滞箱费。返还空箱后,收货人需向船公司或船舶代理部门取回押箱费。

集装箱进口业务流转如图 6-2 所示。

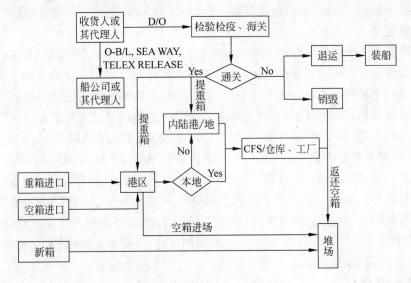

图 6-2 集装箱进口业务流转

6.2.3 集装箱进出口单证

在集装箱运输中,从办理货物托运手续,到货物装船、卸船,直至货物交付的整个过程,都需要编制各种单证。这些单证是在货方(包括托运人和收货人)与船方之间办理货物交接的证明,也是货方、港方、船方等有关单位之间从事业务工作的凭证,又是划分货方、港方、船方各自责任的必要依据。这些单证,有的是受国际公约和各国国内法规约束的,有的则是按照港口当局的规定和航运习惯而编制使用的。这些单证尽管种类繁多,而且因各国港口的规定会有所不同,但主要单证是基本一致,并能在国际航运中通用的。

1. 托运单

托运单(booking note,B/N)也称订舱委托书,是指由托运人根据买卖合同和信用证的有关要求向承运人或其代理人办理货物运输的书面凭证。按照国际航运惯例,托运人或其代理人在与班轮公司或其代理人约定所需的舱位后,应以书面形式向班轮公司或其代理人提交托运单,加以确认。

2. 装货单

装货单(shipping order,S/O)是作为承运人的班轮公司或其代理人在接受托运人的托运单后,签发给托运人或其代理人的确认承运货物的证明。装货单一经签订,就表明运输合同已经生效,船、货双方都应受到一定约束。装货单又是承运人通知码头仓库或装运船舶接受货物装船的命令。托运人将货物运至码头仓库或承运船边时必须同时提交装货单。

3. 集装箱发放通知单

集装箱发放通知单(container release order)又称空箱提交单,是船公司指示集装箱堆场将空箱及其附属设备提交给该单持有人的书面凭证。

4. 集装箱设备交接单

集装箱设备交接单(equipment receipt,E/R)是在集装箱流转过程中有关单位或个人进行设备交接的凭证,主要内容是记载集装箱箱体、状态、封志、危险品类别等状况,以便作为发生箱损时责任及费用划分的依据。

5. 装箱单

集装箱装箱单(container load plan,CLP)是装箱人按照装箱顺序详细记载货物名称、数量、尺寸、重量、标志和其他货运资料的单据。每个载货的集装箱都要制作这样的单据,不论是由货主装箱,还是由集装箱货运站负责装箱。装箱单是详细记载每个集装箱内所装货物情况的唯一单据。装箱单内容记载准确与否,对保证集装箱货物的安全运输有着密切的关系。集装箱装箱单的主要作用有:

(1) 在装货地点作为向海关申报货物出口的代用单据;
(2) 作为发货人、集装箱货运站与集装箱码头堆场之间交接货物的交接单;
(3) 作为向承运人通知集装箱内所装货物的明细表;
(4) 在进口国、途经国家作为办理保税运输手续的单据之一;
(5) 单据上所记载的货物与集装箱的总重量是计算船舶吃水差、稳定性的基本数据。

6. 出口货物报关单证

报关时报关员必须出具的单证有海关申报单、外汇核销单、代理报关委托书、装箱单、发票、合同、信用证副本等,可能需要出具的其他单证有出口许可证、免税手册、商检证明、产地证明等。

7. 场站收据

场站收据(dock receipt,D/R)是由发货人或其代理人编制,由承运人签发,证明船公司已从发货人处接收了货物,并证明当时货物状态、船公司对货物开始负有责任的凭证。它相当于传统运输中的大副收据。承运人在签署场站收据时,应仔细审核收据上所记载的内容与运来的货物实际情况是否一致;如货物的实际情况与收据记载的内容不同,则必须修改;如发现货物或箱子有损伤情况,一定要在收据的备注栏内加批注,以说明货物或箱子的实际情况。场站收据的作用如下:

(1) 船公司或船代确认订舱,并在场站收据上加盖有报关资格的单证章后,将场站收据交给托运人或其代理人,这意味着运输合同开始执行;
(2) 是承运人已收到托运货物并开始对其负责的证明;
(3) 是托运人向承运人换取正本提单的凭证;
(4) 是船公司、港口组织装卸、理货和配载的凭证;

(5) 是托运人与承运人运费结算的依据。

8. 集装箱出口十联单

第一联：集装箱货物托运单(货主留底)(B/N)。

第二联：集装箱货物托运单(船代留底)。

第三联：运费通知(1)。

第四联：运费通知(2)。

第五联：场站收据(装货单)(S/O)。第五联副本：缴纳出口货物港务费申请书。

第六联：大副联(场站收据副本)。

第七联：场站收据(D/R)。

第八联：货代留底。

第九联：配舱回单(1)。

第十联：配舱回单(2)。

9. 提单

提单(bill of lading, B/L)是船公司或其代理人签发给托运人，证明货物已经装上船并保证在目的港交付货物的凭证。托运人到船公司或其代理人处预付运费并凭场站收据换取正本已装船提单。托运人取得正本提单后，可持提单及其他有关单证到银行办理结汇，取得货款。如果场站收据附有关于货物状况的大副批注，船公司或其代理人就要将大副批注如实转批在提单上。

提单在班轮运输中是一种非常重要的单证，它既具有运输合同的作用，规定了船公司作为承运人的权利、义务、责任和免责，又是表明承运人收到货物的货物收据，也是提单持有人转让货物所有权或提取货物的物权凭证。

10. 货物积载图

货物积载图(stowage plan)是用简图形式形象地表示每一票货物在船舱内放置的具体位置。货物装船前，大副根据装货清单所列货物的装载要求和船舶性能等因素绘制货物积载图，这样，港口和装卸公司、理货人员可按积载图安排装船作业，使货物堆放在合理位置上。货物积载图不仅是货物装船的重要资料，也是运输途中货物保管和目的港卸货作业的重要依据。

11. 理货单证

理货业务是随着水上贸易运输的出现而产生的，理货最初的含义是统计船舶在港口装卸货时的货物数量。现在的理货已不仅是单纯的计数了，而且包括核对货物标志、检查货物残损、监督装船积载、办理交接签证、提供理货证明等内容。理货过程中所涉及的单证也很多，主要有计数单、现场记录、日报单、待时记录、货物溢短单、货物残损单、过驳清单、理货证明书等单证。

12. 提货单

提货单(delivery order, D/O)是收货人凭正本提单或副本提单随同有效的担保向承运人或其代理人换取的，可向港口装卸部门提取货物的凭证。承运人发放提货单时应做到：

(1) 正本提单必须为合法持有人所持有；

（2）提单上的非清洁批注应转上提货单；

（3）当发生溢短残情况时，收货人有权向承运人或其代理获得相应的签证；

（4）运费未付的，在收货人付清运费及有关费用后，方可放提货单。

6.3 集装箱港口货运站管理

6.3.1 集装箱货运站及其进出口货运流程

1. 集装箱货运站及其功能

集装箱货运站和传统的件杂货码头的库场有很大的区别。件杂货码头的库场与码头装卸有直接的联系，相当于集装箱码头的箱区堆场；而集装箱货运站主要负责集装箱拼箱货的装箱、拆箱、保管、收发等业务，规模比件杂货码头的库场的规模要小。集装箱货运站一般都设有仓棚，仓库，堆场和便于车辆出入、疏运和操作的充分空地，并应有海关和检验机构等办公地点以及必要的装卸设备，如叉车、龙门吊、装卸平台、集装箱牵引车等。

集装箱货运站主要有拼箱货的理货和交接，拼箱货的配箱积载和装箱，进口拆箱货的拆箱和保管，对库存货物的统计和保管，对口岸单位提出要查验的集装箱进行移箱、查箱、倒箱及归位作业，代承运人加铅封并签发场站收据等各项单证等功能。

2. 集装箱货运站出口货运流程

1）办理货物交接

（1）送货人将货物送至集装箱货运站时，货运站工作人员根据送货单所提供的委托代理、进仓编号、进仓件数、进仓货名、包装类型、送货单位及送货车号等信息进行受理，根据进仓货物情况及库内货位情况，合理安排进仓预定货位；

（2）理货员根据收货记录要求及货物具体特性督促装卸工及铲车司机按有关货运质量标准进行卸货作业，并填写收货记录，卸货结束后，在收货记录上签字并与送货人办理货物交接手续；

（3）货运站工作人员——核查收货记录上的进仓件数及货物唛头和有关残损记录等单证，确认无误后，将收货记录的回执联盖章或签字并交送货人；

（4）仓库管理员根据桩脚牌显示的进仓编号、总关数/总件数及对应货位等进行核查校对。

2）积载装箱，制作装箱单

（1）业务员根据委托货代提供的预配清单、设备交接单等单证信息安排出口装箱；

（2）业务员及时安排空箱到位，仔细核查装箱单对应进仓编号货物的进仓件数、货号、唛头等与装箱单数据的一致性，按照清单要求进行出口货物配箱，并打印预配装箱单，将预配装箱单、对应的收货记录及对应的铅封——装订好，交调度员；

（3）调度员根据装箱单证要求详细了解装箱货物的特性、货物的积载因素等，及时安排装箱理货员及相关作业人员合理地进行装箱作业；

（4）装箱完毕，业务员对调度员反馈的交接单证进行核对，编制装箱单等相关单证，并整理归档。

3) 将出口重箱运至码头堆场

已经装箱完毕的重箱,由业务员安排转移至集装箱码头的前方堆场,准备装船。

3. 集装箱货运站进口货运流程

1) 准备拆箱交货

集装箱货运站在船舶抵港前,应从船公司或船代处获得有关单证,包括提单副本、货物舱单、装箱单、货物残损的报告和特殊货物表等。在船舶进港时间、卸船和堆场计划确定后,货运站应与码头堆场联系,确定提取拼箱集装箱的时间,并制定拆箱交货计划,做好拆箱交货的准备工作。

2) 发出交货通知

货运站应根据拆箱交货计划,及时向各收货人发出有关交货日期的通知。

3) 从堆场领取载货的集装箱

与码头堆场取得联系后,货运站即可从堆场领取载货集装箱,并开具设备交接单或办理内部交接手续。

4) 拆箱及还箱

(1) 业务员根据委托拆箱申请,落实收取相关费用,按照客户作业要求和货物特性,开具开箱作业单并通知调度安排相应作业计划;

(2) 装卸人员及理货人员配合进行拆箱作业,从箱内取出货物,一般按装箱单记载顺序进行,取出的货物应按票堆存;

(3) 拆箱完毕后,业务员根据拆箱计数单、拆箱作业单、收货记录、交货记录等进行计算机拆箱及进库确认,并将单证整理归档;

(4) 拆箱后应将空箱尽快还给堆场,并开具设备交接单或办理内部交接手续。

5) 交付货物

货运站应代表承运人向收货人交付货物。收货人领货时,应出具船公司或其他运输经营人签发的、海关放行的提货单。货运站核对票、货无误后,即可交付货物。交货时,货运站应与收货人在交货记录上签字,如有异常,应在交货记录上注明。

6) 收取有关费用

交付货物时,货运站应查核所交付的货物在站期间是否发生保管、再次搬运等费用,如发生,则应在收取费用后交付货物。

7) 制作交货报告与未交货报告

集装箱货运站在交货工作结束后,应根据货物交付情况制作交货报告和未交货报告,并寄送给船公司或其他运输经营人,让其以此作为处理损害赔偿、催提等的依据。

6.3.2 集装箱货运站仓储管理

1. 集装箱堆垛

集装箱货物在货运站仓库内按一定的形式和要求进行堆放存储,叫集装箱堆垛,也叫堆码、码垛。集装箱堆垛的好坏直接关系到货物和人身的安全,而且直接影响理货计数工作的效率以及仓库的场地利用率,因此对集装箱的堆垛有一定的要求。

(1) 堆垛整齐牢固,成行成线,做到标准化;

(2) 成组货物定量上垛,能点清组数,不成组货物能点清件数;

(3) 按单堆码,标志朝外,箭头向上,重箱不压轻箱,木箱不压纸箱,残损另堆;

(4) 堆垛时先里后外,先算后堆;

(5) 堆垛时要考虑出货的方便,不同票的货不相压,大票货不围小票货;

(6) 要根据不同的货物性质、包装形式堆成不同的垛型;

(7) 要注意有包装储运指示标志及危险品标志的货物应按其要求堆码;

(8) 在每一关货物上醒目的位置拴挂货垛(桩脚)牌,在其上清楚标明日期、委托货代、进仓编号(提单号)、货名、总件数、关号、货位、理货员签名等内容。

2. 集装箱保管

货物进仓后,集装箱货运站就要开始对货物进行保管,承担货物的安全责任,确保不发生货损、货差等事故,所以必须做好以下几项工作。

(1) 台账健全,定期盘点。有货有账,货账相符。货物入库、出库时及时登账或销账。同时,根据实际情况进行定期盘点。

(2) 防盗。仓库值班员应尽职尽责,把好仓库大门,人员进出登记,无关人员不得进出仓库。

(3) 做好防火、防汛、防台风工作。在明显的地方配备消防器材,清除火灾隐患,杜绝火种入库,不准在仓库内吸烟。明火作业必须按相关的安全操作规程,配备好灭火器。在台风季节、多雨季节,做好仓库的防水排水工作,如发现仓库的外表结构出现破裂等不安全因素,及时修理。

(4) 地脚货、超期货、危险品货物的管理。地脚货是指货物外包装破损而散漏出来的货物。应及时修复破包装,减少地脚货,对漏出的地脚货应及时清理。对无主货应及时联系发货人,对超期货应及时和收发货人联系,如超过一定时间,应根据海关的有关规定进行处理。

(5) 货物的整理。应定期对零散的货物进行归、并、转,使得堆垛整齐,提高货位的利用率。

6.4 集装箱码头检查桥业务

在集装箱检查桥,集卡车司机与码头进行提箱或者进港业务的交接;码头向集卡车司机打印行车指南,安排其到指定箱区提箱或者将集装箱运到指定箱区,同时向堆场控制中心发出作业指令,安排吊机放箱或者提箱。

6.4.1 检查桥工作流程

检查桥的工作流程主要包括提箱和进箱的操作流程,其详细流程见图 6-3。

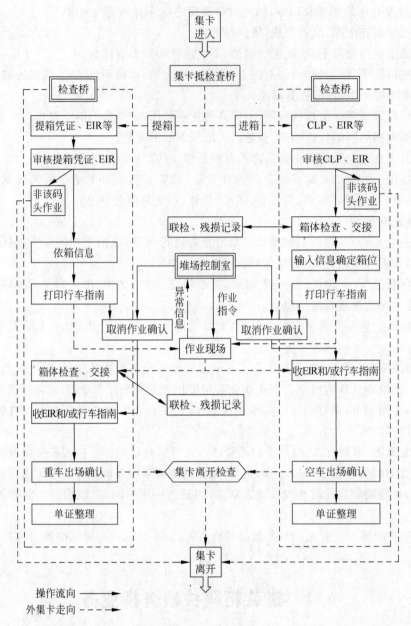

图 6-3 检查桥的工作流程

6.4.2 检查桥业务的主要内容

集装箱检查桥的业务主要包括箱体检查、重箱进场、空箱进场、重箱出场、空箱出场、单证审核和整理、场地核箱、特种箱操作等。

1. 箱体检查

检查桥的验箱员应和集卡车司机一起,对所有进出港区的集装箱进行箱体检查,并做好相关记录。箱体检查具体来说有核对基本情况(集卡车牌号、进港牌号是否与设备交接单上登记的内容相符,集装箱箱号、箱型、尺寸、铅封号是否与设备交接单、装箱单等一些单证相符)、集装箱外部检查(检查集装箱外表面是否有损伤)、集装箱内部检查(检查箱子是否漏光、漏水,箱壁箱底情况等)、箱门及附件的检查(检查门关闭顺利否,关闭后是否密封,把手是否灵便,箱门能否完全锁上,固定货物用的系环、孔眼等附件安装状态是否良好,板架集装箱上的立柱是否备齐,立柱插座有无变形。开顶集装箱上的顶扩伸弓梁是否齐全,有无弯曲变形,板架集装箱和开顶集装箱上使用的布篷有无破损,安装用的索具是否完整无缺,通风集装箱上的通风口能否顺利关闭,其储液槽和放水龙头是否畅通,通风管、通风口是否堵塞等)、清洁状态的检查(检查有无垃圾、恶臭、生锈,有无被污脏,是否潮湿)。

2. 重箱进场

重箱进场包括出口装船的重箱和中转出口重箱(即转码头)的重箱。转码头的重箱,是因为进口船舶所靠的码头与中转出口的船舶所靠的码头不是同一个,因此,需借助陆路运输完成转码头的操作。

检查桥的工作人员在收到验箱员所批注的信息后,必须认真检查该批注和审核集卡司机提供的文件、单证的有效性,测定集装箱的重量,然后对箱号、箱型、车牌号、箱状态、船名、航次、卸货港、中转港、提单号、货物件数、重量等信息进行核对。不同的港口其操作不同,对一般出口重箱进场所需求持的单证也有所不同,有的是需持设备交接单;有的是需持装箱单;有的是两者都需要。

转码头的重箱进场,集卡司机应凭盖有海关验讫章的《集装箱转码头海关申报单》及设备交接单到检查桥办理手续,检查桥输单员输入车号、箱号,码头操作系统会自动显示其他信息。

3. 空箱进场

空箱进场时需持船公司或船代签发的集装箱设备交接单,如果该空箱是重箱进口经过拆箱后,返回码头堆场堆存而已,则仅需将其箱号、箱型、车牌号、箱状态、箱主输入计算机。如果是空箱装船出口,则在进场之前,必须预先将计划通知码头,及时安排堆场场地和装卸机械,取得预约受理凭条。进场时检查桥工作人员审核集卡车司机提供的《集装箱设备交接单》的内容,并将箱号、箱型、车牌号、箱状态、船名航次、箱主、卸货港等信息录入系统。

4. 重箱出场

重箱出场包括进口重箱、中转箱及退关箱出场。

进口重箱提箱需持有效提货单和设备交接单。提箱时应严格审核提货单,如海关放行章、检验检疫章等不齐、不清、不符,不得提箱。代理公司与码头费用无托收协议的,应先到受理台办理预约,付清相关费用后再到检查桥提箱。

中转箱出场,一般指的是转码头的重箱。提箱时集卡车司机应凭盖有海关验讫章的《集装箱转码头海关申报单》及设备交接单到检查桥办理手续。退关重箱提箱需持设备交接单、预约受理凭条和退关箱出卡口证明。

5. 空箱出场

空箱出场时根据集装箱箱主的指令接受驳箱车队的提箱申请,并提供作业受理凭条。

出场时,集卡车司机需要出具箱主或其代理签发的设备交接单及预约受理凭条。

6. 单证审核和整理

检查桥所涉及的主要单证有设备交接单、装箱单、提货单、交货记录联、集装箱残损记录等,这些记录都是码头与内陆承运人进行集装箱设备交接时的原始资料,也是交接时对集装箱破损责任进行划分的原始证据。

7. 场地核箱

根据堆场控制中心提供的核箱单证进行场地核箱,并根据该箱实际情况进行箱位调整。需要核对的内容有集装箱箱号、箱型、尺寸是否与核箱单或电脑上的记录相符等。发现箱体有残损的,在核箱结束后向堆场计划员反馈。核箱完毕后,要及时准确地进行相应调整,并在做好书面记录的同时,及时上报。对所辖堆存场地实行动态管理,对已核集装箱堆存质量和外围集装箱堆存质量、场地附属设施进行巡查。检查冷藏箱的插头、电缆线、接插电源、箱体、发电机运转状况是否正常,检查温度记录,并对冷藏箱在进场时的实际温度信息做相应的记录。

8. 特种箱操作

特种箱主要是危险品箱和冷藏箱。

高温季节应加强对危险货物集装箱的保护工作,室外温度超过30℃时,要对集装箱外表进行定期喷淋降温工作。如发现异常情况,应及时与控制中心联系,必要时需和船公司或货主联系。

在冷藏箱从集卡车卸下进入堆场接通电源后,检查确认集装箱外部的冷冻机运行是否正常,有故障应立即根据实际情况及时对外联系处理或者进行修理。定期检查温度并记录检查结果,仔细核对相关资料中的设定温度与在场温控箱所显示的设定温度、纸盘记录温度是否相符。当冷藏箱在装船后或者卸船前发生机器故障时,应立即上船确认,安排维修,同时做好相应记录。

6.5 集装箱港口箱务管理

集装箱的箱务管理是国际集装箱运输系统中极其重要的环节,也是十分重要的工作。做好集装箱的箱务管理,有利于降低集装箱运输总成本、减少置箱投资、加快集装箱的周转速度、提高集装箱货物的装载质量和货运质量、提高企业经济效益和竞争能力。集装箱箱务管理主要包括集装箱堆场的箱务管理和船公司的箱务管理等内容,如集装箱的备箱、调运、保管、交接、发放、检验及维修等。

6.5.1 集装箱堆场箱区规划

箱区是指集装箱堆场堆放集装箱的区间位置。集装箱堆放在堆场,一般都用一组代码来表示其在堆场内的物理位置,这个位置就是场箱位。场箱位一般由箱区、位、排、层组成。箱区的编码一般有两种方法:一种是用一个或两个英文字母表示;另外一种是用两位数字表示,第一位是码头泊位号;第二位是表示堆场从海侧到陆侧后方堆场的顺序号。

1. 箱区的分类

集装箱堆场由多个箱区组合而成,每块箱区根据其类别都有专门名称:

(1) 按进出口业务分,箱区分为进口箱区、出口箱区和中转箱区;

(2) 按集装箱种类分,箱区分为普通箱区和特种箱区,特种箱区包括冷藏箱区、危险品箱区、超限箱区、残损箱区等;

(3) 按集装箱状态分,箱区分为空箱区和重箱区;

(4) 按装卸工艺分,箱区分为龙门吊箱区、正面吊箱区和堆高机箱区等。

2. 箱区的规划原则

箱区规划是堆场计划的基础。制定箱区规划时,首先要根据港区堆场箱区分布使用情况、码头装卸效率、到港船舶密度、船舶运量大小、进出口箱量比例、空重箱堆存比率等情况,对港区堆场进行总体规划,并根据进出口箱量与空重箱箱量的变化对港区堆场进行适时调整,利用计算机系统实行堆场有效管理,使港区堆场得到充分利用。所以对港区进行规划必须遵循以下原则:

(1) 进、出口箱要分堆;

(2) 空、重箱要分堆;

(3) 不同尺寸的箱子要分堆;

(4) 中转箱要单独堆放;

(5) 冷藏箱、危险品箱、超限箱等有特殊要求的集装箱应放入专门场地专门堆放;

(6) 不同箱主的空箱按不同箱型尺寸分堆;

(7) 出口重箱按船名航次、中转港、目的港、重量等进行分堆;

(8) 应给残损箱留有一定的堆存位置。

3. 出口箱区的规划

不同码头对出口集装箱进场都有不同的相关规定,这要根据码头的实力和堆场的大小而定。比如有些码头对出口集装箱进场时间的有关规定是:支线船在船舶开装日期前四天的零时,干线船在船舶开装日期前五天的零时。开始进场前,必须安排箱区进行堆放。考虑到在船舶配载时,能否减少翻箱,箱区安排得是否科学合理,直接影响到装船时的发箱速度,继而影响装船效率,需要安排进场的船舶都体现在近期计划中,在安排进箱的同时应有具体的进箱时间及危险品进箱时间。在计划箱区和安排集装箱进场时,应考虑以下几点。

(1) 按位堆放:同一位,堆放同一港口同一重量等级的箱子。

(2) 按列堆放:同一列内,堆放同一港口同一重量等级的箱子,但在同一位内不同的列可以堆放不同港口不同重量等级的箱子。重量等级是指按集装箱箱量划分的区域值,比如 10~15t 为一个级别。

(3) 按卸货港或者中转港、重量等级堆放在于同一位或同一列中。

(4) 对于船型较大的船舶,同一港口数量较多而多路作业的,要考虑多路作业安排场地。

(5) 多路作业的干线船,在规划定义的箱区分散堆放。

(6) 对一路或两路装船作业的支线船,堆场尽量安排集中堆放。

(7) 干线船的出口箱位置按几个箱区轮流依次安排进箱,一般是在一个位置进箱完后,再安排下一个箱区位置。在堆场位置宽松的条件下,可按照交替进箱的方式。在某种集装箱集中进场时,也应按照交替进箱的方式。

(8) 提前进场箱与延迟进场箱进场均是计划外的操作,只有在与受理中心预约后方能进场。

(9) 延迟进场箱若为该航次加载箱,可安排至该航次出口箱区,与其他该航次已放行的出口箱区合并放在一起。若非该航次出口箱,则安排至该航次出口箱区即可,注意要与该航次出口的集装箱分开堆放。

4. 进口箱区的规划

在收到进口的集装箱清单和详细的摘要后,进行堆场安排。进口摘要中,必须含类别、尺寸类型、箱主、危险品箱、温控箱等具体信息。安排进口空箱位置时,堆场计划员应根据不同船名、航次、箱子尺寸、危险品、冷藏箱等类型分开堆放,并考虑具体的卸船箱量及场地的已堆存情况进行安排。安排场地时尽量考虑船舶靠港的船期先后、泊位、作业路数、场地已有作业机械、卸入箱的疏港情况等。对于中转箱,可以按中转类别安排堆场,也可按工作点和箱主来安排堆场。在规划时需要注意:

(1) 空、重箱分开堆放;

(2) 空箱按箱主、类别尺寸分开堆放;

(3) 冷藏箱、危险品箱、超限箱、残损箱进专用箱区堆放;

(4) 需插电的温控重箱、危险品箱区最高堆放三层;

(5) 货物超限的框架式、平台式或开顶箱,堆放一层高度,且货箱与货箱的间距最少保持50cm;

(6) 罐式集装箱禁止堆在靠近车道的一列。

6.5.2 集装箱堆场整理

集装箱堆场的整理工作主要是对场内的箱子进行归位、并位和转位。

归位是指堆场内箱子状况发生变化后,从变化前的箱区,归入状态变更后的指定箱区的作业过程。最常见的是由该港、箱子的目的地或目的港的更改导致的箱区的变化。

并位是指同一堆场箱区内将零星分散的集装箱整理合并在一起的作业过程。集装箱进出码头非常频繁,在频繁的操作后,集装箱的堆放就会显得有些零散,因此要进行并位调整箱位,腾出箱位用于接下来的计划。

转位是指同一堆场不同区间,或同一箱区不同箱位之间集装箱整理转移的作业过程。

集装箱堆场内箱子的归位、并位、转位,主要目的是提高堆场的利用率,提高箱区的作业效率、船舶的装卸效率,减少码头作业出差错的可能性,减少翻箱的情况。

1. 出口箱整理

出口船舶开装前,根据船舶已进场集装箱所在的箱区,将箱区中只有少量该船的集装箱集中归并到该船的较多集装箱所在的箱区。比如上航次的一些退关箱,应该将这些集装箱归并到该航次出口的集装箱箱区,以方便配载、装船作业,提高效率以及避免少配漏装。

出口船舶开航后,必定有些出口集装箱由于种种原因,比如出口报关不成功、商检没通过、客户已装箱进港但货物不合格还需加工等情况没转船。应及时将其安排在装卸船作业较空的情况下,进行退关箱等的归并;将同一船名航次的集装箱分尺寸类型、港口等归并在一起。

2. 进口箱整理

空箱在进口卸船后,船公司会尽早进行安排,要么中转出口,要么驳箱出场。一般来说,船公司不可能将空箱在码头堆存比较长的时间,进口后必定会用于中转出口或当地用箱。但也有一些特殊情况,比如发生了一些海损事故,或者空箱在码头发生了一些重大事故不得不到保险勘验结束或者共同海损理算结束后,才能做相应安排。这就需要对这些空箱按箱主、尺寸类型、堆存状态、进口船名航次等进行分类归并。

重箱进口卸船后,有些货没有及时拉出港区拆箱并将空箱还给船公司,多是因为比如清关出了问题、箱子被海关查验了、有关货物的资料不全不让进口、提单没有及时收到、货主找不到了等。这也就导致箱子进口后不久,就一两个集装箱占了一个箱区,所以就应该及时归并这些超期箱,集中安排移到堆放集装箱较多的区域,使场地得到高效利用。

3. 疏港

集装箱堆场是运输过程中的周转性堆场,不能用于中、长期储存。码头为了保证船舶装卸作业的正常进行和堆场进场畅通,往往根据国家关于集装箱疏运的有关规定,结合码头实际情况和海关监管的情况,将进口集装箱疏运到港外堆场,实务中简称疏港。疏港主要分为以下几种情况。

(1) 对废纸、废金属等废品箱,根据口岸的要求进行专门管理而进行疏港。

(2) 超期重箱的疏港。由于堆场的堆场量有限,码头为了确保生产效率,对于港区堆场超过规定时间的进口重箱采取转栈疏港的措施,即将超期堆存的集装箱疏至后方堆场进行堆存,并收取一定的转栈费用。此办法既缓解了集装箱在港堆存的压力,又对超期提箱的货主采取了一定的惩罚措施,督促其尽早提箱。

(3) 直卸疏港。为了缓解堆场紧张情况,码头对于一些船舶的卸船采取直接卸箱至后方堆场的方式,即直卸疏港。在实际应用中,直卸疏港的概念是很广的,其也包括集装箱卸下后的转场。

6.5.3 在场集装箱管理

1. 重箱管理

1) 进场重箱管理

对进口重集装箱,码头理货员应在船边核对箱号、尺寸类型,检查铅封、箱体;若有箱号不符、铅封与实际情况积载不符、灭失或断裂、箱体残损、冷藏箱的温度与记载的不符等情况,都要进行记录,并由大副签字确认;在港区堆存超过规定天数,比如10、15天的,视为超期箱,移到指定的场地。

对出口重集装箱,检查桥工作人员应审核单证,核对箱号、箱型尺寸,检查铅封、箱况,正确记录,并由交接双方签字。

2) 出场重箱管理

对进口重集装箱，凭船公司或其代理签发的设备交接单和海关放行的 D/O，付清在港区的相关费用后，进行放箱。

对出口重集装箱，凭船公司或其代理签发的设备交接单以及海关签发的《退关箱出卡口证明》放出口退关箱。装船配载前，堆场员应核实集装箱的堆场位置，然后船边理货员核对装船。

2. 空箱管理

1) 空箱进场管理

对进口空箱，理货员应在卸船时检查验收，并安排进入计划的场地。

出口空箱通过检查桥进场。在得到船公司的出口计划（该计划应该包括所装空箱的船名航次、数量、箱型、计划进港时间、船舶预计进港时间、目的港（如有中转港也应注明）、安排驳箱进港的公司或车队名称〕时，根据该计划合理安排场地。进场时，检查桥审核 EIR(equipment interchange receipt，集装箱设备交接单)，将箱子安排到计划的出口箱区。

2) 空箱出场管理

对于当地/中转出口装船的空箱、所有装船的空箱按船公司计划配载装船，理货员在船边确认装船。

对中转的空箱，船公司会有不同的安排。根据当地和其他港口的用箱情况，可以安排当地出口用箱，船公司会安排车队驳空箱；也可以安排装船到其他不同的港口。在得到船公司的计划后，明确出口箱的箱主、船名、航次、尺寸类型、数量等，将堆场中的空箱进行合理分配。同一情况下的安排应尽量选择堆放区域集中的集装箱，且最好不要有翻箱情况。

在有空箱装船出口计划时，结合该计划的箱型、数量、航次，选择相应的在港空箱，比如安排装同一船名航次、同一卸货港的中转出口空箱配载上船。由于舱位、船期、空箱的需求量等不稳定因素的存在，船公司的计划随时都有可能改变，所以，不仅堆场中的空箱安排要随时更改、合理安排，箱区的计划也要作相应的安排。

箱主提空箱出场时，检查桥应根据箱主签发的设备交接单进行放箱。

3. 冷藏箱管理

1) 进口冷藏重箱

进口冷藏重箱的管理工作如下。

（1）在船舶卸船前，堆场应将冷藏箱信息及时通知冷藏箱场地工班，卸船时安排专门的冷藏箱箱区。

（2）船边理货员在卸船前应先检查制冷温度和箱体情况，发现异常应会同船方做好签证工作。

（3）堆场控制员在堆场检查箱体状况时，如发现问题应立即通知船边理货员和控制室；如箱体状况正常，则进计划内的场地，接通电源。

（4）冷藏箱出场时，堆场员应提前切断电源，收妥电线和插头，指挥吊机司机装车。

2）出口冷藏重箱

出口冷藏重箱的管理工作如下。

（1）出口冷藏重箱在进检查桥时，即必须对冷藏集装箱进行严格检查，具体检查箱况、箱号、冷冻机、控制箱外表、PTI标贴、商检合格标贴、巡查记录表温度与集装箱单温度要求是否一致，如果发现问题，不得安排入场，待问题解决后，再安排进场，将箱子放到指定的箱位。

（2）集卡车到指定箱位后，接通电源，确认冷冻机工作正常后再将箱子下放到指定的箱位；如果冷冻机工作不正常，应拒绝接收或者根据客户的指示安排合理的修理。

（3）进场后，定期对冷藏箱的温度、冷冻机的工作状态进行巡查，并做记录。

（4）装船时，应提前切断电源，收妥电线和插头，指挥吊机司机装车。

4．危险品集装箱管理

危险品集装箱是指自箱内装有《国际危规》中列明的危险品货物之日起，直到该集装箱拆箱、清洗妥当为止的集装箱。

1）危险品货物的确认

对经码头进出的危险货物（除《国际危规》中列明的第6、8类非冷冻危险货物外），货主、船公司或其代理人事先都必须向港方申报，获得同意后船方才能承运；同时必须办理《船舶载运危险品集装箱安全适运申报单》，经批准后方可装卸船。

2）危险品集装箱的交接

在危险品集装箱卸船前，码头理货员应仔细检查箱体、铅封和箱体四周是否张贴着与箱内货物相应的危险品标志，并仔细核对箱号，发现不符或异常，通知船方并记录。

在出口危险品集装箱进入码头时，承运人需持港监签署的《集装箱装运危险货物装箱证明书》。检查桥工作人员应仔细检查箱体、铅封和箱体四周是否张贴着与箱内货物相应的危险品标志，如有不符应拒绝接收。

3）危险品集装箱的装卸

对危险品集装箱的装卸，每个港口的规定和情况有所不同，比如有些港口对装有《国际危规》中列明的第1、2、7类及冷冻危险品的集装箱必须采用车→船、船→车直取直装的方式，对装有《国际危规》中列明的第3、4.2、4.3、5.1、5.2类的集装箱尽量采取直取直装方式。

在危险品集装箱卸船前，要布置落实安全操作防范措施及急救办法。

4）危险品集装箱的储存

危险品集装箱储存根据危险货物的不同而不同，一般只许堆两层，并根据《国际危规》的隔离要求对不同性质的危险货物进行有效的隔离。危险品集装箱堆放在专用的危险品箱区，应设有隔离栏和喷淋装置，以在高温季节对一些可喷淋的危险品集装箱喷淋降温。

5．超限集装箱管理

超限集装箱是指装载有超高、超宽、超长货物的开顶箱、平板箱、框架箱。超限集装箱限堆高一层，在专用的箱区堆放。一般超宽超过30cm，相邻列不得堆放集装箱；超长超过50cm，相邻位不得堆放集装箱。

6.5.4 船公司集装箱箱务管理

1. 集装箱空箱的调运及管理

船公司箱务管理的核心工作就是对集装箱空箱的调运与管理。集装箱空箱的调运及管理关系到集装箱的利用程度、空箱调运费的开支、适箱货物的及时发送以及企业的经济效益。在集装箱运输航线货源不平衡的情况下,空箱调运在所难免。合理的空箱调运,可以降低船公司航线集装箱需备量和租箱量,从而降低运输成本、提高船公司的竞争能力和经济效益。据统计,仅美国每年因空箱调运而产生的各种费用就高达35亿美元。如按每个标准箱2400美元购置费计算,这可以购买145万个标准箱。因此,必须研究空箱的合理调运,同时可考虑租箱策略,以求最大限度地节约空箱调运费。

1) 产生空箱调运的原因

产生空箱调运的原因很多,主要有以下几种。

(1) 由于管理方面的原因产生空箱调运。如单证交接不全、流转不畅,影响空箱的调配和周转;又如货主超期提箱,造成港口重箱积压,影响到集装箱在内陆的周转,为保证船期,需要从附近港口调运空箱。

(2) 进、出口货源不平衡,因而造成进、出口集装箱比例失调,产生空箱调运的问题。

(3) 贸易逆差,导致集装箱航线货流不平衡,因而产生空箱调运。

(4) 由于进出口货物种类和性质不同,因而使用不同规格的集装箱,产生航线不同规格集装箱短缺现象,需要调运同一规格的空箱,以满足不同货物的需要。

(5) 其他原因。如出于对修箱费用和要求的考虑,船公司将空箱调运至修费低、修箱质量高的地区去修理。

2) 完善空箱调运的策略

由于客观货物流向、流量及货种的不平衡,产生一定数量的空箱调运是必然的。通过加强箱务管理,实现箱务管理现代化,减少空箱调运量是完全可以实现的。

(1) 组建联营体,实现船公司之间集装箱的共享。联营体通过互相调用空箱,可减少空箱调运量和航线集装箱需备量,节省昂贵的空箱调运费和租箱费。

(2) 强化集装箱集疏运系统,缩短集装箱周转时间。通过做好集装箱内陆运输各环节的工作,保证集装箱运输各环节紧密配合,缩短集装箱内陆周转时间和在港时间,以提供足够箱源,不至因缺少空箱而从邻港调运。

(3) 强化集装箱跟踪管理系统,实现箱务管理现代化。通过优化集装箱跟踪管理计算机系统,采用EDI系统,可以以最快、准确的方式掌握集装箱信息,科学而合理地进行空箱调运,最大限度地减少空箱调运量及缩短调运距离。

2. 滞箱费的收取

为更有效地控制集装箱、缩短周转时间、弥补由周转时间长而造成的集装箱运费收入和租金损失,对于超过船公司规定的免费用箱期的客户,船公司往往按一定的计费方式收取滞箱费。客户的用箱时间一般为从进口后到返还空箱的时间和自出口提箱后到返还空/装船的时间。因为每个港口实际情况不同,客户的用箱时间有所差别,这就要看相关业务的主动权是由客户控制还是由承运人控制。这样通过控制客户的用箱时间,可使客户尽快安排进口重箱的拆箱或者出口货物的装箱、清关工作以及时装船,从而提高集装箱的周转效率。如果客户提空箱之后取消出口计划,那也应该及时将空箱还回承运人。

3. 集装箱的修理与维护

根据国际集装箱安全公约(CSC)的规定,新箱在出厂后 24 个月内要进行内箱检验,五年时要进行箱体检验,并且以后每 30 个月检验一次。因此,船公司的箱管部必须对公司内所有集装箱进行统筹计划并组织实施,做好维护保养工作,确保集装箱符合 CSC 的规定。

另外,集装箱在运输、装卸、搬运、堆存过程中由于种种原因总会产生许多缺陷。集装箱的缺陷分为损坏、自然损耗和不合理修理。损坏是指由单个或者多个事件如撞击、磨损、污染等造成的单个或者多个集装箱的物流缺陷;自然损耗是指在正常使用的情况下,在物流环境中如在海上航行中暴露在海水中,由不断地消耗磨损而造成的一个或者多个集装箱的物流缺陷。正常使用是指在箱子设计的可操作条件下,在利用可接受的方法进行搬运、绑扎、堆存、配载和运输的情况下对箱子的处理和使用;不合理修理是指并没有按照国际集装箱出租者协会(IICL)推荐的修箱方法对坏箱进行的修理。

对于根据 IICL 的验箱标准需要进行修理的,应根据船公司的要求及时将修理估价单报船公司审批,如果船公司有必要对箱子坏损进行联合检验或者对退租、全损等作进一步处理,那么堆场就应等到船公司的进一步指令后再做安排。堆场在修箱的时候应根据船公司对集装箱运货的要求,结合 IICL 的验箱标准和推荐的修箱方法进行修理;及时将修理完毕的箱子进行归位,从坏箱状态更改为好箱状态,以表明箱子已修复,可以放箱出场。

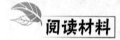

中国集装箱港口建设情况及影响因素分析

1. 集装箱港口码头建设情况

随着市场的发展,目前中国港口已经逐渐形成了区域布局。中国基本形成了以长三角、珠三角、环渤海、东南沿海以及西南沿海地区港口为主的五大港口群。其中,前三大港口的规模最大,其主要布局是:围绕以上海为中心、以江浙为两翼的上海国际航运中心,以上海、宁波两港为主体的长三角港口群,发展以香港、广州、深圳三港为主体的珠三角港口群;围绕建设东北亚重要国际航运中心,发展以大连、天津、青岛三港为主体的环渤海区域港口群。

1) 长三角港口群

长三角港口群作为参与全球经济合作和竞争的重要战略资源,在区域经济和社会发展中发挥着日益重要的作用,已成为推动全国"经济列车"前进的重要引擎。长三角地区的港口对区域经济发展和对外贸易的支撑作用正在明显加强。长三角沿江、沿海地区是电力、冶金、石化集中布局的地区。而中国资源的分布决定了这一区域内 90%的能源、原材料需由区外调入,同时大量产成品要销往世界各地,水运承担了全区域内 90%以上能源、外贸物资的运输。长三角沿江地区的钢铁产量约占全国的 1/3,石化产量占全国的 27%,汽车产量占全国的 47%,火电装机容量占全国的 16%。但这个地区钢铁企业所需的80%的铁矿石、72%的原油、83%的电煤是依靠长江水运来保障的。"十一五"以来,上海港、宁波—舟山港及沿海、沿江电厂建设的煤炭专用码头,宁波—舟山港的大型原油、铁矿石码头,均在大宗原材料运输中发挥着重大作用。

在已经结束的"十一五"期间,长三角地区港口在工业和开发区的布局及发展中体现了先导性、基础性作用,同时依托流通优势,改善了该地区的投资环境,提升了区域综合竞争力,在吸引外资、发展服务外向型经济中起到了重要作用。目前,长三角地区基本形成了以上海港、宁波—舟山港为集装箱干线港,以连云港、苏州、南京、南通、镇江、温州等港口为支线港,以其他港口为喂给港的集装箱运输格局。

上海港,作为中国内地首个也是唯一一个国际航运中心,不仅成为了全国众多沿海港口的"领跑者",还成为了长三角地区及至全国经济贸易、金融及航运的引擎。除了继续实施打造国际航运中心的计划以外,上海港正全力实施"长江战略",打造中转核心。

目前,上海港已与重庆、武汉等地的港航企业合资组建了集装箱码头、物流、航运等企业,形成了一条完整的"长江经济链",服务长三角、长江流域、全国的辐射力进一步增强。

2) 珠三角港口群

珠三角经济圈内的集装箱港口格局与众不同,因为珠三角竞争最充分。珠三角的集装箱港口经过十余年的稳步发展,已初步具备了以香港国际航运中心、深圳区域性航运中心和广州港等众多城市港口为补充的集装箱港口群;但现有的码头数量还不能满足集装箱货物吞吐的需要,仍处在较高速度的建设之中,且存在一定变数。

近年来,珠江三角洲地区集装箱码头的兴建、扩建可谓风起云涌。深圳、广州、东莞、珠海、惠州等都推出了各自地区港口的宏伟发展计划,并努力付诸实施,形成了珠三角集装箱港口功能和级别的分化,促进了港口集装箱运输市场的良性发展。各集装箱码头顺应市场变化规律,在经营上突出分工与合作,在促进自身发展的同时,也推动了珠三角地区经济社会的和谐发展。珠三角经济圈内的集装箱港口格局与众不同,竞争最充分,最接近市场本意。

香港早已确立了其国际航运中心的地位,且其地位在可预见的将来无可动摇。深圳港一直政企分开,每一家码头公司无论从法律上还是经营上都绝对独立、和谐竞争,资本力量独立显现。广州虽有香港和深圳在前,但早已接受市场要靠自己争取的概念,在广州港务局的统一筹划下,正雄心勃勃地拓展南沙港区,要凭借老港的经验和不断增强的实力,在珠三角占据更大的市场份额。珠三角经济圈内主要港口下的各集装箱码头公司,以各自独立的企业形象出现在航运市场上是国内一道比较独特的风景,资本的力量往往超越其他力量而成为市场的主导。

港口集装箱经营市场良性分工,是目前珠三角地区港口群经营竞争的总体特点。在激烈的市场竞争环境下,各集装箱港口顺应市场变化规律,在经营上突出分工与合作,并使两者相结合,将是珠三角地区各港口今后发展趋势的总体特点。

香港的独特地位及已形成的规模优势,使得香港港口在广东省外贸集装箱运输高速发展中处于优势地位。但与此同时,深圳港发展速度惊人。东、西两港区齐头并进是其快速发展的重要特征。深圳港的快速发展,对香港港形成了较强的竞争力。

可以说,在目前状况下,香港、深圳、广州及其他港口的经营运作,是一种分工合作、优势互补的关系,这种干线、支线及喂给线层次分明的功能分工,形成了目前珠三角地区港口集装箱经营的总体特点。事实证明,以港口为中心的现代物流业,已成为珠三角港口群所在城市的重要支柱产业之一,对于该地区综合实力的提升、综合运输网的完善等,正发挥着越来越重要的作用。

3) 环渤海港口群

在全国布局规划的五大港口群中,环渤海港口群具有举足轻重的地位。环渤海地区5 800千米的海岸线上,目前有大小60多个港口,其中亿吨级大港有大连港、天津港、青岛港、秦皇岛港、日照港,占全国沿海亿吨大港的一半。在中国批准作为"试验田"的四个保税港区中,环渤海地区也占有两席——大连大窑湾保税港区和天津东疆保税港区。

近年来,环渤海地区三大干线集装箱港青岛港、天津港、大连港都在不断加大港口投资,建设深水泊位,完善配套设施。从三港自身条件看,彼此实力相当。除了三大干线集装箱港蓬勃发展外,营口港、烟台港、锦州港也不断加大港口建设力度,集装箱业务发展迅猛,逐步形成了内外贸同辉的格局。

在环渤海湾地区各港加快发展的同时,区域间的合作也开始崭露头角。烟台市政府陆续将烟台地方港、蓬莱新港和龙口港资产划转给烟台港集团公司。青岛港与威海港、日照港也实现了合资合作,重点发展集装箱业务。在辽宁省政府的协调下,锦州港和大连港签署了《战略合作框架协议》,双方在资本市场、港口物流和锦州港西部海域开发建设等领域展开了全面合作。

环渤海地区是中国工业,特别是重工业较发达的地区,随着东北老工业基地、天津滨海新区的开发建设以及沈阳沈北新区概念的提出,环渤海湾经济圈的发展开始提速。依托东北三省和蒙东地区、京津冀等华北地区和山东及河南等中原省市,环渤海地区沿海港口服务范围广泛,也更显示出该地区沿海港口群在发展区域经济中的重要作用。

在"以港兴市"甚至"以港兴省"的思路影响下,环渤海湾地区各地政府对港口发展的关心和关注程度日益提高,港口在政府多项经济建设工作中的地位也越发重要。

2. 集装箱港口影响因素分析

港口集装箱行业景气程度与对外贸易相关性较高,外贸货物吞吐量和集装箱吞吐量与对外贸易之间的相关系数达到0.9以上,可以说中国港口集装箱行业是外贸驱动下的高增长。

1) 直接因素

集装箱港口的直接影响因素如下。

(1) 国内外宏观经济形势。从国内外宏观经济形势总体上看,集装箱港口具有增长和波动的双重特点:从中长期来看,呈现持续的增长特征;而从中短期来看周期性较为明显,国内外宏观经济波动对中国对外贸易具有非常直接的中短期影响。

(2) 进出口增长率。中国对外贸易的80%以上是通过海运方式完成的,外贸持续增长是推动港口集装箱吞吐量高速增长的主要动力。从历史数据的统计可以看到,港口外贸吞吐量增长幅度基本上和外贸总额增长幅度保持高度相关;而集装箱吞吐量增长幅度则相对稳定,基本维持在20%～40%之间,原因是集装箱生成系数的持续上升。

(3) 集装箱生成系数。中国港口集装箱业务开展以来,集装箱生成系数呈现逐年上升的态势。适箱货运输方式从普通件杂货运输向集装箱运输的结构性转变,是中国集装箱生成量大幅度增加的重要原因,也是集装箱吞吐量取得较高增幅的原因。

2) 间接因素

对外贸易受影响的因素较多,波动较大。1992—2008年的年均复合增长率为18.70%,略高于工业增加值增幅,显示了中国外向型经济的特征。长期以来,中国工业增加值基本维持在10%以上。中国工业制造实力的增强,成为中国外贸增长的根本推动力。另外,港澳台及外商对中国的投资,已成为中国制造业的重要力量。港澳台及外商投资企业工业增加值占规模以上工业增加值的比例呈逐步增加趋势。由于外商投资企业的产品出口比例较大,2008年出口额占中国出口总额的55%,因此外商直接投资和中国外贸额之间存在一定的关联性。由于投入产出的时间差,外商投资额的变化趋势可以看做中国对外贸易变化的先行指标。

集装箱运输的适箱货主要是机电产品、纺织服装、玩具等工业制成品。近年来,在外贸进出口规模快速扩张的同时,进出口商品结构也发生了根本变化:初级产品所占比重逐年减小;工业制成品所占比重逐年增加,成为中国外贸增长的主导力量。1990—2008年,工业制成品在进出口总额中所占比重从77.70%提高到82.40%;特别是在出口产品中,工业制成品所占比重从74.4%提高到94.5%。外贸进出口商品结构的优化增加了集装箱运输适箱货源。

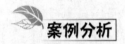
案例分析

无船承运人

某国际货运代理企业以无船承运人身份经营国际集装箱拼箱业务。2007年9月15日,该无船承运人在宁波港自己的CFS内将分别属于六个不同发货人的拼箱货装入一个20英尺的集装箱,然后向某班轮公司托运。该集装箱2007年9月18日装船,班轮公司签发给无船承运人CY/CY交接的提单一套;然后无船承运人向不同的发货人分别签发了CFS/CFS交接的提单共六套,所有的提单都是清洁提单。2007年9月23日载货船舶抵达提单上记载的卸货港。第二天,无船承运人从班轮公司的CY内提取了外表状况良好和铅封完整的集装箱(货物),并在卸货港自己的CFS内拆箱,拆箱时发现两件货物损坏。2007年9月25日收货人凭无船承运人签发的提单前来提货,发现货物损坏。

案例问题

1. 收货人向无船承运人提出货物损坏赔偿的请求时,无船承运人是否要承担责任?为什么?

2. 如果无船承运人向班轮公司提出集装箱货物损坏的赔偿请求,班轮公司是否要承担责任?为什么?

3. 无船承运人如何防范这种风险?

思考练习

1. 整箱货与拼箱货在操作中有什么不同之处?
2. 集装箱进出口业务中的各种单证是如何流转的?
3. 船公司应该如何完善空箱调运的相应策略?
4. 集装箱标志中的标记分别代表什么意思?
5. 根据作用分类,集装箱主要有哪些类型?

第7章 港口物流运输管理业务

☆ 教学要求

1. 了解水路运输的基本方式与特点,掌握班轮运输的程序与单证制作,掌握租船运输的特点与种类。

2. 理解铁路运输及其形式与要求,了解公路运输及其经营管理。

3. 了解航空运输及其要素,理解航空运输的形式与类型,掌握航空货物运输的计量规定与托运手续。

4. 了解国际多式联运的内涵及其特点,掌握国际多式联运的组织形式,理解国际多式联运经营人的法律特征与责任。

运输是通过各种运输方式,使用不同的运输工具来实现和完成的。运输方式主要有水路运输(包括海洋、内河运输等)、陆路运输(包括铁路、公路运输等)、航空运输、邮政运输、管道运输和以集装箱为主要对象的国际多式联合运输等。各种运输方式各有其特点,对不同货物的运输具有不同的适应性。在港口物流运输中,应根据运输货物的性质、特点和对运输条件的要求选择适当的运输方式。根据本课程的结构,本章主要简要介绍水路运输、陆路运输、航空运输及国际多式联运等内容。

7.1 水 路 运 输

水路运输主要是海洋运输。国际贸易总运量中 2/3 以上的货物、我国进出口商品中 80%~90%的货物都是通过海洋运输的方式来完成的。水路运输按照船舶经营方式的不同,分为班轮运输和租船运输两种形式。

7.1.1 班轮运输

班轮运输又称定期船运输,最早出现于 19 世纪初,由美国首先采用。1818 年美国黑球轮船公司开辟了纽约—利物浦的定期航线,用帆船进行运输,用以运送海外移民、邮件和货物。1924 年,英国跟随美国之后,开辟了伦敦、汉堡、鹿特丹之间的以蒸汽机船经营的班轮航线,该航线 19 世纪 40 年代又扩展到中东、远东和澳大利亚。此后,日本、德国、法国等国家的轮船公司均经营班轮运输,设有横渡大西洋、太平洋的环球运输航线。中国自 19 世纪 70 年代开始沿海和长江的班轮运输。20 世纪初,中国在其他内河开展班轮运输。中华人民共和国成立后,开辟了大连—上海定期定港班轮货运航线。1961 年中国远洋运输总公司成立,开始建立中国远洋运输船队和国际班轮航线。

1. 班轮运输的特点

(1) 具有"四固定"的特点。"四固定"即固定航线、固定港口、固定船期和相对固定的费率。这是班轮运输的最基本特征。

(2) 班轮运价内包括装卸费用,即货物由承运人负责配载装卸,承托双方不计滞期费和速遣费。

(3) 承运人对货物负责的时段是从货物装上船起,到货物卸下船止,即"船舷至船舷"(rail to rail)或"钩至钩"(tackle to tackle)。

(4) 承运双方的权利义务和责任豁免以签发的提单为依据,并受统一的国际公约的制约。

2. 班轮运输的作用

(1) 有利于一般杂货和不足整船的小额贸易货物的运输。班轮只要有舱位,不论数量大小、挂港多少,是直运还是转运都可接受承运。

(2) 由于"四固定"的特点,班轮运输时间有保证,运价固定,为贸易双方洽谈价格和装运条件提供了方便,有利于开展国际贸易。

(3) 班轮运输长期在固定航线上航行,有固定设备和人员,能够提供专门的、优质的服务。

(4) 事先公布船期、运价费率,有利于贸易双方达成交易、减少磋商内容。

(5) 手续简单,货主方便。由于承运人负责装卸和理舱,托运人只要把货物交给承运人即可,省心省力。

3. 班轮货运的程序

1) 揽货

揽货是指从事班轮运输经营的船公司为使自己所经营的班轮运输船舶载重量和舱容得到充分利用,力争做到"满舱满载",以获得最好的经营效益而从货主那里争取货源的行为。揽货的实际成绩如何,直接影响到班轮船公司的经营效益并关系着班轮经营的成败。为了揽货,班轮公司首先要为自己所经营的班轮航线,船舶挂靠的港口及其到、发时间制定船期表并分送给已经与其建立起业务关系的客户,并在有关的航运期刊上刊载,使客户了解公司经营的班轮运输航线及船期情况,以便联系安排货运、争得货源。

2) 订舱

订舱是指托运人或其代理人向承运人,即班轮公司或它的营业所或代理机构等申请货物运输,承运人对这种申请给予承诺的行为。承运人与托运人之间不需要签订运输合同,而是以口头或订舱函电进行预约。只要船公司对这种预约给予承诺,并在舱位登记簿上登记,即表明承托双方已建立有关货物运输的关系。

3) 装船

在班轮运输中,为了提高装船效率、减少船舶在港停泊时间、不致延误船期,通常都采用集中装船的方式。集中装船是指由船公司在各装货港指定装船代理人,在各装货港的指定地点(通常为码头仓库)接受托运人送来的货物,办理交接手续后,将货物集中并按货物的卸货次序进行适当的分类后再进行装船。

4) 卸货

卸货是指在卸货港将船舶所承运的货物从船上卸下,并将其交给收货人或代其收货的人和办理货物的交接手续。船公司在卸货港的代理人根据船舶发来的到港电报,一方面编制有关单证联系安排泊位和准备办理船舶进口手续,约定装卸公司,等待船舶进港后卸货;另一方面还要把船舶预定到港的时间通知收货人,以便收货人及时做好接收货物的准备工作。在班轮运输中,为了使分属于众多收货人的各种不同的货物能在船舶有限的停泊时间内迅速卸完,通常都采用集中卸货的办法,即由船公司所指定的装卸公司作为卸货代理人总揽卸货以及向收货人交付货物的工作。

5) 误卸的处理

卸货时,船方和装卸公司应根据载货清单和其他有关单证认真卸货,避免发生差错。然而由于众多原因难免不发生将本应在其他港口卸下的货物卸在该港,或本应在该港卸下的货物遗漏未卸的情况,通常将前者称为溢卸,后者称为短卸。溢卸和短卸统称误卸。关于因误卸而引起的货物延迟损失或货物的损坏转让问题,一般提单条款中都有规定,通常规定因误卸发生的补送、退运的费用由船公司负担,但对由此而造成的延迟交付或货物的损坏,船公司不负赔偿责任。如果误卸是因标志不清、不全或错误以及货主的过失造成的,则所有补送、退运、卸货和保管的费用都由货主负担,船公司不负任何责任。

6) 交付

交付是在货物实际业务中船公司凭提单将货物交付给收货人的行为。其具体过程是:收货人将提单交给船公司在卸货港的代理人;代理人审核无误后,签发提货单并交给收货人;然后收货人再凭提货单前往码头仓库提取货物并与卸货代理人办理交接手续。交付货物的方式有仓库交付货物、船边交付货物、货主选择卸货港交付货物、变更卸货港交付货物、凭保证书交付货物等。货主选择卸货港交付货物是指在货物装船时货主尚未确定具体的卸货港,待船舶开航后再选定对自己最方便或最有利的卸货港,并在这个港口卸货和交付货物。变更卸货港交付货物是指在提单上所记载的卸货港以外的其他港口卸货和交付货物。凭保证书交付货物是指,收货人无法交出提单来换取提货单提取货物,按照一般的航运惯例,常由收货人开具保证书,以保证书交换提货单提取货物。

7) 保函

保函即保证书。为了方便,船公司及银行都印有一定格式的保证书。保函产生的原因是当承运人到达目的港时,收货人还没有收到托运人邮寄来的提单,而无法凭借提单向承运人提货,因此出具保函以证明收货人的身份。随着业务的发展,保函的作用扩展到了凭保函交付货物、凭保函签发清洁提单、凭保函倒签预借提单等。在凭保函交付货物的情况下,收货人保证在收到提单后即向船公司交回全套正本提单,承担应由收货人支付的运费及其他费用,对因未提交提单而提取货物所产生的一切损失均承担责任,并表明对于保证内容由银行与收货人一起负连带责任。凭保函签发提单则使得托运人能以清洁提单、已装船提单顺利地结汇。对于保函的法律效力,《海牙规则》和《维斯比规则》都没有做出规定。考虑到保函在海运业务中的实际意义和保护无辜的第三方的需要,《汉堡规则》第一次就保函的效力问题做出了明确的规定:保函是承运人与托运人之间的协议,不得对抗第三方,承运人与托运人之间的保函,只是在无欺骗第三方意图时才有效;如发现有意欺骗第三方,则承运人在赔偿第三方时不得享受责任限制,且保函也无效。

4. 班轮货运单证及制作

1) 托运单

托运单(booking note,B/N)有的地方称"下货纸",是托运人根据贸易合同和信用证条款内容填制的,向承运人或其代理办理货物托运的单据。承运人根据托运单内容,并结合船舶的航线、挂靠港、船期和舱位等条件考虑,认为合适后,即接受托运。制作托运单应注意以下几点。

(1) 目的港:名称需明确具体,并与信用证描述的一致,如有同名港,需在港口名称后注明国家、地区或州、城市。如信用证规定目的港为选择港(optional ports),则选择港应是同一航线上的、同一航次挂靠的基本港。

(2) 运输编号,即委托书的编号。每个具有进出口权的托运人都有一个托运代号(通常也是商业发票号),以便查核和财务结算。

(3) 货物名称。货物名称应根据货物的实际名称,用中英文两种文字填写,更重要的是要与信用证所列货名相符。

(4) 标记及号码,又称唛头(shipping mark)。为了便于识别货物,防止错发货,通常由型号、图形和收货单位简称、目的港、件数或批号等组成。

(5) 重量、尺码。重量的计量单位为公斤,尺码的计量单位为立方米。

(6) 托盘货要分别注明盘的重量、尺码和货物本身的重量、尺码,对超长、超重、超高货物,应提供每一件货物的详细的体积(长、宽、高)以及重量,以便货运公司计算货物积载因素,安排特殊的装货设备。

(7) 运费付款方式。运费付款方式一般有运费预付(freight prepaid)和运费到付(freight collect)两种。有的转运货物,一程运费预付,二程运费到付,这要分别注明。

(8) 可否转船、分批,以及装期、效期等均应按信用证或合同要求一一注明。

(9) 通知人、收货人,按需要决定是否填。

(10) 有关的运输条款、订舱、配载信用证,客户有特殊要求的也要一一列明。

2) 装货单

装货单(shipping order,S/O)是接受了托运人提出装运申请的船公司,签发给托运人,凭以命令船长将承运的货物装船的单据。装货单既可作为装船依据,又是货主凭以向海关办理出口申报手续的主要单据之一。

3) 收货单

收货单(mates receipt,M/R)又称大副收据,是船舶收到货物的收据及货物已经装船的凭证。

由于上述三份单据的主要项目基本一致,所以我国一些主要港口的做法是,将它们制成联单。一次制单,既可减少工作量,又可减少差错。

4) 装货清单

装货清单(loading list)是承运人根据装货单留底,将全船待装货物按目的港和货物性质归类,依航次、靠港顺序排列编制的装货单汇总清单,是船上大副编制配载计划的主要依据,又是供现场理货人员理货、港方安排驳运、进出库场以及承运人掌握情况的业务单据。

5) 提货单

提货单(delivery order,D/O)又称小提单,是收货人凭正本提单或副本提单随同有效的担保向承运人或其代理人换取的,可向港口装卸部门提取货物的凭证。发放小提单时应做到:

(1) 正本提单为合法持有人所持有;

(2) 提单上的非清洁批注应转上小提单;

(3) 当发生溢短残情况时,收货人有权从承运人或其代理处获得相应的签证;

(4) 运费未付的,在收货人付清运费及有关费用后,方可发放小提单。

6) 海运提单

海运提单(bill of lading,B/L)是承运人或其代理人应托运人的要求所签发的货物收据(receipt of goods),在将货物收归其照管后签发,证明已收到提单上所列明的货物。这是一种货物所有权凭证(document of title)。提单持有人可据以提取货物,也可凭此向银行押汇,还可在载货船舶到达目的港交货之前进行转让,是承运人与托运人之间运输合同的证明。

5. 班轮运费

班轮运费由班轮运价表规定,包括基本运费和各种附加费。基本运费分成两大类,一类是传统的件杂货运费;一类是集装箱包箱费率。

件杂货也有按商品价格或件数计收运费的。大宗低值货物,可由船、货双方议定运价。

班轮运费中的附加费名目繁多,其中包括超长附加费、超重附加费、选择卸货港附加费、变更卸货港附加费、燃油附加费、港口拥挤附加费、绕航附加费、转船附加费和直航附加费等。

集装箱运输费用中,除上述海运费用外,还需包括有关的服务费和设备使用费。

此外,班轮公司对混装在同一包装内的不同商品,按其中收费较高者计收运费。同一票商品,如包装不同,其计费等级和标准也不同:如托运人未按不同包装分别列明毛重和体积,则全票货物按收费较高者计收运费;同一提单内有两种以上不同货名,如托运人未分别列明毛重和体积,亦从高计费。

7.1.2 租船运输

1. 租船运输及其特点

租船运输又称不定期船运输,是相对于班轮运输,即定期船运输而言的另一种远洋船舶营运方式。它和班轮运输不同,没有预先制定的船期表、固定的航线、固定的停靠港口、固定的费率。租船运输中,船舶的营运是根据船舶所有人与需要船舶运输的货主双方事先签订的租船合同来安排的。

租船运输具有如下基本特点。

(1) 租船运输是根据租船合同组织运输的,租船合同条款由船东和租方双方共同商定。

(2) 一般由船东与租方通过各自或共同的租船经纪人洽谈成交租船业务。

(3) 不定航线,不定船期。船东对于船舶的航线、航行时间和货载种类等按照租船人的要求来确定,提供相应的船舶,经租船人同意进行调度安排。

(4) 租金率或运费率根据租船市场行情来确定。

(5) 船舶营运中有关费用的支出,取决于不同的租船方式,由船东和租方分担,并在合同条款中订明。例如:装卸费用条款写明 FIO 表示租船人负责装卸费;若写明 Liner term,则表示船东负责装卸费。

(6) 租船运输适宜大宗货物运输。

(7) 各种租船合同均有相应的标准合同格式。

2. 航次租船

航次租船又称程租船,是指由船舶所有人负责提供一艘船舶在指定的港口之间进行一个或几个航次运输指定货物的租船。航次租船是租船市场上的一种最活跃,且对运费水平的波动最为敏感的租船方式。在国际现货市场上成交的绝大多数货物(主要包括液体散货和干散货两大类)都是通过航次租船方式运输的。航次租船的"租期"取决于航次运输任务是否完成。由于航次租船并不规定完成一个或几个航次所需的时间,因此船舶所有人对完成一个航次所需的时间是最为关心的,他特别希望缩短船舶在港停泊时间。所以在签订租船合同时,承租双方还需约定船舶的装卸速度以及装卸时间的计算办法,并相应地规定延滞费和速遣费率的标准和计算方法。

航次租船的特点主要表现在如下方面。

(1) 船舶的营运调度由船舶所有人负责,船舶的燃料费、物料费、修理费、港口费、淡水费等营运费用也由船舶所有人负担。

(2) 船舶所有人负责配备船员,负担船员的工资、伙食费。

(3) 航次租船的"租金"通常称运费,运费按货物的数量及双方商定的费率计收。

(4) 租船合同中需要注明货物的装卸费由船舶所有人或承租人负担,需要注明可用于装卸时间的计算方法,并规定延滞费和速遣费的标准及计算办法。

3. 航次期租船

航次期租船又称日租租船,它是一种以完成一个航次运输为目的,但租金按完成航次所使用的日数和约定的日租金率计算。在装货港和卸货港的条件较差,或者航线的航行条件较差,难于掌握一个航次所需时间的情况下,这种租船方式对船舶所有人比较有利。因为采用这种租船方式可以使船舶所有人避免由难以预测的情况使航次时间延长所造成的船期损失。

4. 定期租船

定期租船又称期租船,是指船舶所有人按照租船合同的约定,将一艘特定的船舶在约定的期间,交给承租人使用的租船。这种租船方式不以完成航次为依据,而以约定使用的一段时间为限。在这个期限内,承租人可以利用船舶的运载能力来安排运输货物;也可以用以从事班轮运输,以补充暂时的运力不足;还可以以航次租船方式承揽第三者的货物,以取得运费收入。当然,承租人还可以在租期内将船舶转租,以谋取租金差额的收益。租期的长短,完全由船舶所有人和承租人根据实际需要洽商而定。

定期租船的主要特点如下。

(1) 船舶所有人任命船长,配备船员,并负担他们的工资和给养,但船长应听从承租人的指挥,否则承租人有权要求船舶所有人予以撤换。

(2) 承租人负责船舶的营运调度,并负担船舶的燃料费、港口费、货物装卸费、运河通行费等与营运有关的费用,而船舶所有人则负担船舶的折旧费、维修保养费、船用物料费、润滑油费、船舶保险费等船舶维持费。

(3) 租金按船舶的载重吨、租期长短及商定的租金率计算。

(4) 租船合同中订有关于交船和还船,以及停租的规定。

(5) 较长期的定期租船合同中常订有"自动递增条款(escalation clause)"以避免船舶所有人在租期内因部分费用上涨而使赢利减少或发生亏损的损失。由于租金一经确定,通常在租期内不再变动,如果合同中订有"自动递增条款",在规定的费用上涨时,约定租金即可按相应的比例提高。

5. 光船租船

光船租船又称船壳租船。这种租船方式不具有承揽运输的性质,只相当于一种财产租赁。光船租船是指在租期内船舶所有人只提供一艘空船给承租人使用,而配备船员、供应给养、船舶的营运管理以及一切固定或变动的营运费用都由承租人负担。也就是说,船舶所有人在租期内除了收取租金外,不再承担任何责任和费用。因此,一些不愿经营船舶运输业务,或者缺乏经营管理船舶经验的船舶所有人也可将自己的船舶以光船租船的方式出租。虽然这样的出租利润不高,但船舶所有人可以取得固定的租金收入,对回收投资是有保证的。

光船租船的特点是:

(1) 船舶所有人只提供空船;

(2) 全部船员由承租人配备并听从承租人的指挥;

(3) 承租人负责船舶的经营及营运调度工作,并承担租期内的时间损失,即承租人不能"停租";

(4) 除船舶的资本费用外,承租人承担船舶的全部固定的及变动的费用;

(5) 租金按船舶的装载能力、租期及商定的租金率计算。

6. 光船租购

光船租购合同是光船租赁合同的一种特殊形式,是指船舶出租人向承租人提供不配备船员的船舶,承租人在约定的期间内,支付租购费,占有和使用船舶,并在约定期限届满时拥有船舶所有权的合同。光船租购实际上相当于分期付款购买船舶:船东在收到全部付款前对船舶拥有正式的所有权,租船人支付每期租金相等于分期付款,租期结束船价全部付清,船舶就属于租船人所有。当然光船租购的租金率要比光船租赁的租金率高,这是因为光船租购下,租期届满时承租人无须将船舶交还船东,船东要在租期内收回船舶的成本和利润。由此,光船租购合同所要达到的目的是买卖船舶,光船租购是实现船舶买卖的途径,因此光船租购具有船舶融资租赁的性质。在多数情况下,光船租购相比较传统的贷款购买船舶是一种更为经济的融资方式。光船租购一般租期相对较长,承租人负担租赁物的维修、保养、保险及纳税费用,出租人拥有租赁物的所有权,承租人拥有使用权,原则上不得中途解约,租期届满时承租人有购买、续租的优先权。

7. 包运租船

包运租船又称运量合同。包运租船是指船舶所有人以一定的运力,在确定的港口之间,按事先约定的时间、航次周期,每航次以较均等的运量,完成全部货运量的租船方式。

包运租船区别于其他租船方式的特点有:

(1) 包运租船合同中不确定船舶的船名及国籍,仅规定船舶的船级、船龄和技术规范等,船舶所有人只需比照这些要求提供能够完成合同规定每航次货运量的运力即可,这对船舶所有人在调度和安排船舶方面是十分灵活、方便的;

(2) 租期的长短取决于货物的总量及船舶航次周期所需的时间;

(3) 船舶所承运的货物主要是运量特别大的干散货或液体散装货物,承租人往往是业务量大和实力强的综合性工矿企业、贸易机构、生产加工集团或大石油公司;

(4) 船舶航次中所产生的时间延误的损失风险由船舶所有人承担,而对于船舶在港装、卸货物期间所产生的延误,则通过合同中订有的"延滞条款"的办法来处理,通常是由承租人承担船舶在港的时间损失;

(5) 运费按船舶实际装运货物的数量及商定的费率计收,通常按航次结算。

由上述特点可见,包运租船在很大程度上具有"连续航次租船"的基本特点。

7.2 陆路运输

7.2.1 铁路运输

1. 铁路运输及其形式

铁路运输是一种利用铁路进行货物运输,利用铁路设施、设备运送旅客和货物的运输方式,其在国际货运中的地位仅次于海洋运输。铁路运输与海洋运输相比,一般不易受气候条件的影响,可保障全年的正常运行,具有高度的连续性。铁路运输还具有载运量较大、运行速度较快、运费较低廉、运输准确、遭受风险较小的优点。

铁路运输也存在缺陷,如运输受轨道的限制不能跨洋过海,铁路建设投资大使得其应用在一定的程度上受到限制。

在我国,铁路运输按经营方式的不同,可分为国际铁路货物联运和国内铁路运输两种形式。

1) 国际铁路货物联运

国际铁路货物联运是指由两个或以上不同国家铁路当局联合起来完成一票货物从出口国向进口国转移所进行的全程运输。它是使用一份统一的国际联运票据,由铁路部门以连带责任负责货物的全程运输,在由一国铁路向另一国铁路移交货物时无须发货人、收货人参加的运输方式。

国际铁路货物联运主要依据《国际铁路货物运送公约》和《国际铁路货物联运协定》进行。《国际货协》是各参加国铁路和发、收货人办理货物联运必须遵守的基本文件,具体规定了货物运送条件、运送组织、运输费用计算核收办法,以及铁路与发、收货人之间的权利与义务。我国是《国际货协》的成员国。

《国际货协》规定,国际铁路货物联运的范围包括《国际货协》国家之间的铁路运输、《国际货协》成员国与非成员国间的运输、通过港口的货物运输。

2) 国内铁路运输

中国进口货物由港口经铁路转运到各地用货部门或仓库,出口货物由产地或仓库经铁路集中到港区装船。各省、市、自治区之间的外贸物资的调拨,都属于国内铁路运输。国内铁路运输实际上是以港口为集中点的运输。

供应港澳地区的货物由产地经铁路运往深圳北站或广州南站,这与一般国内运输有所不同。其具体做法如下。

(1) 由发货地外运或外贸公司向当地铁路局办理托运手续,将货物经境内段铁路委托深圳外运分公司办理接货、报关、查验、过轨等中转手续。预寄的单证和装车后拍发的起运电报是深圳外运组织运输的依据。

(2) 深圳外运接到铁路的到车预告后,抽出已分类编制的有关单证加以核对,并抄给香港中旅公司以使其为接车做准备。

(3) 货车到达深圳北站后,深圳外运与铁路进行票据交接:如单证齐全无误,向铁路编制过轨计划;如单证不全,则向铁路编制留站计划。深圳外运将出口货物报关单或监管货物的关封连同货物运单送海关申报,经海关审查无误后,会同联检部门对过轨货车进行联检,联检通过后,再办理港段铁路托运手续。

(4) 货车通过过轨的方式,由香港中旅公司向港段海关报关,港段海关收货后转交给香港或九龙的实际收货人。供应澳门地区的货物则由广州南站转船进行。

2. 铁路运输业融入现代物流的策略

1) 树立现代物流服务经营理念

采用供应链管理的思想服务于客户是现代物流企业经营管理的核心理念。为此,铁路必须树立面向客户的全方位服务的生产经营理念,始终以客户的需求作为自身业务流程重组和服务开发的基础。目前铁路对物流服务不够重视,用同一服务水平对待所有的顾客,难以及时对物流服务进行评估,对市场形势、竞争对手状况等信息掌握较少,在整个物流系统与外界的互动中调整缓慢。

因此,要按照现代物流管理的规范来引导、管理铁路运输企业向现代物流业转变,树立现代物流经营理念,建立现代化的物流体系。

2) 循序渐进,逐步推进运输企业向现代物流企业转变

铁路货运从传统的运输方式向以多功能集成的现代物流业转变,是一个从观念、政策、体制到具体运作与实施的全面转变,不可能一蹴而就。参照发达国家的经验,按照完整意义上的现代物流理念运作的企业更多的是要提供"运输+仓储"型服务或"运输+配送"型服务的第三方物流。

因此,需要根据铁路的具体实际,按照现代物流的运作要求和经营模式进行重组与改造,逐步推进与发展铁路运输业。

3) 依托铁路运输业已有的优势发展现代物流业

铁路发展现代物流绝不仅是简单的业务外延,更是要在更新理念的基础上,以客户和

市场需求为中心调整企业经营发展战略,实现向现代物流业的转变。铁路遍布全国的网络、较为完善的信息管理系统、大量的货运基础设施、多年从事营销和货代的经验等,是铁路从传统运输企业向现代物流企业转变的巨大优势和基础。

3. 铁路运输业融入现代物流的切入点

现代物流是充分利用现代科技手段,把运输、仓储、包装、配送、信息服务等环节有机结合起来的综合服务。现代物流是一项跨行业、跨部门、跨地区的系统工程,需要各方优势互补、密切配合。物流企业对运输部门的核心要求是方便、快捷和准时。

1) 加强大宗物资的运输及配送

我国企业的大宗物资运输绝大多数是由铁路承担的。铁路由于具有运输量大、运输成本低等其他运输方式无法与之比拟的优势,因而在大宗物资运输方面具有极强的竞争力。

近年来,铁路通过优化运输组织方式,如组织直达列车、五定班列等已经赢得了大宗物资运输的绝大部分的市场份额。但铁路运输能力短缺和不均衡,大宗物资运输供不应求,致使许多生产和商贸企业不得不增加库存。如果铁路货运能够根据企业生产需求组织大宗原材料配送,则企业分散的供应库存就可转变为集中的流通库存,从而实现"零库存"或低库存的目标,达到有效减少企业资金的目的。另一方面,铁路货场具备大宗物资的装卸、搬运和仓储等条件,特别是铁路系统拥有独立的信息网络,有利于大宗物资的运输与信息的快速传递,使铁路物流公司有充足的时间安排调度短途运输工具,使之与铁路运输紧密衔接,组织对大宗物资客户的配送,这与分散的公路货运系统相比,具有明显的优势。

因此,铁路应选择一些与之有长期协作关系的大宗货主企业进行合作,组建铁路大宗物资配送物流公司,从大宗物资的配送切入发展现代物流,争取能直接参与大宗货主的原材料采购和产成品销售工作。比如:与大型钢铁企业合作,全权负责大宗矿石的采购、运输、中转、通关直至配送到各高炉的整个过程;与大型石化企业合作,负责其产品的储存、分拨、运输,乃至零售和配送等相关业务。

2) 加快铁路传统货运场站的转型升级

除了传统功能外,铁路车站货场应充分利用自身的优势,以传统的装卸和仓储功能为依托,扩大产品增值服务的范围,提供诸如货物包装、贴标签、散件组装、修理、退货处理以及简单性加工等方面的增值服务,使物流真正成为客户生产和销售的一部分。

(1) 依托大型货运站建立所在地区的铁路物流中心。该物流中心集铁路运输、公路运输、仓储业务于一体,既可为货主提供仓储服务,也可提供"门到门"的配送服务,还可在物流中心内设置商品批发中心,直接介入商品的流通领域,从事商品的批发、零售业务,走储、运、贸一体化道路。

(2) 充分利用铁路闲置货场设施和仓库,将其改造为物流公司的配送中心,为货主提供仓储、保管及流通加工等物流服务。

(3) 利用枢纽内及口岸有条件的铁路货运站,建设发展各类现代物流中心和配送中心,开展各种形式的仓储、包装、流通加工及配送服务。

(4) 有选择地对部分地处大、中城市和区域性物资流通中心的铁路货场进行升级改造,以仓储为基础,完善配送、流通加工和协助销售功能,逐步向物流提供商的方向转型,从而实现铁路货运从传统运输向现代物流的转变。

3) 发展铁路专业化运输

我国铁路行包快件运输、集装箱运输在整个运输系统中相对独立、专业化强,近年来已陆续组建了专业化的行包快运公司、集装箱运输公司和特种货物运输公司。由于铁路专业化运输的营运特点、技术要求、经营方式都与现代物流业有一定的相似性,且这些专业化公司具有效益增长性、营销有效性、成本节约性和方案可行性等优势。因此,以铁路行包、集装箱等专业化运输公司为主体组建具有现代物流特征的铁路物流公司,作为铁路融入现代物流业的切入点,界面清晰、操作容易,同时也可为今后铁路货运整体向现代物流业转变探索有益经验。

4) 拓展铁路货运代理功能

长期以来,铁路货运代理是作为铁路主业的延伸服务而发展起来的。由于货运代理经营方式灵活,能够通过联运网点,把多种运输方式结合为一个整体,实现货物"门到门"运输,为用户提供周到、良好的服务,因而货运代理企业转变为现代物流业相对较为适宜。

货运代理业向现代物流业拓展的途径是:通过不断增加货运代理企业的功能,使之从传统的运输、仓储功能向包装、流通加工、报关、报验、信息处理、营销等功能发展;通过提供更多的增值服务,并不断采用先进物流技术,加快向现代物流企业转化。

7.2.2 公路运输

1. 公路运输及其特点

公路运输(highway transportation)是在公路上运送旅客和货物的运输方式,是交通运输系统的组成部分之一,主要承担短途客货运输任务。其现代所用运输工具主要是汽车。因此,公路运输一般即指汽车运输。在地势崎岖、人烟稀少、铁路和水运不发达的边远和经济落后地区,公路为主要运输方式,起着运输干线的作用。

公路运输是19世纪末随着现代汽车的诞生而产生的。其初期主要进行短途运输业务。第一次世界大战结束后,基于汽车工业的发展和公路里程的增加,公路运输走向发展的阶段,不仅是短途运输的主力,而且进入了长途运输的领域。第二次世界大战结束后,公路运输发展迅速。欧洲许多国家和美国、日本等国已建成比较发达的公路网,汽车工业又提供了雄厚的物质基础,促使公路运输在运输业中跃至主导地位。发达国家公路运输完成的客货周转量占各种运输方式总周转量的90%左右。

公路运输具有以下特点。

1) 机动灵活,适应性强

由于公路运输网一般比铁路、水路网的密度要大十几倍,分布面也广,因此公路运输车辆可以"无处不到、无时不有"。公路运输在时间方面的机动性也比较强,车辆可随时调度、装运,各环节之间的衔接时间较短。尤其是公路运输对客、货运量的多少具有很强的适应性,汽车的载重吨位有小(0.25~1t)有大(200~300t),既可以单个车辆独立运输,也可以由若干车辆组成车队同时运输。这一点对抢险、救灾工作和军事运输具有特别重要的意义。

2) 可实现"门到门"直达运输

汽车由于体积较小,中途一般也不需要换装,除了可沿分布较广的路网运行外,还可离开路网深入到工厂企业、农村田间、城市居民住宅等地,即可以把旅客和货物从始发地直接运送到目的地,实现"门到门"直达运输。这是其他运输方式无法与公路运输比拟的特点之一。

3) 在中、短途运输中,运送速度较快

在中、短途运输中,由于公路运输可以实现"门到门"直达运输,中途不需要倒运、转乘就可以直接将客货运达目的地,因此,与其他运输方式相比,其客、货在途时间较短,运送速度较快。

4) 原始投资少,资金周转快

公路运输与铁路、水路、航空运输方式相比,所需固定设施简单,车辆购置费用一般也比较低,因此,投资兴办容易,投资回收期短。有关资料表明,在正常经营情况下,公路运输的投资每年可周转1~3次,而铁路运输则需要3~4年才能周转一次。

5) 掌握车辆驾驶技术较易

与火车司机或飞机驾驶员的培训要求来说,汽车驾驶技术比较容易掌握,对驾驶员的各方面素质要求相对也比较低。

6) 运量较小,运输成本较高

目前,世界上最大的汽车是美国通用汽车公司生产的矿用自卸车,其长20多米,自重610t,载重350t左右,但仍比火车、轮船的载重少得多。由于汽车载重量小,行驶阻力比铁路大9~14倍,所消耗的燃料又是价格较高的液体汽油或柴油,因此,除了航空运输,就是汽车运输成本最高了。

7) 运行持续性较差

有关统计资料表明,在各种现代运输方式中,公路运输平均运距最短,运行持续性较差。如我国1998年公路平均运距客运的为55km,货运的为57km;铁路客运的为395km,货运的为764km。

8) 安全性较低,对环境污染较大

据历史记载,汽车自诞生以来,已经吞吃掉3 000多万人的生命。特别是从20世纪90年代开始,死于汽车交通事故的人数急剧增加,平均每年达50多万人。这个数字超过了艾滋病、战争和结核病人每年的死亡人数。汽车所排出的尾气和引起的噪声也严重地威胁着人类的健康,汽车是大城市环境污染的最大污染源之一。

2. 公路运输的组织与经营

公路运输的组织和经营方式主要有以下4种。

(1) 将车辆出租给用户定次、定程或定期使用。

(2) 根据运输合同或协议派车完成运输任务,一般用于货物运输。

(3) 组织定线、定站、定时的客货运班车。客运班车是公路汽车旅客运输的主要形式。货运班车是汽车零担货物运输的主要形式,因此一般为零担货运班车。

(4) 按用户托运货物的要求,调派、组织车辆合理运行。

为了提高公路运输效率和降低运输成本,公路运输的组织形式和方法不断有新的发展,汽车集装箱运输、拖挂运输、集中运输等已广泛开展。拖挂运输是以汽车列车取代普通载货汽车运输货物,它可以增大车辆的载重量。汽车列车是由牵引车或汽车与挂车组成,两者间能摘能挂,既可按需要灵活调配车辆,又可实行甩挂运输。甩挂运输是在一点装货和一点卸货,或一点装货和多点卸货,或多点装货和一点卸货的固定线路上,配备数量多于汽车或牵引车的挂车,以便到达装卸货点时,甩下挂车装卸货。而汽车或牵引车可挂走已装卸货的挂车,进行穿梭式的往复运输。集中运输是由一个汽车运输单位把货物从一个发货点(车站、码头、仓库等)运往许多收货点,或从许多发货点运往一个收货点。这样收、发货单位不必派人取送货物,节省了人力;还可以合理调度车辆,减少车辆空驶,提高运输效率;并为使用汽车列车、专用运输汽车和装卸机械创造了有利的条件。

3. 公路运输运费

公路运费均以"吨/千米"为计算单位,一般有两种计算标准,一是按货物等级规定基本运费费率;一是以路面等级规定基本运价。一条运输路线包含两种或两种以上的等级公路时,则以实际行驶里程分别计算运费。特殊道路,如山岭、河床、原野地段,则由承托双方另议商定运费。

公路运费费率分为整车(FCL)和零担(LCL)两种,后者一般比前者高 30%～50%。按我国公路运输部门规定,一次托运货物在两吨半以上的为整车运输,适用整车费率;不满两吨半的为零担运输,适用零担费率。凡一公斤重的货物,体积超过四立方分米的为轻泡货物或尺码货物(measurement cargo)。整车轻泡货物的运费按装载车辆核定吨位计算;零担轻泡货物,按其长、宽、高计算体积,每四立方分米折合一公斤,以公斤为计费单位。此外,公路运输费率还有包车费率(lump sum rate),即按车辆使用时间(小时或天)计算的费率。

7.3 航空运输

航空运输是一种快捷、运输质量很高的现代货物运输方式。随着航空运输事业的不断发展,航空运输的货运量不断增加。

7.3.1 航空运输及其要素

1. 航空运输及其发展

航空运输(air transportation)是一种用飞机、直升机及其他航空器运送人员、货物、邮件的运输方式,具有快速、机动的特点,是现代运输,尤其是远程运输的重要方式,为国际贸易中的贵重物品、鲜活货物和精密仪器运输所不可缺少。

航空运输始于 1871 年。当时普法战争中的法国人用气球把政府官员和物资、邮件等运出了被普军围困的巴黎。1918 年 5 月 5 日,飞机运输首次出现,航线为纽约—华盛顿—芝加哥。同年 6 月 8 日,伦敦与巴黎之间开始了定期邮政航班飞行。20 世纪 30 年代有了民用运输机,其各种技术性能不断改进,航空工业的发展促进了航空运输的发展。第二次世界大战结束后,世界范围内逐渐建立了航线网,以各国主要城市为起讫点的世界航线网遍及各大洲。1990 年,世界定期航班完成总周转量达 2 356.7 亿吨·千米。

航空运输业存在较强的周期性,受经济波动和突发事件等的影响大。但是即使航空运输业出现波动,民用机场作为航空运输产业链中的基础设施,其周期性波动也是比较小的,收益和长期增长性稳定。同时,民用机场业作为国民经济中的基础设施产业,历来受到国家和社会的重视,能得到资金、政策支持和优先发展。中国民用机场行业将继续得到国家的扶持,得益于航空运输业和固定资产投资的快速增长,使投资者得到中长期收益。

2. 航空运输的特点

1) 商品性

航空运输所提供的产品是一种特殊形态的产品——"空间位移"。其产品形态是改变航空运输对象在空间上的位移,产品单位是"人千米"和"吨千米"。航空运输产品的商品属性是通过产品使用人在航空运输市场的购买行为最后实现的。

2) 服务性

航空运输业属于第三产业,是服务性行业。它以提供"空间位移"的多寡反映服务的数量,又以服务手段和服务态度反映服务的质量。这一属性决定了承运人必须不断增强运力以满足社会日益增长的产品需求,遵循"旅客第一,用户至上"的原则,为产品使用人提供安全、便捷、舒适、正点的优质服务。

3) 国际性

航空运输已成为现代社会最重要的交通运输形式,成为国际间政治往来和经济合作的纽带。这里面既包括国际间的友好合作,也包含着国际间的激烈竞争,其在服务、运价、技术标准、经营管理和法律、法规的制定实施等方面,都要受国际统一标准的制约和国际航空运输市场的影响。

4) 准军事性

人类的航空活动首先投入军事领域,而后才转为民用。现代战争中制空权的掌握是取得战争主动地位的重要因素,因此很多国家在法律中规定:航空运输企业所拥有的机群和相关人员在平时服务于国民经济建设,作为军事后备力量;在战时或紧急状态时,即可依照法定程序被国家征用,满足军事上的需求。

5) 资金、技术、风险密集性

航空运输业是一个高投入的产业,无论运输工具,还是其他运输设备都价值昂贵、成本巨大,因此其运营成本非常高。航空运输业由于技术要求高、设备操作复杂、各部门间互相依赖程度高,因此运营过程中风险性大。任何一个国家的政府和组织都没有相应的财力,像补贴城市公共交通一样去补贴该国的航空运输企业。出于这个原因,航空运输业在世界各国都被认为不属于社会公益事业,都必须以赢利为目标才能维持其正常运营和发展。

6) 自然垄断性

航空运输业投资巨大,资金、技术、风险高度密集,投资回收周期长,对航空运输主体资格限制较严,市场准入门槛高,加之历史原因,使得航空运输业在发展过程中形成了自然垄断。

3. 航空运输的基本要素

实现航空运输的要素主要包括航空站、航空器、航线、航班和航空公司等。

1) 航空站

航空站,俗称机场,又称航空港,是供飞机起飞、降落、停放、组织和保障飞行活动的场所。

航空站的基础设施主要有停机坪、跑道、滑行道、指挥调度塔、通信导航系统、输油系统、维护修检基地、消防设备、货栈(仓库)以及航站大厦等建筑和设备。近年来,为满足往来顾客的需要以及促进周围地区的生产和消费,航空站一般都配备了购物场所、娱乐设施等。

航空站有干线和支线、军用和民用、国际和国内之分。

国际航空站是政府核准对外开放,并设有海关、移民、检疫及卫生机构,供国际航线上的航空器起降和营运的航空站。

国内航空站是只供国内航线的航空器使用的航空站,一般不允许外国航空器使用,特殊情况经批准的除外。

2) 航空器

狭义的航空器指的是飞机。广义的航空器泛指所有能够借助空气的反作用在大气中获得支持的机器。这里所指的航空器主要是指狭义的飞机。

按照航线的长短,飞机可分为短途飞机和洲际飞机。按照用途不同,飞机可分为客机、全货机和客货混合机。

3) 航线

航线是经过批准开辟的连接两个或几个地点、进行定期或不定期飞行、经营运输业务的航空交通线。航线规定了飞机的明确方向、经停地点以及航路的宽度和飞行的高度层。为了飞行安全、维持空中交通秩序,民航从事运输飞行,必须按照规定的航线飞行。

按照飞行的路线,航线可分为国内航线和国际航线。国内航线是由国家民用航空管理机构指定的、起讫点和经停点都在一国境内的航线。国际航线则是经过各国协商后指定起讫点和经停点、跨越一国国境且连接其他国家的航线。

4) 航班

飞机由始发站起飞按照规定的航线经过经停站至终点站做运输飞行称航班。航班要根据班机时刻表在规定的航线上使用规定的机型,按照规定的日期、规定的时刻飞行,即具有"定航线、定机型、定日期、定时刻"的"四定"特征。

按照飞行区域,航班可分为国内航班和国际航班。按照业务范围,航班可分为定期航班和不定期航班。定期航班是指对外公布运价和班期,按照双边协定经营,向公众提供运输服务,对公众承担义务的航班。不定期航班是指按照包机合同、个别申请、个别经营,一般不对公众承担义务、不公开运价、一次一议的航班。

5) 航空公司

航空公司是指拥有航空器并提供航空运输服务的公司。航空公司具有如下特点。

(1) 必须拥有一定数量的飞机,这是航空公司成立的前提条件。

(2) 必须有与其能力相适应的航空运输业务。

(3) 航空公司最主要的业务是把旅客和货物从一个地方运至另一个地方。

7.3.2 航空运输的类型与经营形式

1. 航空运输的类型

根据不同的分类标准,航空运输可划分为不同的种类。

1) 从航空运输的性质出发分类

从航空运输的性质出发,航空运输一般分为国内航空运输和国际航空运输两大类。

根据《民航法》第一百零七条的定义,所谓国内航空运输,是指根据当事人订立的航空运输合同,运输的出发地点、约定的经停地点和目的地点均在中华人民共和国境内的运输。而所谓国际航空运输,是指根据当事人订立的航空运输合同,无论运输有无间断或者转运,运输的出发地点、约定的经停地点和目的地点之一不在中华人民共和国境内的运输。这一定义是参照中国已参加的《华沙公约》和《海牙议定书》的规定的主要精神形成的。决定航空运输性质的唯一标准是运输的"出发地点"、"目的地点"和"约定的经停地点"是否均在中国境内;而确定"出发地点"、"目的地点"和"约定的经停地点"的依据则是当事人双方订立的航空运输合同,即双方当事人的事先约定,一般不考虑在实际履行该运输合同过程中是否因故而实际地改变了航路。值得注意的是,在没有相反证明时,客票、行李票等运输凭证上注明的关于"出发地点"、"目的地点"和"约定的经停地点"的内容即确定该次航空运输的"出发地点"、"目的地点"和"约定的经停地点"的依据。判断航空运输性质时,不考虑运输有无间断或转运。

如何正确理解"约定的经停地点"呢?英国上诉法院1936年7月13日判决"格里因诉帝国航空公司案"时曾将其定义为:依照合同的约定,履行合同所使用的航空器在进行合同约定的运输的过程中将要降停的地点,不论降停的目的是什么,也不论旅客有何种要在该地点中断其航程的理由。其中"约定的经停地点"不一定非要载入运输凭证才能构成"约定的"经停地点,只要在承运人的班期时刻表上公布就足以构成"约定的"经停地点。但是根据《民航法》第一百一十一、一百一十二和一百一十六条的规定,在国际航空运输中,承运人如果不在运输凭证中注明国外的"约定的经停地点",就无权援用运输凭证所声明使用的国际航空运输公约有关赔偿责任限制的规定。

为了进一步确定航空运输的性质,有必要深刻了解连续运输的定义。根据《民航法》第一百零八条的规定,航空运输合同各方认为几个连续的航空运输承运人办理的运输是一项单一业务活动的,无论其形式是以一个合同订立还是以数个合同订立,都应当视为一项不可分割的运输。因此,是否连续运输是以航空运输合同当事人各方的共同意思决定的,而不取决于合同的形式,只要合同当事人各方把整个航程当做一次营运,并从一开始就约定使用几处连续承运人,即可构成连续运输。连续运输是不可分割的,如果连续运输的若干航段中有一个航段是在国外履行,那么整个运输(包括国内航段)都是国际航空运输。

2) 从航空运输的对象出发分类

从航空运输的对象出发,航空运输可分为航空旅客运输、航空旅客行李运输和航空货物运输三类。

较为特殊的是,航空旅客行李运输既可附属于航空旅客运输,亦可看做一个独立的运输过程。航空邮件运输是特殊的航空货物运输,一般情况下优先运输,由《邮政法》及相关行政法规、部门规章等调适,不受《民航法》相关条文规范。

3) 包机运输

包机运输是指民用航空运输使用人为一定的目的包用公共航空运输企业的航空器进行载客或载货的一种运输形式。其特点是包机人需要和承运人签订书面的包机运输合同,并在合同有效期内按照包机合同自主使用民用航空器,其不一定直接参与航空运输活动。

2. 航空运输的经营形式

航空运输企业经营的形式主要有班期运输、包机运输和专机运输,通常以班期运输为主,后两种是按需要临时安排的。班期运输是按班期时刻表,以固定的机型、沿固定航线、按固定时间执行运输任务。当待运客货量较多时,还可组织沿班期运输航线的加班飞行。航空运输的经营质量主要从安全水平、经济效益和服务质量3方面予以评价。

7.3.3 航空货物运输的计量规定与托运手续

1. 航空货物运输的计量规定

航空货物的重量按毛重计算,计算单位为公斤。重量不足1公斤的,按1公斤算;超过1公斤的,尾数四舍五入。

非宽体飞机装载的每件货物的重量一般不超过80公斤,体积一般不超过40m×60m×100m。宽体飞机装载的每件货物的重量一般不超过250公斤,体积一般不超过250cm×200cm×160cm。超过以上重量和体积的货物,由航空公司依据具体条件确定可否收运。

每件货物的长、宽、高之和不得小于40cm,每公斤的体积超过6 000cm³的货物按轻泡货物计重。轻泡货物以每6 000cm³折合1公斤计量。

2. 航空货物运输的托运手续

(1) 托运人托运货物应向承运人填交货物运输单,并根据国家主管部门的规定随附必要的有效证明文件。托运人应对运输单填写内容的真实性和正确性负责。托运人填交的货物运输单经承运人接受,并由承运人填发货物运输单后,航空货物运输合同即告成立。

(2) 托运人要求包用飞机运输货物时,应填交包机申请书。申请书经承运人接受并签订包机运输协议书以后,航空包机货物运输合同即告成立。签订协议书的每个人,均应遵守民航主管机关有关包机运输的规定。

(3) 托运人对运输的货物,应当按照国家主管部门规定的包装标准进行包装;没有统一规定包装标准的,托运人应当根据保证运输安全的原则,按货物的性质和承载飞机条件包装;凡不符合上述包装要求的,承运人有权拒绝承运不符合规格的货物。

(4) 托运人必须在托运的货物上标明发站、到站和托运人、收货人的单位、姓名和地址,并按照国家规定标明包装储运指标标志。

(5) 对国家规定必须保险的货物,托运人应在托运时投保货物运输险。

(6) 托运人托运货物,应按照民航主管机关规定的费率缴付运费和其他费用。除托运人和承运人另有协议外,运费及其他费用一律于承运人开具货物运单时一次付清。

（7）承运人应于货物运达到货地点后二十四小时内向收货人发出到货通知，收货人应及时凭提货证明到指定地点提取货物。承运人对货物从发出到货通知的次日起，免费保管三天。收货人逾期提取，应按运输规则缴纳保管费。

（8）如收货人在提取货物时，对货物的质量或重量无异议，并在货物运输单上签收，承运人即解除运输责任。

（9）因承运人的过失或故意造成的托运人或收货人的损失，托运人或收货人要求赔偿的，应在填写货物运输事故记录的次日起一百八十日内，以书面形式向承运人提出，并附上有关证明文件。

7.4 国际多式联运

国际多式联运通过采用水、陆、空等两种以上的运输手段，完成国际间的连贯货物运输，从而打破了过去水、铁、公、空等单一运输方式互不连贯的传统做法。如今，提供优质的国际多式联运服务已成为运输经营人增强竞争力的重要手段。

7.4.1 国际多式联运的内涵及其特点

1. 国际多式联运的内涵

国际多式联运（multimodal transport）是一种以实现货物整体运输的最优化效益为目标的联运组织形式。它通常是以集装箱为运输单元，将不同的运输方式有机地组合在一起，构成连续的、综合性的一体化货物运输。通过一次托运、一次计费、一份单证、一次保险，各运输区段的承运人共同完成货物的全程运输，即将货物的全程运输作为一个完整的单一运输过程来安排。然而，它与传统的单一运输方式又有很大的不同。根据1980年《联合国国际货物多式联运公约》（简称《多式联运公约》）以及1997年我国交通部和铁道部共同颁布的《国际集装箱多式联运管理规则》的定义，国际多式联运是指"按照多式联运合同，以至少两种不同的运输方式，由多式联运经营人将货物从一国境内接管货物的地点运至另一国境内指定地点交付的货物运输"。

根据该定义，构成国际多式联运必须具备以下特征或基本条件。

（1）必须具有一份多式联运合同。该运输合同是多式联运经营人与托运人之间权利、义务、责任与豁免的合同关系和运输性质的确定的依据，也是区别多式联运与一般货物运输方式的主要依据。

（2）必须使用一份全程多式联运单证。该单证应满足不同运输方式的需要，并按单一运费率计收全程运费。

（3）必须是至少两种不同运输方式的连续运输。

（4）必须是国际间的货物运输。这不仅是为了区别国内货物运输，主要是涉及国际运输法规的适用问题。

（5）必须由一个多式联运经营人对货物运输的全程负责。该多式联运经营人不仅是订立多式联运合同的当事人，也是多式联运单证的签发人。当然，多式联运经营人在履行多式联运合同所规定的运输责任的同时，可将全部或部分运输委托他人（分承运人）完成，并订立分运合同。但分运合同的承运人与托运人之间不存在任何合同关系。

由此可见,国际多式联运的主要特点是,由多式联运经营人与托运人签订一个运输合同,统一组织全程运输,实行运输全程一次托运、一单到底、一次收费、统一理赔和全程负责。它是一种以方便托运人和货主为目的的先进的货物运输组织形式。

2. 国际多式联运的特点

国际多式联运是一种比区段运输高级的运输组织形式。20世纪60年代末美国首先试办的多式联运业务,受到货主的欢迎。随后,国际多式联运开始在北美、欧洲和远东地区被采用;20世纪80年代,国际多式联运已逐步在发展中国家实行。目前,国际多式联运已成为一种新型的重要的国际集装箱运输方式,受到国际航运界的普遍重视。1980年5月在日内瓦召开的联合国国际多式联运公约会议上产生了《联合国国际多式联运公约》。该公约将在30个国家批准和加入一年后生效。它的生效将对今后国际多式联运的发展产生积极的影响。

国际多式联运是今后国际运输发展的方向,这是因为国际多式联运具有以下特点。

1) 简化托运、结算及理赔手续,节省人力、物力和有关费用

在国际多式联运方式下,无论货物运输距离有多远,由几种运输方式共同完成,且不论运输途中货物经过多少次转换,所有运输事项都由多式联运经营人负责办理;而托运人只需办理一次托运,订立一份运输合同,支付一次费用,办理一次保险,从而省去了托运人办理托运手续的许多不便。同时,多式联运由于采用一份货运单证,统一计费,因而也可简化制单和结算手续,节省人力和物力。此外,一旦运输过程中发生货损、货差情况,由多式联运经营人对全程运输负责,从而也可简化理赔手续、减少理赔费用。

2) 缩短货物运输时间,减少库存,减少货损货差事故,提高货运质量

在国际多式联运方式下,各个运输环节和运输工具之间配合密切、衔接紧凑,货物所到之处中转迅速及时,大大减少了货物的在途停留时间,从而从根本上保证了货物安全、迅速、准确、及时地运抵目的地,因而也相应地减少了货物的库存量和库存成本。同时,多式联运系以集装箱为运输单元进行直达运输,尽管货运途中需经多次转换,但由于使用专业机械装卸,且不涉及槽内货物,因而货损货差事故大为减少,从而在很大程度上提高了货物的运输质量。

3) 降低运输成本,节省各种支出

由于多式联运可实行门到门运输,因此货主在货物交由第一承运人以后即可取得货运单证,并据以结汇,从而提前了结汇时间。这不仅有利于加快货物占用资金的周转速度,而且可以减少利息的支出。此外,由于货物是在集装箱内进行运输的,因此从某种意义上来看,国际多式联运可相应地节省货物的包装、理货和保险等费用的支出。

4) 提高运输管理水平,实现运输合理化

对于区段运输而言,由于各种运输方式的经营人各自为政、自成体系,因而其经营业务范围受到限制,货运量相应地也有限。而一旦由不同的运输经营人共同参与多式联运,其经营的范围可以大大扩展,同时可以最大限度地发挥其现有设备的作用,使其可选择最佳运输线路组织合理化运输。

5) 其他作用

从政府的角度来看,发展国际多式联运具有以下重要意义:有利于加强政府部门对

整个货物运输链的监督与管理;保证该国在整个货物运输过程中获得较大的运费收入分配比例;有助于引进先进运输技术;减少外汇支出;改善该国基础设施的利用状况;通过国家的宏观调控与指导职能保证使用对环境破坏最小的运输方式,以达到保护该国生态环境的目的。

7.4.2　国际多式联运的组织形式

国际多式联运是采用两种或以上不同的运输方式进行联运的运输。这里所指的至少两种运输方式可以是海陆、陆空、海空等。一般来说,水路运输具有运量大、成本低的优点;公路运输则具有机动灵活、便于实现货物门到门运输的特点;铁路运输的主要优点是不受气候影响,可深入和横贯内陆实现货物长距离的准时运输;而航空运输的主要优点是可实现货物的快速运输。国际多式联运由于严格规定必须采用两种或以上的运输方式进行联运,因此可综合利用各种运输方式的优点,充分体现社会化大生产大交通的特点。

国际多式联运的组织形式有以下几种。

1. 海陆联运

海陆联运是国际多式联运的主要组织形式,也是远东/欧洲多式联运的主要组织形式之一。目前组织和经营远东/欧洲海陆联运业务的主要有班轮公会的三联集团、北荷、冠航和丹麦的马士基等国际航运公司,以及非班轮公会的中国远洋运输公司、台湾长荣航运公司和德国那亚航运公司等。这种组织形式以航运公司为主体,签发联运提单,与航线两端的内陆运输部门开展联运业务,与大陆桥运输展开竞争。

2. 陆桥运输

在国际多式联运中,陆桥运输(land bridge service)占有非常重要的地位。它是远东/欧洲国际多式联运的主要形式。所谓陆桥运输是指一种采用集装箱专用列车或卡车,把横贯大陆的铁路或公路作为中间"桥梁",使大陆两端的集装箱海运航线与专用列车或卡车连接起来的连贯运输方式。严格地讲,陆桥运输也是一种海陆联运形式。只是因为其在国际多式联运中的独特地位,所以在此将其单独作为一种运输组织形式。目前,远东/欧洲的陆桥运输线路有西伯利亚大陆桥和北美大陆桥。

1) 西伯利亚大陆桥

西伯利亚大陆桥(Siberian Landbridge,SLB)是指使用国际标准集装箱,将货物由远东海运到俄罗斯东部港口,再经跨越欧亚大陆的西伯利亚铁路运至波罗的海沿岸如爱沙尼亚的塔林或拉脱维亚的里加等港口,然后用铁路、公路或海运运到欧洲各地的国际多式联运的运输线路。

西伯利亚大陆桥1971年由原全苏对外贸易运输公司正式确立,现在全年货运量高达10万标准箱(TEU),最多时达15万标准箱。使用这条陆桥运输线的经营者主要是日本、中国和欧洲各国的货运代理公司。其中,日本出口欧洲杂货的V3、欧洲出口亚洲杂货的1/5是经这条陆桥运输的。由此可见,它在沟通亚欧大陆、促进国际贸易中所发挥的重要作用。

西伯利亚大陆桥运输包括"海铁铁"、"海铁海"、"海铁公"和"海公空"等四种运输方式。俄罗斯的过境运输总公司担当其总经营人,它拥有签发货物过境许可证的权利,并签发统一的全程联运提单,承担全程运输责任。至于参加联运的各运输区段,则采用"互为托、承运"的接力方式完成全程联运任务。可以说,西伯利亚大陆桥是一条较为典型的过境多式联运线路。

西伯利亚大陆桥是目前世界上最长的一条陆桥运输线。它大大缩短了从日本、远东、东南亚及大洋洲到欧洲的运输距离,并因此节省了运输时间。从远东经俄罗斯太平洋沿岸港口到欧洲的陆桥运输线全长 13 000km。而相应的全程水路运输距离(经苏伊士运河)约为 20 000km。从日本横滨到欧洲鹿特丹,采用陆桥运输不仅可使运距缩短 1/3,也可使运输时间节省 1/2。此外,在一般情况下,其运输费用还可节省 20%～30%,因而对货主有很大的吸引力。

西伯利亚大陆桥由于所具有的优势和声望的与日俱增,也吸引了不少从远东、东南亚以及大洋洲地区到欧洲的运输,使西伯利亚大陆桥在短短的几年时间中就有了迅速发展。但是,西伯利亚大陆桥运输在经营管理上存在的问题如港口装卸能力的不足、铁路集装箱车辆的不足、箱流的严重不平衡以及严寒气候的影响等在一定程度上阻碍了它的发展。尤其是随着我国兰新铁路与中哈边境的土西铁路的接轨,一条新的"欧亚大陆桥"形成,为远东至欧洲的国际集装箱多式联运提供了又一条便捷路线,使西伯利亚大陆桥面临严峻的竞争形势。

2) 北美大陆桥

北美大陆桥(North American Landbridge)是指大铁路从远东到欧洲的利用北美的"海陆海"联运。该陆桥运输包括美国大陆桥运输和加拿大大陆桥运输。美国大陆桥有两条运输线路:一条是从西部太平洋沿岸至东部大西洋沿岸的铁路和公路运输线;另一条是从西部太平洋沿岸至东南部墨西哥湾沿岸的铁路和公路运输线。美国大陆桥 1971 年底由经营远东/欧洲航线的船公司和铁路承运人联合开办了"海陆海"多式联运线,后来美国几家班轮公司也投入营运。目前,主要有四个集团经营远东经美国大陆桥至欧洲的国际多式联运业务。这些集团均以经营人的身份,签发多式联运单证,对全程运输负责。加拿大大陆桥与美国大陆桥相似,由船公司把货物海运至温哥华,经铁路运到蒙特利尔或哈利法克斯,再与大西洋海运相接。

北美大陆桥是目前世界上历史最悠久、影响最大、服务范围最广的陆桥运输线。据统计,从远东到北美东海岸的货物有大约 50% 以上是采用双层列车进行运输的,因为采用这种陆桥运输方式比采用全程水运方式通常要快 1～2 周。例如,集装箱货从日本东京到欧洲鹿特丹港,采用全程水运(经巴拿马运河或苏伊士运河)通常需 5～6 周时间,而采用北美陆桥运输仅需 3 周左右的时间。

随着美国和加拿大大陆桥运输的成功营运,北美其他地区也开展了大陆桥运输。墨西哥大陆桥(Mexican Land Bridge)就是其中之一。该大陆桥横跨特万特佩克地峡(Isthmus Tehuantepec),连接太平洋沿岸的萨利纳克鲁斯港和墨西哥湾沿岸的夸察夸尔科斯港,陆上距离 182 n mile。墨西哥大陆桥 1982 年开始营运,目前其服务范围还很有限,其对其他港口和大陆桥运输的影响还很小。

在北美大陆桥强大的竞争面前,巴拿马运河可以说是最大的输家之一。随着北美西海岸陆桥运输服务的开展,众多承运人开始建造不受巴拿马运河尺寸限制的超巴拿马型船(Post-Panamax Ship),从而放弃使用巴拿马运河。可以预见,随着陆桥运输的效率与经济性的不断提高,巴拿马运河将处于更为不利的地位。

3) 其他陆桥运输形式

北美地区的陆桥运输不仅包括上述大陆桥运输,而且还包括小陆桥(minibridge)运输和微桥(microbridge)运输等运输组织形式。

小陆桥运输从运输组织方式上看与大陆桥运输并无大的区别,只是其运送的货物的目的地为沿海港口。目前,北美小陆桥主要运送从日本经北美太平洋沿岸到大西洋沿岸和墨西哥湾地区港口的集装箱货物,当然也承运从欧洲到美西及海湾地区各港的大西洋航线的转运货物。北美小陆桥在缩短运输距离、节省运输时间上的效果是显著的。以日本/美东航线为例,从大阪至纽约全程水运(经巴拿马运河)航线距离 9 700 n mile,运输时间 21~24 天;而采用小陆桥运输,运输距离仅 7 400 n mile,运输时间 16 天,可节省 1 周左右的时间。

微桥运输与小陆桥运输基本相似,只是其交货地点在内陆地区。北美微桥运输是指经北美东、西海岸及墨西哥湾沿岸港口到美国、加拿大内陆地区的联运服务。北美小陆桥运输随着发展的深入,出现了新的矛盾,主要反映在:如货物由靠近东海岸的内地城市运往远东地区(或反向),首先要通过国内运输,以国内提单运至东海岸交船公司,然后由船公司另外签发由东海岸出口的国际货运单证,再通过国内运输运至西海岸港口,最后海运至远东。货主认为,这种运输不能从内地直接以国际货运单证运至西海岸港口转运,不仅增加费用,而且耽误运输时间。为解决这一问题,微桥运输应运而生。进出美、加内陆城市的货物采用微桥运输既可节省运输时间,也可避免双重港口收费,从而节省费用。例如,往来于日本和美东内陆城市匹兹堡的集装箱货,可从日本海运至美国西海岸港口,如奥克兰,然后通过铁路直接联运至匹兹堡,这样可完全避免进入美东的费城港,从而节省了在该港的港口费支出。

3. 海空联运

海空联运又被称为空桥运输(airbridge service)。在运输组织方式上,空桥运输与陆桥运输有所不同:陆桥运输在整个货运过程中使用的是同一个集装箱,不用换装;而空桥运输的货物通常要在航空港换入航空集装箱。不过,两者的目标是一致的,即以低费率提供快捷、可靠的运输服务。

海空联运方式始于 20 世纪 60 年代,但到 20 世纪 80 年代才得到较快的发展。这种运输方式的运输时间比全程海运的少,运输费用比全程空运的便宜。20 世纪 60 年代,将远东船运至美国西海岸的货物,再通过航空运至美国内陆地区或美国东海岸,从而出现了海空联运。当然,这种联运组织形式是以海运为主,只是最终交货运输区段由空运承担。1960 年底,原苏联航空公司开辟了经由西伯利亚至欧洲的航空线;1968 年,加拿大航空公司参加了国际多式联运;20 世纪 80 年代,世界上出现了经由香港、新加坡、泰国等至欧洲的航空线。目前,国际海空联运线主要有如下几条。

(1) 远东—欧洲。目前,远东与欧洲间的航线有的以温哥华、西雅图、洛杉矶为中转地,有的以中国香港、曼谷、海参崴为中转地,有的以旧金山、新加坡为中转地。

(2) 远东—中南美。近年来,远东至中南美的海空联运发展较快。此处港口和内陆运输因为不稳定,所以对海空运输的需求很大。该联运线以迈阿密、洛杉矶、温哥华为中转地。

(3) 远东—中近东、非洲、澳洲。这是以中国香港、曼谷为中转地至中近东、非洲的运输线。在特殊情况下,还有经马赛至非洲、经曼谷至印度、经香港至澳洲等联运线,但这些线路货运量较小。

总的来讲,运输距离越远,采用海空联运的优越性就越大。这是因为同完全采用海运相比,其运输时间更短;同直接采用空运相比,其费率更低。因此,从远东出发将欧洲、中南美洲以及非洲作为海空联运的主要市场是合适的。

4. 我国的国际多式联运形式

近年来,为适用和配合我国对外贸易运输的发展需要,我国对某些国家和地区已开始采用国际多式联运方式。目前,我国已开展的国际多式联运路线主要包括我国内地经海运往返日本内地、美国内地、非洲内地、西欧内地、澳洲内地等的联运线以及经蒙古或前苏联至伊朗和往返西、北欧各国的西伯利亚大陆桥运输线。其中西伯利亚大陆桥集装箱运输业务发展较快,我国办理西伯利亚大陆桥运输业务主要采用铁/铁(transrail)、铁/海(transea)、铁/卡(tracons)三种方式。

除上述已开展的运输路线外,我国新的联运线路正不断发展,其中包括举世瞩目的新亚欧大陆桥(Eurasia Bridge)。

1990年9月12日,随着中国兰新铁路与哈萨克斯坦土西铁路的接轨,连接亚欧的第二座大陆桥正式贯通。新亚欧大陆桥东起中国连云港,西至荷兰鹿特丹,途经哈萨克斯坦、乌兹别克斯坦、吉尔吉斯斯坦、塔吉克斯坦、俄罗斯、白俄罗斯、波兰、德国和荷兰等国,全长10 900km。该陆桥为亚欧开展国际多式联运提供了一条便捷的国际通道。从远东至西欧,经新亚欧大陆桥的全程海运航线比经苏伊士运河的缩短运距8 000km;比通过巴拿马运河的缩短运距11 000km。从远东至中亚、中近东,经新亚欧大陆桥的全程航线比经西伯利亚大陆桥的缩短运距2 700~3 300km。该陆桥运输线的开通将有助于缓解西伯利亚大陆桥运力紧张的状况。

新亚欧大陆桥在中国境内经过陇海、兰新两大铁路干线,全长4 131km。它在徐州、郑州、洛阳、宝鸡、兰州分别与我国京沪、京广、焦柳、宝成、包兰等重要铁路干线相连,具有广阔的腹地。

新亚欧大陆桥1993年正式运营。至此,亚太地区运往欧洲、中近东地区的货物可经海运至中国连云港上桥,出中国西部边境站阿拉山口后,进入哈萨克斯坦国境内边境站德鲁日巴换装,经独联体铁路运至其边境站、港,再通过铁路、公路、海运继至西欧、东欧、北欧和中近东各国。而欧洲、中近东各国运往亚太地区的货物,则可经独联体铁路进入中国西部边境站阿拉山口换装,经中国铁路运至连云港后,再转船继运至日本、韩国、中国香港、中国台湾和菲律宾、新加坡、泰国、马来西亚等国家和地区。

7.4.3 国际多式联运经营人

1. 国际多式联运经营人的含义及其法律特征

对于国际多式联运经营人(combined transport operator,CTO)的含义,有关的国际公约、法律法规和惯例均做了相应的规定。国际商会1975年制定的《联合运输单证统一规则》指出,国际多式联运经营人与托运人的关系是本人的关系,作为本人,他应对运输的全程负责,也应对无论在整个联合运输过程哪个地方发生的货物灭失或损害事故承担责任;在1980年《联合国国际货物多式联运公约》中,国际多式联运经营人是指本人或通过其代表订立国际多式联运合同的任何人,他是事主,必须负有履行合同的责任;我国交通部与铁道部1997年联合颁布了《国际集装箱多式联运管理规则》,该规则规定,国际集装箱多式联运经营人是指本人或者委托他人以本人名义与托运人订立一项多式联运合同并以承运人身份承担完成此项合同责任的人。

从这些定义之中可以看出,国际多式联运经营人具有相同的性质与法律特征。

(1) 国际多式联运是"本人"而非代理人,对全程运输享有承运人的权利,承担承运人的义务。

(2) 国际多式联运经营人在以"本人"身份开展业务的同时,并不妨碍他同时也以"代理人"身份兼营有关货运代理服务,或者在一项国际多式联运业务中不以"本人"身份而是以其他诸如代理人、实际承运人等身份开展业务。在一项国际多式联运服务中根据实际业务需要,他能以本人、代理人、居间人等身份中的一种或几种与货主发生业务关系。

(3) 国际多式联运经营人是"中间人"。国际多式联运经营人具有双重身份,他既以契约承运人的身份与货主签订国际多式联运合同,又以货主的身份与负责实际运输的各区段运输的承运人(通常称实际承运人)签订分区运输合同。

(4) 国际多式联运经营人既可以拥有也可以不拥有运输工具。当国际多式联运经营人以拥有的运输工具进行某一区段运输时,他既是契约承运人,又是该区段的实际承运人。

2. 国际多式联运经营人的责任

国际多式联运经营人的责任是指国际多式联运经营人按照法律规定或运输合同的约定对货物的灭失、损坏或延迟交付等所造成损失所负的违约责任,它主要由责任期间、责任基础、责任形式、责任限制、免责等内容组成。

1) 国际多式联运中的责任期间

在各种国际公约和国内法规中,关于国际多式联运的责任期间具有很高的一致性。《国际多式联运公约》明确规定:多式联运经营人对多式联运货物的责任期间为自接收货物时起至交付货物时止。这一规定表明不论货物的接收地和目的地是港口还是内陆,不论多式联运合同中规定的运输方式如何(但其中之一必须是海上运输),也不论多式联运的经营人是否将部分或全部运输任务委托给他人履行,他都必须对全程,包括货物在两种运输方式间交换的过程货物运输负责。

这个规定与《汉堡规则》以及我国《海商法》关于承运人责任期间的规定完全相同。在国际集装箱多式联运中,这使海上承运人在很多情况下演变成了契约承运人,即与货物托运人订有多式联运合同的人,与此相对应的是陆上的承运人有时也充当了多式联运经营人的角色。在这两种经营人中,业务范围的扩大使他们的责任期间也随之延长了。其其具体的表现是:有船承运人作为多式联运经营人在接收货物之后,不但要负责海上运输,还要安排汽车、火车或者飞机的运输。为此,经营人往往再委托给其他的承运人来运输,对交接过程中可能产生的装卸和包装储藏业务也委托有关行业办理,但是这整个范围都是他必须负责的责任期间。同样的道理,无船经营人对货物在海上运输的过程也要负同样的责任。因此,我国《海商法》第一百零四条第一款进一步强调:多式联运经营人负责履行或组织履行多式联运合同,并对全程运输负责。

2）国际多式联运经营人的责任基础

国际多式联运经营人的责任基础是指国际多式联运经营人对于货物运输所采取的赔偿责任原则。对于承运人赔偿责任基础,目前,各单一运输公约的规定不一,但其大致可分为过失责任制和严格责任制两种。严格责任制是指排除了不可抗力等有限的免责事由外,不论有无过失,承运人对于货物的灭失或损坏都负责赔偿。《国际铁路货运公约》、《公路货运公约》等都采用了该种责任制。过失责任制是当承运人和其受雇人在有过失时负赔偿责任。这种责任制为《海牙规则》和1929年的《华沙航空公约》所采用。但海运过失责任制并不是完全过失,它附有一部分除外规定,如航行过失（船舶碰撞、触礁、搁浅）,1978年通过的《汉堡规则》则实行过失推定原则,这才出现了较完整的过失责任制。

《多式联运公约》对多式联运经营人规定的赔偿责任基础包括如下几方面。

(1) 多式联运经营人对于货物的灭失、损坏和延迟交付所引起的损失,如果造成灭失、损坏或延迟交付的事故发生于货物由其掌管期间,应负赔偿责任,除非多式联运经营人证明其本人、受雇人或代理人或其他人为避免事故的发生及其后果已采取一切能符合要求的措施。

(2) 如果货物未在明确议定的时间交付,或者如无此种协议,未在按照具体情况对一个勤奋的多式联运经营人所能合理要求的时间内交付,即为延迟交付。

(3) 如果货物未在按照上述条款确定的交货日期届满后连续90日内交付,索赔人即可认为这批货物业已灭失。

从上述规定可以看出,《多式联运公约》在赔偿责任基础上仿照了《汉堡规则》实行的推定过失责任制。

此外,如果货物的灭失、损坏或延迟交付是由多式联运经营人,其受雇人、代理人或有关其他人的过失或疏忽与另一原因结合而产生的,根据《多式联运公约》,多式联运经营人仅对灭失、损坏或延迟交货可以归之于此种过失或疏忽的限度内负赔偿责任。但该公约同时指出:多式联运经营人必须证明其不属于此种过失或疏忽的灭失、损坏或延迟交货的部分。在国际货物运输中,一般的国际货运公约对延迟交货均有相应的规定。如《铁路货运公约》、《公路货运公约》、《华沙航空货运公约》等,对延迟交货的规定较明确。但有的对此则无明确规定。如海上运输,由于影响海上运输的因素很多,较难确定在什么情况下构成延迟交货,因而,《海牙规则》对延迟交货未作任何规定。相形之下,《多式联运公约》的规定是明确的。

3) 国际多式联运经营人的责任形式

在货物多式联运情况下,多式联运经营人通常将全程或部分路程的货物运输委托给他人,即区段承运人去完成。在多式联运的两种或以上的不同运输方式中,每一种方式所在区段适用的法律对承运人责任的规定往往是不同的,当货物在运输过程中发生灭失或损坏时,由谁来负责任,是采用相同的标准还是区别对待,就必须看经营人所实行的责任制形式。从目前国际集装箱多式联运的实际来看其责任形式主要有统一责任制和网状责任制两种。

(1) 统一责任制。此即由经营人对所承运的集装箱在运输全过程中向货主承担全部的责任。统一责任制制度下的经营人在整个运输中使用相同的责任制对货主负责,只要发生货损事故,无论是明显的还是隐蔽的,是发生在海上还是发生在内陆段,都按照统一的责任制度由经营人统一进行赔偿。这样便消除了承运人相互推卸责任带来的隐患。统一责任制是合理的、科学的,而且手续简化,但对经营人来说具有较大的风险,在全球范围内还采用不多。

(2) 网状责任制。此即集装箱多式联运经营人在组织分段运输中,通过与多个运输部门签订合同、协议为货主代办各种运输服务,但在运输全过程中则由各运输部门按照各自的规定对自己运输区段内发生的货运事故负责,实际上是在分段接送、各自负责的基础上完成的。就货主而言,各个运输环节中的衔接工作由经营人负责组织完成,其获得了很大的便利,但是当运输过程中发生货运事故时,只能通过联运经营人来敦促有关运输部门进行赔偿,而不能采用统一的方法进行解决,因此这是不太成熟的多式联运责任制类型。在当前国际集装箱多式联运中,由于法规不健全,也没有相应的管制,有近90%实行分段运输责任制。

4) 国际多式联运经营人的责任限制

现有的国际货运公约对于承运人的赔偿责任限制(limitation of liability)采用的赔偿标准都不尽相同。《海牙规则》采用的是单一标准的赔偿方法,即只对每一件或每一货运单位负责,而不对毛重每千克负责。这种规定方法在实际应用中存在较大缺陷,不符合国际贸易和运输业发展的需要。为此,1968年制定的《维斯比规则》把双重标准的赔偿方法列入公约,即既对每一件或每一货运单位负责,又对毛重每千克货物负责;同时,对集装箱、托盘或类似的成组工具在集装或成组时的赔偿也作了规定。1978年制定的《汉堡规则》也采用了这种赔偿方法。

《多式联运公约》仿照了《汉堡规则》的规定,也将这种双重赔偿标准列入了公约中。不同的是,《多式联运公约》不仅规定了双重标准的赔偿方法,也规定了单一标准的赔偿方法。《多式联运公约》按国际惯例规定多式联运经营人和托运人之间可订立协议,制定高于公约规定的经营人的赔偿限额。在没有这种协议的情况下,多式联运经营人按如下赔偿标准赔偿:多式联运经营人对每一件或每一货运单位按920个特别提款权(SDR),或毛重每千克2.75个特别提款权赔偿,两者以较高者为准。

关于对集装箱货物的赔偿,《多式联运公约》基本上采用了《维斯比规则》规定的办法。因此,当根据上述赔偿标准计算集装箱货物的较高限额时,公约规定应适用以下规则。

(1) 如果货物是采用集装箱、托盘或类似的装运工具集装,经多式联运单证列明的装在这种装运工具中的件数或货运单位数应视为计算限额的件数或货运单位数;否则,这种装运工具中的货物视为一个货运单位。

(2) 如果装运工具本身灭失或损坏,而该装运工具并非为多式联运经营人所有或提供,则应视为一个单独的货运单位。

《多式联运公约》的这一赔偿标准中还包括了延迟交付赔偿限额的计算方法。根据公约的规定;不管多式联运是否包括海上或内河运输,经营人对延迟交货造成的损失所负的赔偿责任限额,相当于被延迟交付的货物应付运费的两倍半,但不得超过多式联运合同规定的应付运费的总额;同时,延迟赔偿或延迟与损失综合赔偿的限额,不能超过货物全损时经营人赔偿的最高额。

5) 国际多式联运经营人的免责

目前,对于承运人可以免除责任的所谓免责条款,除了《汉堡规则》及《联合国国际货物多式联运公约》未采用列举法外,其他国际公约、惯例及国内法律、法规大都采用列举方式列举了若干免责事项。有关具体内容,可参阅相关规章。

阅读材料

《联合国国际货物多式联运公约》

《联合国国际货物多式联运公约》是世界上第一个关于多式联运的公约,它是在联合国贸发会议的主持下起草,1980年5月在日内瓦召开的联合国国际多式联运公约会议上,经参加会议的84个贸发会议成员国一致通过的。我国参加了该公约的起草并在最后文件上签了字。《联合国国际货物多式联运公约》旨在调整多式联运经营人和托运人之间的权利、义务关系以及国家对多式联运的管理。该公约是继《汉堡规则》之后制定的,在多式联运经营人的赔偿责任期间、赔偿责任基础、赔偿责任限制权利及其丧失、非合同赔偿责任、诉讼时效的管理等方面都有着和《汉堡规则》大体相似的规定。

《联合国国际货物多式联运公约》包括序言、八个部分40条以及一个附件——《有关国际货物多式联运的海关事项条款》。这八个部分是:第一部分,总则;第二部分,单据;第三部分,多式联运经营人的赔偿责任;第四部分,发货人的赔偿责任;第五部分,索赔和诉讼;第六部分,补充规定;第七部分,海关事项;第八部分,最后条款。其中关于多式联运经营人和发货人各自的赔偿责任,该公约从不同方面分别进行了具体规定。

1. 多式联运经营人的赔偿责任

1) 赔偿责任基础

该公约对联运人的赔偿责任采取推定过失或疏忽的原则,即除非联运人能够证明他和他的受雇人或代理人为避免损失事故的发生及其后果已经采取了一切符合要求的措施,否则就推定联运人有疏忽或过失,联运人就应该对货物在其掌握期间发生的灭失、损坏或延迟交货的事故负赔偿责任。

2) 赔偿责任期间

该公约规定,多式联运经营人对于货物所负责任的期间,是从其接管货物之时起到交付货物之时为止,也就是指货物在多式联运经营人的掌管之下这一期间。

具体到"接管货物"的情况是指从多式联运经营人从下列各方接管货物之时起：

(1) 发货人或其代理人；

(2) 根据接管货物地点适用的法律或规章，货物必须交付运输的当局或其他第三方。

至于"交付货物"则是指联运经营人将货物以下列方式交付时为止：

(1) 将货物交给收货人；

(2) 若收货人不向多式联运经营人提取货物，则按多式联运合同或交货地点适用的法律或特定的行业惯例，将货物置于收货人支配之下。

3) 赔偿责任限额

关于联运人赔偿的责任限额，该公约规定如下。

(1) 联运如包括海运在内，每件货物或其他每个货运单位不超过 920 记账单位[即国际货币基金组织所确定的特别提款权(SDRs)]或毛重每公斤 2.75 记账单位，以较高者为准。

(2) 国际多式联运如不包括海运或内河运输在内，赔偿责任限额为毛重每公斤 8.33 记账单位。这是考虑到空运承运人和铁路、公路承运人对货损的赔偿责任应高于海运承运人的责任限额。

(3) 如果能够确定损失发生的区段，而该区段所适用的某项国际公约或强制性的国内法律所规定的赔偿限额高于联运公约规定的赔偿限额，则适用该公约或该国内法律的规定。

(4) 联运人对延迟交货造成的损失所负的赔偿责任限额，相当于延迟交付货物应付运费的 2.5 倍，但不得超过多式联运合同规定的应付运费的总额。

(5) 如果多式联运经营人均同意，可在多式联运单据中规定超过本公约所规定的赔偿限额。

2. 发货人的赔偿责任

1) 发货人的基本责任

对于在多式联运中发货人应负的基本责任，该公约从一般原则和对危险货物的特殊规则两个方面分别进行了规定。

第二十二条"通则"中规定："如果多式联运经营人遭受的损失是由发货人的过失或疏忽或者他的受雇人或代理人在其受雇范围内行事时的过失或疏忽所造成的，发货人对这种损失应负赔偿责任。"但如果发货人的受雇人或其代理人由其本身的过失或疏忽给联运人带来损失，则应由该受雇人或其代理人对这种损失负赔偿责任。

该公约的第二十三条规定了发货人对危险货物的责任。发货人一方面应以适当的方式在危险物上注明标志或标签；另一方面在将危险货物交给多式联运经营人或其代理人时，要将货物的危险特征以及采取的预防措施告知联运人。如果发货人没有尽到上述职责，同时多式联运经营人又无从得知货物的危险特征，则发货人必须赔偿联运人因载运这类货物而遭受的一切损失；联运人还可以根据情况需要，随时将货物卸下、销毁或使之无害而无须给予任何赔偿。

2) 发货人的保证

该公约第十二条对发货人就多式联运单据所应负的责任做了具体的规定,即发货人应向联运经营人保证他所提供的货物品类、标志、件数、重量以及危险货物的特征等资料的准确性。如因上述资料不准确或不适当而使联运人遭受损失,发货人应负责予以赔偿,即使发货人已将多式联运单据转让给他人,他仍需负赔偿责任。但是,联运人对发货人的这种索赔权,并不限制他按照多式联运合同对发货人以外的任何人负担赔偿责任。也就是说,联运人不得以发货人申报不实为理由来对抗善意的第三者。

该公约规定:其在30个国家批准或加入一年之后即开始生效;每个缔约国对于在该公约对该国生效之日或其后所订立的多式联运合同,应适用该公约的规定。

3. 索赔诉讼与仲裁

在国际货物多式联运中,各关系方经常就货物、运费等的标准发生争议。考虑到国际多式联运方式的特殊性,《多式联运公约》对索赔诉讼与仲裁条款也做出了一些有针对性的规定。

1) 关于货物灭失、损害或延误交货的通知

关于货物灭失、损害或延误交货的通知的规定如下。

(1) 除非收货人不迟于货物在交给他的次一工作日,将说明此种灭失或损坏的一般性质的书面通知送交多式联运经营人;否则,此种货物的交付即多式联运经营人已按多式联运单据所载明的货物交付的初步证据。

(2) 在货物灭失或损害不明显时,如果收货人在货物交付他之日后连续60日内未发出书面通知,则上述第(1)款的规定相应适用。

(3) 如果货物的状况在交付收货人时已经当事各方或其授权在交货地的代理人联合调查或检验,则无须就调查或检查所证实的灭失或损坏送交书面通知。

(4) 遇有任何实际或料想会发生的灭失会损坏时,多式联运经营人和收货人必须为检验和清点货物相互提供一切合理的便利。

(5) 除非在货物交付收货人之日后连续60天之内,或者在收货人得到货物已按本公约第十四条第二款第六项有关规定交付的通知之日后连续60天内,向多式联运经营人送交书面通知,否则,多式联运经营人对运输延误交货所造成的损失无须赔偿。

(6) 除非多式联运经营人不迟于灭失或损害发生后连续90天内,或按照本公约第十四条(b)项有关规定在交付货物后连续90天内送交通知;否则,未送交这种通知即多式联运经营人未由发货人、受雇人或代理人的过失或疏忽而遭受任何损失或损害的初步证据。

(7) 如本公约第二十四条第二、五、六款中所规定的通知期限最后1天在交货地点不是工作日,该期限则延长至次工作日为止。

(8) 就本公约第二十四条而言,向多式联运经营人的代理人,或者发货人的代理人送交通知,应分别视为向多式联运经营人或发货人送交通知。

2) 货物受损人提出的诉讼时效

《多式联运公约》根据国际多式联运的特点,对诉讼时效的规定为:"根据本公约的有关国际多式联运的任何诉讼,如在两年期限内没有提出诉讼或交付仲裁,即失去时效。但

是,如果在货物交付之日后6个月内,或自货物应当交付之日起6个月内没有发出说明索赔的性质和主要事项的书面通知,则在期满后失去诉讼时效。"

《多式联运公约》的这一规定,要求索赔方应及时以书面形式发出书面通知,以便责任方有时间对索赔方提出的赔偿要求进行处理。因此,《多式联运公约》又规定:除了按本公约的规定提出诉讼解决外,也可在诉讼外解决,即根据本公约负有赔偿责任的人即使在上述规定的时效届满后,仍可以在起诉地国家法律许可的期限内提出诉讼,要求赔偿,而此项许可的期限是自提出此项赔偿要求或接到对其本人的诉讼传票之日起计算,不得少于90日。这种规定方法,对货物所有人延长诉讼时效是有利的;而索赔通知的发出,又能使承运人和多式联运经营人保护自己的合法权益。

3) 仲裁条款

仲裁是指双方当事人自愿在事前或事后,按达成的书面协议,将运输中所发生的争议提交到某国或第三国涉外仲裁机构执行仲裁。该涉外仲裁机构的仲裁裁决对双方当事人具有约束力,双方当事人都有义务自觉遵守并履行裁决,因此,仲裁是一种解决涉外民事争议的比较普遍的方法。

《多式联运公约》第二十六条对管辖部门作了规定,这种规定从某种程度上解除了一些人担心一旦出现纠纷无处诉讼的困扰,但也使多式联运经营人即使在多式联运单据上规定了仲裁权条款,这种仲裁条款也是无效的。

一条期租船引发的国际税务诉讼[①]

韩国东和实业株式会社(以下简称"东和实业")与威海胶东国际集装箱海运有限公司(以下简称"胶东海运")签订了定期租船合同,将自有船舶出租给胶东海运进行国际运输,胶东海运按合同约定定期支付租金。2010年1月,胶东海运支付给东和实业的租金共计2 306万元。按照我国法律规定,这部分租金收入应按10%的税率缴纳企业所得税。然而,东和实业认为,该公司应享受中韩税收协定中关于国际运输的免税待遇。

1. 起点:一条韩国期租船申请免税

东和实业注册地是韩国,是中国税收意义上的非居民企业,是韩国税收意义上的居民企业。东和实业主要经营船舶买卖代理、船舶用品运输等26项业务。其在韩国本土的《税务登记证》中的营业范围包括服务业、批发行业、运输业、不动产业、事业服务业等行业,其中运输业的项目为船舶租赁。

2009年10月26日,东和实业与胶东海运订立了定期租船合同。其租期为6个月,从2009年9月21日至2010年3月20日。双方在合同中约定:东和实业将自有船舶出租给胶东海运用于中国威海港至韩国平泽港的国际运输活动,船上人员的工资及与船员有关的费用、船舶的保养维修费用等由东和实业承担,胶东海运按合同规定定期支付租金。

---

① 王骏.一条期租船引发的国际税务诉讼[J].财务与会计(理财版),2011,(12).

《中华人民共和国政府和大韩民国政府关于对所得避免双重征税和防止偷漏税的协定》第八条"海运和空运"条款规定:"以船舶或飞机经营国际运输业务所取得的利润,应仅在企业总机构或实际管理机构所在缔约国征税。"根据此规定,如果东和实业自中国境内取得国际海运和空运所得,应仅在东和实业总机构所在地也就是韩国纳税,中韩税收协定没有给中国分配这部分国际运输所得的课税权。基于此规定,2009年12月17日,东和实业委托胶东海运向威海市环翠区国税局申请就其取得的船舶租金收入按中韩税收协定国际运输条款规定享受国际运输收入免征企业所得税的待遇,并提供了有关资料。环翠区国税局在对东和实业报送的资料进行审核的过程中,发现了部分疑点:首先,东和实业《税务登记证》营业范围中的运输业的项目为"船舶租赁",并不是国际运输业务;其次,以往韩国运输企业申请国际运输所得免税待遇时报送的由韩国国土海洋部颁发的《海上货物运输企业登记证》中的业务种类都是"外航定期货物运输业务",并且明确标明所运营的航线、起止港口的名称及运航次数,而东和实业报送的《海洋运输事业注册证》中的事业种类为"船舶出租业",并没有国际运输的相应情况。

《国家税务总局关于税收协定中有关国际运输问题解释的通知》(国税函[1998]241号)规定:"《税收协定》第八条所述从事国际运输业务取得的所得,是指企业以船舶或飞机经营客运或货运取得的所得,包括该企业从事的附属于其国际运输业务取得的所得。上述附属于其国际运输业务取得的所得主要包括:以湿租形式出租船舶或飞机(包括所有设备、人员及供应)取得的租赁所得;……以船舶或飞机从事国际运输的企业附营或临时性经营集装箱租赁取得的所得;企业仅为其承运旅客提供中转住宿而设置的旅馆取得的所得;非专门从事国际船运或空运业务的企业,以其企业所拥有的船舶或飞机经营国际运输业务所取得的所得。"环翠区国税局据此初步认定:只有以船舶或飞机经营国际客运或货运业务的企业取得的湿租、期租所得才属于"附属于国际运输业务的所得"。东和实业的所得虽然属于船舶期租所得,但从其报送的资料看,企业本身并没有经营国际运输的行为,其期租所得不是附属于国际运输业务的所得,只是一种单纯的租赁行为,不能享受税收协定规定的国际运输所得免征企业所得税的待遇。

2. 焦点:期租业务是否属于国际运输

东和实业并不认同税务机关的意见,认为其从事的是期租业务,而期租业务是国际运输业务的一种形式,其所得应作为国际运输所得享受中韩税收协定规定的免税待遇。东和实业还专门就此提供了一份补充资料:韩国仁川海洋港口管理厅出具的《资质认定书》,认定东和实业已有国际海运运输业(包括国际船舶租赁业)的资质;韩国仁川海洋海湾厅出具的《国际船舶注册证》证明出租的船舶为东和实业所有;东和实业2009年12月24日回韩国重新变更其《税务登记证》,在营业范围中运输业的具体项目中增加了"国际海洋运输"。实务中,也有人支持东和实业的判断,其根据是《国家税务总局关于交通运输企业征收营业税问题的通知》(国税发[2002]25号)。该文件规定:"对远洋运输企业从事程租、期租业务和航空运输企业从事湿租业务取得的收入,按'交通运输业'税目征收营业税……期租业务,是指远洋运输企业将配备有操作人员的船舶出租给他人使用一定期限,出租期内听候承租方调遣,不论是否经营,均按天向承租方收取租赁费,发生的固定费用(如人员工资、维修费用等)均由船东负担的业务……对远洋运输企业从事光租业务和航空运输企业从事干租业务取得的收入,按'服务业'税目中的'租赁业'项目征收营业税。光租业务,是指远洋运输企业将船舶在约定的时间内出租给他人使用,不配备操作人员,不承担运输过程中发生的各种费用,只收取固定租赁费的业务。"一部分税收专家认为,虽然税收协定本身解决的是所得税问题,但是由于国际运输条款和营业税有关联,因此可以借鉴营业税上的某些规定。

作为环翠区国税局的上级机关,山东省国税局与威海市国税局一起对东和实业报送的有关补充资料进行了分析:韩国仁川海洋港口管理厅出具的《资质认定书》,只能证明东和实业具有国际海运运输的资质,并不能证明其已开展国际运输业务;韩国仁川海洋海湾厅出具的《国际船舶注册证》证明出租的船舶为东和实业自有,并且该公司只有这一艘船舶;以上材料,加上其修改《税务登记证》的行为,说明东和实业在提供资料上尽量向我国有关法律、法规要求的方面靠拢,但并不能排除税务部门的原有疑问。

为进一步确认征税依据,环翠区国税局要求东和实业提供其有关业务收入的说明及2009 年度财务报表。东和实业提供了《本公司概况及主营业务内容》及2009 年度财务报表。该资料证明,东和实业海外运输收入全部来自胶东海运的船舶期租收入,没有其他以船舶或飞机经营客运或货运所取得的收入。环翠区国税局认为,根据前述国税函[1998]241 号文的规定,东和实业取得的租金所得不能享受税收协定中规定的对国际运输所得免征企业所得税的待遇。同时,《国家税务总局关于执行税收协定特许权使用费条款有关问题的通知》(国税函[2009]507 号)也明确:凡税收协定特许权使用费定义中明确包括使用工业、商业、科学设备收取的款项(即我国税法有关租金所得)的,有关所得应适用税收协定特许权使用费条款的规定。据此,东和实业的租赁所得应适用于税收协定特许权使用费条款。根据中韩《税收协定》第十二条"发生于缔约国一方支付给缔约国另一方居民的特许权使用费,可以在该缔约国另一方征税"的规定,该项租赁所得可以在我国征税。根据我国企业所得税法及其实施条例等国内法规定,租金支付方胶东海运为该业务扣缴义务人,应当履行东和实业租金所得应缴纳企业所得税的扣缴义务。

最终,环翠区国税局认定,东和实业取得的出租船舶所得不属于国际运输所得,不得享受两国税收协定国际运输条款的相关税收待遇。该项业务应为租赁所得,属于税收协定特许权使用费条款的规定范围,所涉及的税款应按《企业所得税法》及其实施条例有关规定计算缴纳所得税。

3. 终点:复议与诉讼依旧维持征税决定

东和实业虽然依据环翠区国税局的决定缴纳了相关税款,但并不认同该项决定。2010 年 4 月 6 日,东和实业又向威海市国税局提出行政复议申请并于 4 月中旬向韩国国税厅提交了国际税收协商申请。威海市国税局 5 月 24 日做出维持征税的行政复议决定。2010 年 6 月 17 日,东和实业又向威海市人民法院提起行政诉讼,认为根据中韩两国税收协定和《经合组织税收协定范本及注释》,其出租业务取得的利润应视同经营客运或货运取得,环翠区国税局不应对其征税。环翠区国税局认为,经合组织的规定只是一个参考性文件,本身没有法定约束力,即使有参考性作用也仅适用于其成员国,但我国并不是经合组织成员。2010 年 11 月 2 日,法院经过审理,维持了环翠区国税局 2010 年 1 月对东和实业做出的税务征收的具体行政行为。之后,东和实业没有上诉。

案例问题

通过本案例,查阅《国家税务总局关于税收协定中有关国际运输问题解释的通知》(国税函[1998]241号)、《国家税务总局关于交通运输企业征收营业税问题的通知》(国税发[2002]25号)和《国家税务总局关于执行税收协定特许权使用费条款有关问题的通知》(国税函[2009]507号)等文件并理解其中的相关规定。

思考练习

1. 水路运输有哪两种经营方式?其各自的特点、程序与形式如何?
2. 陆路运输主要有铁路和公路运输,叙述其各自的特点、形式与要求。
3. 什么是航空运输?其特点与基本要素有哪些?
4. 航口运输的类型与经营形式如何?
5. 简述航空货物运输的计量规定与托运手续的要点。
6. 什么是国际多式联运?其特点与组织形式有哪些?
7. 什么是陆桥运输?目前国际多式联运中有哪几个著名的大陆桥?各大陆桥运输的核心内容与特点是什么?
8. 什么是国际多式联运经营人?其法律特征是什么?
9. 国际多式联运经营人主要有哪两种责任形式?

第8章 港口物流园区与保税

☆ 教学要求

1. 认识物流企业与港口物流企业,了解其类型,掌握其职能内容。
2. 了解港口物流园区的含义与特征,理解其功能,掌握物流量预测的基本方法。
3. 了解保税、保税区、保税政策、保税物流与保税区物流等知识,认识保税区的优势及其运作方式,掌握港口物流的各种保税形式的功能与保税政策。

随着经济的高速发展,园区这个概念在物流领域快速出现并发展,物流园区、港口物流园区出现。后来随着海关特殊监管区域的出现,保税区、保税港区、综合保税区等园区又出现。这一切都是港口物流发展中的重要内容。本章拟从港口物流企业入手,介绍港口物流园区与港口物流保税区等相关内容。

8.1 港口物流企业

8.1.1 港口物流企业及其类型

1. 物流企业及其类型

《物流企业分类与评估指标》(国家质量监督检验检疫总局与中国国家标准化管理委员会 2005 年 3 月 24 日发布)以国家标准的形式明确:物流企业是至少从事运输(含运输代理、货物快递)或仓储一种经营业务,并能够按照客户物流需求对运输、储存、装卸、包装流通加工、配送等基本功能进行组织和管理,具有与自身业务相适应的信息管理系统,实行独立核算,独立承担民事责任的经济组织。由此,物流企业有了一个法律概念上的意义,并成为中国企业大家庭中的一个新成员。

按这一国家标准,中国的物流企业分为运输型、仓储型与综合服务型三类,并按评估指标,分为 AAAAA、AAAA、AAA、AA、A 五个等级。AAAAA 级最高,依次降低。这使中国物流企业有了一个明确的发展方向与规范化的管理。

1) 运输型物流企业

运输型物流企业应同时符合以下要求:

(1) 以从事货物运输服务(包括货物快递服务或运输代理服务)为主,具备一定规模;

(2) 可以提供门到门运输、门到站运输、站到门运输、站到站运输服务和其他物流服务;

(3) 自有一定数量的运输设备;

(4) 具备网络化信息服务功能,应用信息系统可对运输货物进行状态查询、监控。

2) 仓储型物流企业

仓储型物流企业应同时符合以下要求:

(1) 以从事仓储业务为主,为客户提供货物储存、保管、中转等仓储服务,具备一定规模;

(2) 能为客户提供配送服务以及商品经销、流通加工等其他服务;

(3) 自有一定规模的仓储设施、设备,自有或租用必要的货运车辆;

(4) 具备网络化信息服务功能,应用信息系统可对货物进行状态查询、监控。

3) 综合服务型物流企业

综合服务型物流企业应同时符合以下要求:

(1) 从事多种物流服务业务,可以为客户提供运输、货运代理、仓储、配送等多种物流服务,具备一定规模;

(2) 根据客户的需求,为客户制定整合物流资源的运作方案,提供契约性的综合物流服务;

(3) 按照业务要求,自有或租用必要的运输设备、仓储设施及设备;

(4) 具有一定运营范围的货物集散、分拨网络;

(5) 配置了专门的机构和人员,建立了完备的客户服务体系,能及时、有效地提供客户服务;

(6) 具备网络化信息服务功能,应用信息系统可对物流服务全过程进行状态查询和监控。

2. 港口物流企业及其特点

港口物流企业是至少从事与港口物流有关的运输(含运输代理、货物快递等)或仓储一种经营业务,并能按照客户的物流需求对运输、装卸、仓储、流通加工、配送、报关等基本功能进行组织和管理,具有与其自身相适应的信息管理系统,实行独立核算,独立承担民事责任的经济组织。

港口物流企业是一个时代特征鲜明的经济实体,具有以下主要特点。

(1) 顾客的广泛性。港口物流企业顾客数量众多,类型不同,规模不一,有许多船公司、铁路和公路运输企业,有众多贸易企业、生产厂家,还有不少的船代、货代、多式联运企业。

(2) 服务的多元性。不同组织形式、企业类型、管理理念和制度、业务特点的顾客在服务的内容、项目、方法和要求上都不尽相同,港口物流企业要为不同的顾客特别是重点顾客提供量身定制的个性化服务。

(3) 业务的多样性。港口物流企业不仅有水运货物的装卸、搬运、仓储、简单加工和货运等物流基本业务和功能性服务,还可提供进出口报关、货运交易、信息、物流咨询、金融保险代理等物流延伸业务和增值服务。

除此之外,港口物流企业在技术装备、人才需求和管理上还具有复杂性、多样性和适应性等特点。

参照《物流企业分类与评估指标》,港口物流企业分为三种类型:运输型港口物流企业、仓储型港口物流企业和综合服务型港口物流企业。

3. 运输型港口物流企业

运输型港口物流企业是指围绕港口物流开展与运输活动有关的业务的企业,具体包括以下类型。

1) 提供单一运输业务的企业

提供单一运输业务的企业一般不参与与港口其他物流业务相关的业务,仅仅开展单纯意义上的港口运输业务。提供单一运输业务的企业一般拥有自己的车辆或者船舶,使用自有的运输工具提供运输服务,不负责货物的装卸。这类企业不负责组织货源,而是由客户自己找上门来。

提供单一运输业务的企业一般提供两个方面的港口运输服务:其一是路上集疏运输,具体包括货物从港口腹地集聚到港口的运输和货物从港口分拨到港口腹地的运输;其二是港口与港口之间的货物水上长途运输。

2) 提供运输、仓储和中转业务的企业

在现代港口物流系统中,由于货物种类繁多,运往的地点不同,因此出口等待装船的货物事先要在港口不同仓库、堆场进行集中和组合;进口货物抵港卸载时,许多货物来不及由铁路、公路或水路中转出去,需要在港口进行短暂的储存。

提供运输、仓储和中转业务的企业一般均拥有自己的中转仓库,在为货主提供运输服务的同时,也为货主提供短期的仓储服务,临时、简单的中转、集货、分货服务。

3) 货代企业

货代是对货物的代理,主要为货主服务。货代企业处于货主与承运人之间,接受货主委托,代办租船、订舱、配载、缮制有关证件、报关、报验、保险、集装箱运输、拆装箱、签发提单、结算运杂费,乃至交单议付和结汇业务。这些工作联系面广,环节多,是货代企业把这些相当繁杂的工作相对集中地办理、协调、统筹、理顺关系,增强其专业性、技术性和政策性。

国际货运代理行业早在公元10世纪就已形成,初期为报关行。其从业人员多系从国际贸易企业而来,素质较高,能为货主代办相当一部分国际贸易业务和运输事宜。在其发展过程中,有些国家曾试图取消它,让货主与承运人直接发生业务关系,减少中间环节,但都未成功,因为构成国际货运市场的货主、货代、船东(或其他运力)、船代四大主体,与港务码头、场、站、库等客体不能相混,兼营、交叉经营,会使国际货运市场竞争秩序出现混乱。国际货运代理行业的形成,是国际商品流通过程的必然产物,是国际贸易不可缺少的组成部分。正因为如此,该行业被世界各国公认为国际贸易企业的货运代理。其英文命名为FORWARDERS,并为其成立了国际性组织,即"菲亚塔",英文缩写为"FIATA"。

4) 船代企业

船代就是船舶代理的意思,顾名思义就是负责船舶的航线安排,航次时间的排定,以及跟海关、边检和海事部门的协调,如外轮还要做好引水拖轮和码头的联系等,主要利润来自船佣、箱贴等。

一方面,船东不可能一手全揽所有货主的业务;另一方面,很多小货主有少量的货物。船东无力顾及这个零散但是又很大的市场,但是这些小货主又需要订舱走货,这样,船代的功能就应运而生了。船代也是专门服务这个零散市场的国际货运代理。船代和船东定下相对数量的舱位,再把舱位分发给需要的各个小货主。对于小货主来说,好的船代是保证其能定到舱位、按时出货的合作人,对其生意来说非常重要。船代的地位是不可磨灭的,它们的出现使无数零散货物得到整合,并顺利出口。

"货代"是货运代理的简称,"船代"是船舶代理的简称,两者的业务范围不同:货代代理货主办理配舱事宜,大部分货代还会提供货物报关、商检换证等服务;船代代理船东办理船舶靠泊手续,安排船舶在港口作业的有关事项。不过,目前有些货代公司也在经营船代业务,有些船代公司也在经营货代业务,只要其营业执照中有相关的经营范围就是可以的。

4. 仓储型港口物流企业

仓储型港口物流企业分为港口保税仓储企业和港口非保税仓储企业。

1) 港口保税仓储企业

保税是指经海关批准,对进口货物暂不征税,而采取保留征税方式予以监管。保税货物是指该货物进口时还不能确定是否一定在国内消费,经海关时暂时不办理纳税手续,待最后在国内消费或者复运出境时,再纳税或免税,办理纳税结关手续。

港口保税仓储企业系指位于或毗邻港口,经海关批准,提供保税货物专业化储存服务的保税仓库企业。保税仓库是指经海关批准设立的专门存放保税货物及其他未办结海关手续的货物的仓库。根据国际上通行的保税制度的要求,进境存入保税仓库的货物(能制造化学武器的和易制毒化学品除外)可暂时免纳进口税款,免领进口许可证件,在海关规定的存储期内复运出境或办理正式进口手续。保税仓库是保税制度中应用最广泛的一种形式,是指经海关核准的专门存放保税货物的专用仓库。

2) 港口非保税仓储企业

港口非保税仓储企业系指位于或毗邻港口,提供非保税货物专业化储存服务的企业。由于港口运输主要采用集装箱运输方式,因此港口非保税仓储企业主要围绕集装箱仓储活动展开:其一是集装箱码头,负责办理集装箱的重箱和空箱的储存及相关业务;其二是集装箱货运站,办理货物的集聚、集装箱的拼箱与拆箱、货物的分拨业务等。

5. 综合服务型港口物流企业

综合服务型港口物流企业一般分为资产型港口物流企业和管理型港口物流企业两种。

1) 资产型港口物流企业

资产型港口物流企业通常包括两种类型的资产:第一种类型的资产,是指机械、装备、运输工具、仓库、港口、车站等从事实物物流活动、具有实物物流功能的资产;第二种类型资产,是指信息资产,包括信息系统硬件、软件、网络及相关人才等。

资产型港口物流企业自己投资购买各种装备并建立自己的物流网点,为顾客提供一站式港口物流服务。资产型港口物流企业可以向客户提供稳定的、可靠的物流服务。由于资产的可见性,这种物流企业的资信程度也比较高,对客户具有极大的吸引力。

资产型港口物流企业需要建立一套港口物流工程系统,这需要很大的投资,同时维持和运营这一套系统仍然需要经常性的投入。这一套工程系统一旦形成,虽然可以有效地提供高效率的确定服务,但是很难按照客户的需求进行灵活的改变,往往会出现灵活性不足问题。

2) 管理型港口物流企业

管理型港口物流企业不把拥有机械、装备、仓库、港口等从事实物物流活动,具有实物物流功能的资产作为为客户服务的手段,而是以本身的管理、信息、人才等优势作为核心竞争能力。管理型港口物流企业不是没有资产,而是主要拥有信息资产,包括信息系统硬件、软件、网络及相关人才等,通过系统数据库和咨询服务提供物流服务。在网络经济时代,管理型港口物流企业实际上是以"知识"作为核心竞争能力,通过网络信息技术的深入运用,以高素质的人才和管理力量,利用社会的设施、装备等劳动手段最终为客户提供优良服务。

管理型港口物流企业由于自己不拥有需要高额投资和经营费用的物流设施、装备,而是灵活运用别人的生产力手段,需要有效的管理和组织。而要做到这一点,信息技术的支撑是非常重要的手段。管理型港口物流企业的最大优势,除了信息能力、组织能力、管理能力之外,由于不拥有庞大的资产,可以有效地运用虚拟库存等手段,因此可以投入较低的成本。

8.1.2 港口物流企业的职能

1. 宏观职能

在市场经济条件下,社会生产总过程是由生产、分配、交换和消费四个基本环节构成的。生产是起点,消费是终点,分配和交换是中间环节。商品的流通是社会生产总过程中相对独立的环节,是连接生产和消费的中间环节。生产企业只有相互交换各自的物质产品,才能使各自的生产过程不间断地进行。因此,社会物质产品的生产能力同其流通能力是彼此制约、互相作用的。

港口物流企业为独立于生产企业之外,专门从事商品交换活动的经济实体。从全社会来看,其基本的职能是按照供求状况来完成物质的交换,解决社会生产与消费之间在数量、质量、时间和空间上的矛盾,实现生产和消费的供求结合,保证社会再生产的良性循环。这是港口物流企业的基本职能,也称港口物流企业的宏观职能。

2. 基本职能

港口物流企业是港口物流服务的供应商。其基本职能已突破了传统的仓储运输等,转而提供以满足客户需求为核心,以资源优化配置为目标,以信息技术为支撑,以专业化服务为保证的整体港口物流解决方案。其具体包括以下方面。

1) 运送货物实体的职能

物质产品在生产和消费之间的空间矛盾客观存在,因为某类物质产品的生产在空间位置上相对分散,消费相对集中;或者相反。它们只有完成了空间位置的移动,才能满足消费的需求。港口物流企业运送货物实体的职能是其首要的基本职能。

2) 储存商品的职能,即"蓄水池"职能

商品储存是指物质产品离开生产领域,但还没有进入消费领域而在流通领域内的暂时停滞。港口物流企业的储存商品的职能是由生产社会化决定的,即每个生产企业生产的商品具有单一性,而其消费却是多样性、复杂性的。同时又因为某类物质产品或者是生产相对分散,消费相对集中;或者是消费相对分散,而生产相对集中。只有当它们完成了空间位置的移动,才能满足消费的需求。港口物流企业的储存商品的职能,将暂时停止在流通领域的物质产品,借助于运力完成其商品实体在空间分布上的转移,运送到消费者所在地,从而创造出生产总过程的空间价值。

3）信息流通的职能

在市场经济社会,最重要、最大量的信息来自市场。港口物流企业由于在连接产需双方及直接置身于市场的特殊地位,在搜集信息方面具有得天独厚的条件,将市场供求变化和潜在的信息反馈给供需双方,起到了指导生产、引导消费、开拓市场的作用。

4）功能整合的职能

港口物流企业的功能整合,具体体现在两方面:一方面,港口物流企业可以通过专业化服务(如货代、船代等),整合客户所需要的各种港口物流活动,提供功能最佳、成本最低、效率最高的港口物流服务;另一方面,可以对各种港口物流功能性活动进行重组和协调,使其形成一个完整的系统,以提高系统的整体效率、实现系统的整体效益。港口物流企业在整个供应链中具有承上启下的作用,可以将生产企业、流通企业和最终用户联系起来,实现港口物流、商流和信息流的统一。

5）满足客户对港口物流服务的全方位需求、降低交易成本、提升客户竞争能力的职能

港口物流企业就是从满足客户的各种港口物流服务需求发展起来的。现代港口物流企业以现代物流信息管理技术为支撑,使传统的港口运输服务提升到了一个新水平。现代港口物流企业通过为客户提供系统有效的专业化港口物流服务、优化客户港口物流系统、降低客户存货资产、缩短运输配送周期,帮助客户提高交易效率、降低交易成本、提升客户的竞争能力。

8.2　港口物流园区

8.2.1　港口物流园区及其特征

1. 物流园区

物流园区也称物流基地,是物流中心在地理位置上的集中所形成的具有某一种或多种特定业务功能的区域,是各种物流设施和物流企业在空间上集中布局的场所,是提供物流服务的重要场所。又有人将物流园区定义为"从事专业物流产业,具有公共公益特性的相对集中的独立区域"。

物流园区是各项物流功能的集成。物流功能的绝大部分作业都可以在物流园区内或以物流园区为基础的延伸服务过程中完成。因此,在一定区域范围内规划设置物流园区,为企业及第三方物流经营人提供一定的、相对集中布局的用地空间,既可满足区域现代物流发展的需要,也有利于物流基础设施的集中布局与建设,同时也可避免物流发展给城市环境带来的不利影响。

物流园区是一个空间概念,与工业园区、科技园区等概念一样,是集中连片的相同或相关产业用地,并且实行统一物业管理。物流园区是物流中心的空间载体,与空间意义上的物流中心基本一致。但它本身不是物流的管理和经营实体,是数个或多个物流管理和经营企业的集中之地。物流园区的规划和开发建设多是统一进行的,并往往由专门的物业企业统一管理。

物流园区根据其所覆盖的地域大小以及功能设施多少可以被分为三个层次。

1) 物流点(logistics site)

此类物流据点具有一定的物流设施,并有明显的地域边界,同时由一个经营人进行经营管理。当然该物流经营人不一定是该物流场所的所有人,也就是说他可能是为自己,也可能是为其他企业经营物流设施。其经营业务以拆装和零散运输为主。此类物流据点通常是某一物流业务网络(如快递业务网络、制造商仓储网络或配送网络)的组成部分,但是不一定涉及多种运输方式,如可能仅仅处理道路运输业务。

2) 物流区(logistics zone)

此类物流据点包含多个物流点,也有明显的地域边界,其运输基础设施涉及多种运输方式(如至少包括铁路、公路),并由多个经营人进行运作。物流区通常是由政府、商会以及企业根据区域发展的需要共同设立的。

3) 物流极(logistics pole)

这是一个地域面积很大、物流设施与物流活动高度集中的物流区域。它没有明显的地域界线。其运输基础设施也涉及多种运输方式,除铁路、公路外,至少还包括下列运输方式中的一种:海运、航空或内河航运。物流极通常包括众多物流点,且通常是由一个联合机构或社团共同管理。

2. 港口物流园区及其特征概述

港口物流园区是物流园区总概念下的一个具有港口特征的物流经济区域。借鉴港口特点和国内外港口物流园区建设经验以及相关项目的界定,我们认为,港口物流园区是指以港口为依托,由多个物流组织设施和专业化物流企业构成,以降低物流成本、提高物流组织和运作效率、改善企业服务为目的的,具有装卸、仓储、运输、加工等基本功能和与之配套的信息、咨询、维修等综合服务功能的规模化、功能化、信息化的物流组织和经济运行区域,是发挥综合协调和基础作用的物流设施的区域集合体,是大规模、集约化物流设施的集中地和物流线路的交汇点,具有综合多种物流方式和物流形态的作用。

港口物流园区具有以下特征。

1) 集群化

港口物流以物流园区的空间形态集聚发展,宏观上有利于城市物流系统的合理布局,有利于城市物流资源的整合和优势互补,可以全面拉动城市经济发展;从微观上对于港口及物流企业本身来说,由于不同功能的物流企业聚集在同一区域内,共同为港口物流服务,功能互补,减少了物流中间环节,提高了物流服务的速度和效率,提升了物流满足客户需求的服务水平。

2) 信息化

现代物流业采用先进信息技术,运用现代化的物流设备和管理设备,来实现物流操作手段的现代化。现代物流的信息化商品代码、数据库,港航信息服务的标准化、实时化、数据化,数据平台和资源库,在运输网络合理化和系统化的基础上,使整个物流系统实现了管理电子化,从而使得现代物流进入了以网络技术和电子商务为代表的信息化阶段。

3）系统协同化

现代港口物流是一个系统,包括运输、仓储、包装、搬运、装卸、流通加工、物流信息等环节。每个环节都有各自的职能,不可或缺。只有各环节协同发展,才能顺利完成每笔港口物流业务,才能实现物流的最优服务。

4）一体化

物流一体化就是以物流系统为核心的由生产企业经由物流企业、销售企业,直至消费者的供应链的整体化和系统化,是物流业发展的高级和成熟阶段。当一体化系统发展到一定阶段时,以港口物流为联系的港口物流企业关系就会形成一个网络关系,即一体化的港口物流网络,以保证整个港口物流系统以经济的方式运行,达到提高物流效率、降低物流成本的效果。

3. 港口物流园区的建立意义

港口物流园区的建立可以吸引、汇集更多的物流,使港口物流诸功能的实现更为方便,从而使更多的港口物流企业入驻港口物流园区,给港口带来稳定的货源,创造更好的就业机会,有利于提高港口竞争力。

港口物流园区的建立可以使商品流通渠道畅通,通过提高企业的消化能力而促进企业生产,带动当地经济和腹地经济共同发展。

港口物流园区,可借助效益显著的港口工业功能发展临港工业。港口是生产要素的最佳结合点。许多国家的依赖进口原材料的钢铁厂,往往都建在港口地区,世界上的主要港口基本上都是重要的工业基地。港口物流园区的建立,将使该地区的产业结构得到调整。港口物流及相关联产业的发展,将加大第三产业的比重,使产业结构趋于合理化。

港口物流园区的发展和地区城市的发展是相辅相成的。港口物流园区的发展,将带动城市经济和第三产业的发展,从这个角度可以认为,物流园区是一种"推进型产业"。港口物流园区成为推进型产业,将推动当地城市经济的发展,即使在发展初期可能会促使城市与周边地区的差距拉大,但从长远看,物流园区的经济效应会向周边地区辐射,带动周边地区的全面发展和提升。

当然,港口物流园区的建立,得益于先进的信息技术和现代化的管理设备与运输技术,是与高科技相伴发展的现代业务方式。作为物流服务的提供者,港口物流园区将加快国际间货物流通的速度,缩短需求者的等待时间,利用先进的现代化的管理手段,减少生产者的库存量,为企业提供向零库存发展的条件,削减追加到流通领域的全部费用以降低物流总成本,产生增值利润。

8.2.2 港口物流园区的功能

1. 港口物流服务组织与运作管理功能

港口物流园区在功能上首先是物流服务组织和运作管理的功能,即物流活动所必须具备的转运、集散、储存、运输、装卸、配送和流通加工功能。

（1）转运衔接功能。港口物流园区的功能应该体现在运输方式的衔接上,港口作为连接多种运输方式的枢纽,在物流园区承担着重要的货物装卸、转运功能,主要表现在要实现公路、铁路、河运、海运等多种不同运输形式的有效衔接。

(2) 货物集散功能。港口物流园区的功能还体现在它是实现货物集散的场所,通过集装箱运输枢纽、零担货物运输场站、货运配载场站等,提供物流汇集、仓储、分类、包装、分拨等运作服务。

(3) 分拨配送功能。港口物流园区,可实现物流的仓储、分拨和配送功能,通过增加商业设施、会展中心、大型批发市场等,拉动物流需求,削减流通成本。

(4) 流通加工功能。流通加工是物流活动的比较高级的形式,港口物流园区可实现简单的切割、分装、组装、标签等产品流通加工功能,增加产品的附加值。

(5) 物流活动管理功能。港口物流园区,同时也是对物流活动进行指挥、管理的中心和信息服务的中心,通过园区将信息集中,实现指挥调度的功能。

(6) 其他功能。作为一种公共事业,港口物流园区除了承担以上功能之外,还应该在软件建设、物流平台开发,比如,信息系统的构筑、专业人才的培养培训、产业政策的研究制定、物流理论的研究探讨等上发挥应有的创新作用。

2. 港口物流配套服务功能

港口物流园区除了提供港口物流服务的核心功能外,还需要相应的物流服务功能相配套。

(1) 货运代理、报关功能。港口物流园区涉及货物的出口、装船及报关报验。为了提高工作效率,港口物流园区应提供货运代理、报关服务。鉴于港口物流园区是现代化、高效化和信息化的经济运作区域,其网上配套服务有着广阔的发展空间。

(2) 信息服务功能。港口物流园区将提供物流跟踪信息查询、物流提供方和服务方信息查询服务,并定期发布物流统计与预测信息,以提高物流运作效率和物流管理质量。

(3) 提供银行金融保险服务功能。现代商务活动与银行、金融、保险是密不可分的,港口物流园区应提供这方面的配套服务。

3. 经济开发和城市建设功能

港口物流园区的作用不仅在于物流本身,更表现在港口经济开发和城市建设功能上。

(1) 物流基础设施项目的开发功能。港口物流园区的经济开发功能体现在物流基础设施及经营所产生的经济效益上。基础设施项目对经济发展具有开发性功能,已被宏观经济领域认识。

(2) 商业交易平台的构筑功能。港口物流园区通过集聚效应扩大了企业的商圈,增加了交易的机会。通过物流园区资源进行优化整合,发挥其经济集聚作用,不仅使该企业的综合竞争力得以提升,还能够带动产业链条上的相关企业的发展,从而带动临港工业和当地经济的发展。

(3) 改善城市环境,提升城市形象功能。港口物流园区可通过优化整合资源,发挥园区系统优势,以利于生产、方便生活、优化交通、开发沿途房地产、提升城市形象、满足城市功能发展的需要。

4. 辐射、拉动功能

一个港口物流园区的服务区域不能仅仅按行政区域来划分,而应该考虑它自身的辐射、拉动半径。这个半径很可能不再局限于某个行政区域,而是一个经济区域。

第 8 章　港口物流园区与保税

8.2.3 港口物流园区物流量预测

1. 物流量与港口物流量

"物流量"是物流园区生产中的重要概念,是物流活动各环节产生的实物在物流活动中数量的总和,包含货运量、库存量和配送量等部分。

物流量为物流学科中的一个十分重要的概念。现阶段,我国没有一个对物流量的统计指标。在进行区域及地方物流系统、物流园区及配送中心、物流节点的规划与建设时,一般把货运量作为进行物流量分析的类比指标。因此,对货运量的预测不仅能为园区发展提供重要参考,还能为合理规划物流园区规模、建设基础设施、改善作业条件提供科学依据。

需要指出的是,运输量在一般情况下不等于物流量,只是物流量的一个重要组成部分,因此利用货运量来指导物流相关基础建设的科学性存在争议。从理论上讲,定义及计算物流量必须从整个物流系统来把握。除了运输量外,物流量还包括库存量、终端配送量、内向物流量、装卸搬运量等。

由于历史原因,虽然近几年港口物流的发展是空前的,但单纯的物流量数据统计却较少。根据腹地物流量推算出该物流园区的物流量理论上可行,但实际操作往往非常困难。

由于港口物流园区是依托港口发展起来的物流园区,港口物流园区的货物来源也主要是港口。由此,可以先根据已知港口吞吐量的统计资料,预测出该地区港口的货物吞吐量,进而预测出物流园区的物流量。

2. 港口物流量预测——吞吐量推算法

有时一个港口有几个港区,每个港区又有一个配套的物流园区,另外有一些货物不通过物流园区就直接到达客户手中,因此就必须对进入该港的总物流量进行流量分配。以集装箱物流为例,首先测算出某港区集装箱吞吐量;其次根据物流的构成和流向分析,采用定性定量分析的方法,确定出物流园区的物流作业量占整个港区吞吐量的比重,进而得出某物流园区的物流量;最后进一步通过定性定量分析测算出进入作业区、堆存区的物流量。

吞吐量推算法之所以比较可行,关键是因为港口吞吐量数据的可获得性。

吞吐量推算法的具体推算公式如下:

$$Q_j = p\% \cdot q\% \cdot y_j \tag{8-1}$$

式中:Q_j——第 j 时刻总物流量;

$p\%$——集装箱进入该港区的比例;

$q\%$——该港区集装箱进入该园区的比例;

y_j——第 j 时刻的总吞吐量。

$p\%$、$q\%$可以根据历史数据,分析当地物流发展水平、各个港区的通过能力、物流园区的功能定位以及未来发展规划,通过定性、定量的方法确定;y_j可通过预测方法获得。

3. 港口物流量预测——集装箱生成法

集装箱生成量的大小与外贸进出口水平有很大的关联,同时受外贸产品结构、单位外贸产品货值、适箱货物实际装箱比例及运输组织水平等因素的影响。

集装箱生成法全面、完整地考虑与集装箱生成量有关的各种因素,以动态的观点综合分析每一个因素的变化并在预测中定量地描述这些变化规律。具体来讲,可以首先根据腹地发展计划和外贸发展趋势,测算出腹地外贸进出口额;其次,根据腹地货物结构和发展趋势,预测未来年份外贸货物的集装箱适箱率,根据外贸货物的结构和价值、集装箱装箱率,确定每亿美元集装箱生成量。最后,根据港口所处的位置,分析预测腹地集装箱到达该港口的份额,从而获得外贸集装箱物流量。

港口物流量具体可以通过以下公式推算:

$$Q_j = p\% \times q\% \times k_1\% \times k_2\% \times k_3\% \times Y_j \tag{8-2}$$

式中:Q_j——第 j 时刻总物流量;

$p\%$——集装箱进入该港区的比例;

$q\%$——该港区集装箱进入该园区的比例;

$k_1\%$——适箱货金额比率;

$k_2\%$——箱量生成系数(标箱/亿美元);

$k_3\%$——适箱货装箱率;

Y_j——第 j 时刻的总外贸额的趋势估计值。

$p\%$、$q\%$ 可以根据历史数据,分析当地物流发展水平、各个港区的通过能力、物流园区的功能定位以及未来发展规划,通过定性、定量的方法确定;$k_1\%$、$k_2\%$、$k_3\%$ 可以根据历史数据统计获得,或者可以结合经济与外贸结构、集装箱装箱趋势,由专家综合定性,定量后给出;Y_j 可通过预测方法获得。

8.3 港口物流保税

8.3.1 保税与保税区

1. 保税与保税政策

保税,是国际上通行的一种海关特殊监管制度,是指一种经海关批准的境内企业所进口的货物,在海关监管下在境内指定的场所储存、加工、装配,并暂缓缴纳各种进口税费的海关监管业务制度。保税的相关政策如下。

1) 免税、保税及税收政策

进口的生产设备和自用的机械设备、建筑材料及合理数量的办公品等,免缴海关关税和进口代征税;境外和区内间进出货物,免缴关税及进口代征税;用于加工出口的料件免缴关税及进口代征税;采用进口料件加工产品内销时,按料件进口价格计缴关税及进口代征税。

经营期在十年以上的外资生产型企业,享受自获利年度起所得税"免二减三"的优惠,按 15% 税率缴纳企业所得税;减免期满后对当年出口产值达到 70% 的企业,所得税减按 10% 征收。

2) 免证及其他减免

境外和区内之间进出货物,免配额,免进出口许可证(被动配额[①]除外);加工贸易不

[①] 被动配额,又称"自动"出口配额,是指出口国家或地区在进口国家的要求或压力下,"自动"规定某一时期内(一般为 3 年)某些商品对该国出口的限制额。

实行银行保证金台账制度,设备免税无须外经贸部门审批;保税或非保税货物无存储年限限制;注册外资贸易企业无条件限制。

3）外汇政策

企业均可开立外汇账户,实行意愿结汇,不限额留汇,不须办理外汇核销手续。区内企业之间可以以外币计价结算,也可以以人民币计价结算,在规定的范围内允许购汇。

2. 保税区概述

保税区是海关监管的特定区域。海关依照办法对进出保税区的货物、运输工具、个人携带物品实施监管。保税区与中华人民共和国境内外的其他地区（以下简称非保税区）之间,应当设置符合海关监管要求的隔离设施。[①] 简单地说,保税区就是经国务院批准设立的、海关实施特殊监管的经济区域。

保税区由于按照国际惯例动作,实行比其他开放地区更为灵活优惠的政策,已成为中国与国际市场接轨的"桥头堡"。

保税区具有进出口加工、国际贸易、保税仓储、商品展示等功能,享有"免证、免税、保税"政策,实行"境内关外"动作方式,是中国对外开放程度最高、动作机制最便捷、政策最优惠的经济区域之一。

1990年6月,经中央批准,中国上海创办了中国第一个保税区——上海外高桥保税区。随后,国务院又陆续批准设立了一大批保税区。

经过多年的探索和实践,全国各个地区保税区已经根据其特殊功能和依据地方的实际情况,逐步发展成为当地经济的重要组成部分,目前集中开发形成的功能有保税区物流和出口加工功能。

随着中国加入WTO,全国保税区逐步形成区域性格局,南有以广州、深圳为主的珠江三角洲区域,中有以上海、宁波为主的长江三角洲区域,北有以天津、大连、青岛为主的渤海湾区域。三个区域的保税区成为中国与世界进行交流的重要口岸,并形成了独特的物流动作模式。

3. 保税区的优势

中国保税区有两个突出的优势——政策优势和区位优势。

1）政策优势

（1）最主要的政策优势

保税区最主要的政策优势是在保税区内实施"免证、免税、保税"政策。其具体内容如下：

① 加工企业生产的产品,除国家另有规定外,免领出口许可证,免缴出口关税和出口增值税。

② 对区内生产性的基础设施建设项目所需的机器、设备和其他基建物资,予以免税。

③ 对区内企业自用的生产、管理设备和合理数量的办公用品及其所需的维修零配件,生产用燃料,建设生产厂房、仓储设施所需的物资、设备,予以免税。对保税区行政管理机构自用的合理数量的管理设备和办公用品及其所需的维修配件,予以免税。

---

① 见我国海关总署1997年8月1日发布的《保税区海关监管办法》。

④ 对区内企业为加工出口所需的原材料、零部件、元器件、包装物件,予以免税。前款几项规定范围以外的货物或者物品从境外进入保税区,应当依法纳税,转口货物和在保税区内储存的货物按照保税货物管理。

⑤ 对区内企业从境外进口的原材料、零部件、元器件、包装物料,予以保税。从事保税性质加工,其加工产品全部出口的,免缴加工环节增值税。

(2) 独特的政策优势

保税区是中国内地具有"境内关外"性质的开放度最大的特殊经济区域,除了具有"免证、免税、保税"政策以外,还具备一些独特的政策优势。

① 境内外企业、组织及个人均可在保税区内从事国际贸易及相关业务。

② 对从境外进入保税区储存的货物不征收关税及进口环节增值税、消费税,不实行配额、许可证管理,不限制仓储时间。

③ 国外货物可在保税区与境外自由进出。

④ 保税区中外资企业均可开设外汇现汇账户,实现意愿结汇,从事保税区与境外之间的贸易活动不办理收付汇核销手续。

⑤ 区内货物可以在保税状态下进行分级、包装、拣选、分装、改装、刷贴商标或标志等商业性加工。

⑥ 境外企业的货物可委托保税区企业在区内储存并由其代理进口销售等。

2) 区位优势

所谓区位优势,从经济角度讲,就是指设定的区域在走向国际市场,实现生产要素、产品、技术等在国际国内间的自由流动的过程中,其地理位置所显示的独特的优越条件。利用区位优势设置特殊经济区域,以优惠政策和良好的基础设施来创造该地区的竞争优势,是一国政府强化对外来资金和技术吸引力、出口贸易扩散力、走向世界经济一体化能力的优势再造。这种优越条件,主要有以下三种情况。

(1) 具有天然生成的相当便利的交通,使这一地区在国际交往、资金、人员、商品等经济上的交流十分方便。具有这种优势地理位置条件的地区一般都靠近沿海,那里有良好的港口条件。沿海地区海上交通不仅便利、畅通,而且海运成本低于任何一种陆上运输成本,能够很方便地实现与全球各国各地区的经济交往。

(2) 因与经济上比较发达的国家或工区相邻而产生的经济联动效应。两地毗邻,发达地区或国家在经济上会对落后地区产生较强的示范和带动效应,而且也容易使落后地区的经济运行方式与邻近发达地区相对接,形成一定空间的超政治制度的经济联动或一体化圈带。

(3) 具有丰富而廉价的自然资源。以丰裕的自然资源为条件,可以大量引进外来资金、先进技术,可以加强内外经济交往。

4. 保税区的运作方式

基于海关和外汇的特殊管理机制,保税区形成了围绕四大基本功能的特殊的基本运作形式。

1) 保税仓储等保税物流运作形式

保税区内实行"境内关外"的政策,这样一来保税区内就形成了相当宽松优惠的保税

第8章 港口物流园区与保税

政策,即货物从海外进入保税区不视同进口,只有从保税区再进入国内其他区域时才视同进口,货物从国内到保税区视同出口,这样就形成了以保税仓储为核心内容的保税物流运作形式。

三资加工贸易企业可以利用保税区的物流功能,从保税区进口原材料,将半成品或成品出口保税区,完成加工贸易的核销工作,将各种转厂手续变成进口手续,从而大大提高物流效率、节省物流成本;此外可以将出口的产品进行内销而没有内销比例等审批限制。

在中国采购的国际企业可以将采购出口货物的配送中心设在保税区,直接对国外市场进行货物配送,从而解决销售地的高成本配送问题。

销售到中国市场的进口货物先保税仓储在保税区内,再根据实际的销售数量和形式进行货物清关工作,一方面可以减少供应链维系的资金积压成本(海关税金占用流动资金);另一方面可以适应中国企业的不同销售形式(免税销售和完税销售)。

2)出口加工等加工运作形式

保税区的加工贸易企业不实行银行保证金台账制度、不实行外汇核销制度,非常有利于企业开展出口加工工作。

保税区内加工贸易企业使用的进口设备全部免税,不受项目内容和投资总额的限制。

3)国际贸易等贸易运作形式

中国国内目前还不允许外商独资成立单纯贸易性企业,但在保税区可以成立,并可以取得一般纳税人的权利,拥有人民币账户,可开增值税发票,实际上已经拥有在国内从事纯贸易活动的权利,这是保税区的国内贸易功能。

目前国内的贸易性公司无法从事转口贸易;但保税区的内企业有外币的现汇账号,可以从事外币结算货物的贸易活动,保税区实际上是拥有了国际转口贸易的功能。

保税区内的贸易性企业同时拥有从事国内贸易和转口贸易的双重权利,这就使得保税区的贸易功能多样化。

4)商品保税展示等展示运作形式

由于保税区实行的是国际自由贸易的模式,因此国际商品的保税展示为一项重要的保税区功能运作形式。

从国外运往中国的货物可以在保税区内进行商品展示,可以设立相应的展览馆,安装、模拟、使用国际的各种产品。这样非常有利于国际产品销售到中国,一方面大大降低了展览成本,简化了展览产品的通关手续;另一方面缩短了考察的时间,相应降低了国内企业的采购成本。

目前,在全国的保税区内主要展示的商品为保税汽车和大型工程机械成套设备。由于这些产品国内展示成本非常高,保税区展示优势非常突出。

5. 保税物流与保税区物流

目前,对保税物流还没有正式的、统一的定义。保税是滞后纳税或滞后核销,是海关对特定区域、特定范围的应税进口货物暂缓征税;当货物离开该特定区域、特定范围时,根据货物的真实流向决定征税与否。对货物的保税可减少经营者的流动资金占用、加快资金周转速度。

根据《中华人民共和国海关法》,保税货物是指经海关批准未办理纳税手续进境,在境内储存、加工、装配后复运出境的货物。从这个意义上来看,保税物流是指保税货物的流动过程,它是伴随保税区的各项功能活动的展开而产生的物流活动。保税物流形式由保税区功能活动所决定,保税物流发生在保税区之内。

保税区物流是发生在保税区的物流活动。"保税"是保税区政策功能的基本特征,但不是唯一的特征。保税区除了"保税"特征之外还包括"免税"特征,所以发生在保税区的物流活动不仅仅是保税物流,还包括免税物流(国际中转物流、较大型保税区的区内自用免税物流)和已税物流。

8.3.2 港口物流保税形式

按照我国海关相关条例,我国与港口物流有关的保税区域分为保税仓库、出口海关监管仓库、出口加工区、保税区、保税物流园区、保税物流中心、保税港区、综合保税区等多种形式,各种形式的保税区域执行的海关政策是不一样的。

1. 保税仓库

保税仓库是保税制度中应用最广泛的一种形式,是指经海关批准设立的专门存放保税货物及其他未办结海关手续的货物的仓库。

1) 功能

保税仓库的功能是仓储。

2) 税收政策

保税仓库执行的税收政策如下:

(1) 境外货物入仓库保税;

(2) 货物出境免征出口关税;

(3) 货物出仓库时视同进口按实际监管方式的有关规定办理;

(4) 用于在保修期限内免费维修有关外国产品并符合无代价抵偿货物有关规定的零部件,国际航行船舶和航空器的油料、物流免税;

(5) 仓库与其他海关特殊监管区域、保税监管场所之间的货物交易、流转不征收进出口环节和国内流通环节的有关税收。

2. 出口海关监管仓库

出口海关监管仓库是指经海关批准设立的,对已办结海关出口手续的货物进行存储、保税物流配送、提供流通性增值服务的海关专用监管仓库。

1) 功能

出口海关监管仓库的功能如下:

(1) 仓储;

(2) 不发生实质性改变的简单加工;

(3) 保税物流配送;

(4) 经海关批准的其他国际物流业务。

2) 税收政策

出口海关监管仓库实行的税收政策如下。

(1) 货物出境免征出口关税;

(2) 经批准享受入仓即予退税政策的仓库,国内货物入仓库退税;其余未经批准享受入仓即予退税政策的仓库,国内货物入仓库不退税,离境可退税。

(3) 货物储藏库结转到国内按照实际监管方式的有关规定办理。

(4) 货物入仓库应当征收出口关税的,海关按照有关规定征收。

(5) 仓库与其他海关特殊监管区域、保税监管场所之间的货物交易、流转,除涉及出口退税的,按照国家有关规定办理外,不征收进出口环节和国内流通环节的有关税收。

3. 出口加工区

出口加工区,狭义上是指国家或地区为利用外资,发展出口导向工业,扩大对外贸易,以实现开拓国际市场、发展外向型经济的目标,专为制造、加工、装配出口商品而开辟的特殊区域,其产品的全部或大部分供出口;广义上还包括自由贸易区、工业自由区、投资促成区和对外开放区等。出口加工区有单类产品出口加工区和多类产品出口加工区之分。后者除加工轻纺工业品外,还加工生产电子、钢铁、机械、化工等产品。出口加工区由自由贸易区发展而来。加工区内,鼓励和准许外商投资于产品具有国际市场竞争能力的加工企业,并提供多种方便和给予关税等优惠待遇,如企业可免税或减税进口加工制造所需的设备、原料辅料、元件、半成品和零配件;生产的产品可免税或减税全部出口;对企业可以实行较低的国内捐税,并规定投产后在一定年限内完全免征或减征;所获利润可自由汇出国外;向企业提供完善的基础设施,以及收费低廉的水、电及仓库设施等。

1) 功能

出口加工区的功能包括:

(1) 出口加工;

(2) 保税物流;

(3) 研发业务;

(4) 检测业务;

(5) 维修业务。

2) 税收政策

出口加工区的税收政策如下:

(1) 境外货物入园区保税;

(2) 园区货物出境免征出口关税;

(3) 国内货物入园区退税;

(4) 园区内加工产品不收增值税;

(5) 货物出区内销按成品征税;

(6) 货物入区应当征收出口关税的,海关按照有关规定征收;

(7) 区内货物可以自由流转;

(8) 区内建设及业务开展所需进口机器、设备等,地区内进口自用的合理数量的办公用品免税;

(9) 园区与其他海关特殊监管区域、保税监管场所之间的货物交易、流转不征收进出口环节和国内流通环节的有关税收。

4. 保税区

保税区亦称保税仓库区,是经国务院批准设立的、受海关监督和管理的可以较长时间存储商品的区域。根据现行有关政策,海关对保税区实行封闭管理;境外货物进入保税区,实行保税管理;境内其他地区货物进入保税区,视同出境;同时,外经贸、外汇管理等部门对保税区也实行较区外相对优惠的政策。

1) 功能

保税区的功能包括:①仓储;②加工;③进出口贸易包括转口贸易;④商品展示;⑤经海关批准的其他业务。

2) 税收政策

保税区的税收政策如下:

(1) 货物入区保税;

(2) 区内货物出境免征出口关税;

(3) 国内货物入区不退税,离境可退税;

(4) 区内加工产品不收增值税;

(5) 全部使用境外料件加工的制成品出区按进口制成品征税;

(6) 用含有境外料件加工的制成品出区按所含境外运入料件征税;

(7) 货物入区应当征收出口关税的,海关按照有关规定征收;

(8) 区内货物可以自由流转;

(9) 区内建设及业务开展所需进口机器、设备等,区内进口自用的合理数量的办公用品免税;

(10) 园区与其他海关特殊监管区域、保税监管场所之间的货物交易、流转不征收进出口环节和国内流通环节的有关税收。

5. 保税物流园区

保税物流园区是指经国务院批准,在保税区规划面积或者毗邻保税区的特定港区内设立的、专门发展现代国际物流业的海关特殊监管区域。

1) 功能

保税物流园区的功能包括:①仓储;②流通性简单加工和增值服务;③国际采购、分销和配送;④进出口贸易包括转口贸易;⑤国际中转;⑥检测维修;⑦商品展示;⑧经海关批准的其他业务。

2) 税收政策

保税物流园区的税收政策如下:

(1) 境外货物入园区保税;

(2) 园区货物出境免征出口关税;

(3) 国内货物入园区退税;

(4) 园区内加工产品不收增值税;

(5) 货物出园区时视同进口按实际监管方式的有关规定办理;

(6) 货物入园区应当征收出口关税的,海关按照有关规定征收;

(7) 园区内货物可以自由流转;

(8) 园区内建设及业务开展所需进口机器、设备等,区内进口自用的合理数量的办公用品免税;

(9) 园区与其他海关特殊监管区域、保税监管场所之间的货物交易、流转不征收进出口环节和国内流通环节的有关税收。

6. 保税物流中心

保税物流中心一般是由地方政府负责组织筹建和申报,由海关总署负责验收和批准设立的海关监管区域。保税物流中心分 A 型与 B 型。其区别在于:A 型主要由一家企业投资建设并为该企业自有物流服务;B 型主要由一家或多家投资主体投资建设,并由两家以上大型物流企业入驻运营的公共保税中心。(注:下面是 A 型的内容,在 B 型保税物流中心中,其税收政策增加"中心内货物可以自由流转"一项,其余与 A 型相同。)

1) 功能

保税物流中心的功能包括:①仓储;②流通性简单加工和增值服务;③国际采购、分销和配送;④转口贸易;⑤国际中转;⑥经海关批准的其他业务。

2) 税收政策

保税物流中心的税收政策如下:

(1) 境外货物入中心保税;

(2) 货物出境免征出口关税;

(3) 国内货物入中心退税;

(4) 货物出中心时视同进口按实际监管方式的有关规定办理;

(5) 货物入中心应当征收出口关税的,海关按照有关规定征收;

(6) 中心与其他海关特殊监管区域、保税监管场所之间的货物交易、流转不征收进出口环节和国内流通环节的有关税收。

7. 保税港区

保税港区是经国务院批准设立的,在港口作业区和与之相连的特定区域内,具有口岸、加工、物流等功能的特殊经济区,享受保税区、出口加工区、保税物流园区等的政策,兼具保税区、出口加工区、保税物流园区的功能。与保税区相比,保税港区"区港一体"的优势得到了充分发挥;与出口加工区相比,保税港区具有的物流分拨等功能,使其与境外、区外经济联系更加紧密;与保税物流园区相比,保税港区允许开展出口加工业务,使其更具临港加工优势。

1) 功能

保税港区的功能包括:

(1) 仓储;

(2) 出口加工;

(3) 国际采购、分销和配送;

(4) 进出口贸易包括转口贸易;

(5) 国际中转;

(6) 检测维修;

(7) 商品展示;

(8) 经海关批准的其他业务。
2) 税收政策

保税港区的税收政策如下:
(1) 境外货物入港区保税;
(2) 港区货物出境免征出口关税;
(3) 国内货物入港区退税;
(4) 港区内加工产品不收增值税;
(5) 货物出港区时视同进口按实际状态办理报关手续;
(6) 货物入港区应当征收出口关税的,海关按照有关规定征收;
(7) 港区内货物可以自由流转;
(8) 港区内建设及业务开展所需进口机器、设备等,港区内进口自用的合理数量的办公用品免税;
(9) 港区与其他海关特殊监管区域、保税监管场所之间的货物交易、流转不征收进出口环节和国内流通环节的有关税收。

8. 综合保税区

综合保税区是设立在内陆地区的具有保税港区功能的海关特殊监管区域,实行封闭管理,与保税港区一样,是目前我国开放层次最高、政策最优惠、功能最齐全的海关特殊监管区域,是国家开放金融、贸易、投资、服务、运输等领域的试验区和先行区。其功能和税收政策、外汇政策按照《国务院关于设立洋山保税港区的批复》的有关规定执行。即国外货物入区保税;货物出区进入国内销售按货物进口的有关规定办理报关手续,并按货物实际状态征税;国内货物入区视同出口,实行退税;保税区内企业之间的货物交易不征增值税和消费税。该区以国际中转、国际采购、国际配送、国际转口贸易和保税加工等功能为主,以商品服务交易、投资融资保险等功能为辅,以法律政务、进出口展示等服务功能为配套,具备生产要素聚散、重要物资中转等功能。

2011年对这些众多形式的保税区域进行了清理,将保税港区与综合保税区统一归并为综合保税区,其他则归并为保税区,其相应的功能政策则为上述相关形式的综合。

珠澳跨境工业区[①]

珠澳跨境工业区设在珠海拱北茂盛围与澳门西北区的青洲之间,分为珠海、澳门两个园区,由广东省珠海市和澳门特别行政区分别通过填海造地形成,首期总面积约0.4平方千米。其中,珠海园区面积约0.29平方千米,澳门园区面积约0.11平方千米。两个园区之间由一条约15米宽的水道作为隔离,开设了专门口岸通道连接。

1. 概况

2003年12月9日,珠澳跨境工业区在澳门举行了奠基仪式。设立珠澳跨境工业区

---

① http://baike.baidu.com/view/2850551.htm。

的目的是解决澳门的就业和产业结构调整问题,保持澳门的经济稳定与社会安定,并对珠海的经济发展起到一定的推动作用。这是"一国两制"伟大构想在区域经济合作上的一次全新实践。珠澳跨境工业区为在一个主权国家、两种法律框架、两种经济体制下的次区域经济合作模式,其建立进一步拓展了中国区域经济合作的发展空间,具有巨大的示范作用。

珠澳跨境工业区最早是由澳门部分成衣界人士提出,旨在应对2005年全球纺织品及成衣配额制度取消给澳门带来的冲击,防止澳门当地成衣制造企业大规模北移影响当地就业。2002年8月21日,澳门特区行政长官何厚铧与广东省领导会晤时,首次提出了联合兴建跨境工业区的设想。2003年12月5日,国务院以《国务院关于设立珠澳跨境工业区的批复》正式批准设立珠澳跨境工业区。

根据双方商定,珠澳跨境工业区设立于珠海拱北茂盛围和澳门青州之间,分为珠海、澳门两个园区,由广东省珠海市和澳门特别行政区分别通过填海造地形成,首期面积约0.4平方千米。其中珠海园区面积约0.29平方千米,澳门园区面积约0.11平方千米。两个园区之间由一条自然形成的水道作为隔离,开设专门口岸通道连接。

珠澳跨境工业区以国务院批复的精神作为其建设和发展的政策基础和依据,即在统一规划的前提下,珠海园区、澳门园区由珠海市人民政府、澳门特别行政区政府分别管理。填海形成的澳门园区土地所有权属于国家所有,使用权归属澳门特别行政区,由澳门特别行政区进行司法和行政管辖。珠海园区作为珠海保税区的延伸区,由海关监管,实行保税区政策。批复还强调珠澳跨境工业区要充分发挥区位优势,以发展工业为主,兼顾物流、中转贸易、产品展销等功能。

2004年6月29日,珠澳双方在澳门首次联合举办了大型招商推介会。最终,珠海园区共签约13个项目,其中12个为澳门企业投资,合同投资总额超过3亿港元。这13个项目主要是纺织成衣业,也涉及制药、精密机械、食品加工、仓储物流等。澳门园区共23个项目被推荐入园,其中包括纺织成衣、制药、健康食品、信息产业、博彩用具制造、化工、新式混凝土生产等。投资者分别来自澳门、内地、香港、台湾以及北美等地区,投资总金额约8亿澳元。

可以预见,珠澳跨境工业区的建立将有助于整合珠澳两地各自的优势,实现两地制度优势,实现土地及劳力以及雄厚科技实力的共享,促进两地产业分工和布局的互补,从而提高珠澳两地的经济发展潜力,共同打造珠三角西翼经济中心及粤西商贸服务平台。具体来说,珠澳跨境工业区将对珠海工业西进战略起到助推器的作用,带动其产业结构的优化升级和生产技术的更新换代,促进珠海优势产品的出口,通过出口贸易额的增加拉动整个珠海经济的发展;而对于澳门,珠澳跨境工业区则有助于拓宽澳门企业的发展空间,使其更方便地联系国内市场,以带动澳门第二产业的发展,振兴澳门纺织服装业,优化澳门产业结构,对博彩业独大所带来的深层发展隐患形成必要的缓冲和预防。

2. 中国参与区域经济合作的制度创新

自进入21世纪以来,全球产业调整步伐明显加快,广泛的国际合作与激烈的国际竞争并存。随着全球范围内多边贸易合作因坎昆谈判破裂而放缓,区域经济合作已成为现阶段推动各国经济发展的主导趋势。各国均以区域发展的双、多边合作为依托,力求实现市场、资本、技术的优化配置，从而谋求在国际竞争中的有利位置。而在关税同盟、经济共同体、经济合作协定、自由贸易协定、自由贸易区等区域经济合作形式中，自由贸易区已成为其中最重要的形式之一。据统计，全球共有240多个区域贸易安排，其中近200个是自由贸易区或关税同盟。同时，由几个国家共同组成的跨国自由贸易区，如北美自由贸易区、东盟自由贸易区等已逐渐取代了国内自由贸易区而成为国际自由贸易区发展的主流。

与此同时，中国区域经济一体化的进程也明显加快。在国内，珠江三角洲、长江三角洲和环渤海湾地区的经济一体化蓬勃发展；而在国际上，中国与东盟（10+1）建立自由贸易区的协定已经启动，中国与日本、韩国也将在经济上更紧密地联合起来。2003年6月29日和10月17日，中央人民政府先后与香港特别行政区政府及澳门特别行政区政府签署了CEPA；2004年6月3日，"9+2"政府行政首长签署了《泛珠三角区域合作框架协定》。至此，港澳地区同内地的经济合作从中国区域经济合作的整体发展中凸显了出来，并逐渐形成了以粤港澳地区为龙头，辐射了中国西南各省区，促进和实现了区内资源的有效利用与合理共享，拓展了经济发展新领域、新途径和新空间，形成了互补互利、互相促进和共同发展的区域经济合作新局面。

珠澳跨境工业区正是在这一背景下出现的，同时也是 CEPA（Closer Economic Partnership Arrangement，即中央政府与香港和澳门特区政府签署的《关于建立更紧密经贸关系的安排》的英文简称）协议下粤港澳经济互动进一步深化的产物。可以说，跨境工业区的建立为CEPA的实施提供了一个更具体、更有效的合作平台，而CEPA则为跨境工业区的运作提供了坚实的政策保障，两者构成了一种牢固的互嵌式的配合模式。珠澳跨境工业区可视为一项拓展CEPA的使用空间、强化CEPA实施效果的全新的区域经济合作模式，而它所具有的富有创造性的"跨境"概念，无疑更是中国区域经济合作理论与实践的一次重要发展，也标志着中国区域经济合作在广度与深度上的里程碑式的进步。

不可讳言，现阶段珠澳跨境工业区还存在着一些缺陷和问题，比如：园区面积太小，限制了企业参与数量，制约了园区的产业布局及相关配套服务设施的建设；跨境工业区现址既不靠码头，也不与保税区相连，给人员、货物流动带来了不便，也不便于跨境工业区将来的空间扩展等。但尽管如此，作为中国区域经济合作的一次最新尝试，建立珠澳跨境工业区意义仍然深远，其对周边地区的示范作用极有可能在未来几年内得以发挥。

3. 对珠澳跨境工业区发展模式的几点探讨

珠澳跨境工业区的跨境模式目前在国内尚没有先例。因此，我们应该从实际出发，把改革、发展和稳定相结合；同时，认真参考国外成熟的、有可比性的自由贸易区的具体情况与经验教训，不断调整，不断创新，摸索出中国发展跨境自由贸易区的一整套成熟的政策法规与管理制度，为进一步深化区域经济合作创造必要的条件。

1）园区产业规划

基于珠澳跨境工业区设立的主要目的是支持澳门的产业结构调整和经济持续发展，特别是推动澳门纺织成衣行业的发展，因此目前园区所吸纳的企业很大一部分来自纺织成衣行业。

2005年全球纺织品及成衣配额制度取消后，根据中国加入WTO的法律文件规定，纺织品及成衣进口国仍可对中国采取两项贸易保护措施：一是《中国加入WTO议定书》

的第 16 条,即"特定产品的过渡性保障机制",当中国出口某类产品窒息成员国同类产品的贸易发展时,中国需即时控制该项产品的出口水平;二是《中国加入 WTO 工作组报告书》的第 241 条和 242 条,有人称之为"纺织品的特别保障机制",当中国某类产品出口对进口国同类产品造成实质损害时,该国可采取限制性进口措施。此外,由于中国的纺织服装业在世界上具有明显的比较优势,毋庸置疑,各国都将千方百计采取各种手段对中国产品进行限制,以保护其国内市场。因此,可以预见在未来数年内,澳门纺织成衣行业相比于国内同行业在进入国际市场方面仍具有优势,而珠澳跨境工业区如果能够把澳门的体制和原产地优势同珠海的低成本优势充分结合起来,将有助于提高澳门纺织成衣行业的国际竞争力,为澳门纺织成衣行业继续保有生存和发展的空间。

但从整体来看,澳门纺织成衣业已是澳门的一项夕阳产业。大多数纺织成衣业企业生产规模很小,其中 4 人以下的小厂多达 400 家,生产分散。大多数企业没有资金购买先进设备与技术,更不具备研究和开发能力,以劳动密集型的手工作坊式生产居多,劳动生产率低下,仅及香港的 60%。行业波动性极大,过度依赖香港商人的投资及海外市场情况。而随着近年来生产成本的上升,大量有竞争力的企业纷纷北移,造成技术人才严重流失,整个行业处于衰退状态。

因此,跨境工业区对于澳门纺织成衣行业支持的重点不应仅仅放在以优惠政策来维持其生存上,而应着眼于长远,推动区内企业升级转型,按照国际先进管理规范进行制度创新,引进先进技术设备,加强研究开发,培育澳门品牌,使其从简单从事加工向产品开发、设计、裁样,以及发行、销售等高利润环节拓展,发展高附加值的纺织成衣业;同时,注重产业链的延伸,发展以纺织成衣业为依托的物流、中转贸易和产品展销等相关产业。

与此同时,澳门园区还应积极发展科技含量高、资本密集型、智力密集型和更高附加值的现代新型产业。目前澳门园区内引入的信息产业项目就是一个很好的开端。通过扶植和培育这些高技术、高利润的企业,调整澳门的产业格局,创造澳门新的经济增长点。

而珠海方面,也不能仅仅作为廉价土地、劳动力的供应者,而应通过跨境工业区引进更多的资金、技术、人才,结合本身有潜力的行业,如旅游业、教育产业,实现自身的产业多元化,提高综合经济实力。

2) 园区的政策法规与管理制度设计

目前,珠澳跨境工业区实行保税区政策。而保税区是我国实施全方位、多层次、有重点的对外开放战略的产物,是以国外自由贸易区为目标模式建立起来的特殊经济区域。作为有中国特色的自由贸易区,保税区取得了一定的成功,但也存在许多认识和实际操作中的问题。总体来说,现有国内保税区只能做到形式上与自由贸易区相似,即四周建有严格的隔离措施,而本质上还存在很大差异。同时,由于我国尚未有一部全国统一的《保税区法》,各地保税区主体功能定位不清,所实行的政策与管理制度参差不齐。因此,珠澳跨境工业区既要以现有珠海保税区的管理模式为基础,借鉴珠海保税区的管理经验,又要敢于创新,弥补保税区的固有缺陷,在跨境意义上进行政策法规与管理制度的创新。

具体来说,珠澳跨境工业区应高度重视并首先处理好以下两个方面的制度创新和政策优化。

(1) 原产地问题。原产地问题是当今世界国际贸易交往中屡见不鲜的问题,许多国家都通过签发出口商品产地书来进行进出口贸易管制和配额管理。目前,美国和欧盟等西方发达国家和地区都经常以原产地规则作为对付中国等发展中国家的贸易保护手段。因此,珠澳跨境工业区的运作,特别是对于在区内占主要比重的纺织成衣业来说,必须高度重视原产地问题。如前所述,2005年全球纺织品及成衣配额制度取消后,"澳门制造"在一定时期内仍将比国内产品具有优势。同时,澳门是自由港,与欧美市场关系密切,尤其是与欧盟国家历史渊源深厚,并参与了许多国际条约及组织,因而能得到不少国际优惠待遇。因此,在制度与政策设计上,应根据方便双方园区生产和经营的原则,进行科学设计和合理布局,在不违背国家法律的前提下,充分发挥澳门的原产地优势。同时,欧美国家为防范港澳成为内地走货的通道,有可能加强对港澳的监管,从而使澳门原产地优势丧失、跨境工业区的作用弱化。对此,应高度重视,及早研究有关对策,设计预防措施,建立起一整套符合国际规则的政策法规与管理制度。

(2) 人员流动问题。在现阶段,由于"一国两制"的特殊性以及珠澳两地体制上的差异,两个园区在管理模式上有很大不同。按照现行的出入境管理制度,劳动力在两个园区之间的行动即视为出入境,这必然阻碍人员的自由流动,使得两个园区企业之间不能进行合理的分工协作,澳门园区无法利用珠海的廉价劳动力优势去降低产品成本,从而使其产品在市场上的竞争力下降,这实际上也是与建立跨境工业区的初衷相违背的。但是站在边境管理部门的角度,由于进入澳门园区就等于进入澳门全境,如果劳动力在两个园区完全自由流动,就可能导致部分劳动力非法出境,这又是中国法律和政策所不允许的。此外,如果过多地利用珠海方面的廉价劳动力,也有可能引发澳门本地的失业问题。可见,跨境工业区中的人员流动问题是一个十分复杂的问题。在时机尚不成熟的情况下,绝不能贸然放开人员流动限制,但人员自由流动又是跨境工业区发展的一个必然的趋势。这就要求有关部门充分运用跨境工业区"跨境"这一特色,最大限度地挖掘跨境的政策含义,突破法律、体制瓶颈,深拓"一国两制"条件下区域经济合作的发展空间,找到一条能够实现双方效益最大化的次优方案。

4. 跨境工业区前景展望

珠澳跨境工业区的建立开启了新的次区域经济合作模式,拓展了中国区域经济合作的发展空间,也为内地与港澳地区特别是在CEPA框架下香港与深圳的经济合作模式提供了良好示范。

与珠澳经济合作相比,深港经济合作的规模更加庞大,影响更加广泛,而其实施的难度也更大。香港作为独立的经济实体、单独关税区,在多方面拥有"相对优势",如自由经济体、金融中心、法治独立等;而与其毗邻的深圳,制造业基础较好,在土地、劳动力等生产要素供应方面拥有"绝对优势",双方资源和经济的互补性很强。同时,自20世纪90年代中后期以来,随着香港产业的再调整,香港高科技产业和金融、商贸等服务业开始北上和延伸,企业后勤服务和个人北上居住、就业、消费日渐增加,使得深港两地城市"一体化"进程加快、双方相互依存性明显增强。

在此背景下,依照珠澳跨境工业区的模式,在深港边境地区设立深港跨境工业区,可以将深圳的经济潜能注入香港。深圳的生产要素供应充足，产业产能潜质深厚，能吸引外商直接投资于当地各类产业。而香港则可以通过跨境工业区巩固其经济基础，提高经济及工业产能，与成长中的深圳和珠江三角洲经济体形成互相补充、互相依存的整体。跨境工业区还可将香港及国外的资金与内地的大量劳动力结合，扩大香港的出口。

深港合作建立深港跨境工业区后，还可以设想，在园区的整体运作步入正轨、双方都从中获得良好的收益的情况下，深港双方可以进一步深化合作，逐步扩大保税区面积，建立保税工业带，并且增加跨境工业区的功能内容，使其逐步成为保税自由贸易区；在此基础上，还可以再争取利用深圳现有二线的特殊有利条件，使整个深圳特区成为自由贸易区或大保税区，全面与香港对接，从而使香港和深圳真正完全实现人流、物流、资金流的联通，形成真正的统一市场和经济共同体。

而要实现以上的设想，珠澳跨境工业区的建立及其未来的扩张与发展恰恰可以为深港合作提供一个极有价值的范本。对于原产地问题、人员流动问题以及"一国两制"的兼容性、经济体制的差异性等这些跨境区域经济合作中必然出现的问题，珠澳跨境工业区都可以为经济规模更大、影响范围更广、面临问题也更为复杂的深港跨境工业区的建立进行先期的具体实践与摸索，寻求使双方获得最大收益的最有效途径，并对未来建立深港跨境自由贸易区的可行性及其功能与价值提供评估依据与参照。

截至2009年10月，珠澳跨境工业区已有入园企业83家，进出境(区)货物达到13.7万吨，货值8.4亿美元，业务量年增3.5倍，尤其是2008年的业务量是2007年的6倍。2009年1—10月，珠澳跨境工业区珠海园区进出境(区)货值4.5亿美元，增长81%；专用口岸进出境车辆1.18万辆次、旅客20万人次，分别增长54%和25%。

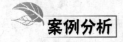

国际港口物流中心览胜

1. 鹿特丹港口物流园区

目前，鹿特丹港已经先后建成了3个港口物流园区。对于港口物流园区的定位，鹿特丹港务当局的观点是：港口物流园区是拥有完善的设施，可以为物流特别是配送活动提供一站式服务的物流园区，它应邻近港口集装箱码头和多式联运设施，并采用最先进的信息和通信技术。依托这些物流园区的建设，从20世纪90年代以来，鹿特丹港的物流服务取得了长足的发展，目前经上述3个物流园区处理的货物已经占到了全港集装箱吞吐量的7%左右。

1) Eemhaven 物流园区

Eemhaven 物流园区是鹿特丹港的第一个港口物流园区，位于鹿特丹港 Eemhaven 和 Waalhaven 集装箱作业区后方，共占地65公顷，其中仓库面积20万 m^2。从定位来看，Eemhaven 物流园区主要提供高质量商品的堆存和配送服务。Eemhaven 物流园区的交通集疏运条件十分优越。首先，该园区与 Eemhaven 和 Waalhaven 等地区的集装箱码头有立交桥直接联系；其次，通过 A15 公路，物流园区的货物可直达欧洲内陆腹地；最后，园区周边还有内河码头、铁路枢纽以及沿海支线泊位等众多多式联运设施。

2) Botlek 物流园区

Botlek 物流园区位于 Hartel 运河和 Seinehaven 港区之间,鹿特丹港石油化学工业区/港区的中心位置。Botlek 物流园区占地 104 公顷,其中仓库面积约 30 万 m^2。

与 Eemhaven 物流园区类似,Botlek 物流园区交通集疏运条件十分优越,周边公路、铁路、内河等多种运输方式齐备。Botlek 物流园区的定位是提供以化工品为主要服务对象的仓储、配送和分拣等物流服务。

3) Maasvlakte 物流园区

Maasvlakte 物流园区是鹿特丹港最新的,也是最大的物流园区,占地面积 125 公顷。Maasvlakte 物流园区位于鹿特丹港最大的 Delta 集装箱码头后方,并与该集装箱码头有专用通道连接。同时,物流园区周边还分布着铁路场站、高速公路和内河驳船码头等众多的多式联运设施。

根据规划,Maasvlakte 物流园区的用户主要是以下 4 类企业:希望建立一个能够辐射整个欧洲的区域性配送中心的大型跨国制造商、希望进一步拓展其物流服务范围的大型船公司、需要依托港口开展区域性服务业务的大型物流企业、希望与其他全球性的物流服务供应商建立一个海运出口基地的欧洲出口商。

此外,鹿特丹港 Maasvlakte 物流园区二期扩建项目,还规划了 55 公顷土地用于配套的物流活动。在实际运作过程中,Maasvlakte 物流园区被划分为了众多 3.4 公顷左右的小地块,每个地块都可以容纳一个 2 万 m^2 左右的仓库以及办公和其他配套设施。

2. 新加坡港口物流园区

近年来,为满足货主日益增长的物流需求,新加坡港的 PSA 集团围绕港口先后建立了 4 个物流园区。其中,位于港区内的 Keppel 物流园区建成于 1993 年,紧邻 Keppel 集装箱码头,以国际集装箱货物为主要服务对象。为集约利用土地资源,Keppel 物流园区主要由现代化的仓库构成。

Keppel 物流园区占地面积约 23 公顷,其中仓库面积 11.3 万 m^2,与 Keppel 集装箱码头有立交桥相连,其他配套设施主要包括办公楼、停车场、集装箱堆场等。在内部,开发商将整个仓库分成了 45 个单元并提供给不同的物流服务商,每个单元的面积从 1 000 m^2 至 5 100 m^2 不等,仓库的高度最高达到了 14.6 m。Keppel 物流园区享有自由贸易区政策,其主要服务对象是集装箱班轮公司、国际国内大型货物代理、该国大型 IT 企业等。目前,Keppel 物流园区每年处理的集装箱货量达到了 27 万 TEU 左右。其主要的服务包括拼箱、拆箱、存储、配送、检验、再包装、物流管理等。

3. 香港港口物流园区

香港是全球重要的航运中心和第二大集装箱港,共有大型集装箱码头 9 个,泊位总数 24 个,码头岸线长 7 694 米,面积 275 公顷。香港亚洲货柜物流中心始建于 1986 年,目前是迪拜港口国际的下属企业。亚洲货柜物流中心位于香港葵青集装箱码头后方,紧邻高速公路,可以方便地连接香港国际机场、商业中心区以及大陆的深圳特区。

香港亚洲货柜物流中心是全球最大的及首座多层式的货物处理中心。该中心由楼高 7 层的 A 座和 13 层高的 B 座两部分组成,总面积约 87 万 m^2,其中约 55 万 m^2 可出租用于各类物流活动,并配有一定数量的写字楼。在运作方面,中心的经营者将整个仓库划分为 740～37 000m² 的单元以出租给各类用户,整个中心的出租率基本在 90% 以上。目前,在中心内开展的物流活动主要分为货物集散和物流增值服务等两大类。其中货物集散服务主要包括收/取货、货物存储、拆/拼箱、挂衣、条码扫描、包装、重货吊运、验货、托盘修理等,物流增值服务主要包括库存管理、运输/分销策划、分销、物料配套、货物回收处理等。

案例问题

1. 港口物流园区的主要特点与功能有哪些?
2. 成功的港口物流园区应具备哪些基本要素?
3. 借鉴国外成功的经验,对我国港口物流园区的发展有哪些建议?

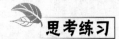

1. 结合你所在城市港口物流园区的运行实际,论述如何更好地发挥港口物流园区的功能。
2. 确定港口物流园区的物流量的基本思路是什么?
3. 阐述保税、保税区、保税物流、保税区物流的含义。
4. 保税区的优势与运作方式有哪些?
5. 港口物流保税的形式有哪些?其功能与保税政策分别是什么?

港口物流技术

第9章 港口物流信息技术

☆ **教学要求**
1. 了解港口物流信息的基本知识,认识港口物流管理信息系统并掌握其功能原理。
2. 理解并掌握港口物流管理支持技术的基本原理与作用。

港口物流技术总体上分为三大块——港口物流作业技术、港口物流信息技术和港口物流智能技术。其中港口物流作业技术的内容主要包括仓储、配送、装卸、包装、流通加工技术等。这些内容将在一门专门的课程"现代物流技术"里做详细的介绍。因此这里拟用两章分别介绍港口物流信息技术和港口物流智能技术。

9.1 港口物流信息及其管理平台

9.1.1 港口物流信息及其功能

1. 港口物流信息及其特点

信息是指通过一定的物资载体形式反映出来的,表征客观事物变化特性的,由发生源发生,经过加工与传递,可以被接收者接收、理解和利用的消息、数据、资料、知识等的统称。

物流信息包含的内容有狭义和广义之分。从狭义的范围来看,物流信息是指与物流活动有关的信息。从广义的范围来看,物流信息不仅指与物流活动有关的信息,而且包括与其他流通活动有关的信息,如商品交易和购买信息等。

港口物流信息则是指与港口物流活动(如装卸、堆存、船舶代理等)相关的信息。

港口物流信息具有如下特点。

1) 信息量大

港口物流信息由于港口物流活动以及交易活动的展开而大量产生。中国的亿吨大港的不断增加,以及由之产生的大量货代、船代业务,促使港口物流信息爆发性地增长。

2) 更新快

港口物流信息的更新速度快,多品种货物的运输、拼箱货物运输以及多式联运使得各种作业活动频繁发生,从而使物流信息不断更新,而且更新的速度越来越快。

3) 来源多样化

港口物流信息不仅包括港口的物流信息(如装卸、堆存等),而且包括岸上企业的物流信息和政府部门的信息。

2. 港口物流信息的功能

港口物流信息是港口物流的功能要素之一。港口物流信息的功能可以从不同的角度进行描述。港口物流信息在发挥港口物流系统整体效能上的功能体现在以下几个方面。

1）是港口物流系统整体的中枢

港口物流系统是一个有规律的统一体。整个港口物流活动的系统决策都要以港口物流信息收集、加工处理后的结果为依据。一旦信息错误，信息系统出现故障，那么整个港口物流活动就将陷入瘫痪。

2）是港口物流系统变革的决定因素

随着信息技术的日新月异，社会经济的生产、消费系统正在不断地改变。港口物流属于第三产业的服务业。社会经济系统的变革必然要求其随之变革。港口物流信息化既是这种变革的动力，也是这种变革的实质内容。

3）支持交易系统

交易系统是用于启动和记录个别的物流活动的最基本的层次。交易活动包括记录订舱内容、安排舱位任务、选择装货程序、装船、定价、开发票以及货主咨询等，这些无疑是考研信息的支持的。

4）支持管理控制

管理控制以可估价的、策略上的、中期的焦点问题为特征，它涉及评价过去的功能和鉴别各种可选方案。港口物流信息系统可以通过其处理过程，鉴别出异常情况。管理控制的例外信息对于鉴别潜在的顾客或订单问题也有不小的作用。

5）支持决策分析

决策分析主要是集中精力在决策应用上，协助管理人鉴别、评估经比较物流战略和策略后的可选方案。典型分析包括船舶到港停泊计划、港口机械配置等。港口物流信息系统为这种决策分析提供了基本资源与分析手段。

6）支持制定战略计划

战略计划决策往往是决策分析层次的延伸，但更加抽象、松散，并且注重长期，这就要求信息系统必须把较低层次的数据结合进范围很广的交易计划中，以及结合进有助于评估各种战略的概率和损益的决策模型中去。

9.1.2 港口物流信息管理平台

为了适应现代物流市场的发展、拓展和完善港口服务功能，世界上许多国家都十分重视港口现代物流系统的建设。

图 9-1 是港口物流信息平台的结构模式，通过港口物流信息管理平台，可以实现政府、港口、物流企业三方的电子数据交换，为物流信息交换诸多环节中的各种用户提供一个综合的服务操作平台，使港口信息化建设水平进一步提高。

通过港口综合物流信息服务平台的建设，与港口有关的政府部门可以履行行政管理职能，从而加速口岸贸易的通关速度、物流速度，有利于港口城市向外向型经济发展，促进外贸出口的增

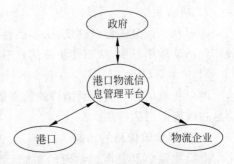

图 9-1　港口物流信息管理平台结构

加,从而带动港口城市整体的经济繁荣。港口物流信息管理平台将整合港口、船公司、船代、检验检疫局、海关、海事局等用户的信息资源,建立"一站式"对外信息服务窗口,建立面向全球的物流信息服务网络,为货主、船公司、贸易伙伴等客户提供优质、全面的信息服务;同时,将进一步提高海关的通关效率、降低交易成本、增加贸易机会,大大促进港口经营环境的改善。

9.2 典型的港口物流管理信息系统

9.2.1 货运代理管理信息系统

货代企业作为代理人从事货运代理业务,是指货运代理企业接受进出货物收货人、发货人或其代理人的委托,以委托人或自己的名义办理有关业务,收取代理费或佣金的行为。货运代理企业作为独立经营人从事货运代理业务,指货运代理企业接受进出货物收货人、发货人或其代理人的委托,签发运输单证,履行运输合同并收取运费和服务费的行为。

国际货运代理管理信息系统(international freight forwarder management information system,IFFMIS)是对托运单,操作(订舱、派车、报关),提单,财务结算,EDI 的信息数据进行分析和处理的管理信息系统。

1. 国际货运代理系统的目标

1)实现规范化的操作流程

进行规范化的操作,使内部信息能够在一定范围内共享;提供详细准确的业务数据,及时为客户提供高水平的咨询服务。

2)自动进行数据采集

除了能提供采用代码帮助输入和资料复制外,还主要能够自动进行数据采集和处理。灵活的出口明细单和提单复制功能,能使输入人员方便地完成明细单或提单的输入。

(1) 输入出口明细单和订舱资料后,自动生成场站收据、提单、预配清单。

(2) 输入每票货的装箱时间地点后,自动生成每天的装箱计划表。

(3) 输入实际装箱资料后,自动生成出运表。

(4) 科学的费用管理。系统可以让用户自己定义客户费用计算方案,并根据预先定义好的方案自动计算费用;费用输入后,自动打印发票,生成未达账报表和未付账报表。

(5) 传真和 E-mail 的自动完成功能。系统能够把提单或其他单据送到传真服务器上,自动分发传真,显示传真状态,使传真在夜间无人值守的情况下自动发送,节约通信费用。其自动 E-mail 功能是可以实现任意报表(如托单、提单等)的发送、节约时间。

(6) 提示和全程监控的功能。系统可以每日提示、每周提示,提高了服务水平;能对单证的流转实现全程监控。

3) 在安全的权限管理下对往来账进行控制管理

输入费用后,经费用审核,软件能自动调出全部往来单位的未达账清单和未付账清单,或某个往来单位的未达账清单和未付账清单。

(1) 费用计算。输入船名、航次后,系统能列出这个航次的所有票货,根据列出的业务资料自动计算费用。

(2) 费用审核。费用计算后,审核人员输入船名、航次后,系统能列出这个航次的所有票货,以及每票货的往来费用。审核人员可以对照业务资料和列出的费用,检查是否正确。审核后的费用不能再修改。

(3) 应付款处理。船公司、卡车队或其他单位将账单送来时,只要财务人员输入公司代码和日期或船名、航次,系统就能自动列出应付该公司的账单,财务人员只需要将发票上的金额和系统列出的资料比较,在列出的费用上打钩确认。财务人员准备付款时,输入付款申请,经管理人员审核后系统能自动付款。

(4) 应收款处理。系统可以根据欠款单位打出某个单位的欠款,或根据业务员打出某个业务员的所有客户欠款,或一次打出所有公司的欠款,催账人员可以根据这些未达账清单向客户催款。收到应收款后,财务人员只需在往来账上标记。

(5) 成本利润表查询。通过系统随时可以看任何时间的成本利润表。输入日期范围后,系统能列出这段时间内每票货的业务资料、收入、成本及利润。

(6) 方便的查询功能。通过系统随时可以按船名、航次或运输编号或提单号查看任一票货的业务资料、应收应付、实收实付,方便快捷。

4) 与其他软件无缝连接

能够与不同财务系统、EDI 无缝连接;能提供与物流系统中的车队管理、仓储管理、分销配送等的衔接;能够与企业自身的电子商务平台实现信息的实时互动,实现货物动态跟踪,提高客户服务的即时度和满意度。

5) 完全无纸化办公

实现无纸化办公后,出口明细单输入后,除了给客户的提单和发票需要打印外,其他的单据(如计算费用的单据)、报表都不需要打印,管理人员打开计算机就能看到最新的报表和资料。无论是业务资料还是费用情况,系统都能提供查询功能,当客户来查询某票货的处理进度或对费用有所疑问时,系统可以立即查出详细的资料,回答客户。

2. 国际货运代理系统的功能

国际货运代理系统的功能模块如图 9-2 所示。

其主要功能模块功能如下。

(1) 资料管理:对多项标准代码项目的维护管理,如对客户、国家、港口、运输方式、运输条款等基本资料信息,自动提供标准的代码项目。

(2) 价格管理:对合作公司的底价管理及对客户采用多式联运的对外报价管理。

(3) 接单管理:对托运单信息的维护管理,确定业务模式(如出口或进口)及确定服

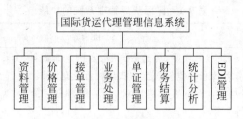

图 9-2 国际货运代理系统的功能模块

务条款和增值服务内容,系统可根据对外报价自动生成应收/应付费用,并确认。

(4) 业务处理:向船公司订舱、委托派车、委托报关、委托仓储,并自动生成各种单证。

(5) 单证管理:主要是对提单的维护管理。

(6) 财务结算:对应收/应付账、对账单和发票(D/N,C/N)、结算单(收/付款)、财务核销的管理。

(7) 统计分析:对业绩、经营的统计分析报告。

(8) EDI 管理:通过 EDI 向船公司、海关等合作公司进行数据交换。

3. 国际货运代理系统的应用

下面以深圳市汇骤科技有限公司的软件产品——货代管理信息系统及解决方案为例介绍其应用。其产品和解决方案重点为船东、船代、货代、第三方物流企业、运输企业、仓储企业等提供服务,并延伸至货主企业的物流部门(包括制造业、供应商和零售商等),提供面向企业业务全过程的供应链管理的纵向平台和面向企业一体化运作的资源整合的横向平台。

国际货运管理系统按系统逻辑功能模块可以分为用户管理、资料管理、客户服务、海运操作、空运操作、财务结算、统计分析七大功能,其结构如图 9-3 所示。国际货运管理系统七个主要模块的功能说明如表 9-1 所示。

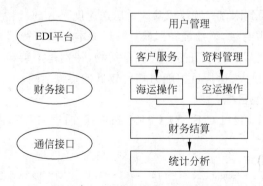

图 9-3 国际货运管理系统结构

表 9-1 国际货运管理系统的功能

功能模块	功能特点
资料管理	系统初始化设定、业务规则、可选数据项、客户详细资料、合作单位详细资料等,该模块为系统的正常运转和其他模块操作提供标准化信息
客户服务	可以查看客户资料、跟踪客户当前状态、制作客户报价单、规划市场计划及记录、处理客户的投诉等
海运操作	海运出口、海运进口以及海运进出口中关联到的陆运服务、仓储服务、报关服务及三检业务等业务功能;可输出各类标准单证;实时反映各类委托的操作状况;提供灵活的业务环境设置功能,提供文件跟踪功能
空运操作	针对空运进出口操作提供订舱、总分运单制作、接货送货委托、出入仓通知、报关(委托/预录入报关单)等功能,可在客户自定义流程、状态的情况下进行全程跟踪,并以各种方式输出操作过程中的各类单证
财务结算	费用维护、单票审核、收付账单制作、货代发票制作、费用核销等操作;查看跟踪文件,进行费用统计;输出各类报表清单;支持应收应付核算管理,包括费用审核、对账、核销、实际收付管理等;提供财务结算监视器功能
统计分析	统计公司的业务、财务情况和业务员的工作业绩等;提供自定义统计与分析、支持"所见即所得"报表输出。输出方式包括直接打印输出,图形化统计结果显示,带格式导出至 HTML 或 Office、Lotus Notes 等
用户管理	提供用户密码设置功能,支持角色定义和权限分配功能

9.2.2 水路运输管理信息系统

水路运输通常表现为四种形式——沿海运输、近海运输、远洋运输和内河运输。

其主要优点有:运量大,能够运输数量巨大的货物;通用性较强,客货两宜;越洋运输大宗货品,海洋运输是发展国际贸易的强大支柱;运输成本低,能以最低的单位运输成本提供最大的货运量,尤其在运输大宗货物或散装货物时,可采用专用的船舶运输;可以取得更好的技术经济效果,劳动生产率高,平均运输距离长。

其缺点有:受自然气象条件因素影响大;由于季节、气候、水位等的影响,水运受制的程度大;营运范围受到限制;航行风险大;运送速度慢,准时性差,在途中的货物多,会增加货主的流动资金占有量,增加经营风险;搬运成本与装卸费用高,装卸作业量大。

水路运输主要承担以下作业任务:大批量货物,特别是集装箱运输;原料、半成品等散货运输;远距离、运量大、运货负担能力相对较低的货物运输。

1. 业务流程和系统目标

海运出口运输工作,在以 CIF[①] 或 CFR[②] 条件成交的情况下,由卖方安排运输,其主

[①] CIF 是由 cost、insurance、freight 三个单词的第一个字母大写组成的,中文意思为成本加保险费加运费(指定目的港)。指当货物在装运港越过船舷时(实际为装运船舱内),卖方即完成交货。货物自装运港到目的港的运费和保险费等由卖方支付,但货物装船后发生的损坏及灭失的风险由买方承担。

[②] CFR 是 cost and freight 的缩写,中文意思为成本加运费(指定目的港),指当货物在指定装运港越过船舷时,卖方即完成交货,卖方支付将货物运至目的港所必需的运费(不含保险费),但货物装船后发生的损坏及灭失的风险由买方承担。

要业务流程如下。

1) 审核信用证中的装运条款

为使出运工作顺利进行,在收到信用证后,必须审核有关的货运条款,如装运期,结汇期,装运港,目的港,是否能转运或分批装运以及是否指定船公司、船名、船籍和船级等,有的要求提供各种证明,如航线证明书、船籍证等。

2) 备货报验

根据出口成交合同及信用证中有关货物的品种、规格、数量、包装等的规定,按时、按质、按量地准备好应交的出口货物,并做好申请报验和领证工作。在我国,凡列入商检机构规定的"种类表"中的商品以及根据信用证、贸易合同规定由商检机构出具证书的商品,均需在出口报关前,填写《出口检验申请书》申请商检。

3) 托运订舱

编制出口托运单,即向货运代理办理委托订舱手续。货运代理根据货主的具体要求按航线分类整理后,及时向船公司或其代理订舱。货主也可直接向船公司或其代理订舱。船公司或其代理签出装货单,订舱工作即告完成。

4) 保险

货物订妥舱位后,属卖方保险的,卖方即可办理货物运输险的投保手续。保险金额通常是以发票的CIF价加成投保。

5) 货物集中港区

船舶到港装货计划确定后,托运人应按照港区进货通知并在规定的期限内,办妥集运手续,将出口货物及时运至港区集中,等待装船,做到批次清、件数清、标志清。

6) 报关工作

货物集中港区后,把编制好的出口货物报关单连同装货单、发票、商检证、外销合同、外汇核销单等有关单证向海关申报出口,经海关官员查验合格放行后,方可装船。

7) 装船工作

在装船前,理货员代表船方,收集经海关放行的货物装货单和收货单,经过整理后,按照积载图和舱单,分批接货装船。装船过程中,托运人委托的货运代理应有人在现场监装,随时掌握装船进度并处理临时发生的问题。装货完毕后,理货组长要与船方大副共同签署收货单,交与托运人。

8) 装货完毕

托运人向收货人发出装船通知后,即可凭收货单向船公司或其他代理换取已装船提单。

水路运输系统的目标是低成本的安全运输,主要是降低物流成本。

2. 系统的功能

水路运输系统的功能模块如图9-4所示。

1) 资料管理

(1) 基本代码管理:区域、船公司区域、国家、省份、港口、码头、计量单位、泊位;

(2) 人事资料管理:部门、员工、职务、船员信息;

(3) 业务资料管理:报关方式、运输方式、运输条款、提单类型、保险条款;

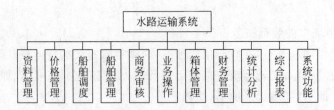

图 9-4 水路运输系统的功能模块

(4) 合作公司类：公司性质、合作公司基本资料、合作公司的资信、协议类型、协议(合同)；

(5) 财务类：结算方式、付款方式、货币(汇率)、计费单位、费用项目；

(6) 船务类：船舶类型、航线、租船方式、船舶规范、船东资料；

(7) 箱体类：箱体类型、箱体尺码、箱体性质。

2) 价格管理

包括底价管理、报价管理。

3) 船舶调度

包括港口箱量测算、历史航线平均箱量、下周船期表制作、配载规则的定义、配载、配载的调整、船期表的调整、配载计划的核销、应收/应付款的录入等。

4) 船舶管理

包括船舶起租、退租记录、船舶动态、船舶供给记录、船舶出租登记、船舶的及时分布图、船舶的证件管理等。

5) 商务审核

包括应收/应付的账目审核、合作公司账单的审核、实收/实付的账目审核、成本的核算。

6) 业务操作

包括放舱、订舱、派车、报关、提单打印、舱单打印、装卸事实记录。

7) 箱体管理、财务管理

集装箱箱体信息管理，财务信息分析与管理。

8) 统计分析、综合报表

已提供的报表、需要新增的报表均在此列，报表的格式及增加新的报表在开发期前的 30 天内均可以修改(新增报表的数据项目必须是数据库有的，或者是可以计算出的项目)。

9) 系统功能

包括编码规则、日志管理、工作计划表、内部信息发送及选择、数据导入导出、EDI 转换。

3. 系统的应用

南京伊康计算机工程公司为了适应水运管理部门水路运输管理的基本业务需求，开发了包括系统管理、航运企业管理、运输船舶管理的水路运输系统。该系统对审批、登记、报备和告知四种管理方式进行了设计。该系统在管理路径设置、管理权限设置和管理方式设置方面采用可调节的操作方式，以适应有关管理部门管理权限的适当调整。该系统采用 Microsoft Visual Studio. Net 开发工具、VB. Net 编程语言编写 asp.net Web 客户端。DBMS 采用 SQL Server 2000 数据库，其功能组成如表 9-2 所示。

表 9-2 国际货运管理系统的功能

功能模块	功能组
登录页	登录页
航运企业管理	企业筹建、企业开业、企业变更、企业档案整理、企业年审
船舶运输管理	船舶新增、船舶变更、船舶档案管理、船舶年审
系统管理	角色维护、岗位维护、材料维护、材料设置、流程维护、管理事项维护、部门维护

9.2.3 船务管理信息系统

船舶代理是指船舶代理机构或代理人接受船舶所有人、船舶经营人、承运人或货主的委托，在授权范围内代表委托人办理与在港船舶有关的业务、提供有关的服务或完成与在港船舶有关的其他经济法律行为的代理行为。而接受委托人的授权，代表委托人办理与在港船舶有关的业务和提供有关的服务，并进行与在港船舶有关的其他经济法律行为的法人和公民，则是船舶代理人。

船舶代理人可以接受与船舶营运有关的任何人的委托，业务范围广泛。其既可以接受船舶公司的委托，代办班轮船舶的营运业务和不定期船舶的营运业务，也可以接受租船人的委托，代办其所委托的有关业务。由于船舶的营运方式不同，而且不同营运方式下的营运业务所涉及的当事人各不相同，各个当事人所委托代办的业务也有所不同。

船务管理是船舶代理业务的核心业务。

1. 船务管理作业流程

船务信息管理系统是对船舶的进出口申报、船舶委托方、船舶装卸货、船舶的各种动态、船舶基础资料及有关船舶的各种数据进行管理的综合信息管理系统。在实务操作中船务管理业务的作业流程如图 9-5 所示。

1) 船舶资料管理及委托方管理

（1）登记、管理委托方基本信息、资料；

（2）登记、管理船舶规范、船舶基本资料；

（3）登记预抵船舶的船名、航次、船舶所载货物信息、船舶委托方。

2) 委托确认

对委托单位的船务委托信息进行确认，可采用两种方式——E-mail 方式和 Fax 方式。

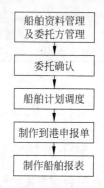

图 9-5 船务管理业务的作业流程

3) 船舶计划调度

船舶计划调度即登记需靠泊的船舶资料，如船舶基本航次信息、船员资料、备用金额等，并实时调度其当前船舶状态（预抵、锚地、靠泊、离港）。

4) 制作到港申报单

（1）根据靠泊船舶资料生成各种申报单据，如进出口申请书、货物申报单、船员申报单、船用物品申报单、危险品申报单等；

（2）向委托方生成并发送通知单，如到港电、靠泊电、船舶通知书等。

5) 制作船舶报表

（1）船舶动态表：根据当前船舶状态，按照锚地、靠泊等状态生成在港船舶动态报表。

（2）装卸货通知单：根据船名、航次向委托方发送装卸货通知，办理相关手续及作业。

2. 船务管理信息系统的开发与应用

下面以泛华讯船务信息管理系统为例介绍其开发与管理。该系统根据不同的用户级别，可以访问不同层次的菜单项；用户可以查看、删除、修改或添加新记录；对各种不同的数据进行查询、统计；报表菜单可打印各种需要的报表；管理菜单为管理信息系统提供了快捷明了的方式。如果在使用过程中遇到问题，可以通过系统的"帮助"功能得到恰当的帮助或提示。船务信息管理系统的功能组成如表9-3所示。

表9-3 船务管理信息系统的功能

功能模块	功能特点
文件模块	登录系统后，在文件菜单中通过鼠标进行选取、确认即可进行关闭窗口、打印设置、重新登录、退出等操作。
业务处理模块	围绕船务信息管理的各项业务，实现委托确认、委托方管理，登记船舶，登记航次/委托方/货物，制作申报单、船舶通知单、进出口计划报表、船舶计划调度表、确定靠泊点、离港点等。
报表模块	针对业务流程，生成各种报表，包括船舶动态表、装卸事实记录、装货准备就绪通知单、卸货准备就绪通知单等，并进行操作管理。
查询统计模块	提供各种查询统计的方法，包括船舶基础台账、按委托方查询代理船舶、按时间查询代理船舶、按时间/货类统计代理货量及查询等。
管理模块	提供用户管理、权限管理及基础代码管理等。

9.3 港口物流信息管理支持技术

9.3.1 电子数据交换技术

1. 电子数据交换的概念

在商业贸易活动中，每个贸易伙伴每天都要与供应商、生产商、批发商、零售商以及其他商业组织进行通信、交换数据，每天都会产生大量的纸张文献，包括订购单、发票、产品目录和销售报告等。纸张文献是商业贸易中至关重要的信息流。信息流一旦中断，供应链将流畅不通，从而导致重大的经济损失。

电子数据交换（EDI），按照统一规定的一套通用标准格式，将标准的经济信息，通过通信网络传输,在贸易伙伴的电子计算机系统之间进行数据交换和自动处理。由于使用EDI能有效地减少直到最终消除贸易过程中的纸面单证,因而EDI也被俗称为"无纸贸易"。以往世界每年花在制作文件上的费用达3 000亿美元,所以"无纸化贸易"被誉为一场"结构性的商业革命"。

国际标准化组织(ISO)将EDI定义为"将商业或行政事务处理按照一个公认的标准,形成结构化的事务处理或信息数据格式,实现从计算机到计算机的数据传输"。

EDI是信息进行交换和处理的网络化、智能化、自动化系统,是一种将远程通信、计算机及数据库三者有机结合在一个系统中,实现数据交换、数据资源共享的信息系统。这个系统也可以作为管理信息系统(MIS)和决策支持系统(DSS)的重要组成部分。

EDI是一种计算机应用技术,它可使商业伙伴们可以根据事先达成的协议,对经济信息按照一定的标准进行处理,并把这些格式化数据,通过计算机通信网络,在它们的电子计算机系统之间进行交换和自动处理。这是现代高科技和经济管理相结合的一个例子,它极大地改变了传统的贸易和管理手段,不仅使商业业务的操作方式根本改观,而且也影响了企业的行为和效率,使市场结构、国民经济的运行等都产生了根本性的变化。

EDI是一套报文通信工具,它利用计算机的数据处理与通信功能,将交易双方彼此往来的商业文档(如询价单或订货单等)转成标准格式,并通过通信网络传输给对方。

商业EDI最大的特点就是利用计算机与通信网络来完成标准格式的数据传输,不需要人为的数据重复输入。由于报文结构与报文含义有公共的标准,交易双方所往来的数据能够被对方的计算机系统识别与处理,因此EDI大幅度提高了数据传输与交易的效率。

2. 电子数据交换的构成及标准

构成EDI系统的三个要素是EDI数据标准化、EDI软件和硬件、通信网络。实现EDI需要相应的硬件和软件,EDI软件将用户数据库系统中的信息翻译成EDI的标准格式,以供传输和交换。通信网络是实现传输和交换的必要条件。同时EDI需要标准的数据格式。

1) EDI数据标准化

交易双方传递的文件是特定的格式,采用的是报文标准,因此文件结构、格式、语法规则等方面的标准化是实现EDI的关键。现在较通用的是采用联合国的UN/EDIPACT标准。

2) EDI软件和硬件

双方的计算机(或计算机系统)能发送、接收并处理符合约定标准的交易文件的数据信息。EDI不是简单地通过计算机网络传送标准数据文件,而是要求对接收和发送的文件进行自动识别和处理。因此,EDI的用户必须具有完善的计算机处理系统。从EDI的角度看,一个用户的计算机系统可以划分为两大部分:一部分是与EDI密切相关的EDI的子系统,包括报文处理、通信接口等功能;另一部分则是企业内部的计算机信息处理系统,一般被称为EDP(electronic data process)。

从技术的角度讲,EDP系统提供EDI系统交换的内容,EDP系统可以看做EDI系统的数据库手段,EDI系统可以看做EDP系统的通信手段。EDI系统要发送、接收的报文由 EDP 系统提交、处理。EDI 系统一般具备对 EDP 系统数据格式定义的功能；通过应用定义，通用的 EDI 系统可以适应不同的 EDP 系统。应用单位一般先开发内部的 EDP 系统，然后与其他单位间实现 EDI 连接，EDP 显然是 EDI 的前提；但对于那些原有信息应用不成熟的单位来说，为了与实现 EDI 的公司相连，可先开发一个简单的数据采集和通信系统，而后发展自己的 EDP 系统和 MIS 系统。

3）通信网络

为了实现信息传输，必须有一个覆盖面广、高效安全的数据通信网作为基本技术支撑环境。由于 EDI 传输的是具有标准格式的商业或行政有价文件信息，因此 EDI 除了要求通信网络具有一般的数据传输和交换功能之外，还必须具有格式校验、确认、跟踪、电子签名、文件归档等一系列安全保密功能，并且在用户间出现法律纠纷时，能够提供证据。

实现 EDI 通信主要有以下三种方式：①早期采用的点对点方式（PTP）；②利用已有的通信设备采用的增值网方式（VAN）；③国际间电子邮件服务系统方式（MHS），目前国际上主要采用这种信息处理系统。

一般地说，EDI 系统遵从四个方面的规定：关于信息传送方式的规定，关于信息表示方式的规定，关于系统动作操作的规定和关于全球交易业务的规定。这些规定被称为议定书，是利用 EDI 系统的各方达成的共识，对这四个方面涉及的内容进行标准化工作。其中最重要的标准化是信息传送方式的标准化和信息表示方式的标准化。信息传送方式标准化是指为了在不同的计算机之间传送信息，对通信线路的类型以及传送控制方式等方面进行决策，具体的内容包括通信速度、数据格式、数据长度、检查方法等方面的标准化，还包括应用系统界面与数据格式之间相互转换方式的标准化。信息表示方式的标准化是指对应 EDI 网络传送的业务类型，确定对该业务信息内容的表示方式并使之标准化，具体内容包括数据代码、信息的格式等方面的标准化。

3. 港口物流应用 EDI 的必要性

1）与国际接轨的必然选择

现代化港口，应顺应国际港口发展趋势，与国际港口运作惯例线接轨。20 世纪 90 年代以来，许多国家和地区纷纷应用 EDI 办理海关手续，其中一些国家甚至对不采用这种方式报关的船舶进行惩罚。由此可见，EDI 的应用已直接影响到贸易与运输的展开，要参与国际竞争、建设现代化港口，必须加快 EDI 技术的发展。

2）推动港口向物流中心发展的必要条件

现今，国际贸易正从货物贸易向服务贸易和信息技术及其产品贸易等领域延伸，以网络技术为基础的电子商务已成为国际贸易的重要方式。航运企业为了向货主提供方便快捷的信息服务、推动港口物流业的标准化和信息化，要利用 EDI 建立集装箱货物、航线与商务等信息服务中心及与主要港口、代理、货主及海关、银行、保险、商检部门之间的横向联系网络系统。

3）提高港口服务效率

目前，货物运输仍是大多数港口的主要业务。但我国的港口装卸效率没有得到充分利用，如码头设施没有得到充分利用，船舶在港口非生产性停泊时间长，严重影响了港航双方的利益，这与信息流通不畅有关。采用 EDI 技术后，港口则可建立一个包括港、航、货和有关部门的生产实时控制系统,港方可以通过现场传来的信息随时改变安排,船方可以及时提供各种电子文件,货方可以合理安排货物装船和疏运,加快办理各种通关手续,缩短货物在港滞留时间。

4. 电子数据交换在港口物流管理过程中的应用

现以宁波港 EDI 系统为例说明其在港口物流管理中的应用。

宁波港口 EDI 中心 1997 年 5 月投入运行,已逐步实现了宁波口岸船代、货代、理货、港务局、集装箱码头、内陆集疏运场站、海关、商检、卫检、动植物检、银行和保险等单位之间的电子数据交换,协议传输报文 150 余种(不包括各种回执),中心每月传输报文 40 000 余个,数据通信量计 385 兆(百万)字节,完成了船期信息查询及口岸范围内集装箱动态信息查询等增值服务,尤其在集装箱码头应用、码头与海关配合实施物流监控方面、码头与船公司配合作业方面,都取得了显著的成绩。宁波港口物流 EDI 的发展趋势如下。

1) 进行信息处理,提供增值信息

宁波港口 EDI 中心实现了源信息的传输即 23 种电子报文传输,并一定程度上实现了对源信息进行归纳整理,去除冗余,并按一定的逻辑结构,对信息进行重新组织即 EDI 元信息。以集装箱海关放行信息查询为例,EDI 用户只要输入海关放行号、集装箱号、英文船名/航次/航向三者任意一个信息,就可查询到如下信息:放行时间、集装箱号、船舶 UN 代码、英文船名、航次、航向、海关放行号、码头/堆场。

宁波港口 EDI 中心下一步的目标是实现二次信息转换,即在实现一次信息转换即 EDI 源信息向 EDI 元信息转换的基础上,利用一定的决策分析技术,对 EDI 元信息进行加工处理,从中提炼出与 EDI 源信息不同的、支持 EDI 用户进行决策使用的增值信息。

2) 实现 Internet EDI

目前,宁波港口物流 EDI 的运作模式仍基于中心的概念,即通常建立一个区域性的 EDI 中心,同时建立一个 VAN 网络,用户以会员方式加入到 EDI 中心,购买 EDI 中心的服务,缴纳基本费用(注册费、信息服务费、传输费、邮箱管理费)和增值服务费(报文转换费、港航信息查询、存证服务费及其他特殊服务费)。

这种基于 VAN 技术的 EDI 应用系统,需入网用户对报文格式与数据结构进行变更,以计算机可读的方式将订单、发票、提货单、海关申报单、进出口许可证等往来的信息的标准化的文件,按照协议通过网络传送。因此,应用的系统需要同商业伙伴达成一致意见,然后改造现有的系统,购买(或开发)相应的转换软件、VAN 服务。这对中小企业来说难以轻易实现,因此,用廉价的 Internet 代替昂贵的 VAN 进行电子数据交换,即 Internet 和 EDI 的联系。基于 Internet 的 EDI 成为新一代的 EDI,也是宁波港口物流 EDI 技术应用趋势。

9.3.2 地理信息系统技术

地理信息系统(geographical information system,GIS)是 20 世纪 60 年代开始迅速发展起来的地理学研究新成果,是多学科交叉的产物,它以地理空间数据为基础,采用地理模型分析方法,适时地提供多种空间的和动态的地理信息,是一种为地理研究和地理决策服务的计算机技术系统。地理信息系统技术作为一种空间信息处理与分析技术,是在信息空间中构建与现实对应的虚拟地理信息空间并在管理决策中应用的核心信息技术,已经成功地应用于高质量制图、资源处理、环境分析、交通管理等方面,具有广阔的应用前景。

1. 地理信息系统及其特征

地理信息系统是融计算机图形学和数据库于一体的、用来存储和处理空间信息的高新技术。它把地理位置和相关属性有机地结合起来,根据用户的需要将空间信息及其属性信息准确真实、图文并茂地输出给用户,以满足城市建设、企业管理、居民生活对空间信息的要求,使它们借助其独有的空间分析功能和可视化表达功能,进行各种辅助决策。其核心是管理、计算、分析地理坐标位置信息及相关位置上属性信息的数据库系统。它表达的是空间位置及所有与位置相关的信息,其信息的基本表达形式是各种二维或三维电子地图。

因此,GIS可定义为"用于采集、模拟、处理、检索、分析和表达地理空间数据的计算机信息系统"。地理信息系统是在计算机硬、软件系统支持下,对整个或部分地球表层(包括大气层)空间中的有关地理分布数据进行采集、储存、管理、运算、分析、显示和描述的技术系统。地理信息系统处理、管理的对象是多种地理空间实体数据及其关系,包括空间定位数据、图形数据、遥感图像数据、属性数据等,用于分析和处理在一定地理区域内分布的各种现象和过程,解决复杂的规划、决策和管理问题。

地理信息系统是一种特定的十分重要的空间信息系统。

在全球协作的商业时代,85%以上的企业决策数据与空间位置相关,例如客户的分布、市场的地域分布、跨国生产与跨国销售、原料运输等。GIS能够帮助人们将在电子表格和数据库中无法看到的数据之间的模式和发展趋势以图形的形式直观地表现出来,进行空间可视化分析,实现数据可视化、地理分析与主流商业应用的有机集成,从而满足企业决策多维化的需求。GIS可以将抽象的数据表格变为清晰简明的直观地图,帮助企业进行商业选址、确定潜在市场的分布、销售和服务范围,寻找商业地域分布规律、时空变化的趋势和轨迹;此外,还可以优化运输线路,进行资产管理和资源优化调度。

GIS最明显的吸引力是它可以通过地图来表现数据。这是通过把空间要素和相应的属性信息关联起来来实现的。在GIS中,空间信息和属性信息是不可分割的整体,它们分别描述地理实体的不同特征,因而GIS能够支持传统的关系数据库所不能支持的空间查询和空间分析功能,它们是制定规划和决策的基础。

地理信息系统是以地理空间数据为基础,利用地理模型分析方法适时提供空间和动态的地理信息,为地理研究和地理决策服务的计算机系统。GIS具有以下三个方面的特征。

(1) 可用于采集、管理、分析处理和输出多种地理空间信息,具有空间性和动态性。

(2) 以地学研究和地理决策为目的,以地学空间模型分析为手段,具有区域宏观分析、多要素综合处理和动态预测能力,可用于产生高层次的地理决策信息。

(3) 由计算机系统支持进行地学空间数据管理,并由计算机程序模拟地理专家思维方法,作用于地学空间数据,产生规划决策信息,用以完成人力难以完成的工作。计算机系统的支持是GIS的重要特征,使GIS得以快速、准确、综合地对复杂的地理信息进行空间定位和过程动态模拟。

地理信息系统的外观表现为计算机软、硬件系统,其内涵却是由计算机程序和地理数据组织而成的地理空间信息模型,是一个在逻辑上缩小的、高度信息化的计算机系统。GIS 可用于从视觉、计量和逻辑方面对地学系统进行模拟,地理信息的流动及其结果都可由计算机程序运行和数据变换来仿真。地理专家可在 GIS 支持下提取地理系统各个侧面、不同层次的空间和时间特性,也可快速地模拟自然过程的演变或地学专家思维过程的演绎,从而获得地理预测或实验的结果、选择优化方案、避免错误的决策带来的损失。

2. 地理信息系统的功能

目前,不同 GIS 平台的功能不尽相同,下面以国产 GIS 软件 MAPGIS 的功能为例来说明 GIS 的功能。

(1) 数据输入。MAPGIS 提供了多种数据输入方式,如扫描矢量化输入、数字化仪输入、全站仪输入、GPS 输入以及其他格式数据的转换输入等。

(2) 数据处理。MAPGIS 通过图形编辑、投影变换、误差校正和地图符号设计等模块来完成对数据的处理。

(3) MAPGIS 数据库管理。它包括地图库管理子系统、属性库管理子系统,系统具有影像图库管理功能,能实现 10 倍以上高压缩比的图像压缩存储功能,具有分块存储管理、调度、快速定位功能等。

(4) 空间分析。它包括矢量空间分析、数字高程模型(DTM)、网络分析、图像分析、电子沙盘五个子系统。

(5) 数据的输出。MAPGIS 的数据输出可通过输出子系统、电子表定义输出系统来实现文本、图形、图像、报表等的输出。

(6) 数据转换。MAPGIS 平台可提供强大的数据转换功能,以达到跨平台的数据共享。输入/输出交换接口提供将多种数据文件转换成该系统内部矢量文件结构,同时能够实现反向转换。

(7) 图像处理。图像处理模块包括图像分析、镶嵌配准、电子沙盘系统等功能子系统。

总之,GIS 的基本功能是将表格型数据(无论它来自数据库、电子表格文件还是直接在程序中输入)转换为地理图形显示,然后对显示结果进行浏览、操作和分析。其显示范围可以从洲际地图到非常详细的街区地图,显示对象包括人口、销售情况、运输线路以及其他内容。

3. 地理信息系统在港口物流信息系统中的应用

随着世界经济一体化进程的加速,传统的港区管理模式显然不能满足经济快速发展的需要,港口的信息化管理与国际接轨的要求越来越紧迫。GIS 技术作为融合计算机图形和数据库于一体,用来存储和处理空间信息的高新技术,正是推进港口现代化管理的必要手段。

1) GIS 在港口应用的优势

GIS 在港口应用的优势如下。

(1) GIS 的核心功能是空间分析,也是 GIS 区别于其他信息系统的主要标志。GIS 凭其强大的空间分析能力,在规划、选址等重大决策时,能够提供最直观的辅助信息。同时在港口联合运输物流管理中,GIS 系统能够提供合理的运输方式与路线的比较方案,并可模拟运输过程。

(2) GIS 管理注重经济因素和环境因素。港口以往的管理方式,把港口项目建设的质量、工期、成本作为管理重点。而 GIS 将会更加注重区位机遇与港口发展的作用,将以有形的经济地理地图,分析港口的规划与长远发展;同时更加注重港口建设与周边环境的影响,注重可持续的发展。

(3) GIS 可以进行高效的日常事务性管理与快速的突发性应急管理。GIS 可依靠完善的整体交通体系和现代化的科学管理模式,使运输车辆快速进出港口,减少拥堵,实现零等待;当发生突发事件时,提供快速的辅助信息和辅助决策方案。

2)国内各港口对 GIS 的应用

目前,国内各港口已有不同程度的 GlS 应用,大体可分为以下几类。

(1) 港口地形图管理系统。地形图为用户提供道路、港池、航道、房屋、高程等基础数据,对综合管线数据和其他设施数据的定位和规划设计起着重要的作用。

港口地形图管理系统一般提供对背景地图的管理与维护,包括地形图数据输入、编辑、地形图分幅、图幅拼接、多种形式的地形图查询和输出等功能。

(2) 港口基础设施信息系统。港口基础设施一般包括码头、水工设施、房屋、堆场、仓库、铁路、公路、给排水、油运设施、皮带等。它们分布在港口的不同空间位置,且具有不同的属性,对应不同时间,还有不同的档案资料。港口设施资料管理范围的大小和管理水平的高低,直接影响着货物的流通速度。做好科学管理,实现快速维修,使设施处于良好的使用状况,保证物资的顺利流通是港口设施管理部门的首要任务。而 GIS 所特有的对空间数据和属性数据进行集成处理、管理和查询的功能是实现港口设施科学化管理的有效工具。

(3) 综合管线信息系统。港口经过长期建设,在地面和地下立体交叉网状地分布着各种输送管线,如给水、排水、消防、供电、采暖、通信、输油、天然气、输煤廊道等。这些管线是一个纵横交错的巨大网络,具有十分复杂的空间和非空间属性,在港口的规划建设与管理以及预防灾害中具有重要的使用价值。

一个较全面的港口综合管线信息系统应具有各种管线数据的采集、快速查询、分析、统计、规划设计和制图输出等功能,能为规划管理部门提供必要的信息服务和辅助决策信息。

(4) 港区房地产系统。港区房地产系统主要提供对港区内房产、地产的信息化管理功能,随时查询港区土地利用的现状、历史变更等情况,为规划建设等部门服务。

① 多途径属性查询。如按地名、属性、公司名称、用途、使用年代及用户自定义等查询地块信息。

② 多形式的空间信息查询。这包括地块的面积查询,地块的边界坐标查询和提取,对地块的出租、回收、买进、卖出、填海造田新增土地实施动态管理,实现房产的建筑面积、性质、功能等统计分析。

(5) 地质信息管理系统。港口在各项工程建设的过程中都曾进行了大量的工程地质勘察和现场测试,积累了丰富的地质资料。但这些地质资料的勘察和管理都是以工程项目为核心进行组织的,一般只服务于某独立的工程项目,分散在港务局档案室和各基层公司及工程建设单位,这无疑造成了巨大的资源浪费。

建立港口地质信息管理系统的主要目的是将这些已有的地质资料有效地组织起来,进行统一的管理,使它们为整个港区的规划和建设服务。

(6) 港口海底地形分析系统。GIS 的地形分析功能在港口分析中的应用是通过建立港口海底数字高程模型来实现的,利用对港口海域的多次海底地形测量资料,结合海底沉积物分析结果,应用数字地形模型技术对海底冲淤变化的强度和范围进行分析,可以模拟航道和港域的水深情况,为港口建设提供可靠依据。

另外,将海底数字高程模型、电子海图和 GPS 相结合可以开发船只航运的动态监控、导航、引航等应用系统。

(7) 利用 GIS 进行电子物流管理。所谓"电子物流",就是应用现代信息技术,对物流整个过程中的结构化信息流进行全面的运筹规划、优化、协调、监控和管理。应用"电子物流"将深刻改变物流现状、大大促进和提升物流水平,对于以物资流通为主要任务的港口来说,更具有重要意义。

当前,GIS 在港口管理和建设中除以上几点具体应用外,还有其他的许多应用。如环保部门建立港口环境检测系统,可对港口水污染物的排放总量进行控制分析;用虚拟现实技术和 Web GIS 技术建立数字化港口,可以在各种位置以各种视角对港口地物和设施进行动态观察和信息查询等。

目前,随着计算机网络的普及和 GIS 技术的成熟,GIS 正逐渐渗透到港口管理的各个部门和各个环节,促进了港口现代化管理和建设的进程。不管是建立某部门专用的 GIS,还是建立为多个部门服务的基础型 GIS,GIS 的开发和建设始终是一项复杂、艰巨的工程,涉及大量的财力、人力、物力的投入。为此,应本着总体设计、长远考虑、面向应用、近期见效的指导思想,选择适用的 GIS 平台和开发模式。在系统建设期间,开发人员要与应用部门紧密结合,以解决实际问题为主,强调系统的实用性、可扩展性,充分发挥 GIS 的技术优势。

9.3.3 全球定位系统技术

全球定位系统(global positioning system,GPS)是由美国国防部组织研制和实施的第 2 代卫星导航系统,实现了全球、全天候、连续的实时导航定位。全球导航系统集当代先进的空间、通信、微电子、精密时间和计算机技术于一体,其影响已经渗透到社会的各个领域,应用前景十分广阔。目前,GPS 已成为国际通行的用于监控车辆的有效设备。近年来,我国的 GPS 应用发展势头迅猛,短短几年,已从少数科研单位和军用部门迅速扩展到各个民用领域。

GPS 属于全球卫星导航系统之一,与俄罗斯的格洛纳斯卫星定位系统、中国的北斗卫星导航系统(CNSS)和欧盟伽利略导航系统等卫星导航系统并称当前全球四大卫星导航系统。由于当前 GPS 较为成熟并应用较广,这里介绍 GPS。需要说明的是,我国的北斗系统正日益成熟,关于中国北斗卫星导航系统的整体介绍与进展情况请参阅本章阅读材料。

1. 全球卫星定位系统的定义

全球卫星定位系统是利用分布在约 2 万千米高空的多颗卫星对地面目标的状况进行精确测定以进行定位、导航的系统，主要用于船舶和飞机导航、对地面目标的精确定时和精密定位、地面及空中交通管制、空间与地面灾害监测等。

GPS 车载定位系统是以计算机快速处理信息为基础，接收和处理用户信息，查询 GIS 数据库，并显示车辆在电子地图上的精确位置；利用这些信息选择路径或者在总控端对车辆进行监控调度。这套系统主要由控制中心和车载单元构成。

控制中心主要由 GPS 接收机、数据处理系统控制 PC、数据传输系统单元（可以选择不同的传输方式，如无线电台、SMSIGPRS）和显示单元构成。其中最重要的部分是数据处理系统控制 PC，它负责 GPS 信息的实时处理，在地图上显示精确位置、发送调度命令、响应下端用户的查询。车载单元由 GPS 接收机、信号处理微控制器、显示屏、查询呼叫单元构成，实现实时接收调度信号、查询车辆具体位置、选择路径等功能。

车载定位监控系统在国外已经得到了高速发展，在各个领域都有了很好的应用模型。在我国，这项技术从无到有仅几年时间，虽然发展迅速，但 80% 的应用集中在车载定位上，在其他领域的应用还有待进一步发展。

2. 全球卫星定位系统的组成和功能

1）全球卫星定位系统的组成

GPS 系统由空间卫星、地面控制和用户设备三部分组成。①空间卫星部分：GPS 系统在空间由 24 颗卫星组成，它们均匀分布在六个倾角为 55°的轨道面上，其中 3 颗为有源在轨备用卫星。②地面控制部分：包括一个主控站、三个注入站和五个监测站。每个监测站有一台用户接收机，其主要任务是对每颗卫星进行连续不断的观测，并将数据定时提供给主控站，经主控站编辑成导航电文再传到注入站。③用户设备：用户接收机，是接收导航定位信息的关键设备，分为导航型和测地型。导航型较测地型结构简单、体积小、价格便宜。在一般应用场合，考虑成本问题时多采用导航型。用户设备主要由天线和接收单元组成。其功能是将接收到的信号进行处理以实现对用户信号的跟踪、锁定和测量。GIS 以地理空间数据库为基础，在计算机软件的支持下，对空间相关数据进行采集、管理、操作、分析、模拟和显示，适时地提供动态信息，简言之就是一个电子地图的查询系统。它与 GPS 定位信息相结合就可以很好地完成车载定位的任务。

GPS 定位接收机目前达到的性能已能较好地满足大多数普通 GPS 定位管理系统的各方面要求。大多数厂家提供的产品都具有定位性能好、产品性能稳定、体积小、耗电省、使用方便等优良性能。由于计算机和多媒体技术的迅速发展，普通的计算机就可以完全满足绝大多数控制中心对中心处理机的技术要求，网络技术使监控中心与分监控中心的联系毫无困难，GPS 系统和大屏幕显示等方面的技术和设备也能令人满意地工作。

2）全球卫星定位系统的功能。

由于网络 GPS 融合了目前国际上最先进的信息技术和各类高科技成果，因此安装了网络 GPS 的车辆将会实现许多功能。

（1）实时监控功能。用户能够在任意时刻发出指令查询运输车辆所在的地理位置（经度、纬度、速度等信息），并使其在电子地图上直观地显示出来；车辆出车后就可立即掌握其行踪。若有不正常的偏离、停滞与超速等异常现象发生，网络 GPS 工作站显示屏能立即显示并发出警告信号，并可迅速查询纠正，避免危及人、车、货安全的情况发生；货主可登录查询货物运送状况，实时了解货物的动态信息，真正做到让客户放心；由于长途运输信息闭塞、渠道狭窄，其回程配货成了最大的困扰。而 GPS 监控系统正是建立在互联网这一开放式公共平台上的，可以提前在线预告车辆的实时信息及精确的抵达时间，根据具体情况合理安排回程配货工作。

（2）双向通信功能。GPS 的用户可使用 GSM 的语音功能与司机进行通话或使用安装在车辆上的移动设备的汉字液晶显示终端进行汉字消息收发对话。

（3）动态调度功能。调度人员能在任意时刻通过调度中心发出文字调度指令，并得到确认信息，实现就近调度、动态调度、提前调度；可实时掌握车辆动态、发车时间、到货时间、卸货时间、返回时间等，以达到争取时间、节约运输成本的目的；科学调度，提高实载率，尽量减少空车时间和空车距离，充分利用运输车辆的运能。

（4）数据存储、分析功能。可利用 GPS 事先规划车辆的运行路线、运行区域、何时应该到达什么地方等，并将该信息记录在数据库中，以备以后查询、分析使用；收集、积累、分析数据，进一步优化路线。依据地理信息 GIS 可以制定更为合理的行车路线及整个运输过程中的燃料、维修、过（桥）等费用，确定更为精确的成本费用，制定更加合理的运费；依据数据库储存的信息，可随时调出每辆车以前的工作资料，并可根据各管理部门的不同要求制作各种不同形式的报表，使各管理部门能更快速、更准确地做出判断。

3. 全球卫星定位系统的应用

全球卫星定位系统的应用如下。

（1）用于汽车自定位、跟踪调度、陆地救援工作。车辆导航将成为未来全球卫星定位系统应用的主要领域之一。我国已有数十家公司在开发和销售车载导航系统。中远、中外运等大型国际物流服务企业均建立了装载有卫星定位系统的车队。

（2）用于内河及远洋船队最佳航程和安全航线的测定，航向的实时调度、监测及水上救援。在我国，全球卫星定位系统最先应用于远洋运输的船舶导航。我国跨世纪的三峡工程也已利用全球卫星定位系统来改善航运条件、提高航运能力。

（3）用于空中交通管理、精密进场着陆、航路导航和监视。国际民航组织提出，21 世纪将用未来导航系统（future air navigation system，FANS）取代现行航行系统，它是一个以卫星技术为基础的航空通信、导航、监视和空中交通管理系统，它利用全球导航卫星系统（global navigation satellite system，GNSS）实现飞机航路、终端和进场导航。

（4）用于铁路运输管理。我国铁路开发的基于 GPS 的计算机管理信息系统，可以通过 GPS 和计算机网络实时收集全路列车、机车、车辆、集装箱及所运货物的动态信息，可实现列车、货物追踪管理。只要知道货车的车种、车型、车号，就可以立即从近 10 万千米的铁路网上流动着的几十万辆货车中找到该货车，还能得知这辆货车现在何处运行或停在何处，以及所有的车载货物发货信息。铁路部门运用这项技术可大大提高其路网及其运营的透明度，为货主提供更高质量的服务。

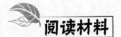

阅读材料

北斗卫星导航系统（CNSS）

1. CNSS 基本情况

北斗卫星导航系统（CNSS）是中国正在应用的自主研发、独立运行的全球卫星导航系统。与美国 GPS、俄罗斯格洛纳斯、欧盟伽利略系统并称全球四大卫星导航系统。

CNSS 由空间端、地面端和用户端三部分组成。空间端包括 5 颗静止轨道卫星和 30 颗非静止轨道卫星。地面端包括主控站、注入站和监测站等若干地面站。用户端由北斗用户终端以及与美国 GPS、俄罗斯格洛纳斯（Glonass）、欧盟伽利略（Galileo）等其他卫星导航系统兼容的终端组成。2011 年 12 月，中国计划"北斗"系统 2012 年前后将覆盖亚太地区，2020 年前后覆盖全球。自 2011 年 12 月 27 日起，该系统开始向中国及周边地区提供连续的导航定位和授时服务。

CNSS 致力于向全球用户提供高质量的定位、导航和授时服务，包括开放服务和授权服务两种方式。开放服务是向全球免费提供定位、测速和授时服务，定位精度 10 米，测速精度 0.2 米/秒，授时精度 10 纳秒。授权服务是为有高精度、高可靠卫星导航需求的用户，提供定位、测速、授时和通信服务以及系统完好性信息。

我国正在实施北斗卫星导航系统建设工程，已成功发射 13 颗北斗导航卫星。

2. CNSS 应用领域

1）军用领域

北斗卫星导航系统的军事用途与 GPS 的类似，如：飞机、导弹、水面舰艇和潜艇的定位导航；弹道导弹机动发射车、自行火炮与多管火箭发射车等武器载具发射位置的快速定位，以缩短反应时间；人员搜救、水上排雷定位等。

该系统用在军事上，意味着可主动进行各级部队的定位。也就是说大陆各级部队一旦配备北斗卫星导航定位系统，除了可供自身定位导航外，也可使高层指挥部随时掌握部队位置，并传递相关命令，对任务的执行有相当大的益处。换言之，大陆可利用北斗卫星导航定位系统执行部队指挥与管制及战场管理任务。

2）民用领域

北斗卫星导航系统在民用领域的应用如下。

（1）个人位置服务。当进入不熟悉的地方时，你可以使用装有北斗卫星导航接收芯片的手机或车载卫星导航装置找到要走的路线。

（2）道路交通管理。卫星导航将有利于缓解交通阻塞压力、提升道路交通管理水平。通过在车辆上安装卫星导航接收机和数据发射机，车辆的位置信息就能在几秒钟内自动转发到中心站。这些位置信息可用于道路交通管理。

（3）铁路智能交通。卫星导航将促进传统运输方式实现升级与转型。例如，在铁路运输领域，安装卫星导航终端设备，可极大缩短列车行驶间隔时间、降低运输成本、有效提高运输效率。未来，北斗卫星导航系统将提供高可靠、高精度的定位、测速、授时服务，促进铁路交通的现代化，实现传统调度向智能交通管理的转型。

（4）海运和水运。海运和水运是全世界最广泛的运输方式之一，也是卫星导航最早应用的领域之一。目前在世界各大洋和江河湖泊行驶的各类船舶大多都安装了卫星导航终端设备，这使海上和水路运输更为高效和安全。北斗卫星导航系统将在任何天气条件下，为水上航行船舶提供导航定位和安全保障服务。同时，北斗卫星导航系统特有的短报文通信功能将支持各种新型服务的开发。

（5）气象应用。北斗导航卫星气象应用的开展，可以促进我国天气分析和数值天气预报、气候变化监测和预测，也可以提高空间天气预警业务水平、提升我国气象防灾减灾的能力。除此之外，北斗导航卫星系统的气象应用对推动北斗导航卫星创新应用和产业拓展也具有重要的影响。

（6）航空运输。当飞机在机场跑道着陆时，最基本的要求是确保飞机相互间的安全距离。利用卫星导航系统精确定位与测速的优势，可实时确定飞机的瞬时位置，有效缩小飞机之间的安全距离，甚至可以在大雾天气情况下，实现自动盲降，极大提高飞行安全性和机场运营效率。将北斗卫星导航系统与其他系统有效结合，将为航空运输提供更多的安全保障。

（7）应急救援。卫星导航已广泛用于沙漠、山区、海洋等人烟稀少地区的搜索救援工作。在发生地震、洪灾等重大灾害时，救援成功的关键在于及时了解灾情并迅速到达救援地点。北斗卫星导航系统除导航定位外，还具备短报文通信功能，通过卫星导航终端设备可及时报告所处位置和受灾情况，有效缩短救援搜寻时间、增强抢险救灾时效，大大减少人民生命财产损失。

3. CNSS 基本指标

1）覆盖范围

北斗卫星导航系统是覆盖中国本土的区域导航系统，覆盖范围为东经 70°~140°，北纬 5°~55°。GPS 是覆盖全球的全天候导航系统，能够确保地球上任何地点、任何时间能同时观测到 6~9 颗（实际上最多能观测到 11 颗）卫星。

2）轨道

北斗卫星导航系统是在地球赤道平面上设置两颗地球同步卫星，卫星的赤道角距约 60°。GPS 是在 6 个轨道平面上设置 24 颗卫星，轨道赤道倾角 55°，轨道面赤道角距 60°。GPS 导航卫星轨道为准同步轨道，绕地球一周用 11 小时 58 分。

3）定位精度

北斗卫星导航系统三维定位精度约几十米，授时精度约 100ns。GPS 三维定位精度 P 码目前已由 16m 提高到 6m，C/A 码目前已由 25~100m 提高到 12m，授时精度目前约 20ns。

4）用户容量

北斗卫星导航系统由于是主动双向测距的询问-应答系统，用户设备与地球同步卫星之间不仅要接收地面中心控制系统的询问信号，还要求发射应答信号。这样，系统的用户容量取决于用户允许的信道阻塞率、询问信号速率和用户的响应频率。因此，北斗卫星导航系统的用户设备容量是有限的。GPS 是单向测距系统，用户设备只要接收导航卫星发出的导航电文即可进行测距定位，因此 GPS 的用户设备容量是无限的。

5) 终端配套

2011年12月27日,国家正式宣布北斗卫星导航系统试运行启动,标志着我国自主卫星导航产业发展进入崭新的发展阶段。其中,卫星导航专用ASIC硬件结合国产应用处理器的方案,成为北斗卫星导航定位芯片的一项重大突破。该处理器由我国本土IC设计公司研发,我国对其具有完全自主知识产权并已实现规模应用,一举打破了电子终端产品行业普遍采用国外处理器的局面。

卫星导航终端中采用的导航基带及射频芯片,是技术含量及附加值最高的环节,直接影响到整个产业的发展。在导航基带中,一般通过导航专用ASIC硬件电路结合应用处理器的方案来实现。此前的应用处理器多选用国外公司ARM处理器芯片核,在需向国外支付IP核使用许可费用的同时,还在技术上受制于人,无法彻底解决产业安全及保密安全问题。

而通过设立重大专项应用推广与产业化项目等方式,北斗多模导航基带及射频芯片国产化现已实现。尤其值得一提的是,中国人自己的应用处理器也在北斗多模导航芯片中得到了规模应用。

据悉,在目前的BD/GPS多模基带芯片解决方案中,卫星导航专用ASIC硬件结合国产应用处理器打造出了一颗真正意义的"中国芯"。该应用处理器为国内完全自主开发的CPU/DSP核,包括指令集、编译器等软件工具链以及所有关键技术,均拥有100%的中国自主知识产权。其拥有国际领先水平的多线程处理器架构,可共享很多硬件资源,并在提供相当于多核处理器处理能力的同时,节省芯片成本。

而基于该国产处理器卫星导航芯片方案的模块,是目前全球体积最小的BD/GPS双模模块,具有定位精度高、启动时间快及功耗低等特点。

4. CNSS建设背景

CNSS建设计划的正式启动源于欧盟伽利略定位系统。欧盟自2002年起决定以伽利略定位系统来打破美国的全球定位系统(GPS)在民用导航领域的垄断局面,并于次年邀请中国加入伽利略计划,让中国成为第一个非欧盟的参与国。根据中欧双方合作协议,中方承诺投入2.3亿欧元的巨额资金。但进入2005年,德国总理默克尔及法国总统萨科奇等亲美政治人物上台,美国同意在技术上支持伽利略的开发,随后欧盟排挤中国。投入巨额资金,中国进不到伽利略计划的决策机构,在技术合作开发上也被欧洲航天局故意设置障碍。中国遂开始把注意力转移到沉寂数年的北斗卫星定位导航系统上。中国2006年11月对外宣布,将开发自己的全球卫星导航和定位系统,到2007年年底,覆盖全球的北斗二号系统计划浮出水面。但直至2008年,欧盟伽利略系统的第二颗试验卫星才升空,比最初计划推迟整整五年。

此外,北斗卫星导航定位系统技术上比伽利略更先进,定位精度甚至达到0.5公尺级。但由于北斗卫星导航定位系统的频道与伽利略计划重叠,引发欧盟官员抗议。按照国际电信联盟通用的程序,中国已经向该组织通报了准备使用的卫星发射频率,这一频率正好是伽利略系统准备用于公共管理服务的频率。中国航空技术专家指出,按照"先用先赢"的国际法原则,中国和欧盟成了此频率的竞争者。

然而,中国已在2009年发射三颗北斗二代卫星,正式启用该频率。而欧盟连预定的三颗实验卫星都没射齐,注定在这场出乎意料的竞赛中败下阵来,从而失去对频率的所有权。

2011年12月27日,国务院新闻办公室举行"北斗卫星导航系统试运行情况"新闻发布会,会上北斗卫星导航系统新闻发言人、中国卫星导航系统管理办公室主任冉承其宣布,北斗卫星导航系统在保留北斗卫星导航试验系统有源导航定位和短报文通信服务的同时,从2011年12月27日开始,向中国及周边地区提供连续的无源导航、定位和授时服务。

连云港港口信息化案例

连云港港口位于太平洋西海岸、中国黄海之滨,与韩国、日本等国家主要港口相距在500海里的近洋扇面内,现为江苏最大海港、苏北和中西部最经济便捷出海口、新亚欧大陆桥东桥头堡,是我国沿海主枢纽港和能源外运的重要口岸之一,以腹地内集装箱运输为主并承担亚欧大陆间国际集装箱水陆联运的重要中转港口,集商贸、仓储、保税、信息等服务于一体的综合性大型沿海商港。

谈到港口信息化建设的背景,连云港港口集团通信信息工程公司总经理助理王兴好说:"随着经济的全球化和信息的国际化,信息技术逐渐成为了企业改进作业流程、降低成本、提高竞争力的强有力手段。我们港口在装卸运输快速发展的形势下,也深切感受到了传统的运作模式越来越难以适应港口发展的需要。"于是,"以信息化推动管理现代化,以信息化推进产业升级"自然而然地成为了连云港港口发展的一项重点工作。

连云港港口信息化建设起步于1982年,以生产系统为重点不断拓展计算机应用的范围和深度,逐步构建了完整的集成化的港口业务信息系统;以办公自动化应用及网站信息发布为突破口来加快实现港口管理领域的信息化;总体规划、分步实施逐步推出若干应用系统,使连云港港口的信息化达到了全国沿海港口前列的水平。然而在这些成绩的背后,同样夹杂着很多得与失的故事,值得我们去深思和借鉴。

"港口的信息化建设也算是一波三折,我们起步比较早,虽然走的弯路比较少,但中间也一度走走停停。比如20世纪90年代末港口的效益不是特别好,我们在信息化建设方面的资金投入也就力不从心。即使有的项目资金到位了,上了之后的效果又不是特别理想。"王兴好深有感触地说。

"我觉得信息化每个项目最大的风险还是在应用上,第一是员工思想观念转变不过来,第二是员工IT技能跟不上,这是两个非常大的瓶颈。"王经理说。比如他们当时自主开发了一套煤炭公司业务管理系统,这套覆盖整个煤炭公司的系统包括堆场管理、计费管理等众多模块。但是这些系统上了之后使用的实际效果并不是太好,和预期要达到的效果相差很大。"分析主要原因,仍然是人员IT素质跟不上,思想观念转变不过来。这些因素在前期的评估中我们也考虑到了,但是我们估计不足。"王经理说。在这种情况下,整个系统运行了一年之后就被迫中止了使用。

"为了突破这些瓶颈我们也采取了很多的措施,比如向员工宣传信息化的思想、加大员工信息化方面的培训力度、要求员工必须达到与其岗位相适应的计算机应用水平等,也收到了明显的效果。"王经理说。信息化建设中不可能每一个信息系统都会成功,关键是不成功之后应该痛定思痛、汲取教训,找出失败的原因,为以后的信息系统项目少走弯路保驾护航。

"我们进行信息化建设和改造的目标就是提高港口的作业效率,有的系统可能直接产生经济效益,有的是通过间接的方式产生经济效益,但是归根结底,其经济效益都是能看到的。"王经理说。

"我们做的绝大部分信息系统在应用上都收到了很好的效果,也带来了很大的经济效益。再比如给我印象最深的集装箱码头业务管理系统、办公自动化系统和港口的船舶调度系统等都是很成功的。"王经理显得有点自豪。集装箱码头业务管理系统是在1996年由港口集团自己开发的,中间经过不断的完善和维护,一直使用到2004年才被新的管理系统替代,这套系统对集装箱码头的业务起到了非常大的作用。办公自动化系统软硬件投资120多万元,一年就能节约成本40多万元。

王经理着重强调了港口的船舶调度系统。船舶进港之前得先由船舶进港代理公司提出进港申请。在上这套管理系统之前,这种申请主要是通过传真或者对方人员到港口办理,"这种流程一是效率比较低,二是信息不准确。上了管理系统之后所有这方面信息的处理都在网上进行,通过我们提供的表格,对方直接录入信息,准确度非常高,时间也特别快。"王经理介绍说。另外,对方也可以从网上查询到自己的船只在港的状态,比如作业的完成度等。

"另外,为了方便口岸代理企业,我们还做了一些报检系统。以前,有的企业或者货主来港口看一次,来往的花销最少也得两三千元,一年下来的花费也是很大的。上了系统之后,有些业务不需要再到港口办理,这为企业和货主节约了资金和时间。"王经理说。同时,港口的效率也得到了提高,整个船舶作业时间缩短,总体上缩短了船舶的在港停留时间,比如一个码头原先一条船作业需要五个小时,现在从进港到出港整个过程可能只需要四个半小时,缩短了时间,间接增加了泊位的数量。"泊位的利用率提高了,经济效益也就随之而来。"信息化发挥了效力。"自2000年以来,我们港口的信息化建设与应用开始逐步加快速度,软硬件累计投资达到了4 000万元。"王经理说。其先后建成投入使用的大型信息系统主要有集装箱管理系统、散杂货公司调度与商务系统、港口货源信息系统、港口计划统计系统、港口物资管理系统、港口计件工资系统、港口机电设备管理系统、港口海关监管系统、港口主题数据库、港口信息门户网站、港口船舶调度系统以及轮驳公司与引航公司等衍生系统、港口边检业务网上受理系统、港口理货业务管理系统等二十余个系统。

王经理说:"这些系统已经基本成为港口集团各单位支撑业务运作的核心系统,也给连云港港口带来了实实在在的经济效益和社会效益。"除了自主研发部分信息系统之外,港口集团也引进了部分通用商品化软件产品,比如金蝶集团财务系统、金蝶集团办公自动化系统、金益康集团人力资源系统等。目前,这些商品化软件通过二次开发已经作为一个重要组成部分融入了连云江港港口信息体系中。

截至2004年,港口计算机网光缆总里程已达60余千米,覆盖了码头作业公司和主要口岸单位、主要货运代理单位。网内单位均可通过此光纤网络实现数据联网以及因特网宽带接入,初步具备了为口岸单位提供互联互通的条件。网内计算机站点数已达1 200个。为保证访问因特网的速度要求,目前港口拥有的电信、网通、联通多条100兆因特网光纤专线都在满负荷运转。开通了港口内部宽带网后,小型单位或集团员工既可以通过港内宽带上网,也可以访问局域网或运行内部信息系统,譬如港口OA系统以及内部邮件系统,网络应用范围大大拓展。港口信息系统和网络硬件平台的建成使用,切实保障了连云港港口生产和管理活动的正常高效进行。

随着经济的发展和信息化程度的不断提高,港口功能进一步提升,实现吞吐量4 352万吨、集装箱运量50.2万标箱;以港口为中心的区域性国际物流中心建设全面展开,开通了连云港至日本、韩国、美西、地中海、欧洲一线和二线、中国沿海支线、内贸航线等多条集装箱航线,月航班密度已经突破150班。

2004年5月国家出台了支持重点行业信息化建设的政策。连云港港口综合信息平台项目投入建设。连云港港口综合信息平台主要建设两大平台共五个分系统:一是港口业务信息平台,包括港口业务管理信息系统和港口网络化视频监控系统两个分系统;二是港口电子商务平台,包括口岸物流信息平台、口岸电子数据交换平台(EDI)、港口电子商务应用系统三个分系统。连云港港口信息平台的主要建设目标是:建成集成化、网络化的港口综合信息服务系统及决策支持系统;以互联网为基础,以港口生产业务信息为核心,建立起面向全球的物流信息服务网络。其具体如下。①港口业务流程基本实现电子化,集团内部信息化建设与应用水平大大提高,建立起完善的港口管理信息系统,建成网络化视频监控系统,使数据与场景信息有机融合,港口内部业务信息平台基本形成。②建立港口电子商务应用环境,使口岸具备实现商务活动电子化的能力,应用状况争取达到国内同行业领先水平;以港口内部信息系统为核心,使口岸数据交换的电子化得以规模化发展,口岸物流体系基本形成,进而整合连云港市及周边地区、陇海沿线省份的内外贸信息资源,逐步建立起一个良好的电子商务应用环境,形成面向全球的物流信息服务网络。

港口的物资采购管理系统引入之前基本上维持在1 500万元左右的库存,引入之后库存减少了将近8%。

物资综合管理系统信息化之后在报废品的处理、防止国有资产流失等方面估算挽回的经济损失每年达50万元,而整个系统只投入了40多万元。办公自动化系统软硬件投资120多万元,一年就能节约成本40多万元。

案例问题

分析连云港港口信息化建设的经验和港口信息化发展的趋势。

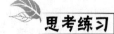
思考练习

1. 如何建设港口物流信息平台?
2. 货运代理信息管理系统的主要目标和功能有哪些?
3. EDI、GIS、GPS在港口物流中分别有哪些应用?

第 10 章 港口物流智能技术

☆ 教学要求

1. 了解人工智能的基本知识,认识人工智能专家系统结构与类型,理解人工智能专家系统工作流程与开发。

2. 了解多 Agent 协同运营系统及其应用,掌握其组织结构及运行原理。

3. 掌握港口码头群及其内在关系,理解并掌握港口码头群多 Agent 协同运营系统的构建程序与技术路线,理解并基本掌握港口码头群多 Agent 协同运营系统软件的开发设计原理。

10.1 人工智能

10.1.1 人工智能及其发展

1. 人工智能及其研究内容

人工智能(artificial intelligence,AI)是门研究、开发用于模拟、延伸和扩展人的智能的理论、方法、技术及应用系统的新的技术科学。

人工智能是计算机学科的一个分支,自 20 世纪 70 年代以来被称为世界三大尖端技术(空间技术、能源技术、人工智能)之一,也被认为是 21 世纪三大尖端技术(基因工程、纳米科学、人工智能)之一。这是因为近 30 年来它获得了迅速的发展,在很多学科领域都获得了广泛应用,并取得了丰硕的成果。人工智能已逐步成为一个独立的分支,无论在理论和实践上都已自成一个系统。

人工智能的研究内容包括知识表示、自动推理和搜索方法、机器学习和知识获取、知识处理系统、自然语言理解、计算机视觉、智能机器人、自动程序设计等方面。

人工智能研究的一个主要目标是使机器能够胜任一些通常需要人类智能才能完成的复杂工作。目前能够用来研究人工智能的主要物质手段以及能够实现人工智能技术的机器就是计算机,人工智能的发展历史是和计算机科学与技术的发展史联系在一起的。除了计算机科学以外,人工智能还涉及信息论、控制论、自动化、仿生学、生物学、心理学、数理逻辑、语言学、医学和哲学等多门学科。

2. 人工智能的发展

"人工智能"一词最初是在 1956 年 Dartmouth 学会上提出的。从那以后,研究者们发展了众多理论和原理,人工智能的概念也随之扩展。其发展主要经历了以下几个阶段。

第一阶段:20 世纪 50 年代人工智能的兴起和冷落。

第二阶段:60 年代末到 70 年代,专家系统出现,使人工智能出现新高潮。

第三阶段:80 年代,随着第五代计算机的研制,人工智能得到了很大发展。

第四阶段：80年代末,神经网络飞速发展。

第五阶段：90年代,人工智能出现新的研究高潮。

人工智能系统的开发和应用,已为人类创造出了可观的经济效益,专家系统就是一个例子。随着计算机系统价格的继续下降,人工智能技术必将得到更大的推广,产生更大的经济效益。

10.1.2 人工智能的实现与应用

1. 人工智能的实现方式

人工智能有两种不同的实现方式。

一种是采用传统的编程技术,使系统呈现智能的效果,而不考虑所用方法是否与人或动物机体所用的方法相同。这种方法叫工程学方法（engineering approach）,它已在一些领域内作出了成果,如文字识别、电脑下棋等。

另一种是模拟法（modeling approach）。模拟法不仅要看效果,还要求实现方法也和人类或生物机体所用的方法相同或相类似。例如遗传算法（generic algorithm, GA）和人工神经网络（artificial neural network, ANN）等就属于这一类型。遗传算法模拟人类或生物的遗传-进化机制,人工神经网络则是模拟人类或动物大脑中神经细胞的活动方式。

为了得到相同的智能效果,两种方式通常都可使用。采用前一种方法,需要人工详细规定程序逻辑,如果内容简单,采用这种方式比较方便。如果内容复杂,角色数量和活动空间增加,相应的逻辑程序就会很复杂（按指数式增长）,人工编程就非常烦琐,容易出错。而一旦出错,就必须修改原程序,重新编译、调试,最后为用户提供一个新的版本或补丁,非常麻烦。采用后一种方法时,编程者要为每一角色设计一个智能系统（一个模块）来进行控制,这个智能系统（模块）开始什么也不懂,就像初生婴儿那样,但它能够学习,能渐渐地适应环境、应付各种复杂情况。这种系统开始也常犯错误,但它能吸取教训,下一次运行时就可能改正,至少不会永远错下去,不用发布新版本或打补丁。利用这种方法来实现人工智能,要求编程者具有生物学的思考方法,入门难度大一点。但一旦入了门,就可得到广泛应用。用这种方法由于编程时无须对角色的活动规律做详细规定,应用于复杂问题,通常会比前一种方法更省力。

2. 人工智能的应用

人工智能作为一种原理与方法,在科技、工程、社会、经济、管理等众多领域得到了广泛应用。例如在图像识别、专家系统、计算机仿真、智能控制、模式识别、计算机视觉、软件工程、分布式处理、自然语言处理、数据仓库、微电子技术、计算机网络、自动控制、分布式计算、多媒体技术、数据库技术、人机交互、神经网络、系统工程、科学计算等学科的发展中,无不渗透着人工智能的成果。

在港口物流物流领域,作为发展方向,人工智能有广阔的发展前景。笔者分析认为,以 Agent 原理构建的多 Agent 协同运营管理系统（multi-agent system, MAS）将是港口物流智能技术的发展方向。

10.2 人工智能专家系统

10.2.1 人工智能专家系统的结构与类型

1. 人工智能专家系统及其特点

专家系统(expert system)是一个智能计算机程序系统,其内部含有大量的某个领域专家水平的知识与经验,能够利用人类专家的知识和解决问题的方法来处理该领域的问题。这也就是说,专家系统是一个具有大量的专门知识与经验的程序系统,它应用人工智能技术和计算机技术,根据某领域一个或多个专家提供的知识和经验,进行推理和判断,模拟人类专家的决策过程,以便解决那些需要人类专家处理的复杂问题。简而言之,专家系统是一种模拟人类专家解决领域问题的计算机程序系统。

专家系统是人工智能应用研究最活跃和最广泛的课题之一。自从1965年第一个专家系统DENDRAL在美国斯坦福大学问世以来,经过20年的研究开发,到20世纪80年代中期,各种专家系统已遍布各个专业领域,取得了很大的成功。专家系统属于人工智能的一个发展分支,并且运用于医疗、军事、地质勘探、教学、化工等领域,产生了巨大的经济效益和社会效益。现在,专家系统已成为人工智能领域中最活跃、最受重视的领域。

专家系统具有以下优点。

(1) 专家系统能够高效率、准确、周到、迅速和不知疲倦地进行工作。

(2) 专家系统解决实际问题时不受周围环境的影响,也不可能遗漏忘记。

(3) 专家系统可以使专家的专长不受时间和空间的限制,以便推广珍贵和稀缺的专家知识与经验。

(4) 专家系统能促进各领域的发展,使各领域专家的专业知识与经验得到总结和精炼,能够广泛有力地传播专家的知识、经验和能力。

(5) 专家系统能汇集多领域专家的知识和经验以及他们协作解决重大问题的能力,拥有更渊博的知识、更丰富的经验和更强的工作能力。

(6) 专家系统的水平是一个国家现代化的重要标志之一。

(7) 专家系统的研制和应用,具有巨大的经济效益和社会效益。

(8) 研究专家系统能够促进整个科学技术的发展。专家系统对人工智能的各个领域的发展起了很大的促进作用,并将对科技、经济、国防、教育、社会和人民生活产生极其深远的影响。

2. 人工智能专家系统的基本结构

专家系统的结构是指专家系统各组成部分的构造方法和组织形式。系统结构选择恰当与否,是与专家系统的适用性和有效性密切相关的。选择什么结构最为恰当,要根据系统的应用环境和所执行任务的特点而定。图10-1表示了专家系统的原理结构。图10-2则为专家系统的模块结构图。由于每个专家系统所需要完成的任务和特点不相同,其系统结构也不尽相同,一般只具有图中的部分模块。

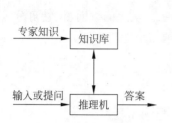

图 10-1 专家系统的原理结构

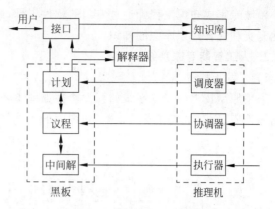

图 10-2 专家系统的模块结构

3. 人工智能专家系统的类型

人工智能专家系统的类型如下。

(1) 诊断型专家系统：一类根据对症状的观察分析，推导出产生症状的原因以及排除故障方法的系统，如医疗、机械、港口运行经济诊断分析等。

(2) 解释型专家系统：一类根据表层信息解释深层结构或内部情况的系统，如地质结构分析、物质化学结构分析等。

(3) 预测型专家系统：一类根据现状预测未来情况的系统，如气象预报、人口预测、水文预报、港口经济形势预测等。

(4) 设计型专家系统：一类根据给定的产品要求设计产品的系统，如港口设计、建筑设计、机械产品设计等。

(5) 决策型专家系统：一类对可行方案进行综合评判并优选的专家系统，如港口发展建设方案的选择、港口物流调度决策、港口资源最优化利用决策等。

(6) 规划型专家系统：一类用于制定行动规划的专家系统，如自动程序设计、军事计划、港口发展计划的制定等。

(7) 教学型专家系统：一类能够辅助教学的专家系统。

(8) 数学专家系统：一类用于自动求解某些数学问题的专家系统。

(9) 监视型专家系统：一类对某类行为进行监测并在必要时进行干预的专家系统，如机场监视、森林监视、港口监视等。

10.2.2 人工智能专家系统工作流程与开发

1. 人工智能专家系统的工作流程

专家系统的基本工作流程是：用户通过人机界面回答系统的提问；推理机将用户输入的信息与知识库中各个规则的条件进行匹配，并把被匹配规则的结论存放到综合数据库中；最后，专家系统将得出最终结论并呈现给用户。

在这里，专家系统还可以通过解释器向用户解释以下问题：系统为什么要向用户提出该问题(why)？计算机是如何得出最终结论的(how)？

领域专家或知识工程师通过专门的软件工具,或编程实现专家系统中知识的获取,不断地充实和完善知识库中的知识。

2. 人工智能专家系统的开发

1) 开发步骤

采用原型技术的专家系统的开发步骤如图 10-3 所示。从大的方面看,它可分为设计初始知识库、原型系统开发与试验、知识库的改进与归纳三个主要步骤。

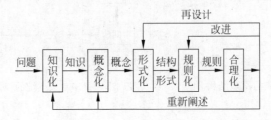

图 10-3 建立专家系统的步骤

2) 知识获取

开发系统的知识获取的任务如图 10-4 所示。

图 10-4 知识获取的任务

3) 开发工具与环境

常用的专家系统开发工具和环境可按其性质分为程序设计语言、骨架型工具、语言型工具、开发环境及一些新型专家系统开发工具等。

10.3 港口码头群多 Agent 协同运营系统

10.3.1 多 Agent 协同运营系统及其组织结构

1. 多 Agent 协同运营系统的基本含义

Agent 概念起源于人工智能领域,是指用于模仿人类能力的自主实体。该实体具有自主性、协作性、可移动性、反应性和学习性等智能化特性。Agent 根据自主度,可分为自主能力较高的慎思式 Agent 和自主能力较低的反应式 Agent。多 Agent 协同运营系统是分布式人工智能研究的前沿领域。概括地讲,所谓多 Agent 系统(MAS)是由多个可计算的智能体(intelligent agent)组成的集合,其中每个 Agent 是一个物理的或抽象的实体,能作用于自身和环境,并与其他 Agent 通信。多个 Agent 成员之间相互协调、相互服务,共同完成一个任务。各 Agent 成员之间的活动是自治独立的,其自身的目标和行为不受其他 Agent 成员的限制,它们通过竞争和磋商等手段协商解决相互之间的矛盾和冲突。MAS 通过由多个 Agent 所组成的交互式团体来解决超出 Agent 个体能力的大规模问题,其目标是将复杂系统建造成小的、彼此相互通信及协调的、易于管理的系统。MAS 的研究开始于 20 世纪 80 年代中期,涉及 Agent 的知识、结构、目标、技能、规划以及如何使多个 Agent 协调行动以解决问题等。MAS 主要的研究内容包括任务分解和分配、Agent 间的协同、通信和谈判以及系统的动态组织与动态负载平衡。它由于更能体现人类的社会智能,更加适合开放的、动态的社会环境,因而广泛应用于科学计算、计算机网络及软件系统、柔性制造系统、电子商务、企业管理、交通控制等领域。

2. 多 Agent 协同运营系统涉及的相关问题

多 Agent 协同运营系统涉及的相关问题如下。

1) 个体 Agent 的推理

MAS 的行为是其各 Agent 成员行为和合作的综合,其成员个体的推理能力直接影响成员之间的协同以及整体与个体之间的行为和目标的一致性,因此,如何增强个体 Agent 的推理能力是多 Agent 协同和提高 MAS 行为和目标一致性的一个重要方面。

2) 任务分配

涉及任务分解、Agent 的责任和问题解决、资源分配等。最小化的任务相关性可以减少通信冲突和解决冲突的时间,提高问题解决、效率。

3) 多 Agent 规划

多 Agent 规划不仅要考虑 Agent 成员个体目标、能力和环境的约束,而且要考虑 Agent 成员之间的相互影响以及其他 Agent 引起的难以预测的环境变化等。

4) 目标、行为的一致性

MAS 必须保证 Agent 的局部决策或行为与系统的整体目标相适应,避免损害其他 Agent 成员的正常活动,保证系统行为的稳定性。

5) 冲突的识别与消解

由于 MAS 的 Agent 成员缺乏全局的观点、知识和控制以及某些 Agent 成员的自私性、资源的有界性和信息的不完整性等原因,Agent 成员的目标、计划、知识、信念和结果之间的冲突不可避免,且这些冲突还可能是分布的。要实现协调一致的问题求解,必须检测并消解这些分歧。

6) 建立其他 Agent 的模型

能够为 Agent 提供有关其他 Agent 的知识、信念和目标等信息,帮助其对通信的时机和内容进行规划和协调。Agent 成员可以使用这些知识预测可能的冲突并理解、解释和预测动态环境中其他 Agent 成员的行为和目标,从而增强其解决问题的准确性、有效性和灵活性。Agent 模型主要包括 Agent 信念、责任、能力、资源和计划等知识。

7) 通信管理

通信管理主要包括通信的时机、内容、类型和数量等,是保证 Agent 成员之间协同和行为、目标一致性的重要手段。

8) 资源管理

资源管理的目的是合理和准确地为各 Agent 成员分配系统的资源,既保证各 Agent 成员在必要的时机能够拥有必要的资源完成各自的目标,又要使资源分配具有整体的宏观和理性,不会因为某些自私的 Agent 的贪婪或通过欺诈行为过度使用或阻塞某些共享资源而影响其他 Agent 成员目标和整体目标的实现,保证各 Agent 成员之间的协作并使合作任务的完成最有效。

9) 适应与学习

多 Agent 环境中的学习是十分复杂的。Agent 成员的学习可能对环境产生影响,而且学习的行为可能带有强烈的个体和局部的色彩与偏见。Agent 的行为和目标也可能是动态变化的,要使所有的成员都能够对其他所有的 Agent 成员和 MAS 整体进行学习是十分困难的,局部的学习行为并不一定对 MAS 的整体目标有益。

10) 系统的安全

如何建立一个高效的安全体系,如何保护主机不受恶意 Agent 攻击而又不过多地限制移动 Agent 的访问权限,如何保护 Agent 不受恶意主机的攻击,如何区分 Agent 是善意还是恶意并避免恶意 Agent 像病毒一样在网络上传播、肆意攻击低层通信网络和其他系统,都是系统安全性所研究的关键问题。

11) 负载平衡

包括主机负载平衡和网络负载平衡。主机负载指的是运行在某主机上的 Agent 数目,主机负载平衡一般通过限制某主机上的最大 Agent 数目来实现;而网络负载则指 Agent 之间的通信和地理空间数据的传输。网络上流通的信息具有突发性、无规律性,一方面 Agent 之间的合作需大量的通信开销;另一方面大量空间数据的传输会造成网络堵塞,因此不同的系统采用的网络负载平衡方式不一样。如地理信息系统中采用按需装配 Agent 来避免大量数据的迁移。

3. 多 Agent 协同运营系统的组织结构

MAS 的组织结构有集中式、分布式和混合式。从本质上讲,所有的 MAS 都是分布式结构,集中式和混合式只是对分布式的一种变异。

分布式结构是指每个 Agent 成员之间是对等的协作关系,不存在隶属和控制关系,各成员具有自身独立的目标、意愿和行为,可以自己选择合作对象、接受或拒绝任务。在这种情况下,MAS 协同所涉及的大多数问题必须由各 Agent 成员通过自身的知识、推理、社交、适应和学习等能力来解决。这种分布式结构处理的数据是分散的,进行的计算是异步的,执行的行为是持续的。该结构虽然可以通过各 Agent 之间的协作共同完成复杂、困难的任务,提高系统的并行能力,行为不再过多地要人来干预,能对相关事件做出适时反应等能力[①],但还存在以下不足:

(1) 每个 Agent 对于所要完成的任务拥有不全面的信息或能力,缺乏系统的宏观的问题求解观念;

---

① Hamid R Berenji, David Vengerov. Learning, Cooperation, and, Coordination in Multi-AgentSystem [J]. Inteligent Inference Systems. Corp. Technical Report IIS-00-10, 2000, (10): 1-15.

(2) 难以保证 Agent 成员之间以及与系统的目标、意愿和行为的一致；

(3) 合作对象的选择比较盲目和困难；

(4) 冲突的检测和协调比较困难；

(5) 通信的协商频繁、费时；

(6) 对分散的共享数据和资源缺乏有效的分配和管理；

(7) 缺乏系统的安全机制；

(8) Agent 的固定管理方式会成为系统的瓶颈，降低系统的效率；

(9) 不能有效及时地对环境的变化做出反应，即当外界环境发生重大问题或有突发事件时，可能有某个 Agent 感知到，但系统没有一个有效的机制来保证该 Agent 的反应，使其能引起整个系统的足够重视，从而失去解决重要问题或突发问题的机会。

集中式结构则是为了避免上述分布式结构存在的不足，加强多 Agent 成员之间的协同能力以及系统内部和宏观的一致性，而采用管理服务机构、中介服务机构和主控流动服务机构等系统，将关系较为密切、具有共同意愿的 Agent 联合起来组成一个 MAS。

混合式就是上述两种结构的综合。

4. 多 Agent 协同运营系统的管理服务机构

多 Agent 协同运营系统的管理服务机构存在于集中式或混合式 MAS 中，负责对 Agent 成员的行为、协作、任务分配以及共享资源等进行统一的协调和管理，可以是管理 Agent、协调 Agent、监督 Agent 等，与各 Agent 成员之间具有一定程度的管理和被管理的关系。管理服务机构的主要任务如下。

1) 建立系统和 Agent 成员的模型

通过管理服务机构可以建立系统或一组 Agent 的整体目标，使其拥有 Agent 成员以及系统当前环境的知识，能够对 Agent 成员的能力行为及其相互之间的影响和对整体行为的影响进行一定程度的推理、判断、协调和组织等，帮助 Agent 成员更为迅速和准确地确定协作对象，并可能推测协作对象的行为，减少协调和通信代价，提高成员之间协作的有效性。

2) 任务分配、中介和管理

一个 MAS 要完成某个较为复杂的任务，首先必须将该任务分解为多个子任务，使这些子任务之间具有最小化的相关性，并将其合理地分配给适当的成员。管理服务机构对接受的任务进行分析处理并将较为复杂的任务分解为多个子任务，根据自身所拥有的有关系统和成员的知识以及各 Agent 成员的能力和当前状态，通过直接分配、竞争、磋商和评价等机制，将子任务分配给适当的 Agent 成员；而成员对简单的任务自己独立完成，对较为复杂需要其他 Agent 成员提供协作和帮助的任务，可以通过管理服务机构进行协调，迅速准确地确定适当的协作对象并与之建立联系。

3) 共享资源的管理和监控

管理服务机构能够对系统的共享资源进行管理、监控和合理的分配，防止某些成员对共享资源的过度使用或占用，保证系统资源的有效利用和系统整体性能的提高。

4) Agent 成员之间的协调

管理服务机构对各 Agent 成员的管理通常采用协商或协调的管理形式，各 Agent 成员在一定程度上有权根据自身的能力和所处环境的当前状态接受或拒绝管理服务机构委托的任务,而且管理服务机构所下达的目标可以是明确的任务或指示,也可以是任务的轮廓或意图,需要进行多次磋商和协调来完成任务的分解、分配、执行、评价以及综合等工作。利用管理服务机构所拥有的丰富知识和模型对成员之间的协商进行协调,可以有效地减少通信数量、提高协商效率。

5) 冲突检测与消解

管理服务机构能够为 Agent 成员提供较为全面、系统和宏观的问题求解观念和信息,使成员之间的目标、意图和行为迅速趋于一致,减少和降低冲突发生的数量和程度,并能够帮助系统在较大范围内对可能发生的冲突进行检测和消解。

6) 系统安全性监测及控制

管理服务机构可以对 Agent 成员的意图和行为进行监测,防止恶意或非法 Agent 对系统的攻击和干扰,能够实施系统的安全机制,包括认证、授权、加密和注册等。

7) 适应与学习

管理服务机构能够通过学习丰富其知识,更新其模型,增强其对任务分配、资源管理、冲突消解以及多 Agent 协调等问题的处理能力,适应动态环境和任务的变化,并将学习成果为其他成员所共享,减轻成员的学习负担,使 MAS 的学习具有更好的整体性和目标性。

5. 多 Agent 协同运营系统的中介服务机构

多 Agent 协同运营系统的中介服务机构存在于大型分布式或混合式 MAS 中,便于发布、保存和维护各 Agent 成员的能力、位置和状态等信息。它可以是中介 Agent、代理 Agent、黑板、认证 Agent 等,为多 Agent 的协作提供中介、代理、收集服务请求或实现安全认证机制。各 Agent 成员可以通过中介服务机构发布各自的能力、请求服务和寻找合适的合作伙伴,或实现安全认证、密匙管理等安全机制。不同于管理服务机构,中介服务机构对 Agent 成员只是提供服务,不像管理服务机构那样拥有多个 Agent 成员的整体目标和 Agent 成员以及系统当前环境的较为丰富的知识,不对共享资源进行管理,不进行冲突检测和消解,也不能对组内各成员的行为及其相互之间的影响和对整体行为的影响进行一定程度的推理、判断、协调和组织等。

中介服务机构引入的目的在于解决大范围内合作对象的搜寻和确定问题,并迅速和准确地为建立双方之间的联系提供服务,主要用于大范围的开放系统,如互联网上的信息搜索、网上购物和分布计算等。图 10-5 是拥有多个中介服务机构的分布式多 Agent 结构。各 Agent 预先通过适当的能力描述语言或其他方式将其能力、要求、方法、位置等信息通过其各自的中介服务机构(B1~B3)进行发布和广告;下层的中介服务机构(B2、B3)还可以进一步向上层的中介服务机构(B1)发布或转发其能力和服务;中介服务机构负责对所发布的信息进行整理、分类、维护和更新等。当某个 Agent 需要其他 Agent 提供某种服务时,a1 通过服务描述语

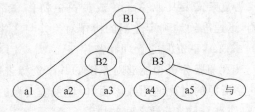

图 10-5 分布结构与中介服务机构

言或某种方式向 B1 发出服务请求;B1 对所发布的信息进行过滤和匹配,或进一步向 B2 和 B3 查询,可能发现 a3、a4 和 a5 均能提供所需要的服务,于是对匹配结果进行综合和整理,将 a3、a4 和 a5 的有关信息返回给 a1,经过比较 a1 选择 a3 作为合作对象,并根据 a3 的要求向其发出服务请求;a3 接受并处理该请求,并将结果返回给 a1;a1 也可以同时选择与多个 Agent 联系,为最终确定合作对象获取更为详细的信息,或对多个服务结果进行评价和取舍。

6. 多 Agent 协同运营系统的主控流动服务机构

多 Agent 协同运营系统的主控流动服务机构存在于集中式或混合式 MAS 中,适合地理位置上大距离分散的大规模系统的协同工作。Agent(可能是单个 Agent 也可能是 MAS)之间采用的合作策略如下。①纵向的"下级服从上级策略",即主控 Agent 与其受控 Agent 之间的合作,主控 Agent 的推理机根据其目标利用其当前的知识库和感知机的输入进行推理,将产生的意图一方面通过效应器施加对受控 Agent 的影响,包括修改其知识库和目标以及自主地改变外部环境,使环境更适合系统;另一方面进行进一步的学习并将学习的结果放入知识库。②横向的"主控流动策略",即某个受控 Agent 如果发现外部环境中有重大事件发生,就向主控 Agent 发出权力请求信号,以求有充分的能力对该事件进行处理;主控 Agent 则综合请求的重要程度和先后次序决定是否"放权"以及该放给谁;得到"权力"的受控 Agent 就成为主控 Agent,而原来的主控 Agent 则变为受控 Agent;另外,主控 Agent 经过推理也可能产生"应由另一个受控 Agent 做主控 Agent"的意向,这时它通过与另一个受控 Agent 完成有关的数据交换和"授权",使之成为主控 Agent,而自己则变为受控 Agent;但同级 Agent 的地位是平等的,它们彼此之间不能直接修改对方的知识库等所有内部状态,只能通过协商来解决。

MAS 的组织结构为 Agent 成员之间提供了一个交互的框架,管理服务机构、中介服务机构和主控流动服务机构的引入,为 Agent 成员之间更为有效的合作提供了较为全面、系统和宏观的多 Agent 群体问题求解的高层观念和相关信息,与 Agent 成员之间是一种服务和协调的关系,不限制各 Agent 成员的自制能力。管理服务机构可以认为是某些具有很强的协调、监控以及任务和资源分配等能力的 Agent 成员演化的结果。管理服务机构功能的增强虽然能够减轻 Agent 成员的负担,增强 MAS 的协调能力和一致性,但同时也使管理服务机构趋于复杂和繁忙,使成员的自制能力受到影响。当 Agent 成员数量较多时,管理服务机构的负担也会显著增加。尤其对于大规模的开放系统,管理服务机构很自然地转变为中介服务机构。因此,管理服务机构和中介服务机构以及集中式结构和分布式结构在本质上是一致的,只是在功能和形式上有所差别而已。另外,主控流动服务机构的引入使 MAS 能及时地对环境的变化做出反应,即当外界环境发生重大问题或有突发事件发生时,可能有某个 Agent 感知到,此时系统以有效的机制来保证该 Agent 的反应,使其能引起整个系统的足够重视,从而解决该重要问题或突发问题。此三种机制相互融合是最后的发展方向。

7. 多 Agent 协同运营系统的应用

MAS 具有的自治性、分布性、协调性以及自组织能力、学习能力和推理能力等特性,使得其在各个领域得到了广泛的应用。

1) 交通领域

交通控制拓扑结构的分布式特性,使其很适合应用 MAS 技术。尤其对于具有剧烈变化的交通情况(如交通事故),MAS 的分布式处理和协调技术更为适合。对于公路交通,国内外的学者均进行了研究,如 Burmeister 等(1997)提出了未来汽车多 Agent 联运系统,Goldman 等(1996)提出采用增量相互学习方法来协调交叉路口的两个控制器,孙晋文等(2002)对 Agent 技术在公路交通仿真系统中的应用进行了研究。对于铁路交通,Burmeister 等(1997)对 MAS 技术进行了研究,Vernazza 等(1990)在研究 MAS 的基础上针对列车运行调度提出了一种分布式智能方法。王宏刚(2006)采用理论研究的方法,对 MAS 理论在行车调度系统中的应用进行了研究,提出了两路四层混合式的铁路局 Agent BA(bureau agent)的体系结构、反应式的车站 Agent SA(station agent)体系结构、基于 KIF 和 KQML 的知识交换协议和消息框架及基于 MAS 的列车运行调度理论。

2) 物流供应链

由于供应链系统中供应商、消费者及产品变化,供应链系统如何适应环境的变化及系统的自适应问题值得研究。任荣平等(2006)提出了基于多 Agent 的自适应供应链系统模型,讨论了该模型下如何解决由新的厂商加入引起的交互协议的改变带来的供应链系统的适应性问题。徐强(2005)研究了基于多 Agent 的供应链管理协作内容,提出了一种多智能 Agent 敏捷供应链的框架系统。孟繁良等(2004)将 MAS 技术运用至供应链物流信息系统,提出了基于 MAS 的供应链物流信息系统的三层结构,重点分析了动态协作联盟算法并给出了仿真验证。

3) 柔性制造

柔性制造中存在的动态调度问题一直是柔性制造行业发展的瓶颈,利用 MAS 技术可很好地解决该问题。Ramos(1994)建立了制造系统的动态调度协议,采用两类 Agent 分别完成任务安排和资源管理;廖强(2000)在基于现场总线的基础上利用 MAS 对作业车间动态调度问题进行了研究。

4) 软件开发

利用计算机技术来开发 MAS 系统,被称为软件 Agent。软件工程的研究从模型角度考察 Agent,认为面向 Agent 的软件开发方法是为更为确切地描述复杂并发系统的行为而采用的一种抽象的描述形式,是一种观察客观世界和解决问题的方法。基于 Agent 的软件开发被誉为"软件开发的又一重大突破"。

对于基于 MAS 的港口码头群多 Agent 协同运营机制与数字化技术的研究从现有文献的检索来看,还基本是空白。

10.3.2 港口码头群多 Agent 协同运营系统的构建原理

1. 港口码头群及其内在关系

由第 1 章可知,港口是由众多的码头和相关配套设施所构成的。我们将同属一个港口的众多码头的集群称为港口码头群。

事实上,一个港口内的每个码头情况都是不同的、多种多样的,表现为所有制的不同、业务范围的不同、运行机制的不同等。一句话,港口内的码头基本上都是一个个独立运营的经济实体,这些独立实体通过各种手段在努力实现自身利益的最大化。

分布在整个港口的众多码头其实就是一个个既相互独立又互相依赖的智能实体(Agent)。这些既相互独立又相互依赖的实体在实际物流运营过程中,对诸如航道使用、船舶停靠、物流任务分配等,都亟须彻底扭转当前各自为战、不合理竞争的混乱局面,从而建立起基于码头资源与港口集疏运资源等的充分合理利用的整体效率最优化的航道的高效合理使用、船舶停靠任务的科学分配以及与现有港口集疏运系统相吻合的港口物流全局调度等的码头群高效运营智能管理平台。

以宁波—舟山港为例,自 2003 年宁波—舟山港口一体化之后,宁波—舟山港发展迅速,2009—2011 年宁波—舟山港吞吐量分别达到 5.7 亿、6.3 亿和 6.9 亿吨,连续三年位居世界第一。但当前宁波—舟山港分属于两个城市,港口按规划是形成一港两域总共十多个港区和众多码头的格局。目前港口所有码头基本上都是独立运营的经济实体,且港口的信息化程度也不高,港域、港区、码头及相关业务部门现有的业务信息系统都是在不同时期独立开发的,自成体系,无法实现系统之间相互操作,更难将整个港口生产的各个环节有效地联动起来。面对这样的状况,如何能够达到一港两域总共十多个港区和众多码头的无缝衔接、协同高效与实时联动运作,无疑要有全新的工作思路与先进的技术手段。

结合本章前两节介绍的知识,运用多 Agent 系统技术无疑是从技术的角度解决港口码头群无缝衔接与智能运营的有效途径。

2. 港口码头群多 Agent 协同运营系统的构建步骤与技术路线

港口码头群多 Agent 协同运营系统的构建步骤如下。

1) 码头运营现状的调研与系统分析

通过广泛深入的调查与研究,真实全面地了解当前所有码头在航道使用、船舶停靠、装卸运输、资源利用以及任务分配等方面的现状、存在的问题及其原因分析,提出基于整体效率最优化的航道的高效合理使用、船舶停靠任务的科学分配以及与现有港口集疏运系统相吻合的港口物流全局调度等的总体协同运营思路与系统模式,完成系统需求分析与描述、业务流程分析与改造和业务流程向数据流程的转换等。

2) 港口码头群多 Agent 协同运营系统开发与应用

针对港口码头群面临的内外环境变化所产生的不确定性和任务分配序列决策的要求,研究港口码头群多 Agent 协同运营机制,完成系统运作模型建立、系统数学模型构建、通过方法库进行系统各种运作状况的模拟等研究,构建以整体效率最优化为前提的基于 MAS 的港口码头群多 Agent 协同运营系统,开发基于 Multi-Agent System 的港口码头群多 Agent 协同运营系统软件并展开应用研究。

港口码头群多 Agent 协同运营系统构建的技术路线如图 10-6 所示。

10.3.3　港口码头群多 Agent 协同运营系统的软件设计

按照港口运营的需要,港口码头群多 Agent 协同运营系统的构建最后要体现在软件上。码头群多 Agent 协同运营系统软件需要实现各个码头与港口中心之间的信息交互,其中包括港口中心向各个码头发送订单、码头向港口中心提交订单申请、港口中心综合协

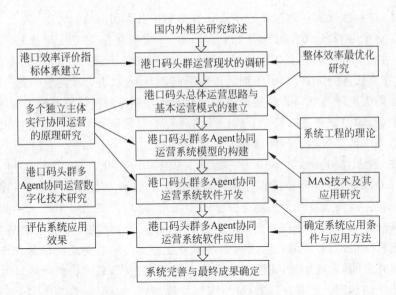

图 10-6　港口码头群多 Agent 协同运营系统构建的技术路线

调并且展示协调的内容。软件整体采用分布式多层架构,其中核心内容是 Multi Agent System 框架的应用。

1. 码头群多 Agent 协同运营软件的总体部署与结构

码头群多 Agent 协同运营软件的总体部署如图 10-7 所示,其总体结构如图 10-8 所示。

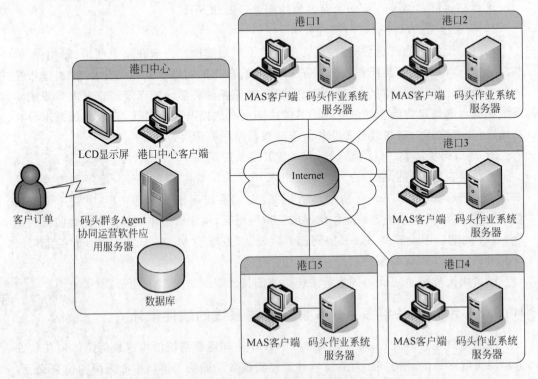

图 10-7　码头群多 Agent 协同运营软件总体部署

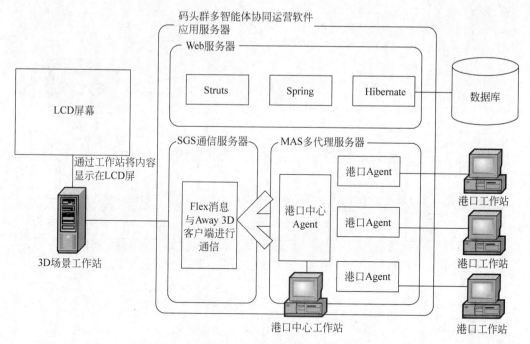

图 10-8　码头群多 Agent 协同运营软件总体结构

码头群多 Agent 协同运营软件是 B/S 结构的系统。其中应用服务器安装在港口中心,与其数据库进行连接,港口中心客户端使用浏览器通过局域网连接到应用服务器,用户登录后可以对港口中心的基本资料(比如下属港口基本信息、引航船信息等)进行维护。其中港口中心可以配置 LCD 大显示屏,用于实时显示客户订单,港口调度的过程、结果,并且跟踪订单状态等。

其他各个下属港口均采用普通客户端工作站,使用浏览器通过 Internet 与码头多 Agent 协同运营软件的应用服务器相连,港口用户通过客户端对港口中心发出的订单进行分析、预测和决策,并且将信息反馈至港口中心。客户端还可以与码头内部的作业管理系统相关联,从而更加准确地了解码头的工作状态,做出更加准确和专业的判断。

码头群多智能体协同运营软件应用服务器包括三个部分：Web 服务器、SGS 通信服务器和 MAS 多代理服务器。其中 Web 服务器主要负责所有的浏览器客户端。

2. 码头群多 Agent 协同运营系统的结构模型与描述

系统结构在调研港口中心各码头系统特性及其相互关系的基础上,建立了基于 MAS 的港口中心决策支持系统,其决策过程结合实物沙盘采用 3D 视频展示,其结构模型如图 10-9 所示。基于 MAS 的港口中心决策支持系统是由具有不同知识的 Agent 群组成的一个多 Agent 系统。每一种 Agent 所具有的优化调度知识的表示各不相同,彼此之间通过通信网络连接在一起,并以此为基础进行彼此之间的协商、协调、协作。

基于 MAS 的港口中心决策支持系统主要由三类 Agent 组成：管理 Agent、信息 Agent、功能 Agent。各类 Agent 的详细描述如下。

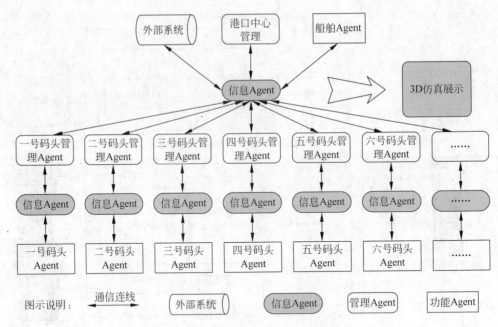

图 10-9 港口中心 Agent 系统的结构模型

1) 管理 Agent

根据系统功能,管理 Agent 可分成二级结构。第一级为港口中心管理 Agent。它的任务是协调、规范各个二级 Agent 的行为,从而实现全局利益最大化。当系统出现竞争冲突时,它负责召集各二级 Agent 来协商解决冲突。港口中心所管辖的各码头属于第二级 Agent,它们分别是各个码头子系统的核心。它们的任务是根据各个 Agent 提供的能力状态信息,在外部资源环境的约束下,将任务分派给各自系统内的 Agent,协调各自系统内 Agent 的行为,解决系统内 Agent 的冲突。

2) 信息 Agent

由于系统中 Agent 数目太多,完全采用直接通信的方式所需的代价是昂贵的,有必要将通信服务器作为一个信息 Agent 进行信息的存储和传递。它是信息的载体,共分为两级。第一级信息 Agent 负责一、二级管理 Agent 间以及各二级管理 Agent 间的信息交换和共享,并与外部系统进行信息交互。第二级信息 Agent 负责各码头子系统内功能 Agent 间以及子系统内功能 Agent 与该子系统的管理 Agent 间的信息交互和共享工作,负责对 Agent 间冲突的判断以及冲突汇报等工作。

3) 功能 Agent

它是具体任务执行的载体。本系统中将其定义为各码头。

3. Agent 结构设计

Agent 可以被认为是一个物理的或者抽象的实体。在网络分布式环境下,每个 Agent 独立自主,能作用于自身和环境,能操纵环境的部分表示,能对环境变化做出反应,更重要的是能与其他 Agent 通信、交互、彼此协同工作,完成共同的任务。

本系统设计的 Agent 由推理机、任务管理器、知识库、外部接口组成,按照形式化方法定义为：Agent=<F,E,K,I>。现以一号码头 Agent 为例对其进行说明。

1）F——推理机。

推理机包括推理、决策分析、优化等功能。一号码头 Agent 的推理机功能主要有判断并更新一号码头运作状态、判断并更新码头记录、更新码头信息、进行自身评价、优化任务、响应任务队列中的任务、向上级 Agent 申请任务、进行任务调度管理、生成任务等。

2）E——任务管理。

任务管理管理 Agent 的任务消息，同时控制 Agent 的运行状态，包括启动、挂起、激活等操作。一号码头 Agent 任务管理功能主要有任务队列管理、任务优先级管理、应急调度任务管理等。

3）K——知识库。

知识库是 Agent 内部相关知识、规则的数据库。一号码头 Agent 知识库主要包括任务优化算法、应急处理策略、任务调度算法、任务申请策略、码头协作策略、冲突解决策略等。

4）I——外部接口。

外部接口是 Agent 与外部进行信息交互的功能模块。一号码头 Agent 和信息 Agent 进行通信，接口功能包括消息传输协议、消息发送、消息接收、消息编码与解码、消息队列管理等。

图 10-10 给出了功能 Agent、信息 Agent、管理 Agent 的内部结构，其他 Agent 的内部结构与之类似，不再详细描述。

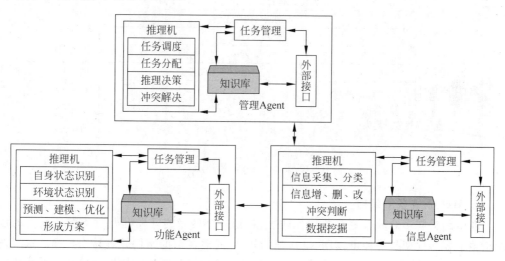

图 10-10　Agent 内部结构图

4. Agent 行为描述及交互合作

现以一号码头 Agent（图 10-9）为例，说明 Agent 的行为过程：

（1）一号码头 Agent 通过信息 Agent 获得一号码头管理 Agent 的命令，对其进行解释和分类，将其放在事务队列中，优先处理；

（2）一号码头 Agent 通过信息 Agent 获取现场信息，推理机通过知识库中的相关规则进行逻辑推理、优化，产生行为意愿，将意愿发送给信息 Agent；

（3）一号码头 Agent 从信息 Agent 获取意愿后，判断有无和其他 Agent 的冲突，如果冲突则发送给泊位管理 Agent 进行冲突解决并把结果返回给一号码头 Agent；

（4）一号码头 Agent 根据事务队列中事务的优先等级以及自身能力进行事务筛选，得出完成任务的最优意图，作为立即执行的事务；

（5）一号码头 Agent 将待执行的事务分解为行动计划，确定参数并对计划进一步优化；

（6）一号码头 Agent 执行计划事务。

由于 Agent 的自治特性，它们之间需要相互合作才能实现系统整体性能优化。例如，当有船舶待靠岸停泊时，就需要港口中心进行调度安排，给出优化后的停靠码头的指令。图 10-11 以港口中心信息 Agent 到港请求泊位事件说明了 Agent 之间的协作过程。

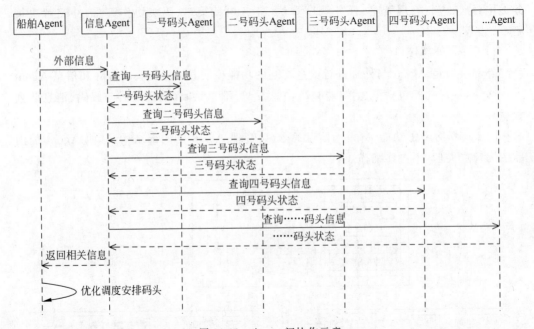

图 10-11　Agent 间协作示意

5. Web 系统多层架构

港口码头群多 Agent 系统规模比较大，选择一个良好的开发框架对于保证系统的成功至关重要。框架是一种可复用、可适配的软件，有着灵活的结构并且易于扩展。这里选用满足 J2EE 标准的 Struts＋Hibernate＋Spring 框架进行介绍。该框架组合具有结构清晰、可扩展、易维护、可重用的特点。其系统结构如图 10-12 所示。前台的 JSP/Html 充当 V 的角色，用于进行数据展示；Struts 充当 C 的角色，负责接收用户请求，并转发给相应的处理逻辑；JavaBean 充当 M 的角色，封装了业务逻辑处理过程并在进行数据库交互过程中通过 ORM 中间件 Hibernate 进行，提高了系统的可扩展、可移植性；Spring 对 Struts、JavaBean、Hibernate 进行整体的管理，利用它的 IOC 机制进行数据的依赖注入，使系统做到高内聚、低耦合，并且 Spring 的 AOP 机制使得系统具有良好的可扩展性。

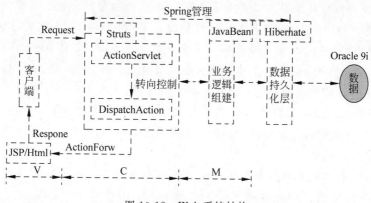

图 10-12 Web 系统结构

多 Agent 系统的技术研究[①]

Agent 俗称"智能体"、"智能代理",它的研究最早起源于分布式人工智能(DAD)它为分布式开放系统的分析、设计和实现提供了一个崭新的途径,被誉为"软件开发的又一重大突破",在许多领域得到了更为广泛的应用。Agent 技术作为一门设计和开发软件系统的新方法已经得到了学术界和企业界的广泛关注。Agent 的研究大致可分为智能 Agent、多 Agent 系统和面向 Agent 的程序设计(agent oriented programming,AOP)这三个相互关联的方面。智能 Agent 是多 Agent 系统研究的基础,有关智能 Agent 的研究可以认为是统一在多 Agent 系统的研究之下的。智能 Agent 可以被看做多 Agent 系统研究中的微观层次,即主要研究 Agent 个体的行为和特征;而有关 Agent 之间关系的研究则构成了多 Agent 系统研究的宏观层次。智能 Agent 和多 Agent 系统的最终实现和成功应用必须要借助 AOP 及其开发工具这一媒介。多 Agent 系统是由多个 Agent 组成的系统,它在 Agent 理论的基础上重点研究 Agent 的相互操作性以及 Agent 间的协商、协作等问题。基于 Agent 的系统(agent-based system,ABS)是指使用了 Agent 思想或技术的系统。ABS 可能只包含一个 Agent,如用户接 F-J Agent 或软件秘书等,但通常是指多 Agent 系统的应用实例。Jennings 等人还指出,ABS 可以是只借用 Agent 概念而用其他技术(如 OOE)实现的系统。

1. Agent

1) Agent 的特性

由于 Agent 技术应用在不同领域的系统中,即使在同一个系统中也处于不同层次和结构中,因此 Agent 的定义和表现就大相径庭了。那么究竟什么是 Agent?它又有哪些特性?这些是 Agent 研究者和应用者最为关心的问题,也是目前 Agent 研究领域一直在争论和探讨的热点问题之一。著名学者 Hewitt 曾指出:面向 Agent 计算领域回答"什么

---

① 张林,徐勇,刘福成.多 Agent 系统的技术研究[J].计算机技术与发展,2008,(8):80-87.

是 Agent？"这一问题，就像在人工智能领域回答"什么是智能？"一样令人困惑和为难。在有关 Agent 特性的研究中，最经典和广为接受的是 Wooldridge 等人有关 Agent 的"弱定义"和"强定义"的讨论。一些典型的研究报告和应用系统中，在对 Agent 的描述或定义的基础上指出，一个 Agent 的最基本的特性应当包括反应性、自治性、面向目标和针对环境性。每个 Agent 首先应具备这 4 个最基本的特性，然后再根据其应用情况拥有其他特性。Agent 可以拥有的其他特性包括移动性、自适应性、通信能力（包括协商、协作等能力）、理性、持续性或时间连续性、自启动、自利等特性。一些研究人员还对 Agent 的特性进行了更为深入的研究。

对 Agent 的典型定义大都来源于定义者设计和开发的一些 Agent 实例。他们根据各自的设计需要反映出 Agent 的一些特征和侧面，但都无法全面地描述和表达智能 Agent 的完整特性和性质。

实际上，对于任何一个系统，研究和开发人员不可能也没必要构建一个包括上述所有特性的 Agent 或多 Agent 系统，他们往往是从应用的实际需要出发来开发包含以上几部分特性的 Agent 系统。但它既然是被称为面向 Agent 的技术或系统，那么就应当满足上述提到的四个最基本的特性。可以根据 Agent 的特性给出一个 Agent 的简单定义：Agent 是一类在特定环境下能感知环境，并能自治地运行以代表其设计者或使用者实现一系列目标的计算实体或程序。

1995 年，Wooldridge 和 Jennings 对 Agent 做出了权威性的定义：Agent 是一个基于软件或硬件的计算机系统。它拥有以下特性：自治性、社会能力、反应性、能动性、学习性、通信性和移动性。自治性是 Agent 最基本的特性，指行动上的独立性。Agent 一经初始化，就可不受干预直接执行。社会能力是指 Agent 控制着自己的外部行为和内部状态，可以被授权去做某种决定、完成一些事情。反应性是指 Agent 清楚所处的环境，能感知其所处的环境，并能对环境发生的改变及时做出响应。能动性是 Agent 能采取主动的以目标为导向的行为，适时地对流程做出调整，而不必等待环境发生变化，可提高敏捷性。学习性是指基于历史活动的执行情况指导未来行为，是 Agent 对时间的适应性。通信性是指 Agent 有能力与其他 Agent 交互。一些 Agent 可形成 Agent 群，它们之间的接口和联系不是固定的，而是随任务的不同变化的，其最大的好处在于耦合小。Agent 可以最小的代价加入系统或从系统中移出。移动性是指 Agent 有能力在一个网络上随时随地、自主地从一台主机移到另一台上，Agent 将数据封装在执行的一个线程中，每个 Agent 独立于其他 Agent。

2）Agent 的结构和推理

Agent 的基本结构一般分为思考型 Agent、反应型 Agent 和混合型 Agent 三种。在实际系统开发时，可以根据 Agent 的具体功能要求在一种基本结构的基础上进行设计和拓展。

(1) 思考型 Agent

思考或慎思型 Agent(deliberative agent)是将 Agent 看做一种特殊的知识系统，即通过符号 AI 的方法来实现 Agent 的表示和推理。这是建造 Agent 的最经典方法。

思考型 Agent 的最大特点就是将 Agent 看做一种意识系统，即把它们作为人类个体或社会行为的智能代理，模拟或表现出所谓的意识态度，如信念、意图、目标、承诺等。这有助于研究者们以一种自然直观的方法来理解、描述和规范基于 Agent 系统的内部结构、运行规律和变化状态等。

根据大多数通用的慎思方法，认知构件基本上由两部分组成：规划器和世界模型。这种方法中有一个基本的假设：对认知功能进行模块化是可能的，即可以分开来研究不同的认知功能（如感知、学习、规划和动作），然后把它们组装在一起构成智能自治 Agent。从工程角度看，功能模块化降低了系统的复杂性。

Woldridge 曾经指出，在 Agent 形式化方面，经典的命题逻辑和一阶谓词逻辑是不合适的。目前最常用的形式化工具是模态逻辑（包括各种时态逻辑）和可能世界语义，即将意识态度看做一种模态。关于模态逻辑和可能世界语义的研究已形成了一整套的相关理论，其已成为表示和推理智能 Agent 和多 Agent 系统的最有力的形式化工具。意识态度的其他表示方法还有元语言与对象语言以及具有符号解释结构的演绎模型等。

（2）反应型 Agent

思考型 Agent 过多强调其意识系统，尽管在智能上取得了种种突破，但是也使得 Agent 结构过于复杂，反应变慢，而且其形式化的描述也不是很完善。这就导致了反应型 Agent 的出现。反应型 Agent 起源于 Brooks 的思想，即 Agent 不依赖任何符号，直接根据感知输入产生行动，从而提出 Agent 智能行为的"感知-动作"模型。他们认为，这就像昆虫一样，不需要知识、表示、推理，也一样可以生存在自然环境之中，Agent 的行为在现实世界与周围环境的交互作用中表现出来。也有人认为反应型 Agent 是来自下面的假设：Agent 行为的复杂性可以是 Agent 运作环境复杂性的反映，而不是 Agent 复杂内部设计的反映。MIT 的 R.Brooks 提出了一种不同于符号 AI 的、称为子前提结构来建造 Agent 的控制机制。该结构是由用于完成任务的行为来构成的分层结构，这些行为相互竞争以获得对机器人的控制权。这种简单的结构在实践中却被证明是非常高效的，它甚至解决了传统符号 AI 很难解决的问题。

（3）混合型 Agent

反应型 Agent 能及时而快速地响应外来信息和环境的变化，但智能程度较低，也缺乏足够的灵活性。思考型 Agent 具有较高的智能，但无法对环境的变化作出快速响应，而且执行效率相对较低。混合型 Agent 是上述两种体系结构的结合，综合了二者的优点，具有较强的灵活性和快速响应性。

混合结构的系统通常被设计成至少包括如下两部分的层次结构：高层是一个包含符号世界模型的认知层，它用传统符号 AI 的方式处理规划和进行决策；低层是个能快速响应和处理环境中突发事件的反应层，它不使用任何符号表示和推理系统。反应层通常被给予更高的优先级，比较著名的典型实例有 PRS(procedural reasoning system)、Touring Machine 和 InterRRap 等。混合结构的系统也有环形体系结构，如 Will 等。

2. 多 Agent 系统

多 Agent 系统(MAS)的协作求解问题的能力超过单个 Agent 的，这是多 Agent 系统产生的最直接的原因。导致多 Agent 系统研究逐渐兴起的其他原因还包括其与已有系统或软件的互操作性、提高了系统效率等。

如果把单个的 Agent 设计成一个完整的专家系统,那就失去 Agent 设计的意义了;一般单个的 Agent 主要用于模拟人的智能行为,拥有的知识库一般都较小,因此处理问题的能力较弱,对一些复杂的问题往往求解困难,有些甚至不能求解。从弱小的昆虫通过群体实现高智能社会这一自然现象出发,也可以通过多个 Agent 之间的通信和协调或协作形成一个多 Agent 系统,它能克服单个 Agent 的局限性,灵活地求解复杂问题。

多 Agent 系统是由一组在逻辑上或物理位置上分布的 Agent 组成的,它们通过网络连接,共享资源,为完成共同的任务而形成一个有组织的系统,具有社会性、自治性、协作性。各个独立的 Agent 都有自己的作用,同时与其他 Agent 以及它所处的系统环境交互,获得必要的信息和服务,并与其他 Agent 形成相互依赖和相互组织的关系。与单个 Agent 相比,多 Agent 系统具有如下特点:每个成员 Agent 仅拥有不完全的信息和问题求解能力,不存在全局控制,数据是分散或分布的,计算是异步、并发或并行的;这就使得 MAS 具有分布性、可靠性(具备恢复单个故障元件或性能老化元件功能的能力)、可扩展性(系统的扩充只需向系统中加入不同种类的 Agent 即可,增加的 Agent 只要遵循共同协议标准,就可以与系统内的其他 Agent 协同工作)以及容错性(单个 Agent 的错误可以通过其他 Agent 进行处理)等。

多 Agent 系统的各 Agent 之间的通信和运行控制模式不同,严重影响到整个系统的性能。

1) 多 Agent 系统体系结构

从运行控制的角度来看,多 Agent 系统的体系结构可分为集中式、分布式和混合式。

(1) 集中式结构

如图 10-13 所示,类似网络的星形结构,将 Agent 分成若干组,每个组内的 Agent 采取集中式管理,即每一组 Agent 提供一个控制 Agent,通过它来控制和协调组内不同 Agent 的合作,如任务规划和分配等。整个系统采用同样的方式对各成员 Agent 组进行管理。集中式结构能保持系统内部信息的一致性,使实现系统的管理、控制和调度较为容易。此方式的缺点是:随着各 Agent 复杂性和动态性的增强,系统结构层次较多,除了增加控制的管理成本外,也让数据传输过程中出错的概率大大提高;而且一旦控制 Agent 崩溃,将导致以其为根的所有 Agent 崩溃。

(2) 分布式结构

如图 10-14 所示,各 Agent 组之间和组内各 Agent 之间均为分布式结构,各 Agent 组或 Agent 无主次之分,处于平等地位。Agent 是否被激活以及激活后做什么动作取决于系统状况、周围环境、自身状况以及当前拥有的数据。此结构中可以存在多个中介服务机构,为 Agent 成员寻求协作伙伴提供服务。这种结构的优点是增强了灵活性、稳定性,控制的瓶颈也能得到突破。但其仍有不足之处:每个 Agent 组或 Agent 的运作受限于局部和不完整的信息(如局部目标、局部规划),很难实现全局一致的行为。Agent 的数目过多,则会带来维护成本的增加。

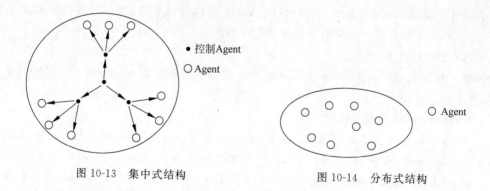

图 10-13　集中式结构　　　　图 10-14　分布式结构

(3) 混合式结构

如图 10-15 所示，混合式结构实际上是集合了集中式和分布式两类结构，它包含一个或多个层次结构，每个层次结构有多个 Agent，这些 Agent 可以采用分布式或者集中式。相邻层之间的 Agent 可以直接通信，或者利用控制 Agent 进行广播通信。这样通过分类，就把功能相似的 Agent 归为某一层，有利于对同类型 Agent 以某种方式进行统一管理，参与解决同类型 Agent 之间任务的划分和分配，共享资源的分配和管理、冲突的协调等。如果不相邻的层次进行某种通信，就可以增加一些协作 Agent 来处理相关信息。此种结构平衡了集中式和分布式两种结构的优点和不足，适应分布式多 Agent 系统复杂、开放的特性，因此是目前多 Agent 系统普遍采用的系统结构。

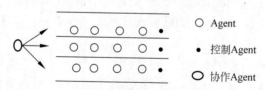

图 10-15　混合式结构

2) 多 Agent 系统的通信机制

在多 Agent 系统中，常用的通信机制有直接通信、广播通信、联邦系统(federation system)通信和公共黑板系统(blackboard system)。

(1) 直接通信

用于需要通信的 Agent 已确切知道通信的另一方是谁，二者之间可进行直接交流。这种通信方式的特点是简单、高效，但是只能实现一对一的通信，而且需要明确知道通信的双方。

(2) 广播通信

用于 Agent 特别是控制 Agent 将消息广播给同组的所有成员或者不知道通信地址的对方。其缺点是控制 Agent 不知道消息是否被接受，而且造成了 Agent 间数据传输量的大大增加。

(3) 联邦系统通信

各 Agent 之间的交互是通过联邦体来实现的，Agent 可以动态地加入联邦体，接受联邦体提供的服务。这些服务包括：接受 Agent 加入联邦体并进行登记、记录加入联邦体

第 10 章　港口物流智能技术

的Agent的能力和任务、为加入联邦体的Agent提供通信服务、对Agent提出的请求提供响应、在联邦体之间提供知识转换与消息路由等。

(4) 公共黑板系统

是一种集中控制的方式,每个Agent把信息放在其他所有Agent都可以存取的黑板上,供其他成员共享。

3. 面向Agent的程序设计

目前,国际上还没有统一的多Agent系统开发语言标准,但已经设计出了许多种专门面向Agent的程序设计语言。这主要有Shoham提出的AgentO、Rao提出的AgentSpeak、Koen V Hindriks等人提出的3APL和GOAL(3APL和GOAL是两种面向Agent的程序语言,3APL以命令语言的方式描述Agent怎样执行目标,GOAL则面向目标,而不是以基本动作或基本动作序列来定义)等。但现有的面向Agent的程序设计语言远不如面向对象程序设计语言那样通用,所以在实现Agent时通常采用成熟的设计语言和技术。目前人们在实现软件Agent方面还是主要采用Java、Agent通信语言KQML (knowledge query and manipulation language)进行开发,这使得它们逐渐成为事实上的标准。

Java具有基于网络和平台的无关、内置的多线程、面向对象性、通信能力和安全性等几个方面的特性,使得它特别适合Agent的开发,所以Java是目前开发多Agent系统较为理想的编程语言。随着多Agent技术的研究和应用,一些公司和研究机构专门研究了多Agent系统开发平台,如Reticular系统公司的AgentBuilder、国际知识系统公司的AgentX等。这些平台均采用Java实现,具有计算机平台无关性等特点。但总的来说,这些平台现在仍不够完善。

知识查询与操纵语言(KQML)是目前最通用的Agent通信语言,是一种用于MAS中Agent之间交换信息和知识的语言和协议,为表达和处理消息提供了标准的格式。KQML包含了一系列可扩充的行为原语。行为原语定义了Agent对知识和目标的各种操作,其上可以建立Agent互操作的高层模型。KQML消息是线性的字符流,语法简单,消息内容可以是非ASCII的二进制流。其主要优点为具有灵活的结构和良好的可扩充性、独立于网络传输机制、独立于内容表达语言、能够满足相互传递的基本要求。KQML由于还在进一步的发展和完善,因此存在着一些不足之处,如不同的KQML系统互相兼容时,没有一个固定的规范标准去实现通信机制等。

4. 结束语

面向Agent的技术为复杂、开放、分布式系统的开发和实现提供了新途径,在开发新型应用系统中将起到重要作用。随着应用系统的日益复杂,系统需要的数据和信息的规模的日益扩大,以及对应用系统人性化、智能化的日益需求,面向Agent的技术,特别是多Agent技术将会受到越来越多的重视。但是Agent目前还有一些需要解决的问题。

(1) 缺乏有关基于Agent的软件系统开发方法学,这使Agent的开发无规范可言。开发高性能Agent及多Agent系统必须有一套科学的方法来解决个体Agent的可靠性和扩展性、整个系统的Agent的组织和协作、基于Agent软件系统的可扩展性等问题。

(2) 基于Agent软件系统的设计方案缺乏评估、比较的标准。由于缺乏开发方法,系统开发仁者见仁,智者见智,对于系统设计方案的评估、比较也就难以有一个统一的标准。

(3) 与可重用技术和分布式对象技术的结合不够紧密。目前基于 Agent 的软件系统在实践上还是使用面向对象语言作为开发平台,客观上要求软件系统能够与可重用技术和分布式对象技术紧密结合在一起。

(4) 面向 Agent 的程序设计语言不成熟。虽然目前有众多的面向 Agent 的程序语言,但这些都是不太成熟的,这使得目前基于 Agent 的系统还是多以成熟的面向对象语言作为开发语言。

舟山港口码头群构建多 Agent 协同运营系统的思考

1. 前言

中华人民共和国国务院国函[2011]19 号文件《国务院关于浙江海洋经济发展示范区规划的批复》2011 年 2 月 25 日正式下达。规划中明确提出了建设舟山国际物流岛的战略构想。

国际物流岛,是一种区别于传统物流形式的具备科学化、现代化、信息化的以港口物流为中心的复合型物流产业集群模式,是全球经济一体化的大格局中的一个能源流、货物流、信息流、资金流的汇集地,是各种物流作业的集中地,是多种物流设施和服务功能的集合体。因此,物流岛已跳出传统物流形式和交通概念的范畴,是一种大产业、大经济背景下的全局的全新概念。

如何建设舟山国际物流岛,已成为当前各方相关学者与政府人员热议和热研的课题。基于在此领域内的长期的观察与研究,笔者认为:舟山国际物流岛建设的逻辑内涵应该是由点(港口)、线(水、陆、空运输及其多式联运)和面(辐射区域)所构成的复合体,即建设以港口特别是深水港口群为中心点,全面建设水陆空运输网络及其联动体系,构建辐射长三角经济区、全国与全球的具有中转加工配送、口岸贸易、创新示范和产业集聚功能的现代化国际物流岛。具体来说,此即发挥舟山群岛港口资源的优势,以港口物流为中心,利用舟山深水岸线的优质资源,打造舟山深水港口集群和临港加工产业集群,构建水陆空集疏运及其多式联运网络、大宗商品交易网络和金融与信息支持网络,全面实现中转加工配送(铁矿石、煤炭、油品、粮食、化工品、集装箱等的中转加工配送)、口岸自由贸易(以保税港区的建立为依托构建全球性的自由贸易区)、海洋科教创新示范(创新平台建设、人才培养、海洋文化培育等)和海洋产业培育集聚(海洋新兴产业培育、海洋服务业培育、船舶等临港先进制造业集群和现代先进海洋渔业集聚等)功能。

当前的现实是,舟山港凭借其独特的区位及资源优势,近年来发展迅速,但由于受诸多因素的影响,港口码头间无序竞争,造成资源浪费、效率低下,致使舟山港总体竞争力不强。因此,要真正建设好舟山国际物流岛,除了加大投入、积极进行相关开发建设外,首先要做的是努力构建舟山群岛港口码头群的协同运营联动机制,实现港口众多码头的无缝衔接与协同高效运作,建立科学合理的运营模式与手段,提高舟山港口码头群的协同联动运营水平。以提高舟山港口码头群整体运行效率、使港口建设的相关投资的单位投入产出率最高,进而真正提高舟山港的国际竞争力。

2. 构建舟山港口码头群多 Agent 协同运营系统的原理分析

产生于分布式人工智能的多 Agent 系统技术为舟山港口码头群协同运营联动机制的构建提供了一个很好的解决途径。

1) 多 Agent 系统的基本原理

MAS 是分布式人工智能(distributed artificial intelligence,DAI)的一个重要分支,是 20 世纪末至 21 世纪初国际上人工智能的前沿学科。研究的目的在于解决大型、复杂的现实问题,而解决这类问题已超出了单个智能体的能力。多 Agent 系统是多个智能体组成的集合,它的目标是将大而复杂的系统建设成小的、彼此互相通信和协调的、易于管理的系统。MAS 是多个自治运行的智能体松散耦合而成的大型复杂系统,系统通过适当的方法使这些智能体能够协同工作,以解决由单一个体的能力、资源所不能解决的复杂问题。它包括了所有的资源数据和规则、各种任务的规划和排程算法。

多 Agent 系统有如下特点。

(1) 可以根据时间、成本、速度等要素,综合计算得到一个最优结果,再按照这个结果,自动分派任务到各个码头。

(2) 能在确保每个码头独立运营的前提下,做到资源共享、统一管理,并能实现负载的动态平衡。

(3) 能展现 3 维的实景模拟效果,让用户看到每一个航运单的整个运转过程。

(4) 能与现有的 EDI 接口实现无缝连接。

MAS 由于更能体现人类的社会智能,更加适合开放的、动态的社会环境,因而广泛应用于科学计算、计算机网络及软件系统、柔性制造系统、电子商务、企业管理、交通控制等领域。

2) 多 Agent 系统的技术可行性

从舟山港现在的情况来看,其分布在整个港域的众多码头基本上都是独立运营的经济实体,是一个个既相互独立又互相依赖的智能实体。码头与码头现有的业务信息系统都是在不同时期独立开发的,自成体系,很难将整个港口生产的各个环节有效地联动起来。在实际物流运营过程中,诸如航道使用、船舶停靠、物流任务分配等,都亟须彻底扭转当前各自为战、不合理竞争的混乱局面,从而建立起基于码头资源与港口集疏运资源等的充分合理利用的整体效率最优化的航道的高效合理使用、船舶停靠任务的科学分配以及与现有港口集疏运系统相吻合的港口物流全局调度等的码头群高效运营智能管理平台。由此可见,运用多 Agent 系统研究解决港口码头群协同运营问题无疑是从技术的角度解决舟山港码头群无缝衔接与智能运营的有效途径。多 Agent 系统在相关领域的应用实例也为构建舟山港口码头群多 Agent 系统提供了两条技术上的成功参考。

3. 构建舟山港口码头群多 Agent 协同运营系统的条件分析

1) 舟山港口区位与资源优势分析

舟山港域处于我国南北航线与长江黄金水道的"T"形交汇处,地理位置适中。它背靠我国最具经济活力的"长三角",是江海联运和国际远洋航线的紧密结合部,不仅可便捷连接沿海各个港口,亦能通过江海联运,沟通长江、京杭大运河,还能与日本、韩国、东南亚诸多大港形成等距离的海运网络。

舟山拥有丰富的深水岸线资源,适宜开发建港的深水岸段有50处,总长246.7km。其中水深大于15m的岸线长198.3km。并且其港域宽阔,航道水深稳定,终年不冻,避风条件优良,进出港域的口门众多①。

舟山港是我国东部沿海港口资源最为丰富、优越、集中港口发展最具潜力的地区。

舟山独特的区位及港口资源优势对舟山经济做出了突出贡献,因此舟山港发展潜力巨大。

2) 舟山港口发展问题与原因分析

舟山港虽然具有明显的区位与资源优势,但近年来在发展中也暴露出很多问题:重复性建设,资源浪费严重;码头建设遍地开花,公用码头超负荷运转,而货主码头能力利用不足;岸线利用粗放,缺乏可控性、有序性和整体性,导致难以实现码头、道路、陆域的合理布局和开发利用,难以发挥港口的整体功能②。

导致上述问题的一个很重要的原因就是各港口码头片面追求自身利益的最大化,忽视合作,导致无序竞争。而实现各港屿码头之间的协同运营,不仅可以取长补短、合理分工,还可以提高运作效率、合理调配资源、实现信息交流互动,进而提升运营空间、实现码头间的共赢、进一步提高舟山港的竞争力。

3) 舟山港口构建多Agent系统障碍分析

在实践中,由于自然、社会条件的制约,要实现舟山港域码头间的协同运营存在诸多障碍。

(1) 港区众多且分布离散度高,使合作成本较高

舟山群岛由1390个岛屿组成,可划分为四大港域,即定普港域,岱山港域,衢山港域和嵊泗港域,包括定海、老塘山、沈家门、高亭、衢山、泗礁、绿华山、洋山、金塘、六横、马岙11个港区。舟山港现有码头593座,其中万吨级以上的码头有11座。

在这众多的港区中只有定海、沈家门、老塘山等以舟山本岛为依托,其他都与本岛相距较远,造成港区离散度高,从而使得建港所需的基础设施条件,例如水、电、交通道路等缺乏共享性,导致港区建设较难形成更大规模并发挥整体互动效应,也造成码头合作成本的增加。

(2) 集疏运体系不完善

目前舟山尽管已经初步形成了相应的集疏运网络,但与发达的港口城市还存在很大差距。各港域码头之间还主要以水路运输为主,缺乏完备的联结各港口码头的疏港公路网,更没有铁路的联通,并且仓库、堆场等集疏设施建设也很薄弱。多通路、多方向与多种类的集疏运方式尚未形成。码头间单一的输运方式不仅造成效率低下、时间运输成本增加,也使码头资源不能充分利用。

(3) 涉及利益错综复杂,协调难度大

舟山港有单纯为自己单位服务的码头,有对外不发生费用结算的非经营性码头,有为

---

① 舟山港务管理局.舟山海域港口资源图集[M].北京:海洋出版社,2005.
② 黄兵年,周元.舟山港域建设现状与可持续发展研究[J].中国水运,2008,(12).

社会提供或部分提供货物装卸、仓储服务和从事旅客、车渡运输业务并对外发生费用结算的经营性码头,并且还有客运与货运码头之分。货运码头具体又划分为煤炭、石油、矿砂以及危险品专用码头等。不同种类、不同性质、不同规模、具有不同经营权与所有权的码头,有着不一致的目标,要想实现协同运营,必然会涉及多方利益,存在经济利益与社会利益的冲突,也会产生私人利益与整体利益的摩擦。

(4) 信息化水平低,物流人才严度重缺乏

舟山港目前仍然主要是"水水中转"大港,港口的现代化、信息化程度不高;适应港口物流发展需要的信息平台的建设速度仍比较缓慢,港口物流信息服务体系的建设尚不健全;零散的信息系统缺乏统一的技术标准,信息系统互不兼容,难以实现信息的共享。

人才是发展港口物流的核心和关键。但在舟山既掌握现代物流理论和技能又能从事物流系统设计、物流运作管理、物流经营决策的中高级复合型人才严重匮乏。

4. 构建舟山港口码头群多 Agent 协同运营系统的战略思考

上述分析告诉我们一个结论:构建舟山港口码头群多 Agent 协同运营系统,在现实发展中非常必要,在技术上切实可行,但障碍也较多。因此,构建舟山港口码头群多 Agent 协同运营系统,必须有辩证、系统的战略运筹。笔者对此提出以下思考。

1) 在认识上要有辩证、系统的战略思维

事实上,实施舟山国际物流岛的国家战略与构建舟山港口码头群多 Agent 协同运营系统之间是一种辩证的关系。

构建舟山港口码头群多 Agent 协同运营系统所存在的障碍的克服必须依赖舟山国际物流岛的国家战略的实施。这些障碍的克服无疑为构建舟山港口码头群多 Agent 协同运营系统铺平了道路。而舟山港口码头群多 Agent 协同运营系统的构建又是建设舟山国际物流岛的基础条件。换句话说,即舟山国际物流岛的建设背景为舟山港口码头群多 Agent 协同运营系统提供了构建平台,协同运营系统的构建又为舟山国际物流岛的建设提供了必需的软件基础。

2) 全面贯彻舟山国际物流岛战略,制定和争取各项有利政策和投入来克服障碍

上文所述的各个障碍的克服,要依赖科学高效的政策支持、体制完善与改革和资金投入。因此,舟山市政府要在建设国际物流岛的有利背景下积极稳妥地制定好科学合理的推进政策,积极争取中央、省的有利政策,并针对舟山港口现存的弊端认真进行港口管理的体制完善与改革,同时通过大规模的资金投入完善舟山港口码头的各种相关设施与条件建设,为构建舟山港口码头群多 Agent 协同运营系统扫除障碍。

3) 深入研究,科学制定舟山港口码头群多 Agent 协同运营系统的建设路径

开发构建舟山港口码头群多 Agent 协同运营系统,虽有技术上的可行性与在其他领域上应用的成功案例,但具体在港口上构建却是全新的,因此要认真组织、深入研究,设计好系统构建的科学路径。

案例问题

通过实地调研,提出舟山港口构建多 Agent 协同运营系统的实施方案。

思考练习

1. 什么是人工智能？其实现方式有哪些？
2. 描述人工智能专家系统的结构与类型。其系统工作流程是什么？
3. 什么是 Agent？什么是多 Agent 系统？描述多 Agent 系统的组织结构。
4. 港口码头群的内在关系如何？如何构建港口码头群多 Agent 协同运营系统？
5. 港口码头群多 Agent 协同运营系统软件开发的基本原理是什么？

参 考 文 献

[1] 汪长江等.港口物流学[M].杭州:浙江大学出版社,2010.
[2] 汪长江.战略经营与管理[M].北京:中央文献出版社,2006.
[3] 程言清.港口物流管理[M].北京:电子工业出版社,2007.
[4] 舟山港务管理局.舟山海域港口资源图集[M].北京:海洋出版社,2005.
[5] 赵一飞.航运与物流管理[M].上海:上海交通大学出版社,2004.
[6] 陈家源等.港口企业管理学[M].大连:大连海事大学出版社,1999.
[7] 魏国辰等.现代物流技术与实务[M].北京:中国物资出版社,2007.
[8] 董维忠.物流系统规划与设计[M].北京:电子工业出版社,2006.
[9] 邓少灵.口岸物流信息平台[M].北京:人民交通出版社,2007.
[10] 顾亚竹.港口物流园区战略管理[M].北京:中国物资出版社,2008.
[11] 真虹等.港口管理[M].北京:人民交通出版社,2003.
[12] 赵刚.国际航运管理[M].大连:大连海事大学出版社,2006.
[13] 王任祥.现代港口物流管理[M].上海:同济大学出版社,2007.
[14] 霍红.国际货运代理与海上运输[M].北京:化学工业出版社,2004.
[15] 张良卫.国际物流实务[M].北京:电子工业出版社,2008.
[16] 马士华,林勇.供应链管理[M].北京:机械工业出版社,2005.
[17] William H Davidow,Michael S Malone. The virtual corporation:structuring and revitalizing the corporation for the 21st century[M]. New York:HarperCollins Publisher,1992.
[18] 汪长江.港口现代物流:概念诠释、效率测评与增进对策[J].管理世界,2008,(6).
[19] 汪长江,赵珍.港口物流对区域经济发展的拉动及其实证研究[A].见:浙江省经济学会交流论文[C].2008.
[20] 汪长江,杨美丽.宁波—舟山港一体化建设发展障碍与对策[J].经济社会体制比较,2008,(1).
[21] 汪长江.关于发展我国海洋经济的若干分析与思考[J].管理世界,2010,(2).
[22] 汪长江.世界典型港口物流发展模式分析与启示[J].经济社会体制比较,2012,(1).
[23] 汪长江.长江三角洲经济发展的冷思考[J].财政研究,2006,(8).
[24] 汪长江.企业核心竞争力的返朴思考[J].学术界,2006,(1).
[25] 真虹.第四代港口的发展模式[J].海运情报,2006,(6).
[26] 张力奋,帕提·沃德米尔.孙家康眼中的中国航运[J].FT中文网,2010.7.14. http://www.ftchinese.com/story/001033555.
[27] 张利安,冯耕中.国内外典型港口物流的发展及启示[J].中国物流与采购,2004,(5).
[28] 范立力译.全球港口物流一瞥[J].中国港口,2001,(11).
[29] 贾远琨,何欣荣.上海国际航运中心建设探路:寻找中国的比较优势[J].新华网,2009. http://news.xinhuanet.com/fortune/2009-06/28/content_11614712.htm.
[30] Leinbensein H. Allocative efficiency VS"X-efficiency"[J]. American Economic Review,1966,56(6):392-415.
[31] 田宇.物流效率评价方法研究[J].物流科技,2000,(2).
[32] 黄韵.上海港口提高集卡运输效率的策略研究[J].科技资讯,2011,(26).
[33] 吴华海.浅谈港口装卸设备管理中的几种不良倾向[J].交通科技,2007,(6).

[34] 王骏.一条期租船引发的国际税务诉讼[J].财务与会计(理财版),2011,(12).

[35] Hamid R Berenji,David Vengerov. Learning,Cooperation,and Coordination in Multi-Agent System[J]. Inteligent Inference Systems. Corp. Technical Report IIS-00-10,2000,(10):1-15.

[36] 党建武,韩泉叶,崔文华.Agent 与 Multi-Agent System 技术研究[J].兰州铁道学院学报(自然科学版),2002,(12):1-4.

[37] 张林,徐勇,刘福成.多 Agent 系统的技术研究[J].计算机技术与发展,2008,(8):80-87.

[38] 中国海关总署.保税区海关监管办法[Z].1997 年 8 月 1 日颁布.

[39] 黄兵年,周元.舟山港域建设现状与可持续发展研究[J].中国水运,2008,(12).

[40] 李薇,张凤鸣.多 Agent 技术研究与应用[J].微计算机信息,2006,(24):293-295.

[41] 蒋云良,徐从富.智能 Agent 与多 Agent 系统的研究[J].计算机应用研究,2003,(4):31-34.

[42] 张帆.港口物流效率的有效性分析及启示[J].物流与交通,2006,(3):43-44.

[43] 匡海波,李和忠.中国港口 X-效率测度[J].系统工程理论与实践,2009,(2):1-9.

[44] 杨勉.基于 DEA 的福建港口效率评价分析[J].物流科技,2010,(12):48-50.

[45] 樊润洁.浅谈多式联运在我国的发展现状及改善措施[J].科学管理,2010,(8):9-10.

[46] 王斯瑶.关于我国国际运输渠道的扩建[J].理论探讨,2011,(11):271-272.

[47] 苏新伟,顾亚男.国际普通货物空运运费对比案例[J].物流工程与管理,2010,(9):55-56.

[48] 云俊,张帆.基于 DEA 模型的港口物流效率评价[J].决策参考,2006,(10):39-40.

[49] 于蒙,王少梅.基于多 Agent 的集装箱码头生产调度系统建模研究[J].武汉理工大学学报(交通科学与工程版),2007,(6):494-497.

[50] 凌兴宏,丁秋林,伍贝妮.基于协商 Multi-Agent 生产计划与调度系统[J].机械科学与技术,2004,(2):249-252.

[51] 杨家其,陆华.我国港口物流园区的运作模式研究[J].武汉理工大学学报(社会科学版),2003,(6):221-225.

[52] 吴松弟.港口—腹地与中国现代化的进程[J].河北学刊,2004,(5).

[53] 黎鹏,张洪波.港口—腹地经济地域系统的客观存在性及其形成发展的主要因素[J].长春师范学院学报,2004,23(4):79-83.

[54] 郎宇,黎鹏.论港口与腹地经济一体化的几个理论问题[J].经济地理,2005,25(6):767-770.

[55] 吕永波,杨蔚然等.我国主要集装箱运输港口的竞争力评价研究[J].北方交通大学学报,2002,(5).

[56] 张联军,宗蓓华.港口竞争力评价指标研究[J].世界海运,2003,(4).

[57] 徐剑华.上海和新加坡的港口物流运作效率、成本与环境比较[J].中国港口,2004,(3).

[58] 黄健元,严以新.港口集装箱运输竞争力综合评价指标体系的设计方案[J].水运管理,2004,(9).

[59] 郝俊利,雷蜜.运用 AHP 评价港口竞争力[J].中国港口,2005,(1).

[60] 王春颖,肖朋民,肖丽娜.熵权值模糊综合评判法在港口竞争力评价中的应用[J].水道港口,2006,(2).

[61] 田源,徐寿波.基于大物流理论的物流效率评价与发展规律研究[J].生产力研究,2008,(6).

[62] 徐金河.基于 GRA 和 AHP 的港口物流能力评价研究[J].重庆工商大学学报(自然科学版),2009,(10).

[63] 郭海华,魏瑶.我国港口城市运输能力评价模型研究及实证分析[J].商场现代化,2009,(9).

[64] 庄佩君.全球海运物流网络中的港口城市—区域:宁波案例[D].上海:华东师范大学,2011.

[65] 吴玮.港口型物流园区规划建设方法及应用研究[D].南京:南京工业大学,2005.

[66] 陈邦杆,杨杰.宁波—舟山港一体化管理的难题与动力[J].中国港口,2009,(11).

[67] 李海军,段瑜,刘宇辉,徐国斌.区域格局下港城一体化发展模式探索——以武汉新港空间发展规划为例[J].规划师,2009,(9).

[68] 王任祥.我国港口一体化中的资源整合策略——以宁波—舟山港为例[J].经济地理,2008,(5).
[69] 王任祥.宁波—舟山港口一体化建设的投融资模式分析[J].水运工程,2007,(12).
[70] Morris, Gregory D L. True Shipper-Logistics Provider Integration Inches Closer to Reality[J]. Chemical Week,2006,168(22):50-51.
[71] 黄波.消除宁波—舟山港一体化发展障碍[J].浙江经济,2007,(8).
[72] 俞树彪.论长三角港群一体化进程中宁波—舟山港的发展机遇[J].浙江海洋学院学报(人文科学版),2006,(1).
[73] 徐国虎.武汉城市圈区域物流一体化障碍因素分析[J].物流工程与管理,2009,(12).
[74] 彭云飞,邓勤,欧阳国梁."两型社会"建设与区域物流一体化战略框架构建——以长株潭为例[J].经济地理,2009,(10).
[75] Katsioloudis, Petros J. Transportation of the Future: Understanding Port Logistics[J]. Technology Teacher,2009,69(1):7-10.
[76] 李家齐,刘健,李博威.物流一体化服务中的多任务委托代理模型分析[J].特区经济,2010,(1).
[77] 焦文旗.京津冀区域物流一体化障碍因素分析[J].商业时代,2008,(35).
[78] 钟祖昌,王洁.珠三角经济一体化与物流资源整合研究[J].国际经贸探索,2008,(8).
[79] 马林.基于区域一体化整合的现代物流产业集群研究综述[J].工业技术经济,2007,(12).
[80] 于成学,武春友,樊宇.基于环境的企业物流一体化运作模式研究[J].科技进步与对策,2007,(4).
[81] Dong-Wook Song, Panayides, Photis M. Global supply chain and port/terminal: integration and competitiveness[J]. Maritime Policy & Management,2008,35(1):73-87.
[82] 史安娜,南岚.港口物流产业集群共生性分析[J].商业经济与管理,2010,(2).
[83] 南岚.港口物流产业集群物质资源共享机制研究[J].中国物流与采购,2009,(21).
[84] 梁双波,曹有挥,曹卫东,吴威.长三角港口物流经济空间差异及演化分析[J].经济地理,2009,(7).
[85] Roh Hong-Seung, Lalwani Chandra S, Naim Mohamed M. Modelling a port logistics process using the structured analysis and design technique[J]. International Journal of Logistics: Research & Applications,2007,10(3):283-302.
[86] 万征,张文欣,张缇.通过主成分分析研究比较港口物流发展趋势——以广州港为例[J].水运工程,2007,(8).
[87] 上官新彦.虚拟经营:一种新型的企业经营模式[J].经济世界,1999,(8):44-45.
[88] 汤海洪,郭晓军,钟益兵,周述文.企业虚拟经营初探[J].中国管理科学,2000,(11):803-808.
[89] 聂庆.核心竞争力与虚拟经营[J].现代管理科学,2001,(4):36-48.
[90] 周国强,雷羽.虚拟经营——构建企业柔性[J].现代管理科学,2004,(7):68-69.
[91] 叶永玲,周亚庆.虚拟经营的合作机制与运作模式[J].自然辩证法通讯,2004,(2):51-53.
[92] 包国宪,李华,顾波军.以虚拟经营促进我国产业结优化构调整[J].科技管理研究,2006,(8):82-85.
[93] 毛艳国.论物流产业的虚拟经营[J].集装箱化,1999,(4):6-9.
[94] 戴勇.虚拟物流概念及其在网站设计中的应用[J].物流技术与应用,2000,(4):19-22.
[95] 李宗豪.论现代综合物流新概念及其"虚拟化"发展趋势[J].世界海运,2002,(2):29-30.
[96] 詹晓勇,朱汉民.虚拟物流企业的组建与运行分析[J].武汉理工大学学报(社会科学版),2004,(12):703-706.
[97] 黄静.构建虚拟经营模式 发展第三方物流[J].物流技术,2007,(2):31-32、51.
[98] 申风平,范建磊,刘强.虚拟物流——第三方物流企业未来发展方向[J].物流科技,2006,(6):37-39.
[99] 王彦梅.虚拟物流企业形成机理分析[J].物流管理,2007,(1):4-5.
[100] 陈剑.基于交易成本理论的港口物流联盟模式分析[J].河海大学学报(自然科学版),2007,(1).

[101] 孙朝苑. 企业物流成本管理的理论与方法研究[D]. 成都：西南交通大学，2004.

[102] 张圣忠. 物流产业组织理论研究[D]. 西安：长安大学，2006.

[103] 匡海波. 中国港口效率测度研究[D]. 大连：大连理工大学，2007.

[104] 巫汝春. 港口物流能力评价体系研究[D]. 武汉：武汉理工大学，2008.

[105] 陈娟. 基于 Witness 的煤炭码头物流能力仿真评价方法研究[D]. 武汉：武汉理工大学，2009.

[106] Hayuth Y, Hilling D. Technological change and seaport development[A]. In Hoyle B S, Pinder D A, eds. European Cities in Transition[C]. London: Belhaven Press, 1992: 40-58.

[107] Thomas B E. Railways and ports in French West Africa[J]. Economic Geography, 1957, 33(1): 1-15.

[108] Mayer H M. Current trends in Great lakes shipping[J]. Ceo-Journal, 1978, (2): 117-122.

[109] Hoyle B, Charlier J. Inter-port competition in developing countries: an East African case study [J]. Journal of Transport Geography, 1995, 3(2): 87-103.

[110] Hayuth Y. Containerization and the load center concept 1978. Unpublished Ph D. dissertation, University of Washington, Seattle. Hayuth Y. Intermodality: Concept and Practice 1987. Lloyd's of London Press, London. see Wang J J. A container load center with a developing hinterland: a case study of Hong Kong[J]. Journal of Transport Geography, 1998, 6(3): 187-201.

[111] Slack B. Intermodal transportation in north America and the development of inland load centers [J]. Professional Geographer, 1990, 42(1): 72-83.

[112] Rimmer P J. The changing status of New Zealand Seaports, 1853—1960[J]. Annals of the Association of American Geographers, 1967, 57(1): 88-100.

[113] Taaffe E J, Morrill R L, Goule P R. Transport expansion in underdeveloped countries: a comparative analysis[J]. Geographical Review, 1963, 53(4): 503-529.

[114] William H Davidow, Michael S Malone. Virtual Corporation[J]. Forbes, 1992, (11).

[115] Cheri Speier. Virtual Management of Global Marketing Relationship[J]. Journal of world business, 1998, (3): 263-276.

[116] Machael Hammer. Out of the Box: The Rise of The Enterprise[N]. Information Week, Mar. 20, 2000.